Bestände der ehemaligen Preußischen Staatsbibliothek zu Berlin
in der Jagiellonen-Bibliothek

Monika Jaglarz / Katarzyna Jaśtal (Hrsg.)

Bestände der ehemaligen Preußischen Staatsbibliothek zu Berlin in der Jagiellonen-Bibliothek

Forschungsstand und -perspektiven

PETER LANG

Bibliografische Information der Deutschen Nationalbibliothek
Die Deutsche Nationalbibliothek verzeichnet diese Publikation in der Deutschen Nationalbibliografie; detaillierte bibliografische Daten sind im Internet über http://dnb.d-nb.de abrufbar.

Der Band wird gedruckt dank der Förderung der Philologischen Fakultät der Jagiellonen-Universität.

Umschlagabbildung: Initiale B aus dem Ms. Gall. Fol. 205 © Mariusz Paluch
Umschlaggestaltung: © Olaf Gloeckler, Atelier Platen, Friedberg

Gedruckt auf alterungsbeständigem, säurefreiem Papier.
Druck und Bindung: CPI books GmbH, Leck

ISSN 2191-3528
ISBN 978-3-631-76581-4 (Print) · E-ISBN 978-3-631-77783-1 (E-PDF)
E-ISBN 978-3-631-77784-8 (EPUB) ·E-ISBN 978-3-631-77785-5 (MOBI)
DOI 10.3726/b15066

Peter Lang – Berlin · Bern · Bruxelles · New York ·
Oxford · Warszawa · Wien

Diese Publikation wurde von Prof. Dr. habil. Marek Hałub begutachtet.

www.peterlang.com

Inhaltsverzeichnis

Die Autorinnen und Autoren / Contributors

Markus Bernauer
Berlin-Brandenburgische Akademie der Wissenschaften

Ingo Breuer
Universität zu Köln

Thupten Kunga Chashab
Uniwersytet Warszawski

Dominik Erdmann
Humboldt-Universität zu Berlin

Ottmar Ette
Universität Potsdam

Nikolaus Gatter
Varnhagen Gesellschaft

Heinz Härtl
Arnim-Arbeitsstelle der Stiftung Weimarer Klassik

Andrea Hübener
Technische Universität Carolo-Wilhelmina Braunschweig

Ursula Isselstein
Università degli Studi di Genova

Monika Jaglarz
Uniwersytet Jagielloński

Katarzyna Jaśtal
Uniwersytet Jagielloński

Jadwiga Kita-Huber
Uniwersytet Jagielloński

Jana Kittelmann
Martin-Luther-Universität Halle-Wittenberg

Katarzyna Kołakowska
Katolicki Uniwersytet Lubelski Jana Pawła II

Ulrike Leitner
Berlin-Brandenburgische Akademie der Wissenschaften

Lesław Łesyk
Katolicki Uniwersytet Lubelski Jana Pawła II

Julia Madajczak
Uniwersytet Warszawski

Philip Mattson
Universität Heidelberg

Marek Mejor
Uniwersytet Warszawski

Jacek Partyka
Uniwersytet Jagielloński

Zdzisław Pietrzyk
Uniwersytet Jagielloński

Anna Rzepka
Uniwersytet Jagielloński

Roman Sosnowski
Uniwersytet Jagielloński

Jan Stradomski
Uniwersytet Jagielloński

Jochen Strobel
Universität Marburg

Izabela Surynt
Uniwersytet Wrocławski

Piotr Tylus
Uniwersytet Jagielloński

Paul Videsott
Libera Universitá di Bolzano/Freie Universität Bozen

Jutta Weber
Staatsbibliothek zu Berlin – Preußischer Kulturbesitz

Gesa Weinert
Universität Bonn

Zarychta
Uniwersytet Jagielloński

Einleitung

Der vorliegende Band präsentiert die Ergebnisse der gemeinsam vom Institut für Germanische Philologie der Jagiellonen-Universität und der Jagiellonen-Bibliothek 1.6.–3.6.2017 in Krakau organisierten Tagung *Bestände der ehemaligen Preußischen Staatsbibliothek zu Berlin in der Jagiellonen-Bibliothek: Forschungsstand und -perspektiven*. Er resultiert aus dem ersten groß angelegten Treffen von polnischen und deutschen Wissenschaftlern, das den als „Berlinka" bezeichneten und in Krakau aufbewahrten Beständen der ehemaligen Preußischen Staatsbibliothek zu Berlin (PSB) gewidmet war.

Im Fokus der Beiträge steht eine der größten und wertvollsten Bibliothekssammlungen in Europa. Sie gelangte nach Krakau unter ungewöhnlichen Umständen. Aufgrund der potenziellen Bedrohung durch Kriegshandlungen begann man bereits 1935 die Verlagerung der wertvollsten Kollektionen der Staatsbibliothek zu Berlin aus der Hauptstadt des Dritten Reiches vorzubereiten. Während des Zweiten Weltkriegs wurden die Bestände der PSB an insgesamt dreißig verschiedenen Orten, darunter Fürstenstein (Książ) in Niederschlesien, deponiert, wobei ein Teil der Sammlung 1944 nach Grüssau (Krzeszów pod Kamienną Górą) kam.

Die vom polnischen Bildungsministerium 1945 berufene und von dem Mitarbeiter der Jagiellonen-Bibliothek Stanisław Sierotwiński geleitete Kommission für die Sicherstellung des zurückgelassenen Bibliotheksguts veranlasste in den Jahren 1946–1947 die Überführung der Berliner Bestände in die Jagiellonen-Bibliothek. Hier werden sie bis heute als eine Leihgabe der polnischen Regierung aufbewahrt.

In Folge der Haltung der polnischen Behörden waren die Bestände mehrere Jahrzehnte unzugänglich, lange wurde selbst ihre Existenz verheimlicht. Diesen Umstand hat erst eine behördliche Entscheidung aus dem Jahre 1981 verändert, die der Forschung einen freien Zugang zu diesen zum Weltkulturerbe gehörenden wertvollen Materialien ermöglichte.

Seitdem wurden an den Materialien aus der „Berlinka" eine so große Zahl an wissenschaftlichen Projekten durchgeführt, dass es sinnvoll schien, einen breit angelegten Dialog über diese Sammlung zu initiieren, um eine stärkere Vernetzung der internationalen Forschung zu fördern.

Die Initiative dazu kam von Dr. habil. Katarzyna Jaśtal und wurde von dem Direktor der Jagiellonen-Bibliothek, Prof. Dr. Zdzisław Pietrzyk und Frau Dr. Monika Jaglarz sofort aufgegriffen.

Das im Juni 2017 stattgefundene erste Treffen polnischer und deutscher Wissenschaftler hatte die Präsentation von laufenden und abgeschlossenen Projekten zum Ziel, bei denen die Bestände der „Berlinka" eine zentrale Rolle spielten bzw. spielen. Der beschränkte Zeitrahmen erlaubte uns nicht, die Gesamtheit und Vielfalt der seit Jahrzehnten durchgeführten einschlägigen Forschung in Betracht zu ziehen. Daher haben wir uns entschieden, unsere Tagung ausschließlich Arbeiten zu Texthandschriften und den zusammen mit ihnen in der Handschriftenabteilung der Jagiellonen-Bibliothek aufbewahrten orientalischen Drucken aus der Kollektion Pander zu widmen. Wissenschaftliche Projekte zu Bildhandschriften, kartographischen Beständen und Musikalien konnten dieses Mal nicht berücksichtigt werden.

Die Tagung wurde von einer Ausstellung begleitet, welche die Ergebnisse der abgeschlossenen und laufenden wissenschaftlichen und editorischen Projekte illustrierte. Dabei wurden die Objekte aus den Sammlungen gebundener Handschriften, Autographen aus der Sammlung Varnhagen und der Sammlung Autographa, Objekte aus handschriftlichen Nachlässen (von Jacob Michael Reinhold Lenz, Alexander von Humboldt und Gustav Freytag) sowie Handschriften, Xylographen und orientalische Drucke aus der Sammlung Pander präsentiert. Sie wurden von den Teilnehmern der Tagung ausgewählt und mit ausführlichen Kommentaren versehen.

Die Teilnehmer der Tagung, d.i. die Autoren der hier gesammelten Beiträge vertreten unterschiedliche Forschungsfelder, doch alle verbindet die aus vielfältigen Erfahrungen gewonnene Überzeugung, dass gerade eine reflektierte Zuwendung zu Quellen immer wieder zu fachrelevanten Entdeckungen und zu neuen Erkenntnissen führt, die die untersuchten Gegenstände und ihre Kontexte im neuen Licht erscheinen lassen.

Die Entstehung dieses Bandes wäre ohne wohlwollende Unterstützung des Direktors der Jagiellonen-Bibliothek, Prof. Dr. Zdzisław Pietrzyk und der Direktorin des Instituts für Germanische Philologie der Jagiellonen-Universität, Dr. habil. Magdalena Sitarz nicht möglich gewesen. An der Organisation der Tagung und der Ausstellung waren mehrere Mitarbeiter des Instituts für Germanische Philologie der Jagiellonen Universität und der Jagiellonen-Bibliothek beteiligt. Der Tagungsband erscheint dank der Förderung der Philologischen Fakultät der Jagiellonen-Universität.

Wir bedanken uns bei allen Personen und Institutionen, dank denen unser Projekt zustande gekommen ist.

In die Hände unserer Leser übergeben wir einen Band, der sowohl eine Bilanz der bisherigen Forschung ermöglichen als auch zu einer Reflexion über Desiderate und Perspektiven künftiger Forschungsarbeiten anregen soll.

Die Herausgeberinnen

Monika Jaglarz, Katarzyna Jaśtal
Uniwersytet Jagielloński

Bestände der ehemaligen Preußischen Staatsbibliothek zu Berlin in der Jagiellonen-Bibliothek: Geschichte und Struktur

Abstract: Der Beitrag reflektiert die Geschichte der sog. „Berliner Bestände". Die Darstellung setzt mit dem Jahr 1935 an, in dem zum ersten Mal das Konzept der Evakuation der Bestände aus Berlin im Falle „kriegerischer Auseinandersetzung" zur Sprache kam. Folglich wird die Auslagerung der Sammlungen nach Schlesien und ihre Entdeckung nach dem Zweiten Weltkrieg durch den Beauftragten der von der polnischen Regierung berufenen Kommission für die Sicherung verlassener und aufgegebener Bücherbestände sowie ihre Überführung in die Jagiellonen-Bibliothek in Krakau thematisiert. Beschrieben wird demnach die darauffolgende Zeit, in der die Präsenz der Bestände geheim gehalten wurde, bis zum Jahr 1981, seit dem die Kollektion allen interessierten Wissenschaftlern zur Verfügung steht. Den Text schließt die Darstellung der Struktur des im Fokus der Tagung stehenden Teils der „Berliner Bestände", die in der Handschriftenabteilung der Jagiellonen-Bibliothek aufbewahrt werden, ab.

Keywords: „Berliner Bestände"/„Berlinka", ehemalige Preußische Staatsbibliothek, der Zweite Weltkrieg, Nachkriegsgeschichte, Jagiellonen-Bibliothek

Eine Auseinandersetzung mit den Beständen der ehemaligen Preußischen Staatsbibliothek, die sich in Krakau befinden, erfordert, auf die Ereignisse des Zweiten Weltkrieges einzugehen. Ein Bericht, der sich mit diesem Thema beschäftigt, muss vor dem Jahr 1941 ansetzen, in dem aufgrund der Gefährdung Berlins durch Luftangriffe die ersten Auslagerungen der Sammlungen der Staatsbibliothek erfolgten. Die bekannte Geschichte dieser Evakuierung hat nämlich eine Vorgeschichte. Bereits im Sommer 1935 wurden leitende Berliner Kulturbeamte vom Kultusminister aufgefordert, ein Konzept zur Sicherung von Kunstwerken für den Fall von „kriegerischer Auseinandersetzung" zu entwickeln.[1] Fast

1 Den genauesten und umfassendsten Bericht über einzelne Phasen der Auslagerung der Bestände der PSB enthält die Arbeit von Werner Schochow, *Bücherschicksale. Die Verlagerungsgeschichte der Preußischen Staatsbibliothek. Auslagerung – Zerstörung – Entfremdung – Rückführung. Dargestellt aus den Quellen*, (Berlin/New York, 2015), hier vgl. S. 3 u. S. 16 f. Mit der Geschichte der Auslagerung der Bestände der PSB beschäftigt

zwei Jahre später erhielt der Generaldirektor der Preußischen Staatsbibliothek, Hugo Andres Krüß ein vertrauliches Rundschreiben des Kultusministers über „Schutzmaßnahmen bei Kriegsgefahr". Ab 1937 erfolgte auch eine massive Verstärkung der auf zwei unterirdischen Ebenen gelegenen Tresorräume der PSB. Im September 1938 stellte die Handschriftenabteilung eine Vorauswahl von den bei Gefahr zu bergenden Handschriften zusammen. Am 25. August 1939 wurden die Teilnehmer des Internationalen Archäologischen Kongresses im Berliner Stadtschloss vom unmittelbar bevorstehenden Kriegsausbruch informiert.[2]

Der Generaldirektor, Hugo Andres Krüß, der sich unter ihnen befand, agierte daraufhin blitzschnell. Bereits am 26. August 1939 erfolgte der Umzug der Rarissima in den Panzerkeller des Reichswirtschaftsministeriums – Unter den Linden Nr. 15/Ecke Charlottenstraße. In den nächsten Monaten wurden die Bibliotheksbestände sowohl im Bereich der Bibliothek als auch in den, in der Stadt zur Verfügung stehenden Räumlichkeiten mehrere Male umgelagert. Das Jahr 1941, indem Berlin durch Luftangriffe bedroht wurde, stellte die Bibliothekare der PSB vor eine große Herausforderung. In der Nacht vom 9. zum 10. April wurde die PSB zum ersten Mal Opfer von Brandbomben. Auch wenn sich der Schaden in Grenzen hielt, wurde die Auslagerung der Bestände an Orte außerhalb von Berlin beschlossen.[3] Nun galt es, die im Voraus präzise geplante und sorgfältig vorbereitete Auslagerung der Bestände durchzuführen.[4] Evakuiert wurden insgesamt

---

sich eingehend u.a. auch die Studie von Gudrun Voigt, *Die kriegsbedingte Auslagerung von Beständen der Preußischen Staatsbibliothek und ihre Rückführung. Eine historische Studie von Archivmaterialien,* (Hannover, 1995), S. 7–43. Vgl. auch Manfred Komorowski, „Die wissenschaftlichen Bibliotheken während des Nationalsozialismus", in: Peter Vodosek und Manfred Komorowski (Hrsg.), *Bibliotheken während des Nationalsozialismus,* (Wiesbaden, 1989), Teil I, S. 1–23, hier vgl. S. 20. Darüber hinaus: Marzena Zacharska unter Leitung v. Jan Pirożyński, „Polen", in: *Handbuch deutscher historischer Buchbestände in Europa*, Bd. 6 (Hildesheim, 1999), S. 21–216, hier bes. S. 37–38.

2 Vgl. Schochow, *Bücherschicksale*, S. 16–17. Der Bericht des vorliegenden Beitrags über die Vorbereitungsphase der Bücherauslagerung folgt den Studien Schochows und Voigts.

3 Vgl. Voigt, *Die kriegsbedingte Auslagerung*, S. 9.

4 Aufschlussreiche Einblicke in den Verlauf der Auslagerungsaktion bieten die knappen Einträge aus dem in der PSB aufbewahrten, nicht edierten Tagebuch von Hugo Andres Krüß – Staatsbibliothek zu Berlin (SBB), Nachlass Hugo Andres Krüss: Ergänzungsband 2-1 (Tagebücher 1935, 1937–1939); Ergänzungsband 2-2 (Tagebücher 1940–1944); Ergänzungsband 1 (Tagebuch 1945).

Unter dem Jahresdatum 1939 notiert Krüß: Sonnabend, 26. Aug. „Besichtigung von Schutzräumen in der Preußischen Staatsbank [...] Umzug der Kostbarkeiten der Staatsbibliothek in das Panzergewölbe der früheren Disconto Gesellschaft, jetzt

3 Millionen Drucke und 900 Tausend Objekte aus den Sondersammlungen.[5] Die genannten Bestände wurden in zwei Kategorien eingeteilt. Die Erste machten Texthandschriften, Musikhandschriften, Autographa, Inkunabeln, orientalische Sammlungen, die Rara-Bestände sowie Kunstdrucke aus. Zur Zweiten gehörten Drucke aus den Sammlungen der Judaica, die Kriegssammlung, darüber hinaus sprachwissenschaftliche, italienische und slawische Drucke sowie Atlanten und Zeitschriften. Die genannten Bestände wurden in Holzkisten verpackt, (in denen sie bis 1945 bleiben sollten), und an insgesamt 30 Auslagerungsorte auf dem Gebiet des Dritten Reiches gebracht.[6] Trotz gewisser Transportverluste ist jedes

---

Reichswirtschaftsministerium […]. Montag, 14. Okt[ober] Besprechung mit Min. Rat Schellberb u.s.w Leutenant Frentzek Feuerschutzpolizei über Sicherung des Bibliotheksguts gegen Fliegerangriffe." [Ab diesem Datum verzeichnet Krüß fast täglich einen Fliegerangriff. Die genaue Uhrzeit wird rot unterstrichen.] Unter dem Jahresdatum 1941 finden sich u.a. folgende Einträge: „Montag, 10. Febr. Besprechung mit dem Vertreter des Luftschutzbundes über die Sicherung im Gebäude der Staatsbibliothek. Donnerstag, 28 Aug. Besprechung mit den Vertreter der Firma Henze wegen Überführung von Beständen der Staatsbibliothek nach Kloster Beuron und Schloss Banz. Dienstag, 9. Sept. Abgang des ersten Transports von Kostbarkeiten der Staatsbibliothek nach Schloss Banz mit D. Roediger u. Dr Weisweiler. Sonnabend, 13. Sept. Besprechungen mit Becker, Poewe, Roediger, Weisweiler über Verlauf des ersten Transports nach Schloss Banz und Vorbereitung des zweiten Transports. 1942 Montag, 1. Juni. Ert. Weiteres Abtransport von wertvollen Beständen. Montag, 12. Oktober Besprechung über die Beschleunigung d. Transport von Beständen der Staatsbibliothek nach den Schlossern Ganernitz, Laubach und Altenburg." Zu Hugo Andres Krüß vgl. Werner Schochow, „Hugo Andreas Krüß – Generaldirektor von 1925 bis 1945", in: Ders. (Hrsg.), *Die Berliner Staatsbibliothek und ihr Umfeld. 20 Kapitel preussisch-deutscher Bibliotheksgeschichte*, (Frankfurt am Main, 2005), S. 191–218; Eberhardt Gering, „Die Gründer und Mitbegründer der Deutschen Gesellschaft für Dokumentation im NS-Staat. Biographische Skizzen. Geheimrat Prof. Dr. Hugo Krüß (1879–1945)", http://homepages-.uni-tuebingen.de/gerd.simon/GeringKruess.pdf (30.8.2018); Cornelia Briel, „Hugo Andres Krüß – preußischer Beamter im NS-Staat", in: Klaus G. Saur und Martin Hollender (Hrsg.), *Selbstbehauptung – Anpassung – Gleichschaltung – Verstrickung. Die Preußische Staatsbibliothek und das deutsche Bibliothekswesen 1933–1945*, (Frankfurt am Main, 2014), S. 97–120, hier S. 109.

5 Der Betrieb der Staatsbibliothek war eingeschränkt, sie blieb allerdings bis Mitte 1943 bedingt funktions-und benutzungsfähig. Vgl. Schochow, *Bücherschicksale*; Werner Schochow, „Die Preußische Bibliothek im Schatten der Politik oder Zwischen Selbstbehauptung und Anpassung", in: Vodosek und Komorowski (Hrsg.), *Bibliotheken während des Nationalsozialismus*, S. 40.

6 Vgl. ebd.

dieser Depots bis zum Beginn der Winteroffensive im Januar 1945 unversehrt geblieben.[7]

Eine wichtige Rolle unter den „Flüchtungsorten" fiel dem als „Luftschutzkeller des Reiches"[8] apostrophierten Schlesien, insbesondere Niederschlesien zu. Ein Teil der dorthin verlagerten Sammlungen kam zuerst in das geräumige Schloss Fürstenstein (Książ) in Niederschlesien, worauf es an einen potentiell sichereren Ort – nämlich nach Grüssau (Krzeszów pod Kamienną Górą) gebracht wurde. In der Kirche des dort gelegenen Klosters wurden 505 Kästen mit dem sog. „Preußischen Schatz" deponiert. Die Einheiten der Roten Armee, die 1945 die Stadt einnahmen, haben die in der Empore verborgenen Bestände nicht entdeckt.[9]

Nach dem Ende der Kriegshandlungen wurden Gebiete Niederschlesiens aufgrund der Friedensbestimmungen zu einem Teil des polnischen Nachkriegsstaats. Über weitere Schicksale der dort deponierten Bestände entschied das am 6. Mai 1945 verabschiedete Gesetz über „die verlassenen und aufgegebenen Vermögenswerte"[10], das in demselben und folgendem Jahr durch weitere Regierungs-und Ministerialerlasse „zur Sicherung und Verwertung" von Kunst-und Büchersammlungen ergänzt wurde.[11] Die polnische Regierung hat eine Kommission (Delegatur) für die Sicherung verlassener und aufgegebener Bücherbestände mit dem Sitz in der Jagiellonen-Bibliothek einberufen. Ihr Beauftragter, Dr. Stanisław Sierotwiński, Literaturhistoriker, Bibliothekar und Mitarbeiter der

---

7 Vgl. Schochow, *Bücherschicksale*, S. 6; ders., „Die Preußische Staatsbibliothek und Polen seit dem Zweiten Weltkrieg. Eine Bücherreise ohne Wiederkehr?", in: Antonius Jammers (Hrsg.), *Die Beziehungen der Berliner Staatsbibliothek nach Polen*. (Wiesbaden, 1997), S. 110–139, hier S. 113 f.; Schochow, „Die Preußische Bibliothek im Schatten", S. 39; Voigt, *Die kriegsbedingte Auslagerung*, S. 7–43; Jan Pirożyński, „Berlinka. Zbiory Berlińskie w Bibliotece Jagiellońskiej", *Dziennik Polski* Nr. 115. vom 21.5.1993.

8 Schochow, „Die Preußische Staatsbibliothek und Polen", S. 113.

9 Zdzisław Pietrzyk, „Zbiory z byłej Pruskiej Biblioteki Państwowej w Bibliotece Jagiellońskiej", *Alma Mater* Nr. 100 (2008), S. 15–19. Vgl. auch Krzysztof Zamorski, „Berlinka – stan zachowania kolekcji i dostępność dla czytelników", *Przegląd biblioteczny* H. 1 (1997), S. 25–35.

10 Die Übersetzung des Gesetzestextes ins Deutsche legt Gudrun Voigt vor. Vgl. Voigt, *Die kriegsbedingte Auslagerung*, S. 146–147.

11 Vgl. ebd., S. 124. Vgl. auch Piotr Lechowski, „Sporna Berlinka. Kontrowersje wokół zbiorów byłej Pruskiej Biblioteki Państwowej przechowywanych w Bibliotece Jagiellońskiej", *Biuletyn EBIB*, Nr. 99 (8/2008), http://www.ebib.pl/2008/99/index.php (5.4.2018); Zamorski, „Berlinka – stan zachowania", S. 30.

Jagiellonen-Bibliothek[12], bekam die Aufgabe in der durch Kriegstraumatisierungen und von Elend geprägten gefährlichen Nachkriegszeit, nach den von den Nationalsozialisten noch nicht zerstörten – u. a. nach Niederschlesien – verlagerten Beständen aus den polnischen Bibliotheken in Krakau, Warschau und Lemberg zu suchen, um sie vor weiterer Zerstörung und Zerstreuung zu retten.[13]

Sierotwiński und eine Gruppe seiner Mitarbeiter suchten das Kloster Grüssau 1945 auf. Das Ergebnis seiner Bemühungen war das Auffinden eines Teils dieses Bibliotheksguts und den – von der Roten Armee in der Empore der Grüssauer Klosterkirche nicht entdeckten – Berliner Sammlungen.

Entsprechend den Bestimmungen des Erlasses über das ehemalige deutsche Eigentum vom 8. März 1946 wurden die als „Preußischer Schatz" bezeichneten Bestände systematisch nach Krakau überführt. Anfangs wurden sie provisorisch an verschiedenen Orten in der Stadt, u.a. in den Klöstern der Missionare und der Dominikaner gelagert, schließlich wurden sie 1947 aus konservatorischen Gründen in das Gebäude der Jagiellonen-Bibliothek gebracht. Einige der Kästen, die Bücher und Handschriften enthielten, waren zerschlagen, doch insgesamt befand sich die Kollektion in einem guten Zustand. Mit dem Auspacken der Bestände begann man im Gebäude der Bibliothek, wo 490 Kästen ankamen, bereits am 1. November 1947.[14]

---

12 Eine eingehende Darstellung der Biographie und Tätigkeit Sierotwińskis liefert Antoni Jopek, „Stanisław Sierotwiński (6 lutego 1909 – 23 lipca 1975)", *Pamiętnik Literacki*, Nr. LXVIII (1977), S. 353–361; Rościsław Skręt, „Stanisław Sierotwiński", in: *Polski Słownik Biograficzny*, Warszawa–Kraków 1996–97, Bd. 37, S. 351–353.

13 Zum Schicksal von polnischen Büchern und Kulturgütern im Zweiten Weltkrieg, vgl. Jan Pirożyński und Krystyna Ruszajowa, „Die nationalsozialistische Bibliothekspolitik in Polen während des Zweiten Weltkrieges", in: Vodosek und Komorowski (Hrsg.), *Bibliotheken während des Nationalsozialismus*, S. 199–232; Andrzej Mężyński, „Polnische Bibliotheken in den Jahren 1939–1945. Die Politik der Besatzungsmächte und der Verlust von Büchersammlungen in Polen", in: Stefan Alker, Christina Köster et al. (Hrsg.), *Bibliotheken in der NS-Zeit. Provenienzforschung und Bibliotheksgeschichte*, (Göttingen, 2008), S. 301. Zur Frage des Eigentums von den im Laufe des Zweiten Weltkriegs verlagerten Kulturgütern vgl. auch Wojciech Kowalski, „Sytuacja prawna poniemieckich zbiorów bibliotecznych w Polsce", *Przegląd Biblioteczny* 1997, H. 1, s. 17–23; Jan Pruszyński, *Dziedzictwo kultury Polski. Jego straty i ochrona prawna.* Band II. (Kraków, 2001); Hanna Łaskarzewska, „Europa bez roszczeń? Problemy własności zbiorów, pamięć i polityka", *Roczniki Biblioteczne* H. 50 (2006), S. 45–91.

14 Vgl. Pietrzyk, „Zbiory z byłej Pruskiej Biblioteki Państwowej", S. 15.

Bis Ende der 70er Jahre des 20. Jhs. haben die polnischen Behörden die Präsenz der Bestände in Polen verschwiegen.[15] Dies hatte zur Folge, dass die Bestände für mehrere Jahre von Wissenschaftlern nicht benutzt werden konnten. Darüber hinaus haben die Behörden mehrere inkonsistente, widersprüchliche Entscheidungen über die Zukunft der Sammlung getroffen.

Anfang der 1950er Jahre wurde die eingangs erwähnte Kommission für die Sicherung verlassener und aufgegebener Bücherbestände abgeschafft und die institutionelle Sorge um die Bestände an die Jagiellonen-Bibliothek delegiert. 1957 wurde Jan Baumgarten, dem damaligen Direktor der Jagiellonen-Bibliothek die Aufgabe übertragen, die Sammlung für ihre Rückkehr nach Berlin vorzubereiten. Der Auftrag wurde jedoch kurz darauf widerrufen. Einige Jahre später

15 In dem gemeinsam mit Peter Kittel verfassten Beitrag aus dem Jahre 1994 vermerkte der Direktor der Jagiellonen-Bibliothek Jan Pirożyński, man habe „[g]egen jede Erfahrung und Vernunft“ den Besitz der Bestände abgestritten“ und fügt hinzu: „Inkonsequenz und Verantwortungslosigkeit bestimmten Jahrzehnte lang, die „häufig widersprüchlichen Entscheidungen auf Regierungsebene“ und provozierten die Schatzsuche als eine „wissenschaftliche Pflicht“. Vgl. Peter Kittel und Jan Pirożyński, „Bestände aus der früheren Staatsbibliothek in Polen (nebst) polnische Nachlese“, *Zeitschrift für Bibliothekswesen u. Bibliographie* Nr. 41 (1994), S. 113–128, hier S. 123. Instruktive Einblicke in die Strategien der Geheimhaltung der Bestände nicht nur vor der Öffentlichkeit, sondern auch vor den Mitarbeitern der Jagiellonen-Bibliothek gewährt der 1995 entstandene und im polnischen Fernsehen 1996 gesendete, Dokumentarfilm unter der Regie von Irena Wollen über die Schicksale der Berlinka: *505 Geheimnisse. Der Preußenschatz in Krakau*. Unter den Aussagen von Deutschen und Polen, die mit der Geschichte der Berliner Sammlung verbunden waren, finden sich auch Kurzberichte der Mitarbeiter der Jagiellonen-Bibliothek, wie z.B. auch jener von dem Mitarbeiter der Abteilung Sondersammlungen der Jagiellonen-Bibliothek Piotr Hordyński: „Die Angelegenheit war in ein tiefes Geheimnis gehüllt. Ich gehöre zu der Generation, die im Kult des Staatsgeheimnisses erzogen worden war und es war klar, daß ich und meine Kollegen große Schwierigkeiten bekommen hätten, wenn die Angelegenheiten nach außen gedrungen wären.“. Ebd., S. 150. Aufschlussreich erscheint hierbei auch die Aussage der Mitarbeiterin der Handschriftenabteilung Anna Kozłowska: „Mein Chef sagte nur, daß die Berliner Bestände nicht zugänglich sind, daß man dort nicht herumgehen und nichts anschauen dürfte. Ich glaube, wenn mein Chef irgendwann gesehen hätte, daß ich in diesen Beständen etwas suche, dann hätte er mir mit dienstlichen Konsequenzen gedroht.“ Ebd. Abdruck des Filmdrehbuchs, dessen Idee von der Jagiellonen-Bibliothek kam, erfolgte in: Jammers (Hrsg.), *Die Beziehungen der Berliner Staatsbibliothek nach Polen*, S. 140–158 vor. Zum Filmkonzept vgl. das Interview mit dem Autor des Drehbuchs, Krzysztof Lipiński, in: Maria Kuhn-Ludewig (Hrsg.), *Bibliotheksreise nach Warschau und Krakau. Aktuelle Ansichten und Gespräche zur deutsch-polnischen Geschichte*, (Nümbrecht 2002), S. 102–105.

entschieden sich die Behörden, eine große Anzahl von Zeitschriften an die Deutsche Staatsbibliothek in Berlin zu überweisen[16], doch die wichtigsten Bestände blieben weiterhin in der Jagiellonen-Bibliothek. Bezogen auf die rechtliche Lage haben polnische Spezialisten für internationales Recht in ihren Gutachten einstimmig festgestellt, dass diese Sammlungen das Eigentum des polnischen Staates sind.[17] Der aktuelle Status der oft als „Berlinka" bezeichneten Bestände ist folgender: Sie werden in der Jagiellonen-Bibliothek als Leihgabe des polnischen Staates aufbewahrt.

1975 hat man mit den Vorbereitungen zur Integration von „Berlinka" in die Bestände der Jagiellonen-Bibliothek begonnen. Bald wurde aber auch dieser Entschluss widerrufen und die Frage nach der Benutzung und dem weiteren Schicksal der Kollektion blieb weiterhin unbestimmt.

Der nächste Schritt der inkonsequenten und schwer verständlichen Politik der polnischen Staatsbehörden die Berliner Bestände betreffend erfolgte überraschenderweise im Jahre 1977. Der damalige erste Sekretär der Vereinigten Polnischen Arbeiterpartei, Edward Gierek, hat während seines Staatsbesuchs in Berlin am 29. Mai 1977 ausgewählte Handschriften Ludwig van Beethovens (darunter eine Passage aus der *9. Symphonie*), von Wolfgang Amadeus Mozart und Johann Sebastian Bach „im Namen des polnischen Volkes an das Volk der DDR" übergeben.[18]

1979 begann man die Berliner Bestände Wissenschaftlern zugänglich zu machen, die eine spezielle, individuell erworbene Erlaubnis des Ministeriums vorweisen konnten. Zu einem Umbruch kam es 1981, als Prof. Józef Andrzej Gierowski zum Rektor der Jagiellonen Universität und Prof. Jan Pirożyński zum Direktor der Jagiellonen-Bibliothek[19] wurden. Aufgrund der Bestimmungen von

16 Im Rahmen der Aktion der gegenseitigen Rückgabe polnischer und deutscher Bibliotheksbestände hat Polen 17 Waggons mit Zeitungsmaterial und 40.000 Bücher in die DDR geschickt. Vgl. Jan Stęszewski, „Zur ‚Entdeckung' von Beständen der ehemaligen Berliner Preußischen Staatsbibliothek in Polen", in: Jammers (Hrsg.), *Die Beziehungen der Berliner Staatsbibliothek nach Polen*, S. 180–185, hier S. 181.

17 Vgl. Pirożyński, „Berlinka"; Kowalski, „Sytuacja prawna"; Pruszyński, *Dziedzictwo kultury Polski;* Łaskarzewska, „Europa bez roszczeń?".

18 Vgl. Tomas Fitzel, „Krakau liegt in der Mitte Europas. Zum Diskurs um die Rückgabe der ‚Berlinka' zwischen der Krakauer Jagiellonen-Bibliothek und der Berliner Staatsbibliothek", in: Kühn-Ludewig (Hrsg.), *Bibliotheksreise nach Warschau und Krakau*, S. 117–124.

19 Wissenschaftliche Verdienste von Jan Pirożyński erfasst das ihm gewidmete Heft von *Biuletyn Biblioteki Jagiellońskiej*, hier vgl. insbesondere: Zdzisław Pietrzyk, „Jan Pirożyński jako bibliotekarz", *Biuletyn Biblioteki Jagiellońskiej*, Nr. LIV (2005), S. 7–29.

den Universitätsbehörden konnten die Bestände seit Juli 1981 allen interessierten Wissenschaftlern zur Verfügung gestellt werden, und zwar nach den Regeln, die für alle anderen Sonderbestände der Jagiellonen-Bibliothek auch galten.[20] Dadurch kam die „Berlinka" ans Tageslicht, aber die Tatsache, dass ihr Verbleib jahrelang verschwiegen wurde, das Resultat gedankenloser und schädlicher Behördenpolitik (vgl. Anm. 15), wirkte sich negativ auf die Meinung der internationalen akademischen Gemeinschaft aus.

Das Interesse an den Beständen war während der hier kurz umrissenen Zeit von 35 Jahren gewaltig und so bleibt es auch bis heute. Die kostbare Berliner Kollektion ist kein Stillleben mehr. Dem Musealisierungszustand enthoben, zieht sie jedes Jahr mehrere Wissenschaftler an, die die Bestände vor Ort nutzen möchten. Mag die Frage der „Berlinka" politisch kontrovers diskutiert werden, scheint es unter den Wissenschaftlern einen pragmatischen Konsens zu geben: Die Forschung an den Beständen, die allen bibliothekarischen Standards gemäß aufbewahrt, konserviert und zur Verfügung gestellt werden, lässt sie weiterleben und garantiert den ihnen zugehörigen Platz im wissenschaftlichen und zivilisatorischen Erbe Europas.

Bei der Vielfalt und Fülle von Projekten, die an den Materialien aus der Berlinka Projekte durchgeführt wurden, erscheint es unmöglich, im Rahmen unserer Tagung alle inzwischen erschlossene Bereiche anzusprechen. Aus dieser Überlegung heraus haben wir beschlossen, unser Treffen ausschließlich den Beständen zu widmen, die in der Handschriftenabteilung der Jagiellonen-Bibliothek aufbewahrt werden. Und mit der Darstellung der Struktur dieser Bestände, mit der wir die Teilnehmer unserer Tagung zur weiteren Diskussion eingeladen haben, möchten unseren Beitrag abschließen.

Die in der Handschriftensektion der Jagiellonen Bibliothek vorhandenen Manuskripte und Drucke aus der ehemaligen Preußischen Staatsbibliothek zu Berlin

(Signaturenübersicht[21])

20 Antonius Jammers, „Die Zusammenarbeit der Staatsbibliothek zu Berlin mit polnischen Bibliotheken", in: Antonius Jammers. (Hrsg.), *Die Beziehungen der Berliner Staatsbibliothek nach Polen*, S. 10–23, hier S. 17 f.; Deborah Hertz, „The Varnhagen Collection is in Krakow", *The American Archivist* Vol. 44 (1981), S. 223–227.

21 Zum Stand für das Jahr 2016 (unter Berücksichtigung der an die Jagiellonen-Bibliothek von den Krakauer Dominikanern übergebenen Manuskripten) vgl. den Text von Zdzisław Pietrzyk „*Polonica* in Albums forming part of the former Prussian State

Alba Amicorum
Alba Amicorum 1–76, 78–99

Manuscripta Americana
Ms. Amer. 3, 4, 6, 8–15
Zs. 14590; Zs. 14620; Zs. 14623; Zs. 14652; 16442

Manuscripta Gallica
Ms. Gall. Fol. 121–126, 128–141, 144–147, 150–159, 161–167, 169–176, 178–190, 192–197, 199–206, 208–211, 214–218, 220, 221, 223, 224, 227–233
Ms. Gall. Qu. 1–34, 36–46, 49–55, 78, 79, 81–92, 95–102, 104–113, 115, 116, 118–120, 123–159
Ms. Gall. Oct. 1–24, 29, 32, 35, 37, 38, 43

Manuscripta Genealogica
Ms. Gen. Fol. 1–112, 112a, 113–118, 192–263, 266, 267

Manuscripta Germanica
Ms. Germ. Qu. 16, 29, 37, 132, 254, 357, 418, 447, 479, 484, 490, 502, 504, 519, 521, 554, 574, 597, 635, 642, 647, 654, 661, 662, 665, 666, 669, 672, 792, 800, 846, 978, 1017, 1085–1088, 1094, 1146, 1195, 1303, 1306, 1307, 1340, 1403, 1412, 1418, 1479, 1481, 1494, 1495, 1497, 1532, 1533, 1576, 1578, 1579, 1585, 1598, 1670–1672, 1689, 1698, 1722, 1855, 1863, 1869, 1870, 1895.1–11, 2020
Ms. Germ. Oct. 109, 125, 462, 682, 694, 761, 762

Manucripta Graeca
Ms. Graec. Fol. 1–9, 11, 12, 15, 16, 19–24, 27, 28, 36–48, 50–61, 63, 64, 66 vol. II, 67–72, 74
Ms. Grace. Qu. 1–10, 12–23, 25a–e, 26, 27, 281a–b, 29–34, 38, 40–60, 62–65, 67–71, 71a, 72–76, 78–88
Ms. Graec. Oct. 1–8, 10, 11, 13–24

Manuscripta Hispanica
Ms. Hisp. Fol. 1–10, 12–18, 20, 21, 23–37
Ms. Hisp. Qu. 1–78
Ms. Hisp. Oct. 1–3

Library in Berlin (now held by the Jagiellonian Library) which were brought to light in 2014“ im vorliegenden Band.

Manuscripta Italica
Ms. Ital. Fol. 48, 49, 51–57, 134, 135, 137–139, 142–151, 153–158, 162–169, 171, 173, 174
Ms. Ital. Qu. 1–25, 27–78, 80–86
Ms. Ital. Oct. 1–15

Manuscripta Latina
Ms. Lat. Qu. 1, 23, 24, 94, 104, 150, 191, 257, 263, 266, 282, 322, 404, 452, 505, 506, 545, 550, 573, 584, 590, 667, 673, 676, 678–680, 687, 700, 701, 771, 795, 888, 915, 922, 927, 931, 939
Ms. Lat. Oct. 51, 102, 188, 198, 216, 238, 262, 264, 371, 373, 385, 395

Manuscripta Lusitana
Ms. Lus. Fol. 1, 3
Ms. Lus. Qu. 1

Manuscripta Orientalia (arabische, armenische, chinesische, indiansche, syrische Manuskripte)
Ms. Landberg 1010
Ms. Orient. Fol. 36, 44, 240, 258, 703–706, 710, 737, 738, 774, 799a, 847, 1412
Ms. Orient. Qu. 43, 102, 336, 559,
Ms. Orient. Oct. 929
Ms. Petermann II 310
Ms. Sachau 7, 32, 42, 48, 66, 74, 108, 128, 151, 154, 178, 182, 187, 197, 217, 331
Ma. Sinica 1–18, 22.1–2, 23–25
Ms. Sprenger 90, 136, 147, 262, 277, 425, 459 a–b, 510, 576, 626, 627, 655, 747, 768, 769, 940, 1962
Ms. Wetzstein I 10, I 13, I 87, I 93, I 108, I 120, I 127, I 185, II 288, II 1186, II 1226, II 1243, II 1252, II 1259, II 1278, II 1283, II 1324, II 1330, II 1343, II 1398, II 1418, II 1440, II 1693
Acc. Ms. Or. 1938.11

Manuscripta Raetoromanica
Ms. Raetorom. Fol. 1–22
Ms. Raetorom. Qu. 1–20
Ms. Raetorom. Oct. 1–40

Manuscripta Slavica
Ms. Slav. Fol. 1–9, 11–19, 21–24, 27, 29–33, 35–47

Ms. Slav. Qu. 2–7, 9–42
Ms. Slav. Oct. 1–8, 10–13

Manuscripta Theologica Latina
Ms. Theol. Lat. Qu. 1, 4, 5, 7, 11, 21, 43, 51, 55, 60, 91, 98, 122, 124, 160, 162, 188, 189, 193, 196, 198, 226, 325, 364, 365
Ms. Theol. Lat. Oct. 94

Libri impressi cum notis manuscriptis
Libr. impr. c. not. ms. Fol. 33–41

Miscellanea
Libr. pictur A 87
Biblioth. der Königl. Acad. d. Künste 7500, 7505–7508, 7510–7521 + o. Signatur
Schlesische Museum d. Bildenden Künste 12692, 13064, 13807.
Kriegs-Sammlung Eb 139
Kriegs-Sammlung Ks z 87
Deutschlands Siege, 391
10 Objekte ohne Signaturen

Varnhagen-Sammlung
Kasten 1–298, 301, 2 Kasten ohne Signaturen, 2 Kasten mit Polonica

Autographen-Sammlung (Autographa)
201 Kasten mit Konvoluten (wo Namen der Verfasser alphabetisch geordnet) von A bis Hirzel und von Kromayer bis Z.; zusätzlich: Humboldt Aleksander von, Humboldt; Heyse Paul; Kleist Heinrich von Varnhagen; Anhang; Miscellanea, Polonica

Nachlässe:
Nachlass von Gustav Freytag: 156 Mappen in 6 Kasten
Nachlass von August Heinrich Hoffmann von Fallersleben: Kasten 1–20, 22–67, 69, 71–76
Nachlass von Alexander von Humboldt: Kasten 1–3, 4b, 5–15
Nachlass von Wilhelm von Humboldt (Collectanea Linguistica):
Coll. Ling. Fol. 11a–d, 12a–e, 13–95
Coll. Ling. Qu. 36–50
Coll. Ling. Oct. 4–6
Nachlass von Jacob Michael Reinhold Lenz (Lenziana): Kasten 1–26

Nachlass von Georg Schweinfurth: Kasten 1–61, 63–65, 67, 81, 88, 123–169 + 4 ohne Signaturen

Orientalia (chinesische, koreanische, mandschurische und tibetische Drucke und Handschriften)

Libri coreanici 1–19, 19a, 20–58, 60–64

Libri sinici 22.2, 32, 34–36, 38–58, 64–73, 77, 82–84, 92, 131, 150, 1057, 1133, 1135, 1137, 1139, 1141, 1143, 1145, 1147, 1149, 1151, 1397, 1414 (Bd. 3)[22] 1566, 1594

Libri sinici. Neue Sammlung:
NS 1–94, 96–113, 113a, 114–140, 140a, 141–151, 151a, 152–154, 154a, 155–157, 157a, 158, 160–165, 179, 182, 185, 188, 189, 192, 243, 256, 259, 260, 263, 271, 278, 279, 285, 356, 361, 372, 373, 455, 459, 475, 488, 491, 492, 538, 543, 613, 631, 637, 650, 667, 693, 701, 782, 899, 948, 985, 1175, 1387, 1541, 1543, 1546, 1547, 1608, 1611

Pekinger Sammlung:
PS I 38–41, 43–46, 116–122, 124–127, 129–135, 206, 207, 209, 212, 213, 215–218, 220–225, 228, 230, 232, 233, 235–242, 244, 246–253, 255, 256, 259, 260, 262, 263, 266–271, 274–276, 278–284, 286, 289, 292–294, 297–299, 301, 302 (oder 303), 304, 306, 308–310, 312, 316, 320, 323, 325–327, 329, 330, 332, 335, 336, 338, 345–347, 349, 350, 370, 372, 373, 375, 376, 378–380, 383–385, 387, 389–391, 396, 397, 399–403, 407–409, 411–413, 415, 485–500, 507 + 31 Objekte ohne Signaturen
P.S. 1, 1a, 2, 2a, 3a, 4–7, 7a, 8–67, 67 a, 68–71, 71a, 72–83 + 2 Objekte ohne Signaturen

Pekinger Tripitaka:
P.T. 158–218, 220–251, 254–301, 305, 307, 309, 310, 321–338, 334–368, 415–459, 453–490, 492–513, 514–535, 538–55, 586–588, 589, 589a–590, 591, 594a–594b,

22 2018 hat Prof. Darui Long aus Los Angeles in der Sammlung P.T. Index Tripitaka (Bände ohne Signaturen) den bisher als Kriegsverlust angesehenen Band 3 Libri sin. 1414, mit den Kapiteln 12–15 der *Lotus Sutra* in der Tangut Sprache gefunden. Die Information über diesen wichtigen Fund kann hier dank der freundlichen Erlaubnis von Prof. D. Long angegeben werden, der den Autorinnen Einsicht in seinen bisher unveröffentlichten Beitrag „A Preliminary Report on the Chinese Buddhist Literature Kept at Jagiellonian Library in Poland" gewährte.

595–595a, 596, 596a, 597, 597a, 598, 598a, 599–600a, 601–601a, 602–604a, 605, 606, 606a, 607–608, 609, 609/610, 611–616, 616/619, 620–623, 585–621, 624–627, 630, 630a–b, 631, 631a, 632–640, 640a, 641–642, 642–643a, 644–645a, 646, 646a, 647, 647a–651, 651–653, 653, 654–655, 655–665, 665a–678, 620–679, 679–680, P.T. 680–682, 682–683, 683–687, 687a–b, 688–692a, 693–694, 694, 695–710b, 711–714, 715/715a, 716–724, 724a, 725, 725a, 726, 726a, 727–729, 729a, 730/731, 732–734, 734a, 735/736, 737/740, 711–740, 741/742, 743, 744/747, 748/752, 753/755, 756, 757, 758/763, 764/765, 766, 767/771, 746/771a, 746/771b, 772/775, 777/778, 778a, 779/780, 780, 781/784, 784–786, 787/88, 788, 789/789a/789b, 790–791, 1767, 1772, 1779, 1780, 1784, 1788, 1790–1792, 1794, 1796, 1798, 1836, 1838, 1839, 1841, 1843, 1854, 1856, 1858 1861, 1863–1865, 1871, 1873, 1983+ 3 Objekte ohne Signaturen

P.T. Index Tripitaka 24, 39–40, 104–156, 66–94, 873–910, 913–976, 992–1025, 1048–1154, 1161–1191, 1198–1310, 1317–1421, 1424–1509, 1434–1569, 1506–1635, 1517–1522, 1641–1764, 1664–1674, 1805,1812, 1827, 1829, 1850, 1869, 1875, 1885–1887+ohne Signaturen, 1884–1917, 1915–1988, 1995–2119, 2115–2186, 2188–2339, 2341–2418, 2410–2523, 2531–2568, 2570–2648, 2650–2665, 2668–2717, 2723–2744, 2795–2835, 2837–2893, 2895–2956, 2964–3097, 3101–3126, 3128–3218, 3229–3375, 3381–3448, 3455–3529, 3532–3630, 3636–3738, 3739–3742, 3751–3798, 3799–3892, 3893–3972, 3929–3986, 3987–4041, 4045–4949, 4100–4137, 4138–4177, 4172–4237, 4239–4298, 4294–4402, 4413–4464, 4467–4505, 4508–4571, 4575–4619, 4629–4646, 4644–4711, 4730–4768, 4770–4911, 4925–5000, 4944–4964, 5007–5040, 5080–5101, 5103–5155, 5158–5218, 5221–5246a, 5221–5266b, 5279–5322, 5383–5441

Index zu den Bändern chinesischen Tripitaka (ohne Signatur):

Sammlung Hirth 1, 6–15, 17–27, 29–37, 39, 40, 42, 43, 45–63, 63a, 64–68, 70–73, 75, 76, 78–82, 84–89, 91, 92, 92a, 94–99, 101, 103, 104, 106, 107, 109, 110, 113–126, 128–130, 130a, 131–136, 138, 139, 141, 143–150, 150 a–b, 151, 152, 152a, 153–158, 161–164

Sammlung Moellendorff 1a–c, 2, 6, 8, 10, 11, 15–17, 23–29, 34, 35, 39, 40, 44, 46, 48, 50–52, 55, 56, 76, 81, 82, 87, 88, 90, 95, 98, 99, 101, 102

Sammlung Müller 2–121, 23, 25–54, 56–80, 84–167, 168a–b, 169–201

Sammlung Pander
Pander A 1–2, 6–120, 120a, 121–369, [370?]

Pander B 1–31, 33–315
Pander C 1, 4, 6–22, 29–36, 38–40
Pander E 1–12
Pander F 600–668
Pander Pantheon (Pander D) 1–60

Tib. Print. 33 l acc. 1889.338
Tib. Print. 29 l acc. 1889.339
Tib. Print. 11[?] l acc. 1889.340
Akc. 1237
9 Objekte ohne Signaturen

Bibliographie

Berlin, Staatsbibliothek zu Berlin (SBB)

Tagebuch von Hugo Andres Krüß, Nachlass Hugo Andres Krüss: Ergänzungsband 2–1 (Tagebücher 1935, 1937–1939); Ergänzungsband 2–2 (Tagebücher 1940–1944); Ergänzungsband 1 (Tagebuch 1945).

„505 Geheimnisse … – Der Preußenschatz in Krakau. Drehbuch eines polnischen Dokumentarfilms" in: Jammers, Antonius (Hrsg.), *Die Beziehungen der Berliner Staatsbibliothek nach Polen*, (Berlin, 1997), S. 140–158.

Briel, Cornelia, „Hugo Andres Krüß – preußischer Beamter im NS-Staat", in: Saur, Klaus G. und Hollender, Martin (Hrsg.), *Selbstbehauptung – Anpassung – Gleichschaltung – Verstrickung. Die Preußische Staatsbibliothek und das deutsche Bibliothekswesen 1933–1945*, (Frankfurt am Main, 2014), S. 97–120.

Fitzel, Tomas, „Krakau liegt in der Mitte Europas. Zum Diskurs um die Rückgabe der ‚Berlinka' zwischen der Krakauer Jagiellonen-Bibliothek und der Berliner Staatsbibliothek", in: Kühn-Ludewig, Maria (Hrsg.), *Bibliotheksreise nach Warschau und Krakau. Aktuelle Ansichten und Gespräche zur deutsch-polnischen Geschichte*, (Numbrecht, 2002), S. 117–124.

Gering, Eberhardt, „Die Gründer und Mitbegründer der Deutschen Gesellschaft für Dokumentation im NS-Staat. Biographische Skizzen. Geheimrat Prof. Dr. Hugo Krüß (1879–1945)", http://homepages-.uni-tuebingen.de/gerd.simon/GeringKruess.pdf (30.8.2018).

Hertz, Deborah, „The Varnhagen Collection is in Krakow", *The American Archivist* vol. 44 (1981), S. 223–227.

Jaglarz, Monika und Jaśtal, Katarzyna, *Zbiory z byłej Pruskiej Biblioteki Państwowej w Berlinie przechowywane w Bibliotece Jagiellońskiej – stan i perspektywy badań/Bestände der ehemaligen Preußischen-Staatsbibliothek zu Berlin in der Jagiellonen-Bibliothek stan i perspektywy badań. Katalog wystawy, 2–30 czerwca 2017/Forschungsstand und –perspektiven. Ausstellungskatalog, 2.–30. Juni 2017* (Kraków, 2017).

Jammers, Antonius, „Die Zusammenarbeit der Staatsbibliothek zu Berlin mit polnischen Bibliotheken", in: Jammers, Antonius (Hrsg.), *Die Beziehungen der Berliner Staatsbibliothek nach Polen*, (Berlin, 1997), S. 10–23.

Jopek, Antoni, „Stanisław Sierotwiński (6 lutego 1909 – 23 lipca 1975)", *Pamiętnik Literacki*, Nr. LXVIII (1977), S. 353–361.

Kittel, Peter und Pirożyński, Jan, „Bestände aus der früheren Staatsbibliothek in Polen (nebst) polnische Nachlese", *Zeitschrift für Bibliothekswesen u. Bibliographie* Nr. 41 (1994), S. 113–128.

Komorowski, Manfred, „Die wissenschaftlichen Bibliotheken während des Nationalsozialismus", in: Vodosek, Peter und Komorowski, Manfred (Hrsg.): *Bibliotheken während des Nationalsozialismus*, (Wiesbaden, 1989), Teil. I, S. 1–23.

Kowalski, Wojciech, „Sytuacja prawna poniemieckich zbiorów bibliotecznych w Polsce", *Przegląd Biblioteczny* H. 1 (1997), S. 17–23.

Lechowski, Piotr, „Sporna Berlinka. Kontrowersje wokół zbiorów byłej Pruskiej Biblioteki Państwowej przechowywanych w Bibliotece Jagiellońskiej", *Biuletyn EBIB*, Nr. 99 (8/2008), http://www.ebib.pl/2008/99/index.php (5.4.2018).

Krzysztof Lipiński im Gespräch über den polnischen Dokumentarfilm „*505 Geheimnisse …, der Preussenschatz in Krakau*" in: Kühn-Ludewig, Maria (Hrsg.), *Bibliotheksreise nach Warschau und Krakau. Aktuelle Ansichten und Gespräche zur deutsch-polnischen Geschichte*, (Numbrecht, 2002), S. 102–105.

Łaskarzewska, Hanna, „Europa bez roszczeń? Problemy własności zbiorów, pamięć i polityka", *Roczniki Biblioteczne* H. 50 (2006), S. 45–91.

Mężyński, Andrzej, „Polnische Bibliotheken in den Jahren 1939–1945. Die Politik der Besatzungsmächte und der Verlust von Büchersammlungen in Polen", in: Stefan Alker, Christina Köster und Markus Stumpf (Hrsg.), *Bibliotheken in der NS-Zeit. Provenienzforschung und Bibliotheksgeschichte* (Göttingen, 2008), S. 291–302.

Pietrzyk, Zdzisław, „Jan Pirożyński jako bibliotekarz", *Biuletyn Biblioteki Jagiellońskiej*, Nr LIV (2005), S. 7–29.

Pietrzyk, Zdzisław, „Zbiory z byłej Pruskiej Biblioteki Państwowej w Bibliotece Jagiellońskiej", *Alma Mater* Nr 100, (2008), S. 15–19, http://www2.almamater.uj.edu.pl/100/03.pdf (5.4.2018).

Pirożyński, Jan, „Berlinka. Zbiory Berlińskie w Bibliotece Jagiellońskiej", *Dziennik Polski* Nr 115. vom 21.5.1993.

Pirożyński, Jan und Ruszajowa, Krystyna, „Die nationalsozialistische Bibliothekspolitik in Polen während des Zweiten Weltkrieges", in: Vodosek, Peter und Komorowski, Manfred (Hrsg.): *Bibliotheken während des Nationalsozialismus*, (Wiesbaden, 1989), Teil. I, S. 199–232.

Pruszyński, Jan, *Dziedzictwo kultury Polski. Jego straty i ochrona prawna*, Bd. II (Kraków, 2001).

Schochow, Werner, „Die Preußische Bibliothek im Schatten der Politik oder Zwischen Selbstbehauptung und Anpassung", in: Vodosek, Peter und Komorowski, Manfred (Hrsg.): *Bibliotheken während des Nationalsozialismus*, (Wiesbaden, 1989), Teil I, S. 25–48.

Schochow, Werner, „Die Preußische Staatsbibliothek und Polen seit dem Zweiten Weltkrieg. Eine Bücherreise ohne Wiederkehr?", in: Jammers, Antonius (Hrsg.): *Die Beziehungen der Berliner Staatsbibliothek nach Polen. Staatsbibliothek zu Berlin – Preußischer Kulturbesitz* (Wiesbaden, 1997), S. 110–139.

Schochow, Werner, „Hugo Andreas Krüß Generaldirektor von 1925 bis 1945", in: Ders. (Hrsg.), *Die Berliner Staatsbibliothek und ihr Umfeld. 20 Kapitel preussisch-deutscher Bibliotheksgeschichte*, (Frankfurt am Main, 2005), S. 191–218.

Schochow, Werner, *Bücherschicksale. Die Verlagerungsgeschichte der Preußischen Staatsbibliothek. Auslagerung – Zerstörung – Entfremdung – Rückführung. Dargestellt aus den Quellen*, (Berlin/New York, 2015).

Skręt, Rościsław, „Stanisław Sierotwiński", in: *Polski Słownik Biograficzny*, (Warszawa/Kraków, 1996–97), Bd. 37, S. 351–353.

Stęszewski, Jan, „Zur ‚Entdeckung' von Beständen der ehemaligen Berliner Preußischen Staatsbibliothek in Polen", in: Jammers, Antonius (Hrsg.), *Die Beziehungen der Berliner Staatsbibliothek nach Polen*, (Wiesbaden, 1997) S. 180–185.

Voigt, Gudrun, *Die kriegsbedingte Auslagerung von Beständen der Preußischen Staatsbibliothek und ihre Rückführung. Eine historische Studie von Archivmaterialien*, (Hannover, 1995).

Zacharska, Marzena unter Leitung v. Jan Pirożyński, „Polen", in: *Handbuch deutscher historischer Buchbestände in Europa*, Bd. 6 (Hildesheim, 1999), S. 21–216.

Zamorski, Krzysztof, „Berlinka – stan zachowania kolekcji i dostępność dla czytelników", *Przegląd biblioteczny* H.1 (1997), S. 25–35.

Piotr Tylus, Roman Sosnowski, Anna Rzepka
Uniwersytet Jagielloński

Romance manuscripts in the Berlin collection at the Jagiellonian Library in Cracow The state of the research and perspectives[1]

Abstract: The paper presents the research project (May, 2008 – April, 2011) carried out by Fibula team (Faculty of Philology at Jagiellonian University, Institute of Romance Philology) which aim was to analyse the collection of Romance manuscripts in the Berlin Collection at the Jagiellonian Library in Cracow (manuscripts in French, Italian, Spanish, Portuguese and Catalan).

Keywords: romance manuscripts, collections from the Former Preussische Staatsbibliothek in the Jagiellonian Library World War II, interdisciplinary project "Fibula"

Origin of the 'Berlinka'

Beginning in 1941, with the bombing of Berlin by Allied forces, a convoy of 41 lorries left the German capital, evacuating the most valuable items from the collection of Preussische Staatsbibliothek/Prussian State Library, which were then stored in castles, cloisters, and caves suitably prepared outside the city. Some of the items found their way to Lower Silesia, to the town of Fürstenstein (today's Książ), and subsequently to the town of Grüssau (today's Krzeszów). It was fortunate that during the war the Germans moved the collection from Książ to Krzeszów because the Castle of Książ was burnt by the Russians in 1945, otherwise the collection would not have survived. In the aftermath of World War II and the Potsdam Agreement, the territories west and north of the Polish border of 1939 (the so-called Western Territories or Recovered Territories) were given over to Polish administration (including Krzeszów). In 1945, in a directive concerning the preservation of abandoned book collections, the Polish Minister of Education created a new office: Representation of the Minister of Education for the Protection of Abandoned Collections in the Recovered Territories, including the territory of Lower Silesia. The recovered and salvaged book collections that had been kept in Lower

1 This is a revised and updated version of the article published in: Fibula 1 (2008), pp. 7–14.

Silesia after the war, including the Berlin collection, were moved to the Jagiellonian Library in Cracow, where the Representation had its office. In 1951, after the office was closed, the Ministry of Education transferred the Preussische Staatsbibliothek collection to the Jagiellonian Library as bailment of the State Treasury.

The items in the collection and its significance

The Berlin collection in Cracow includes prints and manuscripts. Romance manuscripts constitute a significant group in the collection, including 253 French manuscripts and 1 Occitan manuscript, 118 Iberian and 140 Italian. Furthermore, the Berlin collection contains loose manuscript materials stored in boxes: a collection of autographs (around 200 boxes, a collection of fragments from all around Europe, from the Middle Ages to the 20th century), Karl Varnhagen's collection (also autographs, from the 18th–19th centuries, important for the study of German Romanticism, around 300 boxes), and six legacies (archive materials on the life and activity of a person) of the following people: Jacob Michael Reinhold Lenz, Wilhelm von Humboldt, Alexander von Humboldt, Georg Schweinfurth, Gustav Freytag, and Hoffman von Fallersleben.[2]

Romance manuscripts in the Berlin collection

The collection of Romance manuscripts in the Jagiellonian Library from the former Prussian State Library in Berlin often includes items unique in world culture from a textological or iconographic point of view. These manuscripts were composed over many centuries: medieval and early modern ones (13th–19th centuries), and quite numerous.

The character of the collection is quite varied. The French manuscripts include philosophical treatises, works by Voltaire and D'Alembert, unique journals, e. g., from the Napoleonic wars, studies in historiography concerning both local and

---

2 Recently, in the Dominican Cloister in Cracow, a group of manuscripts from Preussische Staatsbibliothek zu Berlin was found (cf. the article of Zdzisław Pietrzyk "*Polonica* in Albums forming part of the Former Prussian State Library in Berlin (now held by the Jagiellonian Library) which were brought to light in 2014" in this book. Among them, previously considered lost, were old Greek and Latin and French and Italian manuscripts. Recently, Piotr Tylus published an article concerning one of these manuscripts: Ms. Lat. Qu. 888 ("Über ein Stundenbuch der Preussischen Staatsbibliothek, in Krakau jüngst wiederentdeckt", *Bibliotheksmagazin. Mitteilungen aus den Staatsbibliotheken in Berlin und München* 2 (2017), pp. 52–56. Furthermore, Roman Sosnowski is preparing an article about four Italian manuscripts.

world history (sometimes from the dawn of time), descriptions of the Polish royal court and the Sejm from the pre-partition era, which are of interest to Poles, as well as works that did not enter the French literary canon, interesting to literary historians. Very important also are diaries from travels to exotic lands (16th–18th centuries) as well as geographical descriptions and moralising and didactic works, which provide insight into the mentality of the past and its development. There are also 18th-century financial records of the Kingdom of France, battle plans, old military treatises, as well as scholarly ones (in the fields of mathematics, chemistry, physics, engineering and medicine), collections of copies of letters, a 16th-century book of proverbs, and cookbooks (16th–18th centuries), interesting both culturally and linguistically.

A large number of the Italian manuscripts are literary texts, including those by Boccaccio (*Filostrato*, *Elegia di Madonna Fiammetta*), Brunetto Latini (a fragment of *Tesoretto*), 15th-century biographies of Dante and Petrarch written by Leonardo Bruni of Arezzo; 13th-, 14th- and 15th-century translations of Latin works ('volgarizzamenti') into Italian, e. g., *De Consolatione philosophiae* by Boethius, the oldest Italian version of the romance of Alexander (Fig. 1/Abb. 1), commentaries on literary works, e. g., a commentary on Dante's *Paradise* by Benvenuto da Imola. The Italian manuscripts also include passion plays (the oldest date back to the 15th century), some of them written in verse, as well as treatises on religion, e. g., by Dominico Cavalca.

Abb. 1/Fig. 1: Kraków, Biblioteka Jagiellońska, Ms. Ital. Qu. 33

A large part of the medieval manuscripts are treatises on medicine and veterinary medicine. Many of the Italian manuscripts, both medieval and more recent ones, are of historical-political character (chronicles, treatises, travel diaries, accounts written by diplomats, examples of counsel given to rulers and armorials) including a 15th-century manuscript of Giovanni Villani's *Cronica*, a 15th-century anonymous Venetian chronicle, and works by Tommaso Campanella and Giordano Bruno.

The Iberian manuscripts, mostly Spanish but also Catalan and Portuguese, are mainly of historical-political and literary character: descriptions of travels, accounts written by diplomats, examples of counsel given to rulers, chronicles, pieces of poetry, drama, including short theatrical plays—the so-called *entreméses* or *sainetes*—about love. Very interesting also are a copy of a manuscript from the court of the Catholic monarchs from the 15th century and a manuscript describing customs at the 17th-century royal court. Another interesting group encompasses texts on linguistic subjects (old dictionaries and grammars, including a study on a South American Indian language: *Vocabolario de la lengua guarani* by the Jesuit Blas Pretorio). Many of the Iberian manuscripts are worth special attention, e. g., works by Calderon de la Barca, Lope de Vega, Bartolomé de las Casas, and Ramón Llull.

The collection of Romance manuscripts is not uniform in the sense that it is not a result of uniform and clearly defined bibliophilic tendencies. This, however, does not mean that the individual manuscripts are not interrelated. Many of them form small thematic groups. Some are of the same origin: they come from earlier book collections, e. g., those belonging to the counts von Starhemberg or the one belonging to Manzoni.

The genesis of the project

For a long time there existed a great urge among the Romance philologists in Cracow to study the collection of Romance manuscripts. As far as this collection is concerned, excluding the manuscripts written on the territory of medieval France,[3] we possessed only a very brief 1918 catalogue by Siegfried Lemm,[4] where descriptions of the individual manuscripts are most often reduced to a few lines each. The catalogue contains numerous inaccuracies, sometimes errors.

3 Cf. Dominique Stutzmann and Piotr Tylus, *Les manuscrits médiévaux français et occitans de la Preussische Staatsbibliothek et de la Staatsbibliothek zu Berlin Preussischer Kulturbesitz*, (Wiesbaden, 2007).

4 Siegfried Lemm, *Kurzes Verzeichnis der romanischen Handschriften*, (Berlin, 1918).

Many texts have not been identified by Lemm. His catalogue does not include information on the origin of the manuscripts, the manuscript tradition of the texts, and the iconography. The Romance manuscripts stood out in the Berlin collection, compared to the Latin ones (very well studied), because very little was known about them and they had not been adequately described and studied. They constitute a separate area of the collection. Given their uniqueness, lack of adequate academic analysis, frequent errors in establishing the time and place of composition, and that the manuscripts contained numerous unidentified texts comprised problems that Cracow's Romance philologists wanted to resolve. This was made possible with support from Iceland, Norway, and Lichtenstein under the EEA Financial Mechanism and a partial subsidy from the Polish Ministry of Science and Higher Education. In 2007, Piotr Tylus, along with the Fibula group, prepared an application. After a year-long, multistage evaluation, the support was granted to the Jagiellonian University. It was the only philological project from Poland to qualify for financial support under this programme.

The project originated as a byproduct of earlier research on manuscripts conducted by the Project Manager (P. Tylus) under a grant from Deutsche Forschungsgemeinschaft and others. The research encompassed medieval French and Occitan manuscripts from the Berlin collection and its result was a book published in Germany[5] (this group of manuscripts had been excluded from the Fibula research). It was during the work on that project that it became evident that Lemm's catalogue extremely lacked crucial information and that these manuscripts had been poorly studied and the research conducted under the project was in fact pioneering. This collection was particularly interesting for us.

It is worth emphasizing that such research was completely justified in Poland, especially in Cracow, a renowned centre for cataloguing Latin manuscripts that has witnessed ongoing research on the catalogue and published in successive instalments since 1980.[6] The research on manuscripts written in Romance languages should not be a surprise either, in view of the strong and enduring influence of Romance culture in Poland. This influence was clearly seen in Lesser Poland already in the Middle Ages when future professors of the Jagiellonian University received their education at universities in Paris, Bologne, and Padua, and strong relations existed between the Jagiellonian dynasty and Italy. This influence was also strong more recently as well. Moreover, Romance philology has a

5 Stutzmann and Tylus, *Les manuscrits médiévaux français et occitans*.
6 *Catalogus codicum manuscriptorum medii aevi Latinorum, qui in Bibliotheca Jagiellonica Cracoviae asservantur*, Vols. I–XI (Kraków, 1980–2016).

long tradition in Cracow. It was at the Jagiellonian University that the first chair of Romance philology in Poland was founded in the late 19th century (1892).

The research covered all the Romance manuscripts from the Berlin collection apart from French medieval manuscripts described before by Stutzmann and Tylus and Rhaeto-Romance manuscripts examined by Paul Videsott.[7] The Fibula group has studied 468 manuscripts dated from the 13th to the 20th century.

Aims of the project – the scholarly aspect

The project was implemented over 36 months, from 2008 to 2011. For each manuscript, a meticulous academic study was conducted according to an outline we had elaborated conforming to generally accepted European norms:

1. Codicological, palaeographic, and iconographic analyses of all the manuscripts, to identify: the time of composition (based on watermarks, the script, the school of illumination, colophons, the binding if original, etc.), the place of composition (dialectal features, the origin of the paper, iconographic features, colophons, original binding, etc.), the scribe and place of work (whenever possible), the artist or at least the school of iconography (illuminated manuscripts).
2. Investigation into the history of the manuscripts (their 'wanderings' since their composition to the present time): determining (if possible) the first and subsequent owners based on notes made in the manuscripts at different times (determining when such notes were written), sometimes on the basis of coats of arms; analysis of the binding if not original (the workmanship, ornaments, etc.), which made it possible to determine the whereabouts of the manuscript at the relevant time; analysis of old catalogue numbers and the German librarians' notes.
3. Determining the place of each manuscript in the manuscript tradition by comparing the state (version) of the text with critical editions of the same text; if no critical editions were available, locating manuscripts (in other libraries) that transmit the same text. Documenting the current state of research concerning the texts in the manuscripts. In the case of hitherto unknown texts, preparing a brief description of their content.

7 Cf. Paul Videsott, "Die rätoromanischen Handschriften der Sammlung Böhmer im Berliner Bestand der Biblioteka Jagiellońska/Universitätsbibliothek Krakau", *Vox Romanica*, vol. 70 (2011), pp. 150–190.

The conditions for achieving positive academic results were ensured: A large number of scholarships were offered to the researchers, which enabled them to conduct research in major European centres for manuscript research. The team working on the project comprised a group of Romance philologists (14 members) with interdisciplinary interests and who specialise in the Romance written tradition and the history of Romance languages, as well as two specialists from the Manuscript Department of the Jagiellonian Library. Most of the manuscripts feature 18th and 19th century library notes in German (important for the investigation of certain stages of the history of these manuscripts), which were analysed and translated by Dr Monika Jaglarz. The work was conducted at the Jagiellonian Library.

The research was of an interdisciplinary character and its results reached specialists in history of the book, literature, Romance languages, art, civilisation, philosophy, and enthusiasts of old books in general. This was possible because of the form in which the results were publicised: descriptions of the studied manuscripts (in English and in individual Romance languages for individual groups of manuscripts) were published on the website of the Interdisciplinary Research Group FIBULA, which worked on the project.[8] Apart from the online database where the results of the project are stored, several books have been published with more detailed results and/or deeper analysis:

Roman Sosnowski, Piotr Tylus, *Co mówią stare rękopisy* ['What can the old manuscripts tell us'], (Kraków, 2010).

Piotr Tylus, *Manuscrits français de la collection berlinoise disponibles à la Bibliothèque Jagellonne de Cracovie (XVIe–XIXe siècles)*, (Kraków, 2010).

Anna Rzepka, Roman Sosnowski, Piotr Tylus, *The history of the collection of Romance manuscripts from the former Preussische Staatsbibliothek zu Berlin, kept at the Jagiellonian Library in Kraków* (Kraków, 2011)

Piotr Tylus, avec la collaboration de Krzysztof Kotuła et Iwona Piechnik, *Manuscrits français de la collection berlinoise disponibles à la Bibliothèque Jagellonne de Cracovie (XVIIe–XIXe siècles – suite)*, (Kraków, 2012).

Roman Sosnowski, *Manoscritti italiani della collezione berlinese nella Biblioteca Jagellonica di Cracovia, (sec. XIII–XVI)*, (Kraków, 2012).

Jadwiga Miszalska *Manoscritti italiani della collezione berlinese nella Biblioteca Jagellonica di Cracovia, (sec. XVII–XIX)*, (Kraków, 2012).

8 "Fibula Group", http://www.filg.uj.edu.pl/fibula/ (30.01.2018).

Roman Sosnowski, *Volgarizzamento della* Chirurgia parva *di Lanfranco da Milano nel manoscritto Ital. quart. 67 della collezione berlinese, conservato nella Biblioteca Jagellonica di Cracovia*, (Kraków, 2014).

Furthermore, six issues of the newsletter *Fibula* and different articles in international revues have been published. To improve the usability of the results, the descriptions of Romance manuscripts on the Fibula website also have been connected to scans in the Jagiellonian Digital Library.

Aims of the project – the social aspect

The results of the research also have been made available through other media at the regional level: seminars and educational workshops were offered to the residents of Lesser Poland (students of Cracow's university-level schools, the residents of Cracow and the whole region of Lesser Poland) and conducted by the researchers engaged in the project, who are at the same time teachers at the Jagiellonian University. The aims of the seminars and workshops were as follows: 1) to show the wealth of Romance culture, the significance of its heritage to the culture in Europe and in Poland, and its contribution to the culture of Europe, Poland and especially Lesser Poland; 2) to present the structure of a manuscript and stages of composition; 3) to show what a manuscript 'tells' us about itself and what is important for investigating its history 4) to show what is unique to a manuscript, why it is worthwhile to study a manuscript, what is its exceptional value in comparison to text editions, how studying a manuscript contributes to our understanding of the text, what is the role of the image (present in the manuscript) in the understanding of the text, how significant for our understanding of the text is its division into narrative units imposed by the scribes (columns, ornamented initials), why it is worthwhile to study the manuscripts when studying, e. g., the *Roman de la Rose*, *The Golden Legend* or works by Boccaccio or Calderon de la Barca, and what new we can learn from the manuscript and not from text editions, etc. We planned these activities to revitalise Romance culture and to introduce into the social consciousness the concept of the manuscript as a work of art equal in terms of standard and value to other works of art and to introduce the concept of the manuscript as a broad and intricate transmitter of culture and thought. At the same time, the mission of Romance culture in the history of Europe and Poland were rescued from oblivion in the local and regional social consciousness, its impact on Polish culture, very clear in Lesser Poland, was emphasized. Thus, a kind of 'clasp' (fibula) that fastens the whole of Europe was shown, which enriched our awareness of mutual links. The society has been offered a chance to understand more about the intellectual and cultural history of Europe and about its cultural commonwealth. Thanks to innovative ways of accessing them, the texts were 'liberated' and introduced to circulation and the social consciousness; the value that the Romance manuscripts can have today was shown and the perception of both the unity and the diversity of European culture was built.

Romance manuscripts – brief conclusions and perspectives

The project has been a success story and laid solid foundations for further international research. Until now, at the Department of Romance Philology of the Jagiellonian University, several Ph.D. and M.A. theses have been presented or are still in progress. Also, scholars from French, Italian, Spanish, Portuguese, and German universities show interest in the results of our project. Some academic papers and books have been published, inspired by our research.[9] The academic and social interest in the Romance manuscripts of the Berlin collection has become firm and is still growing. Now that the seed has been planted, we are expecting further developments.

Bibliography

Camozzi Pistoja, Ambrogio and Claudia Tardelli Terry, *Vita di Alessandro Magno con figure secondo il ms. Cracovia, Biblioteca Jagellonica, Ital. Quart. 33* (Turnhout, 2016).

Catalogus codicum manuscriptorum medii aevi Latinorum, qui in Bibliotheca Jagiellonica Cracoviae asservantur, Vols. I–XI (Kraków, 1980–2016).

Gobbini, Sara, *Un volgarizzamento trecentesco degli Strategemata di Frontino appartenuto a Francesco Barbaro: analisi ed edizione* (Kraków, 2014).

Lemm, Siegfried, *Kurzes Verzeichnis der romanischen Handschriften* (Berlin, 1918).

Miszalska, Jadwiga, *Manoscritti italiani della collezione berlinese nella Biblioteca Jagellonica di Cracovia, (sec. XVII–XIX)* (Kraków, 2012).

Pietrzyk, Zdzisław "*Polonica* in Albums forming part of the former Prussian State Library in Berlin (now held by the Jagiellonian Library) which were brought to light in 2014)" in this book.

9 See, e. g.: Sara Gobbini, *Un volgarizzamento trecentesco degli Strategemata di Frontino appartenuto a Francesco Barbaro: analisi ed edizione*, (Kraków, 2014); Ambrogio Camozzi Pistoja and Claudia Tardelli Terry, *Vita di Alessandro Magno con figure secondo il ms. Cracovia, Biblioteca Jagellonica, Ital. Quart. 33*, (Turnhout, 2016).

Rzepka, Anna, Sosnowski, Roman, Tylus, Piotr, *The history of the collection of Romance manuscripts from the former Preussische Staatsbibliothek zu Berlin, kept at the Jagiellonian Library in Kraków* (Kraków, 2011).

Sosnowski, Roman and Tylus, Piotr, *Co mówią stare rękopisy* (Kraków, 2010).

Sosnowski, Roman, *Manoscritti italiani della collezione berlinese nella Biblioteca Jagellonica di Cracovia, (sec. XIII–XVI)* (Kraków, 2012).

Sosnowski, Roman, *Volgarizzamento della* Chirurgia parva *di Lanfranco da Milano nel manoscritto Ital. quart. 67 della collezione berlinese, conservato nella Biblioteca Jagellonica di Cracovia* (Kraków, 2014).

Stutzmann, Dominique and Tylus, Piotr, *Les manuscrits médiévaux français et occitans de la Preussische Staatsbibliothek et de la Staatsbibliothek zu Berlin Preussischer Kulturbesitz* (Wiesbaden, 2007).

Tylus, Piotr, "Romance manuscripts in the Berlin collection in Cracow – an international project", *Fibula 1* (2008), pp. 7–14.

Tylus, Piotr, *Manuscrits français de la collection berlinoise disponibles à la Bibliothèque Jagellonne de Cracovie (XVI*e*–XIX*e *siècles)* (Kraków, 2010).

Tylus, Piotr avec la collaboration de Krzysztof Kotuła et Iwona Piechnik, *Manuscrits français de la collection berlinoise disponibles à la Bibliothèque Jagellonne de Cracovie (XVII*e*–XIX*e *siècles – suite)* (Kraków, 2012).

Tylus, Piotr, "Über ein Stundenbuch der Preussischen Staatsbibliothek, in Krakau jüngst wiederentdeckt", *Bibliotheksmagazin. Mitteilungen aus den Staatsbibliotheken in Berlin und München* 2 (2017), S. 52–56.

Videsott, Paul, "Die rätoromanischen Handschriften der Sammlung Böhmer im Berliner Bestand der Biblioteka Jagiellońska/Universitätsbibliothek Krakau", *Vox Romanica*, vol. 70 (2011), pp. 150–190.

"Fibula Group", http://www.filg.uj.edu.pl/fibula/ (30.8.2018)

Paul Videsott
Libera Università di Bolzano/ Freie Universität Bozen

Eine wichtige (Wieder-)Entdeckung für die Sprachgeschichte des Dolomitenladinischen: die erste dolomitenladinische Grammatik (Jagiellonen-Bibliothek Krakau, Ms. raetorom. qu. 15)

Abstract: Der Beitrag liefert Informationen über die Erschließung der rätoromanischen Handschriften der Sammlung Böhmer aus den Beständen der ehemaligen Preußischen Staatsbibliothek zu Berlin, die zurzeit in der Jagiellonen-Bibliothek in Krakau aufbewahrt werden. Für die ladinistische Philologie besonders relevant ist das Manuskript der ersten dolomitenladinischen Grammatik aus dem Jahr 1806 mit dem Titel „Versuch zu einer Gramatick der Grödner Mundart".

Keywords: „Berlinka", romanistische Bestände, rätoromanische Handschriften, *Versuch zu einer Grammatik der Grödner Mundart/Per na Gramatica döl Lading de Gerdöna*

Am Anfang dieser (Wieder-)Entdeckung[1] stand ein kurzes E-Mail vom 19.2.2009, adressiert von Dr. Roman Sosnowski (Institut für Romanistik der Jagiellonen-Universität Krakau) an den Autor dieser Zeilen. Im Rahmen des Projektes FIBULA, das zum Ziel hat, die romanistischen Bestände der ehemaligen Preußischen Staatsbibliothek zu Berlin in der Jagiellonen-Bibliothek Krakau zu beschreiben und zu katalogisieren[2] sei man auch mit einem Bestand konfrontiert, der als *Rätoromanisch* (*Rękopisy Retoromańskie*) klassifiziert ist. Diesen könne man im Rahmen des Projektes FIBULA aus Zeit- und Kompetenzgründen nicht bearbeiten,

1 Wir verwenden den Begriff (Wieder-)Entdeckung, weil in Bibliothekarskreisen die Existenz des rätoromanistischen Bestandes in Krakau seit den 1980er-Jahren bekannt war. Diese in einer Fußnote versteckte Information (vgl. Lia Rumantscha (Hrsg.), *Bibliografia retorumantscha 1552–1984* (Cuira, 1986), S. 22, Fußnote 27) ist aber vollkommen unbeachtet geblieben, denn in linguistischen Arbeiten wurde der Bestand weiterhin als „verschollen" bezeichnet. In der Tat hatte bis zu unserem Besuch in der Jagiellonen-Bibliothek Krakau laut Ausweis der Konsultationslisten seit dem Ende des Zweiten Weltkriegs niemand in den Bestand Einsicht genommen.

2 Vgl. http://info.filg.uj.edu.pl/fibula/it (10.3.2018).

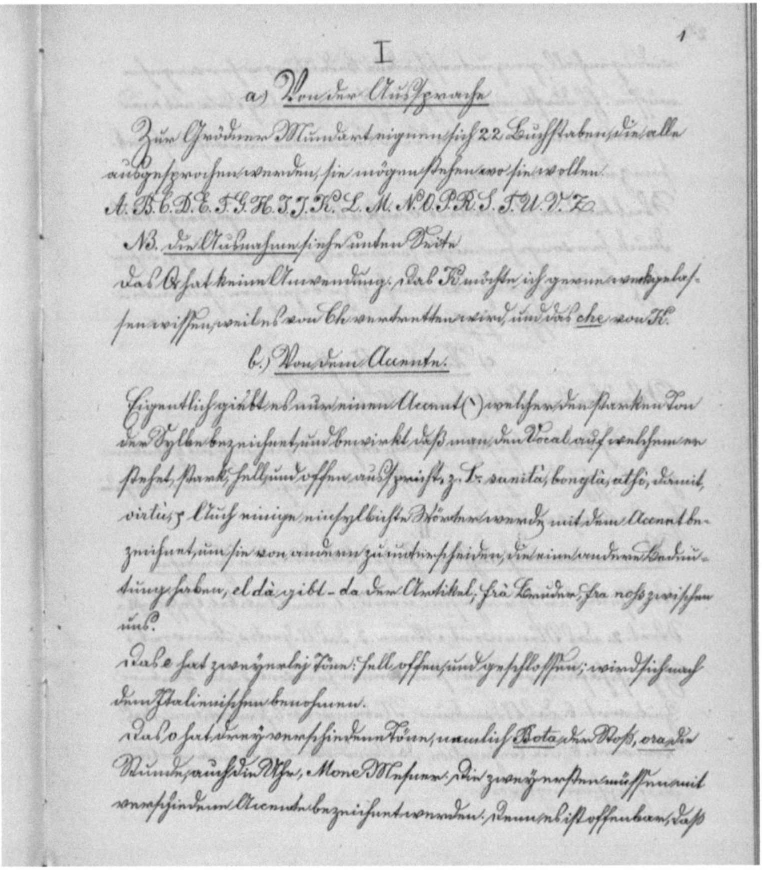
I

a) Von der Aussprache

Zur Grödner Mundart eignen sich 22 Buchstaben, die alle ausgesprochen werden, sie mögen stehen wo sie wollen.

A. B. C. D. E. F. G. H. I. J. K. L. M. N. O. P. R. S. T. U. V. Z.

NB. Die Ausnahmen siehe unten Seite

das C hat keine Anwendung; das K [illegible] [illegible] weil es von Ch unterschieden wird, und das che von K.

b.) Von dem Accente.

Eigentlich gibt es nur einen Accent (´) welcher den starken Ton der Sylbe bezeichnet, und bewirkt, daß man den Vocal auf welchem er steht, stark, hell und offen ausspreche, z. B. sanità, bongià, athó, damit, virtù; Auch einige einsylbige Wörter werden mit dem Accent bezeichnet, um sie von andern zu unterscheiden, die eine andere Bedeutung haben, el dà gibt – da der Artikel; frà Brüder, fra [illegible] zwischen uns.

Das e hat zweyerley Töne: hell offen und geschlossen; wie sich auch den Italienischen bemerken.

Das o hat auch verschiedene Töne, nämlich Bota der Stoß, ora die Stunde, auch die Uhr, Mone Menschen, die zweyerley [illegible] müssen mit verschiedenem Accente bezeichnet werden, denn es ist offenbar, daß

Abb. 2: Kraków, Biblioteka Jagiellońska, Ms. raetorom. qu. 15

aber womöglich könnte es für einen Rätoromanisten von Interesse sein, diesen zu sichten. Dem Mail beigefügt war eine Liste von Incipits des Bestandes.

Von den insgesamt 82 beigelegten Incipits hat eines gleich unsere Neugierde geweckt: Raetorom. Qu. 15 (Abb. 2) mit der Angabe: *Ed. Böhmer: Gramatick der Grödner Mundart*. Mit dieser Information war es nicht schwer, das Werk zu identifizieren: In seinem *Verzeichniss rätoromanischer Literatur*[3] schreibt der

3 Eduard Böhmer, „Verzeichniss rätoromanischer Literatur", *Romanische Studien*, H. 6 (1885), S. 109–218, S. 219–238, S. 335.

berühmte deutsche Romanist Eduard Böhmer (1827–1906)[4] auf S. 208: *Gramatick der Grödner Mundart. Von Josef Insam? Gegen 1800 verfasst? Abgeschrieben von Joh. Bapt. Rifesser 1881.*

Ein Besuch in Krakau Ende Juni 2009[5] hat diese Zuordnung bestätigt[6]: Es handelte sich wirklich um die Insam-Grammatik, ein Werk, das chronologisch das Primat in der dolomitenladinischen Grammatikographie beanspruchen kann, das aber außer von Böhmer selbst von keinem der großen Rätoromanisten des 19. Jahrhunderts (Graziadio Isaia Ascoli, Theodor Gartner, Karl von Ettmayer usw.)[7] eingesehen werden konnte. Vielmehr hat die über ein Jahrhundert währende Unklarheit über ihren weiteren Verbleib sogar Zweifel an der grundsätzlichen Existenz dieser Grammatik aufkommen lassen.

Die Abschrift (vgl. *infra*) des Manuskripts *Versuch zu einer Grammatik der Grödner Mundart/Per na Gramatica döl Lading de Gerdöna* – so der zweisprachige Titel – ist Teil der berühmten rätoromanistischen Sammlung, die Eduard Böhmer in den drei Lustren zwischen 1868 und 1883 zusammengetragen hat, um sie dann 1885 für 20.000 Mark der «Kaiserlich-königlichen Hofbibliothek» von Berlin zu überlassen, die damals zu *der* Forschungsbibliothek im Deutschen Kaiserreich ausgebaut wurde und die deswegen gezielt Privatbibliotheken bedeutender Wissenschaftler ankaufte. Ab diesem Moment teilt die sog. *Böhmer-Sammlung* bzw. *Böhmer-Bibliothek* das Schicksal der Preußischen Staatsbibliothek. Die Ereignisse des Zweiten Weltkriegs haben bekanntlich dazu geführt, dass sich seit Kriegsende ein Teil ihrer Bestände – darunter der gesamte rätoromanistische Handschriftenbestand – in Krakau befindet.[8]

Der Großteil der Sammlung bestand aus bündnerromanischen Manuskripten und Druckwerken, doch war es Böhmers Bestreben, seine Sammlung auch in

---

4 Zu Eduard Böhmer, einem der profiliertesten deutschen Romanisten der ersten Generation und von 1872 bis 1879 Professor für romanische Philologie an der damals neubegründeten Universität Straßburg, vgl. Paul Videsott, „Die rätoromanischen Handschriften der Sammlung Böhmer im Berliner Bestand der Biblioteka Jagiellońska/Universitätsbibliothek Krakau", *Vox Romanica*, H. 70 (2011), S. 150–190 (dort mit weiterführender Literatur).

5 Vgl. http://info.filg.uj.edu.pl/fibula/pl/node/42 (10.3.2018).

6 Vgl. Paul Videsott, „Na (re)descorida emportanta per la storia dl ladin: la puma gramatica ladina", *La Usc di Ladins*, H. 38 (2009), S. 6–7.

7 Die rätoromanistischen Arbeiten dieser Autoren sind systematisch zusammengestellt in: Paul Videssot, *Rätoromanische Bibliographie/Bibliografia retoromanza 1729–2010* (Bozen/Bolzano, 2011).

8 Ausführlich zum Schicksal der „Böhmer-Bibliothek", vgl. Videsott, *Die rätoromanischen Handschriften*, S. 154–155.

Bezug auf die Dolomitenladinia und Friaul auszuweiten. 1876 verbrachte er deswegen seine Ferien im ladinischen Tal Gherdëina/Gröden im damaligen Kronland Tirol, wo er u.a. auf Theodor Gartner (1843–1925) traf, den er zu seinen ladinischen Studien animierte.[9] Vor Ort arbeiteten beide Wissenschaftler mit dem Frühmesser Johann Baptist Rifesser (1819–1905) zusammen, der als Auskunftsperson zum Ladinischen überlokal geschätzt war und der zum Informanten und Ladinisch-Lehrer beider Wissenschaftler wurde.[10] Rifesser teilte Böhmer am 22.4.1881 brieflich die Existenz eines 104-seitigen Manuskriptes mit, das aus dem Nachlass des gerade verstorbenen Kuraten von Urtijëi/St. Ulrich, Josef Anton Vian (1804–1880)[11] stamme und das einen *Versuch Einleitung zu einer Sprachlehre für die Grödner Mundart*[12] enthielt. Im gleichen Brief stellte er bereits einige Überlegungen zum Autor des Manuskriptes an.[13] Böhmer bat umgehend

---

9 Vgl. Theodor Gartner, *Die Gredner Mundart* (Linz, 1879), S. VIII. Zu Theodor Gartner, mit Graziadio Isaia Ascoli Begründer der Rätoromanistik und erster Professor für romanische Philologie an der Universität Innsbruck, vgl. Walter Mair, „Hundert Jahre «Rätoromanische Grammatik». Eine wissenschaftsgeschichtliche Studie zu Theodor Gartner", *Ladina*, H. 7 (1983), S. 99–122; Guntram A. Plangg und Maria Iliescu (Hrsg.), *Akten der Theodor Gartner-Tagung (Rätoromanisch und Rumänisch)* (Innsbruck, 1987); Paul Videsott, „Kurze Geschichte des Instituts für Romanistik", in: Eva Lavric und Paul Videsott (Hrsg.), *Romanistica Œnipontana. Brücke über die Alpen in die romanische Welt. 105 Jahre Romanistik Innsbruck* (Innsbruck, 2009), S. 67–162. Zum Verhältnis Ascoli-Gartner vgl. Dimitrie Gazdaru, „Un conflicto ‚dialectológico' del siglo pasado. Contribución a la historia de la filología retorrománica", *Orbis*, H. 11 (1962), S. 61–74.

10 Zu Hw. Johann Baptist Rifesser und seinen wissenschaftlichen Kontakten, vgl. Videsott, *Die rätoromanischen Handschriften*, S. 152.

11 Zu Hw. Josef Anton Vian, Autor von „Gröden, der Grödner und seine Sprache" – der ersten gedruckten Grammatik eines dolomitenladinischen Idioms – vgl. Ruth Bernardi und Paul Videsott, *Geschichte der ladinischen Literatur. Ein bio-bibliografisches Autorenkompendium von den Anfängen des ladinischen Schrifttums bis zum Literaturschaffen des frühen 21. Jahrhunderts* (2012). Bd. I: 1800–1945: *Gröden, Gadertal, Fassa, Buchenstein und Ampezzo*; Bd. II/1: Ab 1945: *Gröden und Gadertal*; Bd. II/2: Ab 1945: *Fassa, Buchenstein und Ampezzo* (Bozen, 2014), S. 151–154.

12 Vgl. Josef Anton Vian, *Gröden, der Grödner und seine Sprache. Von einem Einheimischen* (Bozen, 1864).

13 „Pregiatissimo Signor Professore! Ringrazio distintamente dell'elenco della raccolta dei libri retoromani, che V.S. si è compiaciuta di regalarmi. Ho differito sin oggi ad accusarLe il ricevimento, perché avendo osservato che V.S. aveva impostato il libretto a Lichtenthal, volli aspettare che ella fosse dalle ferie pasquali ritornata a Strassburgo. Ammiro la Sua indefessa investigazione di scritti retoromani. Le partecipo, che tra i libri del defonto G. A. Vian ho trovato un manoscritto, che prima era affatto ignoto,

Rifesser um eine Abschrift des Werkes, die dieser im Mai 1881 erstellte[14] und an den Straßburger Professor schickte.[15] Letztendlich hat dies das Überleben der Grammatik garantiert, denn über den weiteren Verbleib des Vian-Nachlasses (und damit des Originalmanuskriptes) ist nichts mehr bekannt.[16]

In einem weiteren Aufenthalt in Krakau im Februar 2010 konnten wir dann – ausgehend vom *Verzeichniss* Böhmers – alle 82 Items des rätoromanistischen Bestandes (gegliedert in den Signaturen Ms. raetorom. fol. 1–22; Ms. raetorom. oct. 1–40; Ms. raetorom. qu. 1–20) neu aufnehmen und beschreiben.[17] Dabei

---

intitolato: ‚Versuch Einleitung zu einer Sprachlehre für die Grödner Mundart'. Ho confrontato il manoscritto con documenti di uffizio di Giuseppe Insam, scritti di sua mano con caratteri similissimi alla grammatica accennata. L'autore era ‚Pfeger=Landrichter=Bezirksrichter' ossia pretore, nato a S. Maria (Wolkenstein) di Gardena. L'operetta è di 104 pagine. Abbenché l'autore era gardenese, quando ha scritto la detta grammatica, come lo dimostrano i moltissimi errori, non conosceva più bene la lingua della sua patria. Verosimilmente scrisse la sua operetta nell'ultimo o penultimo decennio del secolo u.p. V.S. conoscerà già l'opera ‚Die ladinischen Idiome in Ladinien, Gröden, Fassa, Buchenstein, Ampezzo' del Dr. Giovanni Alton. Innsbruck, Wagner'sche Buchhandlung 1879. Scrivendo quanto concerne il dialetto gardenese, ha consultato l'autore un Gardenese che conosce la sua madrelingua assai imperfettamente, e perciò è stato tratto in moltissimi errori ed inesattezze. Replicando i miei più sentiti ringraziamenti mi pregio di professarmi con distinta stima di V.S. obbligatissimo, devotissimo servo Giambattista Rifesser mp primissario. S. Uldarico di Gardena, 22 aprile 1881" (Ms. raetorom. qu. 15, 65–67; zit. nach Paul Videsott, „Die erste dolomitenladinische Grammatik: Versuch zu einer Grammatik der Grödner Mundart/Per na Gramatica döl Lading de Gerdöna von Josef David Insam (1806 ca.)", in: Georges Darms (Hrsg.), *Akten des V. Rätoromanistischen Kolloquiums/Actas dal V. Colloqui retoromanistic Lavin 2011* (Tübingen, 2013), S. 47–61, hier S. 67.

14 „Vorstehende Grammatik hat der Unterzeichnete vom handschriftlichen Originale, dessen Verfasser nicht genannt ist, genau mit den Sprach- und Schreibfehlern im Monate Mai 1881 abgeschrieben. Johann Bapt. Rifesser mp, Frühmeßbenefiziat zu St. Ulrich in Gröden in Tirol." (Ms. raetorom. qu. 15, 60; zit. nach ebd., S. 68).

15 „Wohlgeborner, Hochverehrter Herr Professer! Euer Wohlgeboren sende ich die Abschrift der gewünschten Grammatik mit dem Bemerken, daß ich die ersten 20 Seiten des Originals, welche nur eine deutsche Sprachlehre enthalten, und deshalb von keinem Interesse sind, nicht abgeschrieben habe. Jetzt bin ich mit der Übersetzung von ein Paar 100 kurzen italien. Sätzen in die Grödner Mundart für Dr. Alton in Wien beschäftiget. Wollen Sie gefälligst diese Grammatik als kleines Andenken an Urtisei annehmen. Ich beehre mich hochachtungsvollst mich zu zeichnen, Euer Wohlgeboren ergebenster Johann Bapt. Rifesser." (Ms. raetorom. qu. 15, 61; zit. nach ebd.).

16 Ausführlich zur Insam-Grammatik vgl. ebd.

17 Das Ergebnis dieser Arbeit ist in: Videsott, *Die rätoromanischen Handschriften* veröffentlicht.

zeigte sich, dass neben der „Grammatik" eine ganze Reihe von weiteren Werken enthalten waren, die ebenso als verschollen galten und deren Existenz nun wieder bekannt gemacht werden konnte.[18] Die letztlich doch ungewöhnlichen Umstände dieser (Wieder-)Entdeckung animierten den bündnerromanischen Autor Leo Thuor (1959–) zu einer literarischen Verarbeitung in Form der Kurzgeschichte „Berlinka".[19]

Dank der Vermittlung von Dr. Monika Jaglarz, Leiterin der Handschriftenabteilung der Jagiellonen-Bibliothek Krakau, konnten von den insgesamt drei dolomitenladinischen Werken im Bestand (neben der erwähnten Grammatik [Ms. raetorom. qu. 15] auch eine Abschrift des *Badiotische[n] Schützenlied[s] vom J. 1848 von Cyprian Pescosta* [Ms. raetorom. qu. 17] sowie eine von J. Ch. Mitterrutzner besorgte Abschrift des *Versuch einer deutsch-ladinischen Sprachlehre. Von Nikolaus Bacher 1833* [Ms. raetorom. qu. 16]) hochauflösende fotographische Abbildungen erstellt werden. Dies ist insbesondere relevant im Hinblick auf die Edition der *Grammatik*, die demnächst erfolgen soll. Die anderen zwei Texte wurden hingegen in der Zwischenzeit bereits ediert[20], deswegen haben die in Krakau aufbewahrten Versionen keinen grundsätzlichen, sondern nur abrundenden Informationswert.

In einer vorbereitenden Studie[21] konnten bereits die wichtigsten Informationen zu Autor und Inhalt der Grammatik bekannt gemacht werden. Josef David Insam wurde am 30. Dezember 1744 in Sëlva/Wolkenstein in Gröden geboren. 1780 heiratete er in der Kirche von St. Peter in Gröden Franziska Masl aus Klausen. In der turbulenten Zeit der Napoleonischen Kriege war er Richter des Gerichtsbezirkes Gufidaun (zu dem auch ein Teil Grödens gehörte) und agierte offenbar korrekt genug, um diese Stellung auch nach der Wiederangliederung

18 So etwa das Wörterbuch-Manuskript von Pater Laurenz Justinian Lombardin: *Deutsch-Ladinisches Wörterbuch, Mundart des Münsterthals in Graubünden.* 200 Bl. q. (Ms. raetorom. qu. 14, vgl. ebd., S. 179). Zwei friaulische Manuskripte der Böhmer-Sammlung (Ms. raetorom. fol. 15) wurden mittlerweile ediert, vgl. Giorgio Cadorini, „Doi autografs di Toni Broili frameiç dai manuscrits furlans di Berlin conservâts a Cracovi", *Ce fastu?* H. 85 (2009), S. 221–235.

19 Leo Thuor, „Berlinka", *viceversa literatur*, H. 8 (2014), S. 180–184.

20 Zu diesen beiden Texten vgl. Videsott, *Die rätoromanischen Handschriften*, S. 178–181; zu den Editionen vgl. Paul Videsott, Ruth Bernardi et al., *Bibliografia ladina. Bibliografie des ladinischen Schrifttums/Bibliografia degli scritti in ladino, 1: Von den Anfängen bis 1945/Dalle origini al 1945* (Bozen/Bolzano, 2014).

21 Vgl. Videsott, *Die erste dolomitenladinische Grammatik*, S. 47–61.

Tirols an Österreich 1813 zu behalten. Er starb am 20. September 1826 in Griesbruck bei Klausen.

Als Richter war Insam einer der wenigen ladinischen Intellektuellen der damaligen Zeit und zeigte großes Interesse für seine Muttersprache, die damals gerade ins Blickfeld der Gelehrten und der „Statistik" napoleonischer Prägung kam.[22] Gemeinsam mit dem Lehrer und Gerichtsschreiber Matie Ploner

---

22 Vgl. Hans Goebl, „Zur Bedeutung der ‚Inchieste napoleoniche' von 1811 für die Herausbildung sprachgeographischer Forschungsinteressen: eine wissenschaftshistorische Skizze", in: Peter Wunderli, Iwar Werlen et al. (Hrsg.), *Italica – Raetica – Gallica. Studia linguarum litterarum artiumque in honorem Ricarda Liver* (Tübingen/Basel, 2001), vgl. Hans Goebl, „Du chemin parcouru entre Coquebert de Montbret père et fils et la plus récente dialectométrie: une reconsidération critique", in: Éva Buchi, Jean-Pierre Chauveau et al. (Hrsg.), *Actes du XXVIIe Congrès international de linguistique et philologie romanes* (Strasbourg, 2016), S. 29–67; und insbesondere vgl. Sven Ködel, „Die napoleonische Sprachenerhebung in Tirol und Oberitalien in den Jahren 1809 und 1810", *Ladina*, H. 34 (2010), S. 11–49; vgl. Sven Ködel, *Die Enquête Coquebert de Monbret (1806–1812). Die Sprachen und Dialekte Frankreichs und die Wahrnehmung der französischen Sprachlandschaft während des Ersten Kaiserreichs* (Bamberg, 2014). Mit den sogenannten „napoleonischen Erhebungen" steht auch die erste Dokumentation des Ladinischen im Fassatal im Zusammenhang (vgl. Frumenzio Ghetta und Fabio Chiocchetti, „Il più antico studio sul ladino di Fassa. Da una lettera del canonico Gio. Batta Giuliani al barone Sigismondo Moll (1812)", *Mondo Ladino*, H. 38 (2014), S. 41–80.) Die einschlägigen Informationen wurden über ein kapillares Netz von Informanten eingeholt. Der Fragebogen zum Ladinischen ist noch erhalten (Rovereto, Biblioteca civica Tartarotti, Fondo storico, Fondo Moll 130, f. 275–277) und wird hier zum ersten Mal veröffentlicht:

Trento li 14 8bre 1810 IL CONSIGLIERE DI STATO Prefetto del Dipartimento dell'Alto Adige

Ill. Signor Sigismondo de Moll
Roveredo per Villa Lagarina

Nell'ozio della campagna, non le dispiacerà io mi lusingo o Signore di consacrare qualche picciolo rettaglio di tempo anche in servizio del Governo. Dal Sig[r] Consigliere di Stato Direttor Generale della pubblica istruzione mi derivano alcuni quesiti di Statistica, per rispondere adeguatamente ai quali non saprei a chi rivolgermi se non a Lei per utili cognizioni e per ameni studi istruttissimo di ogni economico, istorico, e politico rapporto di questo Dipartimento.Certo Signore che ella sarà per assumere gentilmente questo incarico, io le propongo i quesiti:

I. Si hanno prove, che la Lingua Italiana a memoria d'uomini abbia fatti dei progressi nel Tirolo meridionale sopra la lingua tedesca? È noto che la lingua tedesca si parla

(1770–1845)[23] aus Urtijëi/S. Ulrich steuerte er die ladinische Version von sechs „kleinen Geschichten“ bei, die der Richter des Gerichtsbezirkes Kastelruth, Josef Steiner (1772–1833), seinem Aufsatz *Die Grödner*[24] als Sprachproben beilegte – es handelt sich hierbei um die ersten gedruckten ladinischen Texte überhaupt. Sehr wahrscheinlich ist das Manuskript der Grammatik genau in dieser Zeit entstanden. Darauf lässt zumindest die Bemerkung Steiners schließen, er „gedenke demnächst zu der bisher unbekannten Grödner Sprache eine Grammatik vorzulegen“[25]. Nachdem aber Steiner selbst laut den uns vorliegenden Informationen[26]

---

ancora in certi villaggi della Valle Sugana, e dei distretti di Pergine, Trento, Cavalese, si desidererebbe una esatta indicazione?

II. Quale è veramente il Dialetto che si usa nei distretti di Ampezzo, d'Emmemberg (sic! recte *Enneberg*), di Thud en Garden (sic! Verschrieb für *Thurn in Gadern*), di Buchenstein, di Walchenstein nella Vallata di Gradenea (sic! recte *Gardena*) presso a Clausen, e nel Fassa Thal – pare che questo Linguaggio non sia propriamente né Tedesco né Italiano, e che si avvicini molto a quello che si parla nel paese de' Grigioni nominato Roumousch. Importerebbe di avere un picciolo dizionario delle parole e delle frasi più rimarcabili di questi dialetto.

III. Si bramerebbe una traduzione della parabola del figliol prodigo, come sta in S. Luca al capo 15 nei vari idiomi del Tirolo meridionale. – Gioverebbe che quelle fatte nel dialetto Roumousch fossero accompagnate da una interpretazione interlineare.

IV. Sembra che alcune colonie italiane nei secoli di mezzo ed anche posteriormente siensi stabilite nel Tirolo meridionale, e forse si può dai loro particolari dialetti distinguere di qual paese dell'Italia sieno originarie e si vorrebbero avere su di ciò delle notizie circostanziate, e si bramerebbe conoscere quale estensione di paese occupi presso a poco ciascheduna di queste colonie.

Se mai per rispondere tutti questi quesiti Ella abbisognasse di ritraere qualche nozione da altre persone, io La autorizzo a dirigersi ad esse in mio nome, o ad indicarmele, perché possa io stesso invitarle a corrispondere alle di Lei ricerche che mi farà appositamente tenere. Mi compiaccio, o Signore, di questa occasione che mi si presenta per farLe conoscere quanto io veramente La stimi, per far sempre calcolo a vantaggio del Governo dette bi[sogna] che la adornano. Mi pregio di salutarla con distinta cor[dialita] Agucchi Il Segretario generale[unleserliche Unterschrift]“. Leider sind jedoch die Antworten, die unzweifelhaft geliefert worden sind (vgl. Ködel, *Die napoleonische Sprachenerhebung*, S. 30), bis auf weiteres verschollen.

23 Zu Matie Ploner, einem der frühesten ladinischen Autoren, vgl. Bernardi und Videsott, *Geschichte der ladinischen Literatur*, S. 136–149.

24 Josef Steiner, „Die Grödner“, in: *Der Sammler für Geschichte und Statistik von Tirol 2* (1807), S. 1–52.

25 Ebd., S. 22.

26 Vgl. Bernardi und Videsott, *Geschichte der ladinischen Literatur*, S. 139, Fußnote 14.

des Ladinischen wohl nicht kundig war, kann sich seine Aussage doch wohl nur auf unser Grammatik-Manuskript beziehen.

Die Grammatik selbst ist in zwei Teile gegliedert: der erste [1–33 – alle Seitenangaben beziehen sich auf die Rifesser-Abschrift] enthält eine Beschreibung der klassischen Wortarten, die zweite [33–55] eine Beschreibung der «Wortfiegung», d.h.: eine ladinische Syntax *ante litteram*. Obwohl die einzelnen Kapitel hierarchisch nicht durchstrukturiert sind, lassen die einzelnen Überschriften doch eine Ordnung erkennen[27]:

I. a) Von der Aussprache [1]; b) Von dem Accente [1]; c) Von dem Apostroph [2]
II. Von den unentbehrlichsten Gegenständen der Sprache [2]; a) Von dem Artikel [3]
III. Von den Nennwörtern überhaupt und derselben Abänderung [4]; Adverbia [5]; a) Hauptzahlen [5]; b) Ordnungszahlen [6]; c) Versamlungs Zahlen [6]; Deklination der Verben, denen persönlichen Pronomen [6]; Zueignende Pronomen. Possessiva [7]; Fragende Pronomen [8]; Absoluta [9]
IV. Conjugation der Zeitwörter [9]; Hilfs Wörter [9]; 1. *avöi*, ‚haben'; 2. Hilfswort: *Vöster*, ‚Seÿn' [11]; Conjugatio/Abwandlung [14]

Von den Nebenwörter (Adverbiis) [23]; Nebenwörter der Zeit [26]; Nebenwörter der Beschaffenheit [27]; Nebenwörter der Größe [28]; Nennwörter der Ordnung [28]
Von den Vorwörtern (Praepositionen) [28]
Von den Bindewörtern. Conjunctionibus [31]
Von den Zwischenwörtern. Interjectionen [32]
Nachtrag [32]

Zweiter Theil. Die Wortfiegung (*Syntax*) [33]

I Von der Fiegung der Artikel mit den Haupt- und Beywörtern [33]
II Von der Fiegung mit den Appelativen Nennwörter [35]
III Von der Fiegung der Nennwörter. A. Adjectiva [35]; B. Von den Subsantivis [36]

Von den Vergleichungs Stafeln [38]
Von der Regirung etwelcher Haupt= und Zeitwörter. Substantiva [38]; Adjectiva [39]
Von der Fügung der Fürwörter [39]; Persönliche Fürwörter [39]; Pronomina Possessiva [42]; Pronomina demonstrativa [43]; Pronomina Interogativa [43]
Syntax der Zeitwörter [43]; I. Von dem Gebrauch der Zeiten [43]; Von dem Gebrauch der Conjunctionen [46]; Von der Modification der Verbium [47]; Von den Abänderungen der Zeitwörter Casus [49]; Von den abgeleiteten Endungen der Zeitwörter [51]
Anhang. von verschiedenen Redensarten [53]; Entwelche Redenarten bey welchen die Wörter nicht können versetzt werden [55]

Im Vorfeld der baldigen Edition der „Grammatik" wurden bereits einzelne Teile daraus ediert, so z.B. die als Textbeispiele verwendeten Grundgebete *Vater unser*

27 Vgl. Videsott, *Die erste dolomitenladinische Grammatik*, S. 58–59.

und *Ave Maria*: es handelt sich dabei um die ältesten bekannten dolomitenladinischen Versionen dieser Gebete.[28] Als weiterer Einblick in die Grammatik soll hier zumindest das erste Kapitel über die Phonetik (*Von der Aussprache*, inhaltlich geht es aber um Grapheme) und die Orthographie (*Von dem Accente*, *Von dem Apostroph*) ediert werden (Ms. raetorom. qu. 15, 1–2):

> [1]
> I
>
> **a) Von der Aussprache**
> Zur Grödner Mundart eignen sich 22 Buchstaben, die alle ausgesprochen werden, sie mögen stehen, wo sie wollen.
> *A. B. C. D. E. F. G. H. I. J. K. L. M. N. O. P. R. S. T. U. V. Z.*
> NB.: Die Ausnahme siehe unten Seite ____[29]
> Das *Q* hat keine Anwendung. Das *K* möchte ich gerne weckgelassen wissen, weil es von *Ch* vertretten wird und das *che* von *K*.
>
> **b) Von dem Accente**
> Eigentlich giebt es nur einen Accent (`) welcher den starken Ton der Sylben bezeichnet und bewirkt, daß man den Vokal, auf welchem er stehet, stark, hell und offen ausspricht, z.B. *sanità, bongtà, athò* ‚damit', *virtù* etc. Auch einige einsylbichte Wörter werden mit dem Accent bezeichnet, um sie von anderen zu unterscheiden, die eine andere Bedeutung haben, *el dà* ‚gibt' – *da* der Artikel; *frà* ‚Bruder' *fra noss* ‚zwischen uns'.
> Das *e* hat zweyerlej Töne: hell offen, und geschlossen; wird sich nach dem Jtalienischen benehmen.
> Das *o* hat drey verschiedene Töne, nämlich *bota* ‚der Stoß', *ora* ‚die Stunde', auch ‚die Uhr', *mone* ‚Mesner', die zwey ersten müssen mit verschiedene Accente bezeichnet werden, denn es ist offenbar, daß [2] widrigenfalls ganz unterschiedene Bedeutungen hervorgehen müssen. Es dürfte nicht unschicklich sein, das o bey *bota* mit ^ und *òra* mit ` zu accentiren, und den Lernenden darauf aufmerksam zu machen.
> Weil bei dem Doppellaut o^e nicht allemal der gehörige Ausdruck hervorgehen möchte, so wird es geeigneter seyn, diesen Doppellaut mit zwei Oberstriche *ő* zu bezeichnen, soll lauten wie im deutschen *Gehör*.
>
> **c) Von dem Apostroph**
> Wird bei dem Artikel eine Meldung vorkommen.
> Den Sylben, welche auf *ang*, *ong* ausgehen, muß das *g* bleiben, zum Beyspiel: *majong* ‚wir essen', *mashong* ‚Kammer', *la mang* ‚die Hand', *mangs* ‚die Hände'.

Über die „Grammatik" hinaus enthält der rätoromanische Bestand der Jagiellonen-Bibliothek zu einem guten Teil Unikate bzw. Rarissima, die einer wissenschaftlichen Aufarbeitung auf jeden Fall wert sind.

---

28 Vgl. ebd., S. 62–63.

29 Die Seitenangabe ist nicht mehr nachgetragen worden.

Bibliographie

Kraków, Biblioteka Jagiellońska (BJ)

Ms. raetorom. fol. 15

Ms. raetorom. qu. 14

Ms. raetorom. qu. 15

Rovereto, Biblioteca civica Tartarotti, Fondo storico, Fondo Moll 130, f. 275–277.

Bernardi, Ruth und Videsott, Paul, *Geschichte der ladinischen Literatur. Ein bio-bibliografisches Autorenkompendium von den Anfängen des ladinischen Schrifttums bis zum Literaturschaffen des frühen 21. Jahrhunderts* (2012). Bd. I: 1800–1945: *Gröden, Gadertal, Fassa, Buchenstein und Ampezzo*; Bd. II/1: Ab 1945: *Gröden und Gadertal.*; Bd. II/2: Ab 1945: *Fassa, Buchenstein und Ampezzo* (Bozen, 2014).

Böhmer, Eduard, „Verzeichniss rätoromanischer Literatur", *Romanische Studien*, H. 6 (1885), S. 109–238

Cadorini, Giorgio, „Doi autografs di Toni Broili frameiç dai manuscrits furlans di Berlin conservâts a Cracovi", *Ce fastu?*, H. 85 (2009), S. 221–235.

Gartner, Theodor, *Die Gredner Mundart* (Linz, 1879).

Gazdaru, Dimitrie, „Un conflicto ‚dialectológico' del siglo pasado. Contribución a la historia de la filología retorrománica", *Orbis*, H. 11 (1962), S. 61–74.

Ghetta, Frumenzio und Chiocchetti, Fabio, „Il più antico studio sul ladino di Fassa. Da una lettera del canonico Gio. Batta Giuliani al barone Sigismondo Moll (1812)", *Mondo Ladino*, H. 38 (2014), S. 41–80.

Goebl, Hans, „Zur Bedeutung der ‚Inchieste napoleoniche' von 1811 für die Herausbildung sprachgeographischer Forschungsinteressen: eine wissenschaftshistorische Skizze", in: Wunderli, Peter, Werlen, Iwar et al. (Hrsg.), *Italica – Raetica – Gallica. Studia linguarum litterarum artiumque in honorem Ricarda Liver* (Tübingen/Basel, 2001).

Goebl, Hans, „Du chemin parcouru entre Coquebert de Montbret père et fils et la plus récente dialectométrie: une reconsidération critique", in: Buchi, Éva, Chauveau, Jean-Pierre et al. (Hrsg.), *Actes du XXVIIe Congrès international de linguistique et philologie romanes* (Strasbourg, 2016), S. 29–67.

Ködel, Sven, „Die napoleonische Sprachenerhebung in Tirol und Oberitalien in den Jahren 1809 und 1810", *Ladina*, H. 34 (2010), S. 11–49.

Ködel, Sven, *Die Enquête Coquebert de Monbret (1806–1812). Die Sprachen und Dialekte Frankreichs und die Wahrnehmung der französischen Sprachlandschaft während des Ersten Kaiserreichs* (Bamberg, 2014).

Lia Rumantscha (Hrsg.), *Bibliografia retorumantscha 1552–1984* (Cuira, 1986).

Mair, Walter, „Hundert Jahre «Rätoromanische Grammatik». Eine wissenschaftsgeschichtliche Studie zu Theodor Gartner", *Ladina*, H. 7 (1983), S. 99–122.

Paul, Videsott, „Na (re)descorida emportanta per la storia dl ladin: la puma gramatica ladina", *La Usc di Ladins*, H. 38 (2009), S. 6–7.

Plangg, Guntram A. und Iliescu, Maria (Hrsg.), *Akten der Theodor Gartner-Tagung (Rätoromanisch und Rumänisch)* (Innsbruck, 1987).

Thuor, Leo, „Berlinka", *viceversa literatur*, H. 8 (2014), S. 180–184.

Vian, Josef Anton, *Gröden, der Grödner und seine Sprache. Von einem Einheimischen* (Bozen, 1864).

Videsott, Paul, „Kurze Geschichte des Instituts für Romanistik", in: Lavric, Eva und Videsott, Paul (Hrsg.), *Romanistica Œnipontana. Brücke über die Alpen in die romanische Welt. 105 Jahre Romanistik Innsbruck* (Innsbruck, 2009), S. 67–162.

Videsott, Paul, „Die rätoromanischen Handschriften der Sammlung Böhmer im Berliner Bestand der Biblioteka Jagiellońska/Universitätsbibliothek Krakau", *Vox Romanica*, H. 70 (2011), S. 150–190.

Videsott, Paul, *Rätoromanische Bibliographie/Bibliografia retoromanza 1729–2010* (Bozen/Bolzano, 2011).

Videsott, Paul, „Die erste dolomitenladinische Grammatik: Versuch zu einer Grammatik der Grödner Mundart/Per na Gramatica döl Lading de Gerdöna von Josef David Insam (1806 ca.)", in: Darms, Georges (Hrsg.), *Akten des V. Rätoromanistischen Kolloquiums/Actas dal V. Colloqui retoromanistic Lavin 2011* (Tübingen, 2013), S. 47–61.

Videsott, Paul, Bernardi, Ruth et al., *Bibliografia ladina. Bibliografie des ladinischen Schrifttums/Bibliografia degli scritti in ladino, 1: Von den Anfängen bis 1945/Dalle origini al 1945* (Bozen/Bolzano, 2014).

http://info.filg.uj.edu.pl/fibula/pl/node/42 (10.3.2018).

Katarzyna Kołakowska
Katolicki Uniwersytet Lubelski Jana Pawła II

Greek Manuscripts from the former Prussian State Library in Berlin: Preservation and Research Problems (selected examples)

Abstract: The paper discusses the research on Greek manuscripts in the Berlin Collection at the Jagiellonian Library in Cracow. Focussing on three manuscripts (Ms. Graec. Qu. 73, Ms. Graec. Fol. 22 and Ms. Graec. Qu. 25), it addresses the difficulties due to the fact that the said collection of Greek manuscripts was never subject to contemporary palaeographic analyses.

Keywords: Collections from the Former Preussische Staatsbibliothek in the Jagiellonian Library, Greek manuscripts, Ms. Graec. Qu. 73, Ms. Graec. Fol. 22, Ms. Graec. Qu. 25

The collection of manuscripts in the Berlin State Library dates back to the 19th c. The last information concerning this issue originates from the end of the 19th c. and can be found in the introduction to the catalogue of these manuscripts by Carl de Boor. The author notes that the catalogue numbers most probably reflect the chronology of purchasing particular manuscripts. This is significant because an obvious question arises: why are there so many manuscripts containing Eastern liturgical texts and the lives of the saints here in the Western world (Berlin)?

At the beginning of the 19th c. the number of Greek manuscripts in Berlin was very small and limited to merely a few items which reached Berlin by chance. The following people contributed to their purchase: Christian Ravis, Heinrich Guichard, Gen. von Quintus-Icilius and Friedrich Jacob Roloff. The first decades of that century – after the difficult war period – were not conducive to enlargement of the collection. In 1822 the Library received a substantial number of Greek manuscripts of minor value, purchased in the East – in Constantinople – by a former Prussian diplomat Gen. Friedrich Wilhelm Ernst von Knobelsdorff (1752–1820). Only in the following years all opportunities and ways were used to extend the collection at any suitable occasion – systematically and at considerable expense. The Berlin Library obtained manuscripts brought by individual travellers from distant monasteries, as well as privately owned volumes (sometimes purchased at a market), usually in a very poor or incomplete condition.

It is worth mentioning here: a significant number of manuscripts acquired by Heinrich Karl Brugsch in Sinai, which the Library obtained in 1866, the remains of the Pisidian monastic library saved by Paul Oscar Gustav Hirschfeld in 1874, manuscripts originating from various churches and monasteries, with usually biblical or liturgical contents, purchased in 1880 in Paris, and, primarily, the most significant, large collection of Alexander Hamilton – a Scottish politician and a patron of the arts – incorporated into the Library in 1884. Since then, single items were also purchased in various places, e.g. at auctions.[1]

Such information can be found in the last printed catalogue of the Berlin collection. However, history set its own unexpected paths and after the war the collection ended up in the Jagiellonian Library in Cracow. It is stored there as a deposit of the State Treasury, so it is in the formal and legal possession of the Republic of Poland.

During all these years of storing no scientific research has been conducted (with single exceptions, including Prof. Dieter Harlfinger) aimed at verification of the catalogue data. It is significant, especially in view of the fact that contemporary Greek palaeography, as an auxiliary science or, according to Prof. B.L. Fonkich[2], a separate discipline, has developed new methods of text analysis in the recent years, enabling very detailed palaeographic and codicological studies, which in many cases have altered the current state of the research on even so famous manuscripts as e.g. *Codex Manichaicus Coloniensis*.[3]

The collection contains 161 Greek manuscripts at this moment. A detailed description of them can be found in the catalogue: *Die Handschriften-Verzeichnisse der Königlichen Bibliothek zu Berlin* by Carl de Boor (Berlin 1897).

In the Berlin collection we can find theological manuscripts (biblical, liturgical and hagiographical), as well as classical and philosophical ones.

It is not possible to discuss each manuscript here, even though the majority of them are worth verifying. These are mostly palimpsests which, due to the lack of special non-invasive equipment, were destroyed by the use of chemical agents that dyed parchment blue but did not bring expected results (for instance,

---

1 Carl de Boor, *Verzeichniss der griechischen Handschriften*, (Berlin, 1897), pp. 122–254.

2 Борис Л. Фонкич, "Греческая палеография среди специальных дисциплин в конце XX столетия", in: Борис Л. Фонкич, *Греческие рукописи европейських собраний. Палеографические и кодикологические исследования 1988–1998 гг.*, (Москва, 1999), pp. 9–17.

3 Борис Л. Фонкич, "Кодекс Мани", in: *Вестник истории, литературы, искусства*, т. 1, (Москва, 2005), pp. 69–74. Cf. also: Albert Henrichs and Ludwig Koenen, "Ein griechischer Mani-Codex (P. Colon. inv. nr. 4780)", *Zeitschrift für Papyrologie und Epigraphik*, 5 (1970), pp. 97–216.

Graec. Fol. 28 described by de Boor under no. 266). The oldest and most damaged manuscripts should also be verified, as exemplified by the manuscripts no. Graec. Fol. 43–47, written with Greek capital letters in two columns. They are very worn and require immediate cleaning and restoration. One of them, namely Graec. Fol. 45 (de Boor 281), is dated to the 11th–13th c. However, a detailed analysis including comparative material enables to specify its date of origin at the 10th c. Moreover, it is possible to identify the origin of the manuscript at the first half of the 10th c. or mid-century at the latest. The aforementioned comparative material (Ms. Harley 5694, Paris. gr. 451[4], Berlin, Staatsbibliothek, Phillipps 1538)[5] made it possible to find out that the manuscript was created in the circle of writers gathered around a Byzantine Emperor Constantine VII Porphyrogennetos (905–59). Moreover, comparing the handwriting of one of the authors it is possible to find considerable similarity to a great writer Baanes[6] who wrote for Arethas of Caesarea.[7] Thus, it is clear that de Boor's mistake can reach even three hundred (!) years. The manuscript contains the *Evangelion* consisting of 8 parts. The first part comprises John Chrysostom's homilies on the Book of Genesis, parts second to fifth contain homilies of St Basil the Great, the sixth part presents fragments of the Gospel divided into weeks and St Theodore's holidays, the seventh part includes fragments of works by Ephraim the Syrian, while the eighth part contains mostly works of Pseudo-Epiphanius. Some of them are unedited and in the case of two cards it is impossible to determine what text it is.[8]

4 Cf. Henri Omont, *Inventaire sommaire des Manuscrits Grecs de la Bibliothèque Nationale*, (Paris, 1886), P. 49: "Copié en 914 par Baanès, notaire d'Aréthée, archevéque de Césarée. Parch. 403 fol."

5 Cf. Louis-Théophile Lefort and Joseph Cochez, *Album palaeographicum codicum Graecorum minusculis litteris saec. IX et X certo tempore scriptorum, accedunt quaedam exempla codicum saec. XI–XVI*, (beheer van Philologische Studiën; Katholieke Universiteit te Leuven, Philologische Studiën, Albumreeks, No 1), (Leuven, 1932).

6 Ernst Gamillscheg and Dieter Harlfinger, *Repertorium der griechischen Kopisten 800–1600. Teil I. Handschriften aus Bibliotheken Grossbritanniens. A. Verzeichnis der Kopisten*, (Wien, 1981), p. 43.

7 Cf. Borys L. Fonkich, "Scriptoria bizantini: risultati e prospettive della ricerca", in: Борис Л. Фонкич, *Исследования по греческой палеографии и кодикологии IV–XIX вв.*, (Москва, 2014), pp. 55–60. The author wishes to thank Marina A. Kurysheva, PhD, for scientific assistance in specification of proper dating and comparative material.

8 Cf. Katarzyna Kołakowska, "Manuskrypty greckie w zbiorach krakowskich", in: Agnieszka Paulina Lew and Paulina Pludra-Żuk (eds.), *De nuptiis philologiae et libri manuscripti czyli Co nowego mówią rękopisy. Zbiór studiów*, (Warszawa, 2016), pp. 79–88.

Therefore, the whole collection of Greek manuscripts is worth further research, while the majority of manuscripts need a separate and in-depth study in monographic publications.

As it has already been mentioned, owing to the comparative method it has been possible to determine the authors of several manuscripts, previously "anonymous" (the copyist was unknown), which in turn enabled precise establishment of the time when a given copy was created.

One of such manuscripts is Graec. Fol. 22 which is a paper codex from the 2nd half of the 16th c. (de Boor dates it at the 15th c. and does not identify the copyists), sized 29.4 cm x 20 cm. It contains 159 pages although their numbering indicates 162 pages (page number 147 is followed by 151). The text was written by two copyists. On the basis of the comparative material it was established that the author of the copy was Nikolaos Choniates who cooperated with Bartolomeo Zanetti and was in charge of his own scriptorium. At coping of texts, Choniates cooperated also with Andreas Darmarios, Johannes Chonianos and Michael Myrokephalites. As noted by Harlfinger, in many cases his handwriting is difficult to discern from the handwriting of the copyists cooperating with him.[9] As it has already been mentioned, the manuscript originates from the 2nd half of the 16th c. and was created in the southern Peloponnese. Such conclusions can be drawn on the basis of a comparative analysis of a collection of documents from late 16th c., stored in Lviv. Among them there is a document written in the same handwriting as the above-mentioned manuscript.[10] The Lviv document was sent by Joasaph, archbishop of Monemvasia and exarch of the whole Peloponnese in April 1601 or 1616. On the reverse of the document there is a note: "apo Ounebiia" written in the same handwriting as the text. L. Politis suggests that Ounebia = Una via = gr. Monembasiia.

A copy of Photios' homilies from the Monastery of Iviron[11] on Mount Athos is also connected with above-mentioned Monemvasia. It should be noted that the document from Lviv and some manuscripts are associated with Venice in terms of their origin and history (e.g. Pal. Gr. 394, Taur. 150, Cod. Canonic. 61, Marc.

9 Cf. Gammilscheg and Harlfinger, *Repertorium der griechischen Kopisten*, p. 167.

10 Cf. Борис Л. Фонкич, "К вопросу о происхождении ивирского списка гомилий Фотия о нашестии россов на Константинополь", in: Борис Л. Фонкич, *Исследования по греческой палеографии и кодикологии IV-XIX вв.*, (Москва, 2014), p. 565.

11 Cf. Марина А. Курышева, "Реставрация греческих рукописей в Ивирском монастыре на Афоне в первой половине XVI в.", in: Борис Л. Фонкич (ред.), *Специальные исторические дисциплины. Вып. 1.*, (Москва, 2014), pp. 169–188.

Gr. 557) and it is probable that the writers from this school, which can provisionally be called "Monemvasian", worked in this centre of Greek book making and print in the 16th–17th c.

Moreover, another observation seems very important, that is a similarity, noticed by scientists, between the handwriting in the copy of Photios' homilies from the aforementioned Monastery of Iviron and some documents originating from the office of the Patriarch of Constantinople at the end of the 16th c.[12]

In the studied period there were intense contacts between the Patriarchate of Constantinople and the Greek community in Venice. Therefore, we can speak about a specific triangle: "Monemvasia – Venice – Constantinople", associated firstly with the work of Greek copyists and secondly with the merging of various handwritings. The research on lives of educated Greeks at the turn of the 16th and 17th c. can be particularly interesting.

A note in fol. 2r suggests that the owner of the manuscript could be Johann Pistorius from Freiburg. Fol. 2r, 5r and 162r contain the information: Coll. Soc. Jesu Molshemii. The manuscript was also in England, which is confirmed by the *ex-libris* and the coat of arms on the front cover. The codex arrived in Berlin in 1851.

Another interesting manuscript is Graec. Qu. 73. (Fig. 3/Abb. 3)

According to de Boor's catalogue (376) this is a parchment manuscript written by various copyists and containing 46 pages (44 filled with writing, page 1 damaged by humidity). On pages 1 and 10 there are signs of joining.[13] Owing to a note in the upper margin of 1r we know that the owner of the manuscript was Petros Hypsilos from Aegina. The manuscript was purchased at the auction of the book collection of Count Giacomo Manzoni in 1894.

A detailed comparative analysis enabled us to find out that one of the copyists was Andronikos Kallistos, Bessarion's worker,[14] called Byzantios. Bessarion himself places him in a group of hoi tachygrafoi tou Bessarionos. He was born after 1425 in Constantinople and since 1441 he lived in Italy. He taught Greek in Bologna and Florence. He was associated with: Demetrios Chalkondyles, Nikolaos Sekundinos, Francesco Filelfo, Michael Apostoles, Bessarion, Palla Strozzi. He was a teacher of Angelo Poliziano and Bartolomeo Fonzio, a cousin of Theodorus Gaza. He died in 1476 or in 1487 in London. He worked with Alphonsos

---

12 More in: Фонкич, "К вопросу о происхождении ивирского списка гомилий Фотия", p. 566 n. 24.

13 de Boor, *Verzeichniss der griechischen Handschriften*, p. 219.

14 Cf. Elpidio Mioni, "Bessarione Scriba e alcuni suoi collaboratori", *Miscellanea Marciana di studi Bessarionei, Medioevo e umanismo*, (Padva, 1976), pp. 297–299, tav. XIII–XIV.

Abb. 3/Fig. 3: Kraków, Biblioteka Jagiellońska, Ms. Graec. Qu. 73

Dursos, Demetrios Xanthopulos, Emmanuel Zacharides and Johannes Rhosos. He was probably in charge of his own scriptorium.[15] His book collection was sold in Milan.[16]

The manuscripts which enabled us to establish Andronikos' authorship are in Moscow GIM 465 (the State Historical Museum, Galen's text) GIM 475 (Demosthenes – the second part was written by his co-worker Aeschines), GIM 504 (selected pages, Sophocles), RGADA (the Russian Central Archives of Historical Records) F (section) 1604 (manuscripts Ch. F. Mattei, Cod. Lips. Gr. 53, Galen), RGADA F (section) 1604, Cod. Drezd. DA 11, Demosthenes (some folia).

Owing to the three analyses presented above we were able to determine the authors of copies of the selected manuscripts from the Berlin collection. This is significant because as a result of these findings it is possible to credibly correct the dating and establish the context in which the copies were created. Thus, the discussed manuscripts gained another, non-anonymous life. Certainly, around 100 Greek manuscripts await such studies, and work with each of them brings an element of surprise, also due to their various forms and time of creation.

As it has been mentioned at the beginning, the collection of Greek manuscripts has 161 volumes. It is worth noticing that it contained 140 items until recently. In 2014 the Polish Province of Dominican Friars informed the Ministry of Culture and National Heritage that a part of the collection from the former Prussian State Library was found in the collection of the Dominican Friars from Cracow. The newly found fragment of the collection was transferred to the Jagiellonian Library at the end of 2015, as property of the State Treasury. This part of the collection comprises 21 "new" Greek manuscripts. This find is especially precious due to the fact that from the time of the war until 19 April 2016 (the date the collection was made available) these manuscripts did not undergo scientific research, and – taking into account the history of Greek manuscript collection in Berlin – were never subject to contemporary palaeographic analyses.

Even the preliminary work on this part of the collection enables to "redate" particular manuscripts. On the basis of a comparative analysis it is possible to provisionally change the dates of origin e.g. of the following manuscripts: Graec. Fol. 36 (from the 13th to the 12th c.), Graec. Fol. 41 (from the 12th to the 2nd half of the X c.), Graec. Quart. 40 (from the 12th to the 13th c.).

---

15 Cf. Gammilscheg and Harlfinger, *Repertorium der griechischen Kopisten*, p. 35.

16 Marie Vogel and Victor Gardthausen, *Die Griechischen Schreiber des Mittelalters und der Renaissance*, (Leipzig, 1909), p. 30: "Seine Bibliothek wurde in Mailand an Buonaccorso und J.Fr. della Torre verkauft".

Furthermore, the discussed group contains an extremely interesting code Graec. Fol. 66. This is a manuscript written on papyrus, containing fragments marked as 18a–45. As Monika Jaglarz PhD has found out, this is the third part of the *Book of Genesis* from the year 374. The other parts are in Warsaw (fr. 1–17b) and in Paris (46–61).

It can easily be noticed that the number of Greek manuscripts in the collection of the former Prussian State Library in Berlin is still not final. Until 2014 in the Jagiellonian Library there were 490 out of 505 boxes which were taken away from Berlin. This number has been enlarged with the boxes found at the Dominican Friars in Cracow. The fate of the remaining part is still unknown … Thus, the research on Greek manuscripts from the discussed collection is a dynamic process, demanding special attention, and a very responsible one due to the lack of the contemporary scientific literature.

Bibliography

de Boor, Carl, *Verzeichniss der griechischen Handschriften*, (Berlin, 1897), pp. 122–254.

Fonkich, Borys L., "Scriptoria bizantini: risultati e prospettive della ricerca", in: Фонкич, Борис Л., *Исследования по греческой палеографии и кодикологии IV–XIX вв.*, (Москва, 2014), pp. 55–60.

Gamillscheg, Ernst and Harlfinger, Dieter, *Repertorium der griechischen Kopisten 800–1600. Teil I. Handschriften aus Bibliotheken Grossbritanniens. A. Verzeichnis der Kopisten*, (Wien, 1981).

Kołakowska, Katarzyna, "Manuskrypty greckie w zbiorach krakowskich", in: Lew, Agnieszka Paulina and Pludra-Żuk, Paulina (eds.), *De nuptiis philologiae et libri manuscripti czyli Co nowego mówią rękopisy. Zbiór studiów*, (Warszawa, 2016), pp. 79–88.

Lefort, Louis-Théophile and Cochez, Joseph, *Album palaeographicum codicum Graecorum minusculis litteris saec. IX et X certo tempore scriptorum, accedunt quaedam exempla codicum saec. XI–XVI*, (beheer van Philologische Studiën; Katholieke Universiteit te Leuven, Philologische Studiën, Albumreeks, No 1), (Leuven, 1932).

Mioni, Elpidio, "Bessarione Scriba e alcuni suoi collaboratori", *Miscellanea Marciana di studi Bessarionei, Medioevo e umanismo*, (Padva, 1976), pp. 297–299, tav. XIII–XIV.

Omont, Henri, *Inventaire sommaire des Manuscrits Grecs de la Bibliothèque Nationale*, (Paris, 1886), P. 49: "Copié en 914 par Baanès, notaire d'Aréthée, archevéque de Césarée. Parch. 403 fol.".

Vogel, Marie and Gardthausen, Victor, *Die Griechischen Schreiber des Mittelalters und der Renaissance*, (Leipzig, 1909).

Фонкич, Борис Л., “Кодекс Мани”, in: *Вестник истории, литературы, искусства*, т. 1, (Москва, 2005), Heinrichs, Albert and Koenen, Ludwig, “Ein griechischer Mani-Codex (P. Colon. inv. nr. 4780)”, *Zeitschrift für Papyrologie und Epigraphik*, 5 (1970), pp. 97–216.

Фонкич, Борис Л., “Греческая палеография среди специальных дисциплин в конце XX столетия”, in: Фонкич, Борис Л., *Греческие рукописи европейських собраний. Палеографические и кодикологические исследования 1988–1998 гг.*, (Москва, 1999), pp. 9–17.

Фонкич, Борис Л, “К вопросу о происхождении ивирского списка гомилий Фотия о нашестии россов на Константинополь”, in:. Фонкич, Борис Л, *Исследования по греческой палеографии и кодикологии IV–XIX вв.*, (Москва, 2014), p. 565.

Курышева, Марина А., “Реставрация греческих рукописей в Ивирском монастыре на Афоне в первой половине XVI в.”, in: Фонкич, Борис Л. (ред.), *Специальные исторические дисциплины. Вып. 1.*, (Москва, 2014), pp. 169–188.

Lesław Łesyk
Katolicki Uniwersytet Lubelski Jana Pawła II

Die literarische Tradition von Georg Kourtesios (Gennadios II. Scholarios) in den Beständen der ehemaligen Preußischen Staatsbibliothek zu Berlin in der Jagiellonen-Bibliothek[1]

Abstract: Der Beitrag präsentiert die Ergebnisse der Analyse von zwei Handschriften: Graec. Qu. 2 und Graec. Oct. 20 aus den Beständen der ehemaligen Preußischen Staatsbibliothek zu Berlin mit den Texten des ersten – nach der Eroberung Konstantinopels – ökumenischen Patriarchen, Gennadios II. Scholarios (Γεώργιος Κουρτέσιος Σχολάριος).

Keywords: die Preußische Staatsbibliothek zu Berlin, Georgios Kourtesios, Gennadios II. Scholarios, Graec. Qu. 2, Graec. Oct. 20, der Patriarch von Konstantinopel, Orthodoxie

In der Jagiellonen-Bibliothek werden zurzeit zwei wichtige Kodizes aufbewahrt. Es handelt sich dabei um griechische Handschriften, die eine außerordentlich interessante Widerspiegelung des literarischen Nachlasses von Georgios Kourtesios, des ersten Patriarchen nach der Eroberung Konstantinopels, bilden. Diese Kodizes, die auf die wichtigsten literarischen, historischen sowie paläographisch-kodikologischen Elemente des benannten Nachlasses hinweisen, werden im folgenden Beitrag dargestellt.

Bei dem ersten Kodex handelt es sich um Graec. Qu. 2, der laut Carl de Boor eine Kopie von gedruckten Texten ist.[2] Leider fehlen uns heute die Informationen darüber, woher dieser Text stammt, wem er gehörte und wie er nach Berlin gelangte. De Boor vermutet, dass dies vor 1812 geschah, wobei diese Annahme möglicherweise aus den alten Berliner Inventaren stammt.

1 Die Arbeit entstand infolge der Umsetzung des Forschungsprojekts „Wiersz litanijny w kulturze regionów Europy“ [dt. „Litanischer Vers in der Kultur der Regionen Europas“] (Nr. DEC-2012/07/E/HS2/00665) finanziert aus den Mitteln des polnischen Nationalen Zentrums für Wissenschaft (Narodowe Centrum Nauki).

2 *Verzeichnis der griechischen Handschriften der Königlichen Bibliothek zu Berlin*. Bd. II, (Berlin, 1897), S. 166.

Die Identität des Kopisten und das exakte Entstehungsdatum sind bis heute ein Geheimnis. Bekannt ist lediglich, dass der Verfasser des Textes Gennadios II. Scholarios war, der von ca. 1400 – ca. 1472 wirkte. Daher kann festgestellt werden, wann das genannte Werk höchstwahrscheinlich entstand. Wir wissen allerdings nicht, wann es abgeschrieben wurde.

Die Handschrift enthält keine Informationen über den Kopisten. Es erscheint unmöglich, die Identität des Autors zu bestimmen. Es gibt weder eine Subskription (ὁ κολοφών, -φῶνος) noch sonstige Hinweise zu dem Ort oder zu dem Zeitpunkt der Entstehung. In der Jagiellonen-Bibliothek liegt keine zweite Abschrift der gedruckten Ausgabe vor. Da jegliche Hinweise zum Zeitpunkt der Entstehung, zum Ort und dem Verfasser fehlen, erscheint es wissenschaftlich unbegründet, Folgerungen *ex nihilo* zu ziehen. Unsere Mutmaßungen über den Verfasser beziehen sich auf folgenden Text auf Blatt 2r:

> Τοῦ σοφωτάτου Γενναδίου τοῦ Σχολαρίου, Πατριάρχου Κωνσταντινουπόλεως, πρὸς τον τιμιώτατον καὶ ὁσιώτατον ἐν μοναχοῖς Γενναῖον Ἰωσὴφ, τῶν ἐν Θεσσαλονίκῃ
> Περὶ προορισμοῦ[3]
> (Des gebildetsten Gennadios Scholarios, des Patriarchen von Konstantinopel, zum ehrwürdigsten und gesegnetsten unter den Mönchen Gennaios Joseph in Thessaloniki; *De praedestinatione*).

Wer also war Gennadios II. Scholarios[4] und was kann man über diese Person sagen?[5]

---

3 Der Originaltitel lautete: Περὶ θείας προνοίας καὶ προορισμοῦ, vgl. Karl Krumbacher, *Geschichte der byzantinischen Litteratur von Justinian bis zum Ende des Oströmischen Reiches* (527–1453) (München, 1897), S. 120.

4 Vgl. Boris L. Fonkitch, „Nouveaux autographes de Démétrius Cydonès et de Gennade Scholarios", *Travaux et Mémoires*, 14, (Paris, 2002), S. 243–250.

5 C.J.G. Turner, „Pages from the Late Byzantine Philosophy of History", *Byzantinische Zeitschrift* 57 (1964), S. 346–372; C.J.G. Turner, „The Career of Gennadius-Scholarius", *Byzantion* 39 (1969), S. 420–455; A. Papadakis, „Gennadios II and Mehmet II the Conqueror", *Byzantion* 42 (1972), S. 88–106. Die – in faktographischer Hinsicht, sowie im Hinblick auf die Quellen – wertvollste Publikation, die der Gestalt des Patriarchen Gennadios Scholarios gewidmet ist, ist die Arbeit eines griechischen Forschers, vgl. Θεόδωρος Ζήσης, *Γεννάδιος Β΄ Σχολάριος. Βίος-συγγράμματα-διδασκαλία* (σειρά *Ανάλεκτα Βλατάδων* 30), Πατριαρχικόν Ίδρυμα Πατερικών Μελετών, Θεσσαλονίκη 1980, σελ. 199. Vgl. auch: Marios Philippides und Walter K. Hanak, *The Siege and the Fall of Constantinople in 1453: Historiography, Topography, and Military Studies*, (London/New York, 2011), S. 49–50.

Es werden drei mögliche Jahre seiner Geburt angegeben: 1400, 1403 oder 1405.[6] Er kam als Georgios Scholarios (Γεώργιος Κουρτήσιος Σχολάριος) in einer wohlhabenden griechischen Familie zur Welt, sein Vater stammte aus Thessalien und er hatte eine Schwester, die Sophrosyne hieß.

Vor Aufnahme seines Dienstes am Hof des Kaisers Johannes VIII. Palaiologos (1425–1448) arbeitete er als Philosophielehrer und Richter.[7] Kurz danach begleitete er den Kaiser[8] auf seiner Reise zum Konzil von Basel, das in den Jahren 1438 bis 1439 in Ferrara und Florenz stattfand und u. a. die Union zwischen der orthodoxen und lateinischen Kirche betraf. Auf dem Konzil hielt er vier Reden, in denen er die griechisch-lateinische Union unterstützte. Er verfasste auch eine Schrift, die die ersten 18 Syllogismen seines Lehrers Markos Eugenikos[9] (1437 Metropolit von Ephesos), die gegen Katholiken gerichtet waren, widerlegten. Nach der Rückkehr[10] nach Konstantinopel wurde er, wie die Mehrheit seiner Landsleute, zum Gegner der Katholiken, obwohl er sich der theologischen Mängel in der Hierarchie der orthodoxen Kirche bewusst war und früher sogar auf der Seite der kirchlichen, (politischen?) griechisch-lateinischen Union stand. Dies geschah höchstwahrscheinlich auf Drängen seines Mentors und Lehrers Markos Eugenikos hin. Von da an begann seine Karriere als Autor und erbitterter Gegner aller Beziehungen mit Lateinern. Nach dem am 31.10.1448 erfolgten Tod von Johannes VIII. Palaiologos, der sein Förderer und Gönner war[11], fiel

6 Verschiedene Geburtsdaten gibt Franz Tinnefeld, „Gennadios Scholarios“, in: Horst Robert Balz und Stuart G. Hall et al., *Theologische Realenzyklopädie*. Band XII, (Berlin/New York, 1984), S. 375.

7 Joseph Gill, „Gennadius II Scholarius, Patriarche of Constantinople“, in: *New Catholic Encyclopedia*, vol. VI, (New York/St Louis et al., 1967), S. 333.

8 Als Sekretär und καθολικὸς κριτὴς τῶν Ῥωμαιῶν (allgemeiner Richter der Rhomäer), vgl. ODB 2, S. 1158; Albert Failler, „Gennadios II.“, in: *Lexikon für Theologie und Kirche*. Band IV, (Freiburg/Basel et al., 1995), S. 463. Krumbacher meint, dass Scholarios κριτὴς τῆς βασιλικῆς κρίσεως war, vgl. Krumbacher, *Geschichte der byzantinischen Litteratur*, S. 119–120.

9 Er starb am 23.6.1444 und wurde im Kloster Mangana in Konstantinopel beigesetzt (laut Failler, „Gennadios II.“, S. 463 – gestorben im 1445 Jahr Bożena Modzelewska, „Gennadiusz II“, in: *Encyklopedia katolicka*, tom V, (Lublin, 1989), Kol. 964 – gestorben im 1447 Jahr). Nach dem Tod von Eugenikos verstärkt Scholarios seine Aktivität gegen die Union. Über die Person von Eugenikos vgl. Boris L. Fonkitch, „Markos Eugenikos als Kopist. Zur Tätigkeit eines Gelehrtenkreises an den Konstantinopolitaner Skriptiorien im ersten Drittel des 15. Jahrhunderts“, *Byzantinische Zeitschrift*, Nr. 84/85 (1991/1992), S. 17–23.

10 Aus Venedig am 12.6.1439.

11 Vgl. Gill, „Gennadius II Scholarius, Patriarche of Constantinople“, S. 333.

der Autor während der Regierungszeit des Kaisers Konstantinos XI. Palaiologos (1449–1453) in Ungnade und kehrte 1450[12] ins Kloster τοῦ Παντοκράτορος in Konstantinopel zurück, wo er den Ordensnamen Gennadios annahm. Gemeinsam mit Markos Eugenikos bildete er eine starke Partei der Unionsgegner.

Die Situation in Konstantinopel wurde aufgrund des näher rückenden osmanischen Heeres immer gefährlicher. In diesem Zusammenhang ist bei Brigitte Mondrain zu lesen:

Im zweiten Jahr der Regierung des Konstantin Palaiologos wurde Konstantinopel am 29. Mai, am dritten Tag der Woche in der Morgenfrühe, im Jahre 6961 auf völlig schändliche, grausame Weise von den gottlosen Türken erobert. Konstantin selbst starb, sowie viele andere, und so wurden die römische Herrschaft (*basileia*), die Freiheit, der Edelmut, der Geist, der Reichtum und alle guten Dinge zerstört. Und ich selbst wurde gefangengenommen.[13]

Mit folgenden Worten schilderte der byzantinische Humanist Konstantinos Laskaris auf f. 176 der eigenhändigen Handschrift seiner *Synopsis historiarum* (Matritensis. 4621) die Eroberung Konstantinopels.

Der Sultan hielt sich für den Nachfolger des byzantinischen Kaisers und nahm den Titel Kaizer-i Rum (Römischer Kaiser) an. Für die Gemeinde der griechischen Christen war jedoch die Bestimmung von Mehmed II.[14] über die Wiederherstellung der Würde des Patriarchen von Konstantinopel als Oberhaupt des

---

12 Vgl. Krumbacher, *Geschichte der byzantinischen Litteratur*, S. 120; Carmelo G. Conticello und Vassa Conticello, *La Théologie Byzantine et sa Tradition* II (XIIIe–XIXe s.) [Corpus Christianorum], (Turnhout, 2002) S. 478–541, hier S. 486 – er spricht über ein anderes Kloster, nämlich Charsianeites.

13 Brigitte Mondrain, „Der Transfer griechischer Handschriften nach der Eroberung Konstantinopels", in: Franz Fuchs (Hrsg.), *Osmanische Expansion und europäischer Humanismus. Akten des interdisziplinären Symposions vom 29. und 30. Mai 2003 im Stadtmuseum Wiener Neustadt* [Pirckheimer Jahrbuch für Renaissance- und Humanismusforschung. Im Auftrag des Vorstandes der Willibald Pirckheimer-Gesellschaft, hrsg. v. Klaus Arnold (Wiesbaden, 2005), S. 109. Vgl. Борис Л. Фонкич, „Иоанн Евгеник и его «Монодия на падение Константинополя»", in: Г.Г. Литаврин (Hrsg.), *Византия между Западом и Востоком*, (Санкт-Петербург, 1999), S. 270–292; vgl. Boris L. Fonkitch, „«Μονωδία επὶ τη Αλώσει της Μεγαλοπόλεως» του Ιωαννη Ευγενικού. Αυτόγραφο του συγγραφεα", *Constantinopla. 550 años de su caída.* Κωνσταντινούπολη. 550 χρόνια από την άλωση, (Granada, 2006), S. 399–404.

14 *Prosopographisches Lexikon der Palaiologenzeit* erstellt von Erich Trapp, Reiner Walter et al., Wien 1976–1996 (PLP) 17998. Über die Person von Mehmed II. Vgl. Julian Raby, „Mehmed the Conqueror's Greek Scriptorium", *Dumbarton Oaks Papers*, 37 (1983), S. 15–34.

griechischen Millets – so wurde die griechischsprachige orthodoxe Gemeinde genannt – bedeutend. Der vorherige Patriarch Gregor III. Mammas (1443–1450)[15] befand sich schon lange im Exil[16]. Darüber hinaus sympathisierte er mit der Union, was dem Sultan verdächtig erschien, da der Herrscher die Gefahr der Zusammenarbeit mit dem Westen gegen den osmanischen Staat fürchtete. Daraufhin wurde der Mönch Gennadios (seit 1450 im Kloster)[17] gesucht[18] und es wurde ihm der Thron des Patriarchen angeboten. Nach einer Bedenkzeit willigte er ein und wurde in der Kirche der Heiligen Apostel und nicht in der Hagia Sophia[19] am 6. Januar[20] 1454 inthronisiert, wobei er vom Sultan, der an der Zeremonie als byzantinischer Kaiser teilnahm, ein Pastoral (δικανίκιον) und einen Mantel (μανδύη, μανδύας) erhielt. Möglich war dies aufgrund der muslimischen Tradition, welche die Rechte der Völker, die eine „Religion des

15 PLP 4591.

16 Der Thron des Patriarchen in Konstantinopel wurde seit dem Jahr 1450, als der Patriarch Gregor III. Konstantinopel verließ und letztendlich nach Rom kam, nicht mehr besetzt. In manchen Texten wird noch über den Patriarchen Athanasios II. gesprochen. Der Forscher des byzantinischen Christentums Vitalien Laurent entdeckte jedoch, dass eine solche Gestalt in der Geschichte überhaupt nicht aufgetreten ist und es sich dabei um einen Mythos handelt, vgl. Vitalien Laurent und Eugenio Dalleggio, „Les études byzantines en Grèce (1940–1948)", *Revue des études byzantines*, 7 (1949), S. 91–128, hier S. 109 n. 104 und S. 110 n. 114. Zusätzliche Informationen kann man der Arbeit von M. Philippides und W.K. Hanak entnehmen, vgl. Philippides und Hanak, *The Siege and the Fall of Constantinople in 1453*, S. 49–51.

17 Vgl. C.J.G. Turner, „The First Patriarchate of Gennadios II Scholarios as reflected in a pastoral Letter", in: Auguste Elfriede Christa Canitz und Gernot R. Wieland, *From Arabye to Engelond: medieval studies in honour of Mahmoud Manzalaoui on his 75th birthday*, (Ottawa, 1999), S. 25–38, hier S. 25.

18 In dieser Zeit wurde Gennadios gefangen, vgl. Gill, „Gennadius II Scholarius, Patriarche of Constantinople", S. 333 dass er in Adrianopel (heute Edirne in der Türkei) gefangen wurde, vgl. Failler, „Gennadios II.", S. 463.

19 Die damalige/frühere Kirche Hagia Sophia ist zu einer Moschee geworden. Zu diesem Zeitpunkt übernahm ὁ πατριαρχικὸς ναὸς τῶν Ἁγίων Ἀποστόλων (die Kirche Aller Heiligen Aposteln) ihre Funktion, in der Kaiser bestattet wurden, und danach τῆς Παμμακαριστάτου, vgl. Adrian Fortescue, „Gennadius II", in: Charles G. Herbermann, Edward A. Pace et al., *The Catholic Encyclopedia*, vol. VI, (New York, 1913), S. 416.

20 Turner, „The First Patriarchate", S. 31 (224.38–225.2). Über den 5. Januar spricht Daniel Goffman, *The Ottoman Empire and Early Modern Europe* (Cambridge, 2004), S. 171. Fortescue gibt ein anderes Datum an und stellt gleichzeitig eine realistische Beschreibung der damaligen Ereignisse dar: „On 1 June, 1453, the new patriarch's procession passed through the streets that were stil reeking with blood", Fortescue, „Gennadius II", S. 416.

Buches" – praktizieren, anerkannte. Diese Tradition bestimmte auch, dass die Vertreter solcher Völker der Macht ihrer eigenen Religionsführer unterstehen sollten, in diesem Fall der Macht der Bischöfe. Die Konsequenz davon war, dass den Bischöfen und Patriarchen von nun an neue Pflichten und zusätzliche Verantwortung aufgetragen wurden.[21] Da sie nämlich sowohl politische als auch religiöse Führer waren, lagen die Stabilität und das Wohlergehen der osmanischen Regierung in ihrem eigenen Interesse. Dies motivierte die Kirche zum politischen Konservatismus und zur Unterstützung der bestehenden Ordnung.[22]

Gennadios erhielt das Recht *rum millet* (türk. *Römisches Volk*, umgangssprachlich „Recht der Trennung des Volkes"), also das Recht der Anerkennung der Herrschaft des Patriarchen von Konstantinopel über die Christen im osmanischen Imperium.

Als Patriarch war Gennadios nicht glücklich, weswegen er auch im Mai 1456 vom Thron des Patriarchen zurücktrat.[23] Gerade im Kontext der zuvor erwähnten Geschichte kann festgestellt werden, dass er über die Einstellung des Sultans zum Christentum und zu den Christen enttäuscht war und ihn das womöglich zu seiner Entscheidung, vom Thron des Patriarchen zurückzutreten, bewog.[24] Es wird aber auch ein anderer Grund für dieses Verhalten angeführt: Viele seiner Vorgänger verbrachten die letzten Jahre ihres Lebens, als Ex-Patriarchen oder Mönche, indem sie ins Kloster gingen. Gennadios setzt sich zuerst im Kloster Vatopedi auf Athos nieder[25] und begibt sich danach zum Kloster zum Heiligen Johannes dem Täufer in der Nähe von Serrae in Makedonien

---

21 Diese Rechte und Pflichten sind in dem Dokument erhalten geblieben, das als sog. *berat* (Diplom) bezeichnet wurde. Joseph Gill stellte fest, dass dies eine eigene Art von Konkordat war, das *de facto* bis 1923 galt, vgl. Gill, „Gennadius II Scholarius, Patriarche of Constantinople", S. 334. Darin befand sich u. a. ein Hinweis darauf, dass der Patriarch, obwohl „er die Lateiner nicht mochte", zur Aufrechterhaltung guter Beziehungen zu ihnen verpflichtet gewesen war, vgl. Fortescue, „Gennadius II", S. 416 Modzelewska, „Gennadiusz II", Kol. 965.

22 Timothy E. Gregory, *Historia Bizancjum*, (Kraków, 2008), S. 349–350 und Jonathan Shepard (Hrsg.), *The Cambridge History of the Byzantine Empire c. 500–1492*, (Cambridge, 2008), S. 865–872.

23 So meint Μανουήλ Ι. Γεδεών, *Πατριαρχικοὶ Πίνακες*, (Constantinople, 1890), S. 471–479, hier S. 472. Fortescue sagt über. Vgl. Fortescue, „Gennadius II", S. 416.

24 „It is difficult to give the full reason for this step. It is commonly attributed to his disappointment at the sultan's treatment to Christians. On the other hand, Mohammed seems to have kept the fairly tolerant conditions he had allowed to them", vgl. Fortescue, „Gennadius II", S. 416.

25 Tinnefeld, „Georgios Gennadios Scholarios", S. 490.

(Menoikeus-Gebirge). Zwischen April 1462 und August 1464 kehrt er zweimal nach Konstantinopel zurück, um das Amt des Patriarchen auszuüben. Doch nachdem er die Zustände der Hauptstadt überprüft hatte, kehrte er jedes Mal ins Kloster zurück. Im Jahr 1472 spricht man von Gennadios als von einem Lebenden[26], doch 1474 erwähnt man ihn als einen bereits Verstorbenen[27]. Man setzte ihn im Kloster zum Heiligen Johannes Prodromos bei. 1854 fand eine erneute Beisetzung im klösterlichen Nartex der Kirche statt. Das Konzil von Konstantinopel traf 1484 die Entscheidung, Gennadios heiligzusprechen (zur Regierungszeit des Patriarchen Simeon I.).

Das Leben als Mönch erlaubte ihm, literarisch tätig zu werden. Seine außerordentliche Kreativität und sein literarisches Talent werden in seinem umfassenden literarischen Nachlass deutlich.[28]

Er schrieb viele theologische und philosophische Werke, darunter auch Kommentare zu Thomas von Aquin; er schrieb auch apologetische Arbeiten in Bezug auf die Philosophie von Aristoteles und setzte sich mit Ethik, Liturgie und Poesie auseinander.[29]

Der Großteil seiner Werke blieb in Handschriften erhalten, viele davon werden auch zu der Kategorie *dubia* gezählt. Seine schriftstellerische Tätigkeit kann man sowohl im Hinblick auf die Chronologie als auch die Thematik unterteilen: Philosophie (Kommentare zu Aristoteles, Porphyrios, Übersetzungen von Petrus Hispanus und Thomas von Aquin, Verteidigung von Aristoteles im Hinblick auf den neoplatonistischen Reduktionismus), Theologie (zum Thema der kirchlichen griechisch-lateinischen Union, polemische Werke in Bezug auf den Islam, den Judaismus und das Heidentum), Homilien, Hymnen und Briefe.

Die erste Phase seiner schriftstellerischen Tätigkeit ist die Zeit des Konzils von Florenz und zeichnet sich durch die umfangreiche Korrespondenz mit Freunden, Bischöfen, Vertretern der Macht. Der Großteil davon wurde bis heute nicht veröffentlicht.

26 Par. Gr. 1289, f. 194v – auf dem Rand wurde Eintrag geschrieben, der auf das Jahr verweist (d.h. September 1471 – August 1472), vgl. OC I, S. XX; IV, S. 511. Failler meint, dass Scholarios: „(in dem Prodromos-Klar. er) um 1472 starb“, vgl. Failler, „Gennadios II.“, S. 463.

27 J.C.G. Turner, „The Career of Gennadius-Scholarius“, *Byzantion* 39 (1969), S. 442 n. 1.

28 Vgl. Failler, „Gennadios II.“, S. 464.

29 Fortescue gibt an, dass Gennadios zwischen 100 und 120 hinterlassen hatte, von denen viele noch nicht erschlossen wurden. Vgl. Fortescue, „Gennadius II“, S. 417.

Die nächste Schaffensphase umfasste die Zeit seiner Opposition in Bezug auf die Union (ca. 1445–1456 oder 1459).[30] Er schrieb damals mehrere politische Werke zum Thema der lateinischen Kirche, Homilien und Reden. In dieser Zeit verteidigte er auch Markos Eugenikos, kritisierte den Hesychasmus und den Platoniker Gemistus Pletho.[31]

Die Periode seiner schriftstellerischen Tätigkeit – vom Rücktritt bis zum Tod – zeichnet sich besonders durch die Entstehung von theologischen und polemischen Werken aus (viele Pamphlete[32] richteten sich gegen die Union mit den Lateinern). In diesem Zeitraum entstand der Text *De praedestinatione*, der heute in Krakau aufbewahrt wird.

Scholarios war der letzte große Polemiker des Ostens in der Geschichte von Byzanz. In seiner schriftstellerischen Tätigkeit befasste er sich mit verschiedenen Themen, angefangen mit philosophischen Themen bis hin zu rein theologischen Fragestellungen, z. B. zu Streitigkeiten im Zusammenhang mit Hesychasmus (asketische Form des Gebets, die von Mönchen am heiligen Berg Athos praktiziert wurde und von Barlaam von Kalabros kritisiert wurde).

Paläographisch-kodikologische Fragestellungen

Der Kodex wurde auf Papier verfasst und weist keine Zerstörungen oder Mängel in den Folien auf. Er wird begrenzt durch einen unteren (3cm) und äußeren Rand (Falte mit 3,5 cm, die den Außenrand auf jeder Seite markiert). Die Größe der Seite beträgt 15,5 x 18,5 cm, dabei beträgt die Abmessung der beschrifteten Fläche 12 x 15,5.

Der Kodex ist gebunden. Die Anzahl der jeweilig gebundenen Blätter ist unregelmäßig und beträgt: 2, 3 oder 10 Blätter (6v – 7r, 18v – 19r, 28v – 29r, 36v – 37r, 50v – 51r, 68v – 69r, 84v – 85r, 91v – 92r). Vor der ersten Seite und nach der 93. Seite befindet sich ein leeres Blatt.

An den Rändern stehen Nummern, bei denen es sich höchstwahrscheinlich um die Nummern der gedruckten Ausgabe handelt, die handschriftlich kopiert wurde (5v – 220, 8v – 222, 12v – 224, 17v – 227, 20v – 229, 23v – 231, 26v – 233).

30 Scholarios tritt *de facto* an die Stelle von Markos Eugenikos als Uniongegner. Im Jahr 1445 und später nimmt er an 15 Debatten mit einem päpstlichen Gesandten Lapacci in Konstantinopel teil, in denen sein Talent und Wissen zum Vorschein kommen, vgl. Gill, „Gennadius II Scholarius, Patriarche of Constantinople“, S. 333.

31 *Patrologiae cursus completus. Series graeca,* hrsg. v. Jacques Paul Migne, Bd. 1–161. Paris 1857–1866 (PG), Bd. 160, Kol. 743 ff.

32 Vgl. Gill, „Gennadius II Scholarius, Patriarche of Constantinople“, S. 334.

Auf jeder Seite (von der ersten bis zur 93. Seite) wurde mit Bleistift eine zusätzliche Nummer an der oberen, rechten Ecke notiert, fortlaufend von 1–93.

Der Text des Traktats befindet sich auf den Blättern: 2r – 29r. Zwischen Seiten: 29r – 29v und 30r – 30v befinden sich Wasserzeichen: drei aufeinandergelegte Kreise unterschiedlicher Größe.

Würde dasselbe Wasserzeichen in einer anderen Handschrift aufgefunden werden, könnten genauere Angaben zu dem Entstehungsort des Papiers aus dem Krakauer Kodex gegeben werden und die Rekonstruktion würde erleichtert werden.

Eine gewisse Ähnlichkeit mit besprochenen Wasserzeichen findet man in der Arbeit von Briquet[33], es handelt sich dabei nicht um genau die gleiche Form. Die von diesem Forscher zitierten Informationen können allerdings gewisse Hinweise enthalten. Der Text wurde höchstwahrscheinlich mit schwarzer Tinte geschrieben, die im Laufe der Zeit verblasste. Die Verwendung von dunkelbrauner Tinte ist aber auch durchaus möglich.

Die Struktur des Kodex ist folgendermaßen aufgeteilt: Folium 1v – leere Seite, 2r = 1–7 Information über den späteren (nicht ursprünglichen) Verfasser und eine Widmung, 8 – Titel des Werkes, 10–16 Text des Werkes.

Die Lektüre des Textes ist kompliziert. Der Kopist verwendet nämlich verschiedene Ligaturen (ου, ει, σκ, ου) wie auch Abbreviaturen (καί, Flexionsendungen ος, ης). Es kann allerdings eine charakteristische Form mancher Buchstaben, wie z. B. μ, σ, φ, τ, ζ erkannt werden. Die Schriftzüge sind sehr präzise, aber die Schrift ist nicht sorgfältig. Am flüssigen Schreibstil erkennt man eine erfahrene Hand. Dass der Schreiber wenig Wert auf Sorgfalt legte, erkennt man daran, dass die Zeilen nicht gerade sind und der Text nach unten rutscht. Die genannten Merkmale lassen vermuten, dass der Kopist zwar keinen großen Wert auf die äußere Gestaltung des Manuskripts legte (was u. a. auch die unterschiedliche Anzahl von Zeilen auf einer Seite[34] bestätigt), doch die kalligraphische Gestaltung der Buchstaben und die Tatsache, dass im Text beinahe keine Fehler vorliegen, verweisen darauf, dass hier geübter Schreiber am Werke war.

Der Kodex kann auf das 16. Jahrhundert datiert werden. Auf Blatt 1r befinden sich folgende Informationen: Gennadius Scholarius, patriarcha

33 Vgl. Charles-Moise Briquet, *Les filigranes. Dictionanaire historique des marques du papier, dès leur apparition vers 1282 jusqu'en 1600, avec 39 figures dans le texte et 16,112 fac-similés de filigranes. Tome premier*, (Paris/Amsterdam et al., 1907), S. 213 (die Beschreibung des Wasserzeichens) und die Form – Nr. 3136.

34 Ab Blatt 2r: 14 (5r), 15, 16 (6r, 6v, 7r), 17 (20r).

Abb. 4: Kraków, Biblioteka Jagiellońska, Ms. Graec. Oct. 20

Constantinopolitanus – *De praedestinatione.* A Davide Hoeschelio. Aug. nunc primum editus habetur cum versione Friderici Morelli TI, *Operum Basilii Magni,* pag. 217.

Der zweite zurzeit in der Jagiellonen-Bibliothek vorliegende, für uns interessante Text von Gennadios Scholarios Graec. Oct. 20 (Abb. 4) ist ein Werk, das an den Sultan Mehmed II. der Eroberer (1432–81)[35] adressiert wurde: Es handelt sich dabei um den ersten orthodoxen Katechismus in der Geschichte.[36]

35 Tinnefeld, „Georgios Gennadios Scholarios", S. 478–541. Nach dem zweiten Treffen der Sultan Mehmed II. bittet um eine Beschreibung des Christentums, S. 489.

36 Interessant ist, dass der gegenwärtige Katechismus der orthodoxen Kirche, der 1991 in Paris herausgegeben wurde, genauso aufgebaut ist – nach dem Prinzip von Fragen und Antworten – wie der Text des Patriarchen Gennadios aus dem 15. Jahrhundert, vgl. *Dieu est vivant. Catéchisme pour les familles.*

In diesem Zusammenhang sollte man insbesondere beachten, dass man im historischen Sinn über zwei Werke von Gennadios spricht, und zwar:Ἔκθεσις τῆς πίστεως τῶν ὀρθοδόξων χριστιανῶν, allgemein bekannt als Ὁμολογία τοῦ Γενναδίου und eine Dialogversion, deren Urheberschaft infrage gestellt wird. Die Zweifel betreffen auch die ursprüngliche Version des Textes. Die Identifizierung der Werke wird durch die verschiedenen Titel, die in den jeweiligen Manuskripten genannt werden, nicht erleichtert.

Die einschlägigen Titelversionen lauten: „*Dialogus*" (Διάλεξις), „*Confessio prior*", „*De via salutis humanæ*" (Περί τῆς ὁδοῦ τῆς σωτηρίας ἀνθρώπων).[37] Abgesehen davon handelt es sich aber bei diesem Text um einen der wichtigsten Werke unserer Zeit, da es ein Glaubenszeugnis des christlichen Ostens darstellt.

Anastasios Yannoulatos[38] rekurriert in seiner Arbeit, die dem orthodox-islamischen Dialog gewidmet ist, auf die Geschichte, die bei der Analyse unserer Handschrift hilfreich sein kann. Sultan Mehmed der II. diskutierte[39] mit Gennadios über verschiedene Aspekte des Christentums. Die im Dialog angesprochenen Fragestellungen haben ihn sehr interessiert, aber philosophische Erläuterungen des Theologen waren für ihn schwer verständlich, da er ein Soldat war. Daraufhin bat der Sultan Gennadios, dass er in Form einer Synopse das darstellt, was von dem Patriarchen mündlich präsentiert wurde. (Laut Quellen wurde der Patriarch dreimal vom Sultan besucht). Zu dieser Zeit hat Gennadios einen Text auf Griechisch geschrieben (Περί τῆς ὁδοῦ τῆς σωτηρίας ἀνθρώπων), der anschließend von einem kompetenten griechischen Übersetzer (d. h. Kadi von Berrhoea) mithilfe von arabischen Buchstaben ins Türkische übersetzt wurde (andere Version: türkisch-arabisch).

Der Sultan hat aber nur um eine kürzere Version gebeten, die präziser formuliert und in einer einfacheren Form verfasst werden sollte, da der ursprüngliche Text ihm zu lang und zu schwierig erschien. Nach dem dritten Gespräch schrieb Gennadios eine als Ὁμολογία τῆς πίστεως[40] bekannt gewordene

---

37 Gass publiziert unter einem Titel (*De via salutis*) in der Reihenfolge lange und kurze Versionen des Textes.

38 Anastasios Yannoulatos, „Byzantine and Contemporary Greek Orthodox Approaches to Islam", in: George C. Papademetriou, *Two Traditions, One Space: Orthodox Christians and Muslims in Dialogue*, (Boston, 2011), S. 147–178, hier S. 155–158.

39 Auch andere islamische Theologen, vgl. Tinnefeld, „Georgios Gennadios Scholarios", S. 489–490.

40 Louis Petit, Xenophon Siderides et al. (Hrsg.), *Oeuvres complètes de Gennade Scholarios. Oeuvres complètes de Gennade Scholarios. publiées pour la première fois. T. III. Œuvres polémiques. Questions théologiques. Ecrits apologétiques)*, (Paris, 1930), S. 453–458;

Zusammenfassung des ersten Textes. Ihr Schluss enthielt sieben an die Türken gerichtete Argumente über den Wahrheitsgehalt der christlichen Religion. In der Zusammenfassung ließ der Autor mehrere komplexe Aspekte außer Acht bzw. vereinfachte er sie und fügte auch neue Erklärungen hinzu.[41] In diesem Werk hat er sich bemüht, die christliche Lehre an die türkischen theologischen Gedanken anzupassen. Als er über wichtige Aspekte wie Christologie und Dreifaltigkeit sprach, verwendete er eine verständliche und für den türkischen Leser akzeptable Sprache (u.a. verwendete er das Symbol des Feuers bei der Erklärung des Dogmas der Dreifaltigkeit[42]).

Laut Forschungsliteratur weist der benannte Text den Charakter einer Predigt auf und sollte auch als solcher interpretiert werden. Er bezieht sich auf die Grundsätze des Christentums: Gott, die Heilige Dreifaltigkeit, die zwei Naturen Christi und die Auferstehung des Körpers. Die latein-griechischen Unterschiede, z. B. die Frage der Herkunft der Heiligen Dreifaltigkeit, werden hier nicht angesprochen. Die Erscheinungen von Christus werden mithilfe von Bildern der menschlichen Seele und des menschlichen Körpers erklärt, d. i. von zwei Erscheinungen, die zwar getrennt, aber unzertrennlich in einer Person verbunden sind.

Der Text wurde mehrfach veröffentlicht:

a) Lateinisch-griechische Ausgabe: Brassicanus in Wien, 1530, Chytraeus in Frankfurt, 1582
b) Griechisch-lateinisch-türkische Ausgabe: Martin Crusius, *Turco-Græcia* (Basileae, 1584; Wiederabdruck in PG 160, Kol. 333nn.)

Paläographisch-kodikologische Fragestellungen

Ein schöner dekorativer Rahmen umrankt den Text. Die großen, bunten und sorgfältig ausgeführten Initialen fallen sofort auf.

Der Text wurde auf einem sehr feinen und dünnen Vellum geschrieben. Dies zeugt von einem entschieden hohen Wert dieses Kodexes. Vellum wurde

Ἰωάννης Καρμίρη, *Τὰ δογματικὰ καὶ συμβολικὰ μνημεῖα τῆς Ὀρθοδόξου Καθολικῆς Ἐκκλησίας*, τομ.1, (Αθήνα, 1960), S. 429–436.

41 Jemand anderer konnte auch ein Autor sein, cf. Jon Michalcescu, *Die Bekenntnisse und die wichtigsten Glaubenszeugnisse der griechisch-orientalischen Kirche im Originaltext*, (Leipzig, 1904), S. 17–21. Fortescue spricht über 20 Artikel, Fortescue, „Gennadius II", S. 417.

42 Καρμίρη, *Τὰ δογματικὰ*, S. 433.

außerordentlich selten verwendet, da es das teuerste Material war, auf dem geschrieben wurde. Die Ränder wurden vergoldet, was darauf verweisen kann, dass der Kodex in einem professionellen Skriptorium auf Bestellung angefertigt wurde.

Beim Lesen des Textes sollte die Aufmerksamkeit auf charakteristische Buchstaben, wie κ, δ gelenkt werden. Überdies sind auch die Nummern der einzelnen Hefte zu beachten, aus denen der ganze Kodex besteht. (Diese Form der Nummerierung ist für die Zeit der Renaissance charakteristisch.[43])

Wie bereits erwähnt, wurde die Handschrift in zwei Spalten geteilt: der griechische Text steht auf der linken Seite und der lateinische auf der rechten. Die schönen Initialen kommen lediglich auf den ersten Seiten 4v – 5v vor, später nur im lateinischen Text, verkleinert und nicht mehr so sorgfältig ausgeführt.

Der Text endet auf den folgenden Seiten: die griechische Version – 72v, die lateinische – 73r. Unter dem griechischen Text auf f. 72v befindet sich der Eintrag: τέλος τῷ Θεῷ χάρις, (es fehlt die lateinische Entsprechung). Derselbe Ausdruck wurde am Ende des Kodex wiederholt: f. 213r – τέλος τῷ Θεῷ χάρις, in der lateinischen Version wurde (jedoch) das Wort *finis* hinzugefügt.

Literarisch-theologische Fragestellungen

Das Werk wurde als Dialog konzipiert, in dem Mehmed der II. Fragen stellt, auf die er kurze, sachkundige Antworten von Gennadios bekommt. Auf f. 4v lesen wir:

> Τοῦ αἰδεσιβωτάτου πατριάρχου Κωνσταντίνου πόλεως Γενναδίου Σχολαρίου βιβλίον σὺν τομόν τι καὶ σαφὲς περὶ κεφαλαίων τῆς ἡμετέρας πίστεως· περὶ ὧν ἡ διάλεξις γέγονε μετὰ ἀμοιρᾶ τοῦ μαχουμέτου ὁ καὶ ἐπιγέγραπται περὶ τῆς ὁδοῦ τῆς σωτηρίας τῶν ἀνθρώπων.

---

43 Paul Canart, „Scribes grecs de la Renaissance. Additions et corrections aux répertoires de Vogel-Gardthausen et de Patrinélis", *Scriptorium*, Tome 17 n°1 (1963), S. 56–82; vgl. Борис Л. Фонкич, „Греческие писцы эпохи Возрождения 1", *Византийский временик*, 26 (1965), S. 266–271; Борис Л. Фонкич, „Греческие писцы эпохи Возрождения 2", *Византийский временик*, 28 (1968), S. 283–285; Борис Л. Фонкич, „Греческие рукописи итальянских библиотек (по материалам научной командировки)", *Византийский временик*, 40 (1979), S. 249–250; Борис Л. Фонкич, „Палеографические заметки о греческих рукописях итальянских библиотек", *Византийский временик*, 41 (1980), S. 210–220; Борис Л. Фонкич, „Греческие писцы эпохи Возрождения 3", *Византийский временик*, 42 (1981), S. 124–128.

Danach beginnt das Gespräch, in dem im griechischen Text das Wort (ἡ) ἐρώτησις (die Frage) steht, was der lateinische Text als *interrogatio* wiedergibt, danach folgt (ἡ) ἀπόκρυσις (die Antwort), mit dem lateinischen Wort *responsio* wiedergegeben.

Die ersten Fragen wurden wie folgt formuliert:

1. Τὶ ἐστὶ θεός; Qui est deus?
2. Καὶ διὰ τὶ λέγεται θεός; Unde dicitur theos quod est deus?
3. Καὶ πόσοι θεοὶ εἰσίν; Et quod deorum est?

Detaillierte kodikologische Arbeiten, die sich vor allem mit dem Vellum und den vergoldeten Seitenrändern beschäftigen, können Hinweise auf den Entstehungsort dieses Textes und sein Schicksal geben. Mit Sicherheit kann erstens festgestellt werden, dass ein solcher Kodex nicht in der Provinz hätte entstehen können, sondern dort, wo man über entsprechende hochqualitative Materialien zum Schreiben und Dekorieren verfügte, und zweitens, dass der Schreiber-Kopist sein Handwerk hervorragend beherrschte.

Es wäre unbedingt notwendig die Arbeit an diesen Handschriften fortzusetzen. Nur durch gründliche Analyse könnten Antworten auf drei für die Paläographie grundlegenden Fragen gewonnen werden, und zwar: wer war der Kopist (falls es möglich ist, wäre eine konkrete Person zu ermitteln) und wann und wie entstand der für uns interessante Text. Die Untersuchungen dauern an, und wir hoffen, dass wir eine Antwort auf diese wissenschaftlich bewegenden Fragen finden werden.

Bibliographie

de Boor, Carl, *Verzeichnis der griechischen Handschriften der Königlichen Bibliothek zu Berlin*. Bd. II, (Berlin, 1897).

Briquet, Charles-Moise, *Les filigranes. Dictionanaire historique des marques du papier, dès leur apparition vers 1282 jusqu'en 1600, avec 39 figures dans le texte et 16,112 fac-similés de filigranes. Tome premier*, (Paris/Amsterdam et al., 1907).

Canart, Paul, „Scribes grecs de la Renaissance. Additions et corrections aux répertoires de Vogel-Gardthausen et de Patrinélis", *Scriptorium*, Tome 17 n°1 (1963), S. 56–82.

Conticello, Carmelo G. und Conticello, Vassa, *La Théologie Byzantine et sa Tradition* II (XIIIe–XIXe s.) [Corpus Christianorum], (Turnhout, 2002) S. 478–541.

Catéchèse orthodoxe. Dieu est vivant. Catéchisme pour les familles, (Paris, 1991).

Fonkitch, Boris L., „Markos Eugenikos als Kopist. Zur Tätigkeit eines Gelehrtenkreises an den Konstantinopolitaner Skriptiorien im ersten Drittel des 15. Jahrhunderts“, *Byzantinische Zeitschrift*, 84/85 (1991/1992), S. 17–23.

Fonkitch, Boris L., „Nouveaux autographes de Démétrius Cydonès et de Gennade Scholarios“, *Travaux et Mémoires*, 14 (Paris, 2002), S. 243–250.

Fonkitch, Boris L., „«Μονωδία επὶ τη Αλώσει της Μεγαλοπόλεως» του Ιωαννη Ευγενικού. Αυτόγραφο του συγγραφεα“, *Constantinopla. 550 años de su caída*. Κωνσταντινούπολη. 550 χρόνια από την άλωση, (Granada, 2006), S. 399–404.

Fortescue, Adrian, „Gennadius II“, in: Herbermann, Charles G., Pace, Edward A. et al., *The Catholic Encyclopedia*, vol. VI, (New York, 1913), S. 416–417.

Gill, Joseph, „Gennadius II Scholarius, Patriarche of Constantinople“, in: *New Catholic Encyclopedia*, volume VI, (New York/St Louis et al., 1967), S. 333–334.

Goffman, Daniel, *The Ottoman Empire and Early Modern Europe* (Cambridge, 2004).

Gregory, Timothy E., *Historia Bizancjum*, (Kraków, 2008).

Krumbacher, Karl, *Geschichte der byzantinischen Litteratur von Justinian bis zum Ende des Oströmischen Reiches* (527–1453), (München, 1897).

Laurent, Vitalien und Dalleggio, Eugenio, „Les études byzantines en Grèce (1940–1948)“, *Revue des études byzantines*, 7 (1949), S. 91–128.

Michalcescu, Jon, *Die Bekenntnisse und die wichtigsten Glaubenszeugnisse der griechisch-orientalischen Kirche im Originaltext*, (Leipzig, 1904).

Modzelewska, Bożena, „Gennadiusz II“, in: *Encyklopedia katolicka*, tom V, (Lublin, 1989), Kol. 964.

Mondrain, Brigitte, „Der Transfer griechischer Handschriften nach der Eroberung Konstantinopels“, in: Fuchs, Franz (Hrsg.), *Osmanische Expansion und europäische Humanismus. Akten des interdisziplinären Symposions vom 29. und 30. Mai 2003 im Stadtmuseum Wiener Neustadt* [Pirckheimer Jahrbuch für Renaissance- und Humanismusforschung. Im Auftrag des Vorstandes der Willibald Pirckheimer-Gesellschaft, hrsg. v. Klaus Arnold (Wiesbaden, 2005), S. 109–122.

Papadakis, Aristeides, „Gennadios II and Mehmet II the Conqueror“, *Byzantion* 42 (1972), S. 88–106.

Patrologiae cursus completus. Series graeca, hrsg. v. Jacques Paul Migne, Bd. 1–161. Paris 1857–1866.

Petit, Louis, Siderides, Xenophon et al. (Hrsg.), *Oeuvres complètes de Gennade Scholarios. Oeuvres complètes de Gennade Scholarios. publiées pour la première fois. T. III. Œuvres polémiques. Questions théologiques. Ecrits apologétiques)*, (Paris, 1930).

Philippides, Marios und Hanak, Walter K., *The Siege and the Fall of Constantinople in 1453: Historiography, Topography, and Military Studies*, (London/New York, 2011).

Prosopographisches Lexikon der Palaiologenzeit erstellt von Erich Trapp, Reiner Walter et al., Wien 1976–1996

Raby, Julian, „Mehmed the Conqueror's Greek Scriptorium", *Dumbarton Oaks Papers*, 37 (1983), S. 15–34.

Shepard, Jonathan (Hrsg.), *The Cambridge History of the Byzantine Empire c. 500–1492*, (Cambridge, 2008).

Tinnefeld, Franz, „Gennadios Scholarios", in: Balz, Horst Robert und Hall, Stuart G. et al., *Theologische Realenzyklopädie*. Band XII, (Berlin/New York, 1984), S. 375.

Turner, C.J.G., „Pages from the Late Byzantine Philosophy of History", *Byzantinische Zeitschrift* 57 (1964), S. 346–372.

Turner, C.J.G., „The Career of Gennadius-Scholarius", *Byzantion* 39 (1969), S. 420–455.

Turner, C.J.G., „The First Patriarchate of Gennadios II Scholarios as reflected in a pastoral Letter", in: Canitz, Auguste Elfriede Christa und Wieland, Gernot R., *From Arabye to Engelond: medieval studies in honour of Mahmoud Manzalaoui on his 75th birthday*, (Ottawa, 1999), S. 25–38.

Yannoulatos, Anastasios, „Byzantine and Contemporary Greek Orthodox Approaches to Islam", in:. Papademetriou, George C, *Two Traditions, One Space: Orthodox Christians and Muslims in Dialogue*, (Boston, 2011), S. 147–178.

Γεδεών Μανουήλ Ι., *Πατριαρχικοὶ Πίνακες*, (Constantinople, 1890), S. 471–479.

Ζήσης Θεόδωρος, *Γεννάδιος Β΄ Σχολάριος. Βίος-συγγράμματα-διδασκαλία* (σειρά *Ανάλεκτα Βλατάδων* 30), Πατριαρχικόν Ίδρυμα Πατερικών Μελετών, Θεσσαλονίκη 1980, σελ. 199.

Καρμίρη Ἰωάννης, *Τὰ δογματικὰ καὶ συμβολικὰ μνημεῖα τῆς Ὀρθοδόξου Καθολικῆς Ἐκκλησίας*, τομ.1, (Αθήνα, 1960).

Фонкич Борис Л., „Греческие писцы эпохи Возрождения 1", *Византийский временик*, 26 (1965), S. 266–271.

Фонкич Борис Л., „Греческие писцы эпохи Возрождения 2", *Византийский временик*, 28 (1968), S. 283–285.

Фонкич Борис Л., „Греческие рукописи итальянских библиотек (по материалам научной командировки)“, *Византийский временик*, 40 (1979), S. 249–250.

Фонкич Борис Л., „Палеографические заметки о греческих рукописях итальянских библиотек“, *Византийский временик*, 41 (1980), S. 210–220.

Фонкич Борис Л., „Греческие писцы эпохи Возрождения 3“, *Византийский временик*, 42 (1981), S. 124–128.

Фонкич Борис Л., „Иоанн Евгеник и его «Монодия на падение Константинополя»“, in: Г.Г. Литаврин (Hrsg.), *Византия между Западом и Востоком*, (Санкт-Петербург, 1999), S. 270–292.

Jan Stradomski
Uniwersytet Jagielloński

Zum Stand der Forschung an kirchenslawischen Handschriften aus den in der Jagiellonen-Bibliothek aufbewahrten Beständen der ehemaligen Preußischen Bibliothek

Abstract: Die slawischen Handschriften, die nur einen kleinen Teil der sehr umfangreichen Berliner Bestände einnehmen, beanspruchten das Interesse der Forscher bereits vor dem Zweiten Weltkrieg. Der Krieg und die lange Zeit, in der der Verbleib der Kollektion verheimlicht wurde, unterbrachen die Erschließung dieses wertvollen Materials. Erst Ende der 1970er Jahre konnten die Forschungsarbeiten wieder aufgenommen werden. Der Beitrag thematisiert die seit dieser Zeit von der Gruppe der Krakauer Slawisten an den Handschriften aus der „Berlinka" durchgeführten Arbeiten und zeigt weitere Forschungsdesiderate auf.

Keywords: „Berliner Bestände", slawische Handschriften, kirchenslawische Handschriften, kyrillische Handschriften

In den Informationsmaterialien und wissenschaftlichen Studien zu den Beständen der ehemaligen Preußischen Bibliothek zu Berlin, die 1946 nach Krakau gelangten, werden die im altkyrillischen Alphabet verfassten Handschriften kaum erwähnt.[1] Dies ist zum Teil nachvollziehbar, denn die slawischen Handschriften nehmen grundsätzlich nur einen kleinen Teil dieser enorm umfangreichen Bestände ein. Sie bestehen heutzutage aus 91 Vol., wovon ca. die Hälfte, d.i. 45, westslawische und kroatische Handschriften in lateinischer Schrift ausmachen. Der kyrillische Teil der Sammlung umfasst 38 Volumina, darunter

1 Zdzisław Pietrzyk, „Zbiory z byłej Pruskiej Biblioteki Państwowej w Bibliotece Jagiellońskiej", *Alma Mater* Nr. 100 (2008), S. 15–19; ders., „Book Collections from the Former Preussische Staatsbibliothek in the Jagiellonian Library", *Polish Libraries Today* 2005, vol. 6, S. 81–87; Piotr Lechowski, „Sporna Berlinka. Kontrowersje wokół zbiorów byłej Pruskiej Biblioteki Państwowej w Berlinie przechowywanych w Bibliotece Jagiellońskiej w Krakowie", *Biuletyn EBIB* Nr. 8 (2008), S. 1–7, http://www.ebib.pl/2008/99/a.php?lechowski (30. 8. 2018).

26 neuere russische Handschriften, welche zwischen dem 18. und 19. Jh. entstanden sind und (was in diesem Zusammenhang von besonderem Interesse erscheint) 12 kirchenslawische Handschriften, die auf den Zeitraum vom 16. Jh. bis zu Beginn des 19. Jhs.[2] datiert werden können.

Das sind natürlich nicht alle kyrillischen Handschriften, die sich vor 1943 in der ehemaligen Kurfürstlichen Bibliothek befanden. Ein etwa genauso großer Bestand, nämlich die Sammlung von *Vuk Karadžić* ging in den Besitz der Tübinger Universität über, wo er zusammen mit sechs anderen Handschriften (Fol. 10, 26, 28; Qu. 1, 8; Oct. 9) erfolgreich vor den Bombenangriffen der Alliierten in Berlin gerettet wurde. Es handelt sich daher um eine zerstreute Sammlung, was bei großen historischen Bibliotheksbeständen nicht selten der Fall ist.

Das Interesse der Slawisten an den kirchenslawischen Handschriften aus der ehemaligen Preußischen Bibliothek bestand lange vor dem Ausbruch des Zweiten Weltkrieges, als sich die Kollektion noch an ihrem ursprünglichen Aufbewahrungsort befand. Zu diesem Zeitpunkt entstanden die ersten kodikologischen Arbeiten, die dank der Berliner Handschriften ins Blickfeld der sich damals intensiv entwickelnder (Paleo)Slawistik gerieten.[3]

Die Kriegswirren und die unmittelbare Bedrohung Berlins führten nicht nur zur Zerstreuung der Bestände, sondern verhinderten auch eine weitere wissenschaftliche Erschließung des 1943 auf der Burg Fürstenstein (heute Książ bei Wałbrzych) evakuierten Teils der Sammlung. Anschließend gelang der Bestand in ein abgelegenes Zisterzienserkloster in Grüssau (heute Krzeszów bei Kamienna Góra)[4]. Die Bestände wurden zwar glücklicherweise gerettet, doch ihr Aufbewahrungsort

2 *Rękopisy cerkiewnosłowiańskie w Polsce. Katalog*, bearb. v. Aleksander Naumow., Andrzej Kaszlej et al. (Kraków, 2004) – weiter: *Katalog*.

3 Сергей М. Строев, *Описание памятников славяно-русской литературы, хранящихся в публичных библиотеках Германии и Франции, со снимками из рукописей* (Moskwa, 1841); Яков И. Бередников, „О славянских рукописях, хранящихся в германских и французских библиотеках“, *Журнал Министерства народного просвещения*, 1844, Nr. 5, S. 73–87; Григорий А. Воскресенский, „Славянские рукописи в заграничных библиотеках“, *Сборник Отделения русского языка и словесности*, Bd. 31, (1883), S. 2–6; Григорий А. Воскресенский, „Славянские рукописи за границей, I. Берлинская королевская библиотека“, *Библиографические записки*, 1892, Nr. 5, S. 322–328; Александр И. Яцимирский, „Описание южнославянских и русских рукописей заграничных библиотек, I“, *Сборник Отделения русского языка и словесности имп. Академии Наук*, Bd. 98 (1921), S. 255–492; Беньо Цонев, „Славянски ръкописи в Берлинската държавна библиотека“, in: *Сборник на БАН*, Bd. 31 (Sofia, 1937).

4 Vgl. Pietrzyk, „Zbiory“, S. 15; Lechowski, „Sporna Berlinka“.

verschwand für die nächsten drei Jahrzehnte aus dem Blickfeld der Forscher. Während dieser Zeit stellten einige deutsche Forscher öffentlich Fragen nach dem Schicksal der Sammlung und spekulierten über ihren möglichen Verbleib.[5]

Die, Ende der 1970er Jahre erfolgte Entdeckung des Verbleibs der Berliner Sammlung in der Jagiellonen Bibliothek eröffnete ein neues Kapitel in der Erforschung von den dazugehörigen slawischen Handschriften. Ihre Erschließung wurde damals von den Vertretern der theoretisch und methodologisch versierten jungen Generation der Krakauer Slawistik getragen. Zur gleichen Zeit begann Aleksander Naumow seine Forschungsarbeit an den kyrillischen Handschriften. Ihm verdanken wir das erste nach dem Zweiten Weltkrieg entstandene Inventar der kyrillischen Handschriften aus der sog. „Berlinka“[6]. Auf diese grundlegende Publikation folgten etliche in europäischen wissenschaftlichen Zeitschriften veröffentlichte Beiträge, durch diese auch der kyrillische Bestand der Berliner Bestände wieder in den akademischen Umlauf gelangte.[7]

Seit Beginn der 1990er Jahre begann eine Gruppe der Krakauer Slawisten und Russizisten, darunter Anna Bolek, Halina Hodurska, Jolanta Kunińska, Adam Fałowski und Wiesław Witkowski eine umfassende Erschließung, der in der „Berlinka“ deponierten russisch-deutschen Wörterbücher. Resultate ihrer Arbeit waren zahlreiche wissenschaftliche Beiträge sowie eine 1992 in Kraków erfolgte Faksimile-Edition des russisch-deutschen Wörterbuchs und Sprachführers von Thomas Schroue aus dem 16. Jh. (Ms Slav. Fol. 18, 16. Jh., 1546). Damit wurde eine der ältesten und wertvollsten Quellen für die Erforschung der Geschichte der Sprachkontakte zwischen der russischen und deutschen Sprache sowie der historischen Dialektologie ediert. (Das Wörterbuch weist, u.a. im Bereich der Rechtschreibung, mehrere Eigenheiten des Pskower/Nowgoroder Dialekts auf.) Der zweite von der genannten Forschergruppe erarbeitete Band enthält eine Transliteration, der im lateinischen Alphabet verfassten Originalhandschrift mit Indices und vollständiger Rekonstruktion des lexikalischen Bestandes des russischsprachigen Teils des Wörterbuchs.[8]

---

5 Kurt Günther, „Slawische Handschriften in Deutschland“, *Zeitschrift für Slawistik*, Bd. 5 (1960), S. 322-330; Hans Miklas et.al. „The Slavic Manuscripts in the Federal Republic of Germany“, *Polata knigopisnaja*, Bd. 9, June 1984, S. 39–42.

6 Александър Наумов, „Нови сведения за кирилски ръкописи в Полша (Берлинската Сбирка в Краков)“, *Palaeobulgarica-Старобългаристика* 10 (1986), H. 1, S. 73–75.

7 Георги Минчев, „И ръкописите имат своя съдба“, *Антени* (20 III 1985); Wacław Twardzik und Aleksander Naumow, „Berlińskie slavica w Bibliotece Jagiellońskiej“, *Sprawozdania z posiedzeń komisji naukowych* XXIX/1-2 (Kraków, 1987), S. 101–102.

8 Sehe z.B.: *„Einn Russisch Buch“ by Thomas Schroue. The 16th-century Russian-German dictionary and phrase-book.* Part I. Introduction. Photocopies, ed. by Adam Fałowski and

Parallel zu diesen Veröffentlichungen unterzog Adam Fałowski der linguistischen Analyse ein weiteres, diesmal anonym veröffentlichtes deutsch-russisches Wörterbuch aus dem 16. Jh. (Ms. Slav. Qu. 14), wobei er umfassende Kommentare zu dessen Wortschatz, Wortbildung und Rechtschreibung verfasste.[9] Weitere slawische Nachschlagewerke und Bücherpassagen in lateinischer Schrift warten weiterhin auf ihre Erschließung. Darunter fallen zwei russisch-deutsche Gesprächsbücher (Ms. Slav. Qu 14, 16. Jh. und Ms. Slav. Fol. 18, 1546)[10], mehrere lateinische Passagen in kirchenslawischen kyrillischen Kodizes, hier: slawisch-lateinisches Wörterbuch, (Ms. Slav. Fol. 17, 18. Jh.)[11], slawisch-lateinisches Wappenbuch (MS. Slav. Fol 21, 17. Jh.)[12], zwei russisch-lateinisch-deutsche Wörterbücher (Ms. Slav. Qu 12 und Ms. Slav Qu 28, 18. Jh.)[13] sowie die umfangreiche Quellensammlung zur Geschichte des Protestantismus in Russland (Ms. Slav. Fol. 33–34, 19. Jh.[14]).

Nun aber zurück zu den in kyrillischer Schrift verfassten Büchern in kirchenslawischer Sprache. In den „Berlinka"-Beständen finden wir einige Handschriften, die aus philologischer, textologischer und liturgischer Hinsicht ein besonders aufschlussreiches Material für Paleoslawisten darstellen. In überwiegender Mehrheit handelt es sich dabei um liturgische, bzw. um eng mit dem ostkirchlichen Ritus verbundene Handschriften, die von den Forschern nicht nur philologische und textologische Kompetenzen, sondern auch Kenntnisse der liturgischen

---

Wiesław Witkowski (Kraków, 1992) (Faksimile); *„Ein Rusch Boeck …". Ein Russisch-Deutsches anonymes Wörter- and Gesprächsbuch aus dem XVI. Jahrhundert, Bausteine zur Slavischen Philologie und Kulturgeschichte. Reihe B*: Editionen Neue Folge Band 3 (18), hrsg. v. Adam Fałowski (Köln/Weimar et al., 1994); *„Einn Russisch Buch" Thomasa Schrouego. Słownik i rozmówki rosyjsko-niemieckie z XVI wieku. Cześć II. Transliteracja tekstu. Indeks wyrazów i form rosyjskich*, hrsg. v. Adam Fałowski, Anna Bolek et al. (Kraków, 1997).

9 *Katalog*, Nr. 983, S. 462; s. z.B.: Adam Fałowski, „*Ein Rusch Boeck … –* русско-немецкий анонимный словарь-разговорник XVI в.", *Studia Slavica Academiae Scientiarum Hungaricae* XXXVII (1991–92), S. 211–217; Adam Fałowski, „Свидетельства иностранцев о русском языке XVI в.", *Studia Slavica Academiae Scientiarum Hungaricae* XXXVIII 3–4 (1993), S. 317–327.

10 Vgl. Güthner, *Slawische Handschriften*, S. 318, 322, 328–329; *Katalog*, Nr. 970, 983, S. 457, 462.

11 Vgl. Güthner, *Slawische Handschriften*, S. 322, 328–329; *Katalog*, Nr. 524, S. 248–249.

12 Übersetzung etlicher Kräuter aus dem Lateinischen ins Slawonische nach dem holländischen Herbario des Lamberti Dodonai; vgl. Güthner, *Slawische Handschriften*, S. 322, 330; *Katalog*, Nr. 972, S. 458.

13 Vgl. Güthner, *Slawische Handschriften*, S. 322, 328–329; *Katalog*, Nr. 981, 984, S. 461, 462.

14 Materialien zur Geschichte der evang. Kirche in Russland 1810–1830, vgl. Güthner, *Slawische Handschriften*, S. 330; Katalog, Nr. 974, S. 459.

Spezifik der orthodoxen Kirche und darüber hinaus der byzantischen, süd- und ostslawischen, sowie der altrumänischen Kulturgeschichte erfordern.

Unter den interessantesten kyrillischen Denkmälern in diesem Teil der Berliner Sammlung sind vor allem zu nennen:

1. der Psalter von Moskau – *Psalterium Moscovitice*, (Ms. Slav. Qu 6, Nordrussland, aus dem Jahr 1567)[15]
2. Das Leben (Vitae) des hl. Gregor von Omirita (Ms. Slav. Qu. 2, 16. Jh.)[16] – einer der umfangreichsten hagiografischen Texte in der kirchenslawischen Tradition
3. slawische Übersetzung der *Predigten in 8 Teilen* des Pseudo-Johannes von Damaskos (Ms. Slav. Qu 3, 1649 Jahr)[17];
4. Hagiographischer Kodex vom Typus ‚Svjatcy' (Ms. Slav. Qu 5, Nordrussland, aus dem Jahr 1614)[18];
5. russischer Chronograph mit der Beschreibung der Eroberung von Kazan von Iwan dem Schrecklichen (Ms. Slav. Qu. 7, Ende des 17. Jhs.[19]) und
6. Berliner Damaskin – *Damascenus neobulgaricus* (Ms. Slav. Fol. 36, Nordbulgarien, 18. Jh.[20]) (Abb. 5)

15 Vgl. Güthner, *Slawische Handschriften*, S. 322, 326–327; *Katalog*, Nr. 752, S. 359.

16 Vgl. Güthner, *Slawische Handschriften*, S. 322, 328–329; *Katalog*, Nr. 713, S. 340.

17 Vgl. Güthner, *Slawische Handschriften*, S. 322, 328–329; *Katalog*, Nr. 714, S. 340–341.

18 Vgl. Güthner, *Slawische Handschriften*, S. 322, 326–327; *Katalog*, Nr. 793, S. 377–379. Ein paraliturgisches Buch. Kalenderangaben und Texte sind nach dem Jerusalemer Typikon angeordnet. Viele Erinnerungen an slawische, vor allem altrussische Heilige, in Form von umfassenden Chroniknotizen (mit Angabe von Daten). Monatsnamen in verschiedenen Sprachen (darunter Hebräisch und Ägyptisch), Sternzeichen und Ostertabellen (für die Jahre 1409–1940) mit Rubriken.

19 Vgl. Güthner, *Slawische Handschriften*, S. 322, 328–329; *Katalog*, Nr. 100, S. 45.

20 Vgl. Güthner, *Slawische Handschriften*, S. 322, 328–329. *Katalog*, Nr. 1028, S. 477–478. Ein liturgisches und paraliturgisches Buch (für eine individuelle Lektüre bestimmt). Predigten für die Hauptfeste des Kirchenjahres (des unbeweglichen und beweglichen Jahreskreises) und Gedenktage von besonders verehrten Heiligen, mit Beifügung von zahlreichen Texten apokryphischen Inhalts. Kennzeichnend ist der Gebrauch der sog. einfachen Sprache (die späte Variante des Kirchenslawischen in der neubulgarischen Fassung).

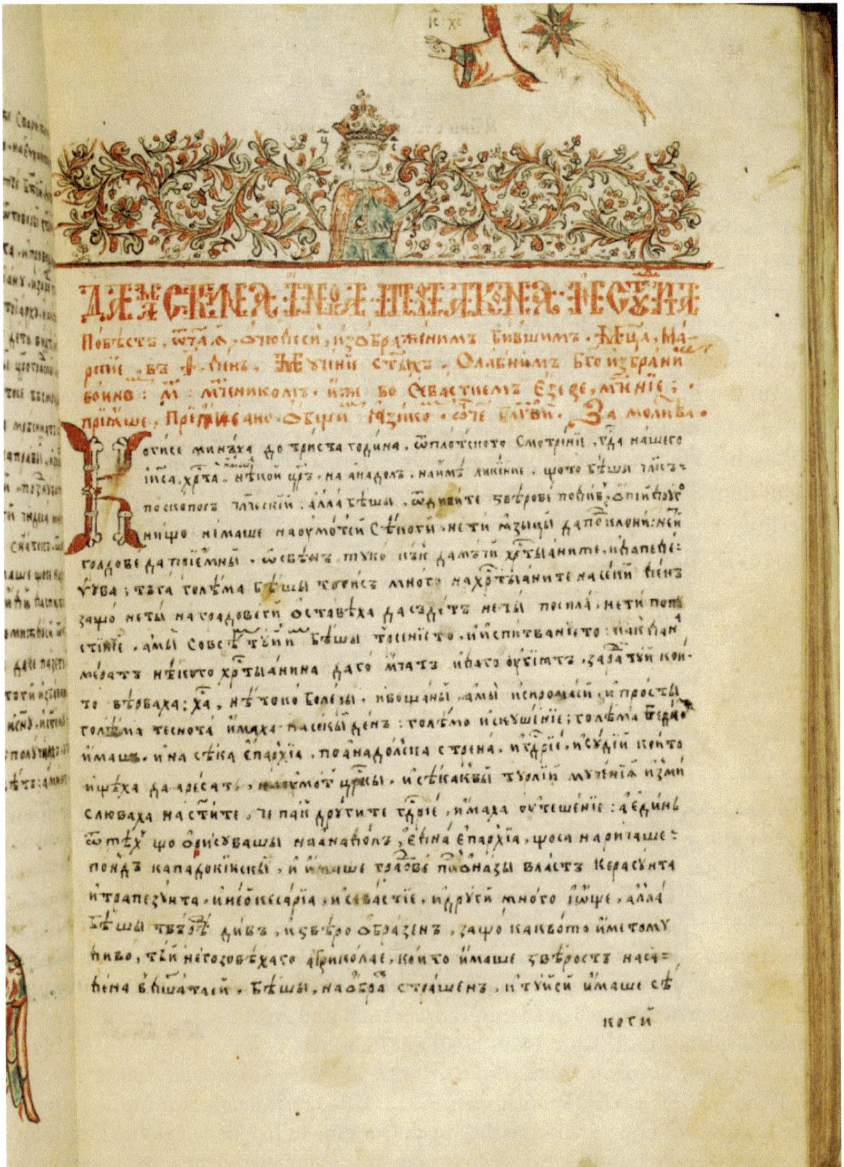

Abb. 5: Kraków, Biblioteka Jagiellońska, Ms. Slav. Fol. 36

Die jüngeren Denkmäler repräsentiert:

7. das Buch der Gebete und Heiligenvita (mit Apokryphen), (Ms. Slav. Qu. 31, 19. Jh.)[21], eine besonders aufschlussreiche Quelle für die Erforschung der komplizierten Migrationswege von Texten der frühen byzantinisch-slawischen Tradition. Ein interessantes Fundstück der Kollektion ist ein einzelnes Pergamentblatt aus dem glagolitischen Psalter aus dem 14. Jh. (Ms. Fol. 37, Ps 22,16–25,11)[22].

Es gilt, neben den Fragmenten aus den eigenen Beständen der Jagiellonen-Bibliothek (BJ 5567), als die zweite in Polen vorhandene glagolitische Handschrift, die aus einem mittelalterlichen Buch stammt und dabei in diesem ältesten slawischen Alphabet verfasst wurde.

Kirchenslawische Handschriften aus den Berliner Beständen der Jagiellonen-Bibliothek wurden dem Quellenkorpus beigefügt, das drei Forschungsprojekten zugrunde lag, die in den Jahren 1999–2013 realisiert und aus Mitteln des Polnischen Staatskomitees für Wissenschaftliche Forschung (KBN) und des Nationalen Zentrums für Wissenschaft (NCN) finanziert wurden. Dabei ging es um das Exzerpieren und Systematisieren hagiographischer Texte, Offizien, Vitae und oratorischer (homiletischer) Prosa in kyrillischen Handschriften aus polnischen Sammlungen, um anschließend diese Informationen weltweit in den Umlauf der Forschung zu bringen. Dank des im Rahmen der Projektförderung erstellten Katalogs (*Rękopisy cerkiewnosłowiańskie w Polsce. Katalog*, opr. A. Naumow i A. Kaszlej, Kraków 2002, 2004) und zahlreicher kodikologisch textueller Studien, waren die Beschreibungen vieler Texte byzantinischer, süd- und ostslawischer Herkunft sowie einiger weniger Beispiele der literarischen Wechselbeziehungen zwischen der slawisch-lateinischen und der slawisch-griechischen Tradition möglich.

Die kyrillischen Denkmäler aus den Berliner Beständen weisen viele Merkmale auf, die der liturgischen sowie paraliturgischen Praxis des orthodoxen Schrifttums des polnisch-litauischen Staates unbekannt waren. Diese Handschriften sind nach wie vor Gegenstand philologischer Untersuchungen der Krakauer Forscher (darunter A. Fałowski, A. Bolek, A. Naumow, J. Stradomski).

Während der bisherigen Forschungsarbeiten gelang es die Handschrift Berl. Ms. Fol. 36 – Berliner Damaskin als eine erhaltene Abschrift einer untypischen Variante des Verzeichnisses der verbotenen ostchristlichen Schriften zu

21 *Katalog*, Nr. 1029, S. 478–479.
22 Vgl. Güthner, *Slawische Handschriften*, S. 322, 323; *Katalog*, Nr. 751, S. 358.

identifizieren, der einen Teil des *Lebens des Propheten Elias*[23] bildet. Der *Berliner Damaskin* entstand gegen Ende des 18. Jhs. auf dem Gebiet von Nordbulgarien und ist nicht nur ein wichtiges Denkmal der späten Tradition des kirchenslawischen Schrifttums auf dem Balkan, sondern auch ein Beispiel einer besonderen dialektalen Vielfalt des Bulgarischen vor der Kodifikation. Das Verzeichnis der verbotenen Schriften ist ein Teil des umfangreichen Vorwortes zum Leben des Propheten Elias, in dem die von der Kirche verworfenen Bücher fleißig benannt wurden. Zweifellos wollte der Autor des Textes seine Leser vor dem, seiner Meinung nach, verderblichen Einfluss der Bücher, ihrem betrügerischen bzw. unsicheren Inhalt warnen. Nicht ohne Grund konzentrierte er sich in seiner Belehrung hauptsächlich auf die Mahnung vor apokryphischen Schriften. Das Verzeichnis der „lügnerischen" Schriften aus dem *Berliner Damaskin*, die fünfte heute bekannte Abschrift dieser Variante des Verzeichnisses, fasst die beinahe tausendjährige Geschichte seiner Präsenz und Entwicklung im System der kirchenslawischen Literatur zusammen.

Sehr aufschlussreich in textologischer Hinsicht ist auch der hagiographische Kodex vom Typus ‚Svjatcy' (Ms. Slav. Qu. 5) mit einer von fünf in den heute in Polen aufbewahrten Abschriften von Synaxarien, d.h. kurzen liturgischen Vitae von Hl. Konstantin-Kirill und Hl. Methodi von Saloniki[24]. Der Kodex enthält des Weiteren auch viele andere Einträge für Heilige, gebunden an gebotene Gedenktage des unbeweglichen Jahreszyklus, mehrheitlich in der Moskauer Tradition. Obwohl wir hier auch die nach den Heiligenfesten wechselnden Texte in dem Proprium im Stundengebet – (*Proprium de sanctis*) finden, die auf südslawische Heilige bezogen sind, u.a. Paraskeva von Kalikratia (Tarnowo), Iwan von Rila-Gebirge, Ilarion von Almopia (Meglen), oder Georg von Kratovo.

Zu den von mir erforschten kyrillischen Handschriften der Berliner Sammlung gehört auch der Kodex (Slav Qu 31) mit hagiographischen und apokryphen Inhalten. Der Kodex enthält ein umfangreiches Fragment von der Erzählung über die Wunder des hl. Basilus des Neuen von Konstantinopel und von dem *Reiseführer durch das Jenseits von hl. Theodora*. Neben der einzigartigen Abschrift aus

---

23 Jan Stradomski, *Rękopisy i teksty. Studia nad cerkiewnosłowiańską kulturą literacką Wielkiego Księstwa Litewskiego i Korony Polskiej do końca XVI w.* (Kraków, 2014), S. 103–107.

24 Александър Наумов, Ян Страдомски, „Кирилометодиевските традиции в църковнославянските ръкописи в Полша", in: *Кирило-Методиевското културно наследство и националната идентичност/Cyrilo-metodské kultúrne dedičstvo a národná identita*, (София, 2011), s. 150–165; Jan Stradomski, *Rękopisy i teksty*, S. 63–64.

der in Warschau aufbewahrten Handschrift BN BOZ 92, 16. Jh., stellt das Buch eine textkritische und hochrelevante Quelle dar, um die komplizierte Geschichte einer der frühesten in die slawische Sprache übersetzten Schrift der byzantinischen Hagiographie und Forschungsarbeit zu eschatologischen Apokryphen[25] zu rekonstruieren.

Ich bin überzeugt, dass die wissenschaftliche Erschließung der kyrillischen Handschriften aus der ehemaligen Preußischen Bibliothek, in eine Phase der Intensivierung eintritt und, dass die einschlägigen Arbeiten bald beachtliche Resultate bringen werden. Der Grundstein für die Forschung wurde bereits gelegt und, wie es scheint, sind die bisherigen Ergebnisse und Erkenntnisse nicht gerade gering.

Die begonnenen Forschungsarbeiten sollten mit größerer Intensität fortgesetzt werden. Zweifellos wird in dieser Hinsicht die vollständige Digitalisierung der in der Jagiellonen-Bibliothek aufbewahrten Handschriften aus den Berliner Sammlungen hilfreich sein – Dank dieser Digitalisierung könnten diese Bestände einem breiten Kreis von Forschern und Lesern zugänglich gemacht werden.

Übers. v. Katarzyna Jaśtal

Bibliographie

Fałowski, Adam, „Свидетельства иностранцев о русском языке XVI в.“, *Studia Slavica Academiae Scientiarum Hungaricae* XXXVIII 3–4 (1993), S. 317–327.

Fałowski, Adam, *Ein Rusch Boeck* … – русско-немецкий анонимный словарь-разговорник XVI в., *Studia Slavica Academiae Scientiarum Hungaricae* XXXVII (1991–92), S. 211–217.

Güthner, Kurt, „Slawische Handschriften in Deutschland“, *Zeitschrift für Slawistik*, Bd. 5 (1960).

Lechowski, Piotr, „Sporna Berlinka. Kontrowersje wokół zbiorów byłej Pruskiej Biblioteki Państwowej w Berlinie przechowywanych w Bibliotece Jagiellońskiej w Krakowie“, *Biuletyn EBIB* Nr. 8 (2008), S. 1–7, http://www.ebib.pl/2008/99/a.php?lechowski (30. 8. 2018).

Miklas, Hans, Jaroslav N. Ščapov et al. „The Slavic Manuscripts in the Federal Republic of Germany“, *Polata knigopisnaja*, Bd. 9, June 1984, S. 39–42.

25 Jan Stradomski, *Rękopisy i teksty*, S. 136.

Pietrzyk, Zdzisław, „Book Collections from the Former Preussische Staatsbibliothek in the Jagiellonian Library", *Polish Libraries Today* 2005, vol. 6, S. 81–87.

Pietrzyk, Zdzisław „Zbiory z byłej Pruskiej Biblioteki Państwowej w Bibliotece Jagiellońskiej", *Alma Mater* Nr. 100 (2008), S. 15–19.

Rękopisy cerkiewnosłowiańskie w Polsce. Katalog, bearb. v. Naumow, Aleksander, Kaszlej, Andrzej et al. (Kraków, 2004).

Ein Rusch Boeck …. Ein Russisch-Deutsches anonymes Wörter- und Gesprächsbuch aus dem XVI. Jahrhundert, Bausteine zur Slavischen Philologie und Kulturgeschichte. Reihe B: Editionen Neue Folge Band 3 (18), hrsg. v. Fałowski, Adam (Köln/Weimar et al., 1994).

„Einn Russisch Buch" by Thomas Schroue. The 16th-century Russian-German dictionary and phrase-book. Part I. Introduction. Photocopies, ed. by Fałowski, Adam and Witkowski, Wiesław (Kraków, 1992) (Faksimile).

„Einn Russisch Buch" Thomasa Schrouego. Słownik i rozmówki rosyjsko-niemieckie z XVI wieku. Cześć II. Transliteracja tekstu. Indeks wyrazów i form rosyjskich, hrsg. v. Fałowski, Adam, Bolek, Anna et al. (Kraków, 1997).

Stradomski, Jan, *Rękopisy i teksty. Studia nad cerkiewnosłowiańską kulturą literacką Wielkiego Księstwa Litewskiego i Korony Polskiej do końca XVI w.*, (Kraków, 2014).

Twardzik, Wacław und Naumow, Aleksander, „Berlińskie slavica w Bibliotece Jagiellońskiej", Sprawozdania z posiedzeń komisji naukowych XXIX/1–2 (Kraków, 1987), S. 101–102.

Бередников, Яков И., „О славянских рукописях, хранящихся в германских и французских библиотеках", *Журнал Министерства народного просвещения*, 1844, Nr. 5, S. 73–87.

Воскресенский, Григорий А. „Славянские рукописи в заграничных библиотеках", *Сборник Отделения русского языка и словесности*, Bd. 31 (1883), S. 2–6.

Воскресенский, Григорий А, „Славянские рукописи за границей. I. Берлинская королевская библиотека", *Библиографические записки*, 1892, Nr. 5, S. 322–328.

Минчев, Георги, „И ръкописите имат своя съдба", *Антени* (20 III 1985).

Наумов, Александър, „Нови сведения за кирилски ръкописи в Полша (Берлинската Сбирка в Краков)", *Palaeobulgarica-Старобългаристика* 10 (1986), H. 1, S. 73–75.

Наумов, Александър, Страдомски, Ян, „Кирилометодиевските традиции в църковнославянските ръкописи в Полша", in: *Кирило-Методиевското културно наследство и националната идентичност/Cyrilo-metodské kultúrne dedičstvo a národná identita*, (София, 2011), S. 150–165.

Строев, Сергей М, *Описание памятников славяно-русской литературы, хранящихся в публичных библиотеках Германии и Франции, со снимками из рукописей* (Moskwa, 1841).

Цонев, Беньо, „Славянски ръкописи в Берлинската държавна библиотека", in: *Сборник на БАН*, Bd. 31, (Sofia, 1937).

Яцимирский, Александр И., „Описание южнославянских и русских рукописей заграничных библиотек, I", *Сборник Отделения русского языка и словесности имп. Академии Наук*, Bd. 98 (1921), S. 255–492.

Jacek Partyka
Uniwersytet Jagielloński

Polonica and Polish books from the collection of the former Prussian State Library in Berlin now in the Jagiellonian Library in Kraków

Abstract: The paper presents the project "Provenances of the *Polonica* from the former Prussian State Library, known as 'Berlinka', kept in the Jagiellonian Library". Its main research aim was to establish and identify historical owners of books printed in the territory of before-partition Poland (Polish-Lithuanian Commonwealth, ante 1795), foreign books printed in Polish language, by Polish authors and books treating generally on Poland and Polish people in general within the collection of the former Prussian State Library (PSB) in Berlin or rather within the part of this collection that after the World War II was deposited in the Jagiellonian Library in Kraków.

Keywords: Polonica, Polish books from the collection of the former Prussian State Library in Berlin, provenance research

Jagiellonian Library, the oldest scientific library in Poland, co-created almost simultaneously with the oldest Polish university and without any doubt operational in the first period of its activity (1364–1400)[1], for centuries was a treasure house for the most important and the most valuable book collections in Poland. The role and function of the library as a national heritage depository was of the utmost importance especially in the period of partition of Poland, when Polish territory was invaded, occupied and partitioned by German, Russian and Austrian monarchies. The Jagiellonian Library that remained in the partition under the tolerant Habsburg rule could act in favour of Polish heritage preservation. The tolerance typical for Habsburg Empire was something uncommon in German and Russian empires and this was the reason that the father of Polish bibliography, Karol Estreicher (1827–1908), when referring to books of Polish character, coined or rather made of frequent use a specifically anchored term *Polonicum*. For him it was historically

1 In the Jagiellonian Library there are at least three manuscript codices used in that period, see Maria Kowalczyk, *Biblioteka Jagiellońska*, in: *Zbiory rękopisów w bibliotekach i muzeach w Polsce*, (eds.) by Danuta Kamolowa and Teresa Sieniatycka, (Warszawa, 2003), pp. 101–121.

understandable to widen the area of reference for this term as otherwise a Polish bibliography, in non-existent Polish state, would be incomplete or missing book production from German or Russian partitions. That's why Karol Estreicher wanted the term *Polonicum* to refer not only to books printed in Poland, but also to books by Polish authors or printed in Polish language in other countries, and even to foreign books by foreign authors, but with a reference to Polish history, geography and Polish people – to preserve Polish cultural tradition, to save Polish achievement for future generations, to defend the cultural identity of Poland.[2]

This is the reason why the title of the project[3] created by myself and run in the Jagiellonian Library needs some explanation, as hinted in the very title of this text. The literal translation of the project's title would be: "Provenances of the *Polonica* from the former Prussian State Library, known as 'Berlinka', kept in the Jagiellonian Library", but to make it fully understandable it seems useful to explain that into the project we have included Polish books *sensu* really *largo,* i.e. books printed in the territory of before-partition Poland (Polish-Lithuanian Commonwealth, ante 1795), foreign books printed in Polish language, by Polish authors and books treating generally on Poland and Polish people in general.

The main research aim was to establish and identify historical owners of the aforementioned *Polonica* within the collection of the former Prussian State Library (PSB) in Berlin or rather within the part of this collection that after the World War II was deposited in the Jagiellonian Library in Kraków, being from then under the gesture of Polish government. And *terminus ante quem* for the collection researched in our project was year 1941, when the authorities of the Prussian State Library started the huge operation of *nota bene* partition and relocation of the collection which was divided into several parts and sent out to different locations, usually far from Berlin, to avoid its possible damage during bombardments[4].

---

2 Halina Mieczkowska, *"Polonicum" – definicja pojęcia, zakres doboru materiału, zastosowanie w bibliografii*, "Z Badań nad Książką i Księgozbiorami Historycznymi", vol. 9 (2015), pp. 21–29; see also Maria Dembowska, *Metoda "Bibliografii Polskiej" Karola Estreichera*, (Warszawa, 1954), pp. 21–22 and Karol Estreicher, *Bibliografia Polska*, vol. 1, (Kraków, 1891), p. X.

3 The project was financed by Narodowe Centrum Nauki (National Science Centre of Poland), in a framework of ministerial SONATA-BIS programme, registered under the number: 2012/05/E/HS2/03791 and given full requested financial funds.

4 Although it seems that the first, unsuccessful aircraft bombing raid on Berlin was taken by British in August 1940, it was only in 1941 they were able to constitute a real threat for Berlin, and it was then that the authorities of PSB were spurred for relocation action – see Włodzimierz Kalicki, *Ostatni jeniec wielkiej wojny. Polacy i Niemcy po 1945 roku*, (Warszawa, 2002), p. 36; as for bombing raids – see George H. Quester, *Deterrence*

The ending date (1941) seemed proper due to the historical determinants, yet the collection researched and digitised within a project contains *magna ex parte* pre-1800 early printed books (books with text only, and also early printed books with music, containing mostly or partly musical notes)[5]. Nevertheless the former Berlin collection now in the Jagiellonian Library contains quite a number of different objects that nowadays in the libraries are classified as belonging to special collections, which in this very case can be listed as follows:

early printed books,
music early printed books,
manuscripts,
music manuscripts,
graphic and cartographic objects,
epistolary,
rare books.

The whole former-PSB collection now in the Jagiellonian Library contains several thousands of different objects that could not have been possibly analysed as a whole during a three-year project[6] and it was necessary that the research team should have narrowed down its research focus. Thus it has been decided to analyse bound manuscripts (i.e. single volume codices, including bound musical manuscripts), early printed books (as above, including early printed books with music) and the post-1800 books, classified as rare books (mainly rare XIX-century editions). Due to the limited period of time we were given to conduct the project, we have decided, with regret, to omit single-chart hand-written objects which constitute extremely large collection, consisting mainly of letters written in many languages and to many individuals.[7]

Before Hiroshima: The Airpower Background of Modern Strategy, (New Brunswick, 1986), pp. 107, 115–117; Norman Moss, *Nineteen Weeks: America, Britain, And The Fateful Summer Of 1940*, (Boston/New York, 2004), pp. 288–318.

5 There are several different traditions as to which should be the final date when referring to books as early printed; in Poland and many European countries the border year is 1800, yet there are also different views on that point: see e.g. John Carter, *ABC for Book Collectors*, (London, 2006), p. 86.

6 Three years is the usual realisation period for research projects financed by Narodowe Centrum Nauki.

7 And with no doubt this part of the collection should be also researched and made digitally available, as it constitutes important scientific resource.

When preparing for the realisation of the project, it was necessary to pre-plan the research area and to create a working team. The team chosen by project manager was constituted of 22 people altogether, including 10 researchers and 12 technical employees. The team worked for three years, from February 2013 till March 2016 and within this space of time we were able to consult a huge number of special collection objects from Berlin library, to identify *Polonica* objects within them, to thoroughly analyse their provenances and, what's seems of equal importance, to digitise and publish in the digital library this large selection of books from Berlin collection. All books that have been researched and digitised are available in the digital repository run by the Jagiellonian Library.[8] It is to be noted that the digital resources published in this project comprise almost two thousand and two hundred publications with approx. one thousand four hundred *Polonica* within them. While working on this collection we have discovered that many books that would seem of Polish character are not such – yet we decided to make them available online (not in the printed catalogue) for the common good of scholars, students and researchers that might be in need of getting a remote access to the books non-consultable otherwise. Apart from the online collection available online we have also produced a printed catalogue that was published in first months of 2016.[9] Here below there is a short summary of actions taken by our team while working on this project:

- research within collections
- object selection
- creating records for electronic library catalogue
- scanning
- publishing in the digital library
- producing a printed catalogue.

The researched and digitised collection could be divided into five groups which will be shortly presented below.

---

8 Jagiellońska Biblioteka Cyfrowa (JBC) = 'Jagiellonian Digital Library', available at: www.jbc.bj.uj.edu.pl. It is worth mentioning that this repository is one of the largest Polish digital resources, giving access to more than 300 thousand objects.

9 Jacek Partyka (ed.), *Polonika z "Berlinki" w Bibliotece Jagiellońskiej. Rękopisy, rękopisy muzyczne, starodruki, starodruki muzyczne, wydawnictwa rzadkie i druki nowe. Katalog obiektów zdigitalizowanych*, (Kraków, 2016), 660 p. + [42] fig.

Manuscripts

For the project we have selected a relatively small group of bound manuscripts, treasured in stores of the Manuscript Section. Within twenty nine volumes, written in the period 1568–1922 (the oldest being a document by Jan Wnuczko, dated May 5, 1568, the latest: poems from years 1917–1922 written by a Polish army officer), there are some of a special interest:

- miscellaneous documents from XVII century (Ms. Slav. Fol. 5, Ms. Slav. Fol. 46, Ms Slav. Fol. 47),
- lodging revisions in Kraków and Vilnius before king's arrival (Ms. Slav. Fol. 6, Ms. Slav. Fol. 12, Ms. Slav. Fol. 15),
- the king's Wladislaus IV diary of juvenile travel through Germany, Belgium, Italy (Ms. Slav. Fol. 16),
- poems by Stefan Wierzyński (1899–1940), Polish officer, arrested by Russians and imprisoned in Starobielsk camp where he died (Ms. Slav. Oct. 12).

Manuscripts with music

Another equally minuscule group of researched and published objects comprises bound manuscripts with music, with 26 volumes available (in single records)[10], that are treasured in the Music Collection Section. Those manuscripts date from XII century to the second half of XIX century. Here are some noteworthy examples from this collection:

- Glogauer Liederbuch, ca 1480 (Mus. ms 40098),
- an anthology of lute music, including some fantasies by Bálint (Valentin) Bakfark (1507–1576), a composer, a lutenist at the court of Polish king Sigismud August, a Habsburg spy and one of the most famous lutenists of his time (Mus. ms 40598),
- contredans dedicated to Polish princess Jabłonowska, ca 1779–1781 (Mus. ms 40287),

10 It is to noted that quite often the number of records in the digital catalogue or records in the printed catalogue is different from the number of published objects – it happens when one volume contains diverse parts of a music work (e.g. notes for voices of tenor, basis, discantus and cantus may be published separately, as separate publications in digital library, although those parts will be registered under one entry in the printed catalogue).

- famous Adam Mickiewicz's *Frau Twardowska* with music by Carl Loewe and German translation by Carl von Blankensee, ca 1835 (Mus. ms autogr. Loewe A IV 4).

Early printed books

The largest collection that was researched and published in our project is constituted by books printed before year 1800, commonly referred to as early printed books or old books, and stored in Early Printed Books Section. A really voluminous collection of these formerly-PSB books now stored in the Jagiellonian Library contains several thousand objects, with many unique specimens known at the moment only in the very copy treasured in the Jagiellonian Library[11]. This part contains 852 catalogue entries associated with 1100 records for published objects, printed between 1507 and 1800. This group, in general, might be characterised as follows: publications by Polish kings, authorities, travellers, patriots; history of Poland and neighbouring countries; documents issued by monarchs of invading countries (e.g. Catherine the Great); historical biographies of Polish prominent figures.

Here are some examples of the books in the collection:

- the oldest early printed book: Christian Bomhouver, *Instructio et Ordinatio pro negotio Sacratissimarum indulgentiarum in fauorem partium Liuonie &c. concessarum* – [Erfurt: Wolfgang Schenck, ca 1507], (Uf 5086),
- the only known copy of *Bekanntmachung des Todes König Sigismunds I. von Polen 1548*, by Samuel Maciejowski (attributed author) – [Kraków?: s. n., post 1 IV 1548], (Uc 7668),
- German edition of famous Marcin Kromer's *De origine et rebus gestis Polonorum libri XXX* – (Getruckt zü Basel: bey Heinrich Petri, vnd Peter Perna, [post 1 X] 1562); from the library of king Friedrich Wilhelm IV, (Uc 4682),

11 The cooperation between the Jagiellonian Library and the Staatsbibliothek zu Berlin (SBB) has started many years ago. Thanks to this cooperation quite precise information on the formerly-PSB books now in Kraków is available through SBB online catalogue (with a note: 'Kriegsbedingt verlagert'), although sometimes there are imprecise location attributions, especially in a case of books misplaced during WWII, without known location). It is also important to note the books from PSB now in the Jagiellonian Library are usually identifiable with original Berlin shelf mark; the only difference is a prefix 'Berol.' used in our electronic catalogue, to facilitate browsing.

- Aldo Manuzio's own copy of aforementioned Marcin Kromer's Latin edition of *De origine et rebus gestis Polonorum libri XXX* – Coloniæ Agrippinæ: In Officina Birckamannica: sumptibus Arnoldi Mylij, 1589 (Uc 4668a). (Fig. 6/Abb. 6)

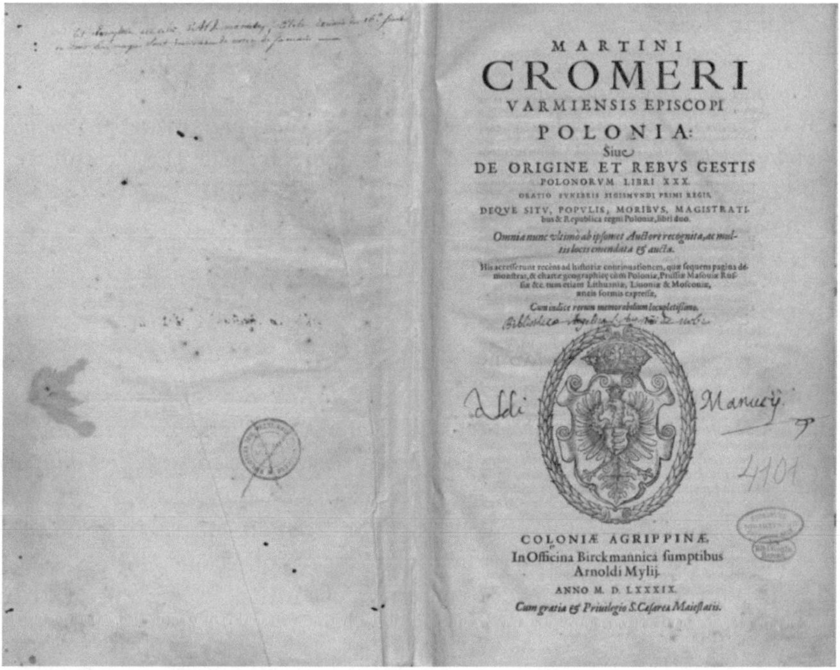

Abb. 6/Fig. 6: Kraków, Biblioteka Jagiellońska, Uc 4668a Title-page of Marcin Kromer's *Polonia: Siue De Origine Et Rebvs Gestis Polonorvm Libri XXX*, shelfmark Uc 4668a, with four identifiable owners: 1. Aldo Manuzio il Giovane, 2. Bibliotheca Angelica S. Augustini de Urbe (The Angelica Library, Rome – one of the first public libraries in Europe), 3. Poznańskie Towarzystwo Przyjaciół Nauk (Society of Friends of Sciences in Poznań), 4. Bibliotheca Regia Berolinensis (Royal Library in Berlin = PSB).

Early printed books with music

The collection of old books containing music notes, stored in Music Collection Section, does not contain as many objects as the collection of early printed books with text only; yet for the project we have created almost two hundred catalogue entries connected with more than six hundred records[12]. These are books printed between 1585 and 1701; and here are some examples of the objects within this part of the collection:

- books once owned by a Polish bishop Marcin Kromer, with a nice Renaissance binding: *Agenda Caeremonialia* – Coloniæ: Apvd Maternvm Cholinvm, 1574 (Mus. ant. pract. A 80a); *Agenda Sacramentalia* – Coloniae: Apvd Maternvm Cholinvm, 1578 (Mus. ant. pract. A 80b),
- Arcangelo Corelli's sonatas dedicated to the duchess of Pomerania: *Sonate a violono e violone* – Roma: Incisa da Gasparo Pietra Santa, [1700], with copperplates (Mus. ant. pract C 940),
- numerous works by Silesian composers.

Rare books

The last group of objects within a researched collection is constituted by so-called rare books, printed between 1802 and 1939, yet with the vast majority of XIX-century editions, stored in Rare Publications and Ephemera Section. For this group we have created 352 catalogue entries connected with 369 digitally published objects. The most general categories that could be listed within them are: history of Poland, history of Polish fight for freedom, Iudaica (Jewish literature, subject and object), XIX-century culture, views on Poland's history, scientific and official documents issued authorities of Russian, Prussian or Austrian governments. Here are some examples:

- Jean le Rond Alembert, *D'Alembert an Friedrich II über die Theilung Pohlens* – Amsterdam; Köln: bey Peter Hammer, 1808 (Ud 1260),
- Mikołaj (Nicolaus) I, *Abschrift aus dem Protokoll des Königlich Polnischen Staats-Sekretariats: Wir Nicolaus I. You Gottes Gnaden Kaiser alter Reußen, König von Polen … gegeben zu Petersburg am 17/29 Januar im Jahre 1828 des Heils und im den Unserer Regierung …* – [Petersburg: s.n., 1828] (Ud 8644),
- Jan Czyński, *Preußen im Jahre 1831 oder Verfahren der preuß. Militaerbehoerden gegen die heimathlosen Polen; nebst einem Anhange Darstellung der Nacht*

12 It is worth recalling that catalogue-type publications on early printed books from PSB are really scarce, and before the presented project was finished there were practically no digital resources with music publications from formerly-PSB music collections; see also Aleksandra Patalas, *Catalogue of Early Music Prints from the Collections of the Former Preußische Staatsbibliothek in Berlin, Kept at the Jagiellonian Library in Cracow* (Kraków, 1999).

vom 15. zum 16. August 1831 in Warschau und ihren Urfachen und Folgen – Fürth: Korn'sche Buchhandlung, 1832 (Ud 2116).

Bindings and provenances

Old books as such, i.e. books that were printed in past centuries, books that were in a possession of many owners, books that witnessed many turns of events, usually have their own history.[13] This history is written on their bindings and within their bindings and, most often, on the books themselves: on flyleaves, *antefolia* and *postfolia*, between bound charts, in stamps and hand-written notes. The provenance information of the kind was acquired by our research team; we have incorporated these data into electronic catalogue records so they are easily retractable from our database. A customised search could be conducted with the use of different criteria: by authors, titles, publishers, translators, date, language, document type, provenance note, binding details. Our database contains now thousands of binding descriptions, provenance notes, additional copy-specific information, that are easily consultable and always subject to improvement. What could be said from the point of view of a bindings' researcher: the *Polonica* collection does not contain particularly rare, artistic or flamboyant bindings; it may be due to the fact that a large number of books were incorporated quite late into the Berlin library, hence they had not possessed previous, historical bindings and were quite frequently given a typical Berlin library binding, made for practical use, not for embellishment. But a culture historian, or a library historian, could find it really helpful to conduct a search within the records of historical owners and to be able to consult the retrieved information online, *ex visu*.

Plans and hopes for the future

The *Polonica-within-PSB* project was finished in 2016, yet it is still highly desirable that the Jagiellonian Library could catalogue, scan, publish and generally made available much more books that once had belonged to the Preußische Staatsbibliothek zu Berlin. These books, although coming from one of the most important German libraries, are a testimony of European culture, witness of its changes. It could be proved with the utmost ease that the resource kept once in

13 As a classicist I would be really inclined to state that *Habent sua fata libelli* if only that phrase was not coined by Terentianus Maurus with a reference to literary theory and not to tempestuous fates of European libraries. But, *se non è vero è ben trovato* and I think that a good story (or phrase) can always be shared.

Berlin preserves cultural records of many European countries and nations, with so numerous *Italica, Hispanica, Iudaica, Gallica* or even *Americana* objects. From my perspective, as of the early printed book researcher, there are some goals to be achieved as soon as possible. And the very first and basic aim would be a creation of printed or online catalogue containing all once-PSB pre-1800 books (especially German Reformation's Flugschriften, extremely rare and valuable). The secondary aim, but of equal importance, would concern a widening an online access to this collection, with a special emphasis placed on a remote full-resource availability – to retain Europe's memory, to preserve European heritage, to make it easily, digitally available, in an open Access repository.

Bibliography

Carter, John, *ABC for Book Collectors*, (London, 2006).

Dembowska, Maria, *Metoda "Bibliografii Polskiej" Karola Estreichera*, (Warszawa, 1954).

Estreicher, Karol, *Bibliografia Polska*, vol. 1 (Kraków, 1891).

Kalicki, Włodzimierz, *Ostatni jeniec wielkiej wojny. Polacy i Niemcy po 1945 roku* (Warszawa, 2002).

Kowalczyk, Maria, *Biblioteka Jagiellońska*, in: *Zbiory rękopisów w bibliotekach i muzeach w Polsce*, eds. by Danuta Kamolowa and Teresa Sieniatycka (Warszawa, 2003), pp. 101–121.

Mieczkowska, Halina, *"Polonicum" – definicja pojęcia, zakres doboru materiału, zastosowanie w bibliografii*, "Z Badań nad Książką i Księgozbiorami Historycznymi", vol. 9 (2015), pp. 21–29.

Moss, Norman, *Nineteen Weeks: America, Britain, And The Fateful Summer Of 1940*, (Boston/New York, 2004).

Partyka, Jacek (ed.), *Polonika z "Berlinki" w Bibliotece Jagiellońskiej. Rękopisy, rękopisy muzyczne, starodruki, starodruki muzyczne, wydawnictwa rzadkie i druki nowe. Katalog obiektów zdigitalizowanych* (Kraków, 2016).

Patalas, Aleksandra, *Catalogue of Early Music Prints from the Collections of the Former Preußische Staatsbibliothek in Berlin, Kept at the Jagiellonian Library in Cracow* (Kraków, 1999).

Quester, George, *Deterrence Before Hiroshima: The Airpower Background of Modern Strategy* (New Brunswick, 1986).

Zdzisław Pietrzyk
Uniwersytet Jagielloński

Polonica in Albums forming part of the former Prussian State Library in Berlin (now held by the Jagiellonian Library) which were brought to light in 2014

Abstract: In 2014, the Ministry of Culture was informed by the Polish Province of the Dominican Order that a group of items from the former Prussian State Library had been discovered among its own library collections. At the end of 2015, after formal and legal arrangements had been completed, this missing part of the Berlin collection was handed over to the Jagiellonian Library. On 19th April 2016, having made an inventory of these recovered items, we began to make them available to readers, the first of whom were the President of the Prussian Cultural Heritage Foundation and the Director of the Staatsbibliothek zu Berlin. The paper aims at discussing these new found items with particular reference to albums which are marked with the shelfmarks *alba amicorum:* alba amicorum 1–3, alba amicorum 6, alba amicorum 9 and alba amicorum 20. All the surviving and rediscovered albums come from the sixteenth and seventeenth centuries. The registration of the album entries according to subjects of the King of Poland (i.e. according to people coming from areas belonging to the Crown and the Grand Duchy of Lithuania – and after 1569 of the Polish-Lithuanian Commonwealth), which we briefly call 'the registration of *polonica*', is a laborious task requiring the examination of entries in albums that are scattered all over the world.

Keywords: Polonica, new discovered items from the former Prussian State Library in Berlin now held by the Jagiellonian Library (2014), alba amicorum 1–3, alba amicorum 6, alba amicorum 9 and alba amicorum 20

At the turn of October and November 1947, 490 crates (out of a total of 505) arrived at the Jagiellonian Library. Fearing bombardment, the German authorities had ordered their removal from the Prussian State Library in Berlin, along with the library's other collections, which were hidden away in various parts of the Reich. Some of the most valuable collections were taken to Silesia, where they were first hidden in the castle of Książ (then Fürstenstein) and later in a monastery in Krzeszów (then Grüssau). In Krzeszów (which for a short time after the war was called Krasnobor), the collections were found and secured by Dr. Stanisław Sierotwiński, who was the Delegate of the Minister of Education for the

Protection of Abandoned Collections in the Recovered Territories. They were subsequently moved to Cracow, where they were initially stored in the Dominican and Missionary monasteries before finding a permanent home at the Jagiellonian Library.

For over thirty years, readers had no access to those collections of the former Prussian State Library in Berlin which were held by the Jagiellonian Library. In the meantime, the items were catalogued and it transpired that some of the collections which had been hidden in Silesia could not be found.[1] These missing items – fifteen crates in all – were thought to have been irretrievably lost, though there was always a ray of hope that they might eventually turn up somewhere.

In 2014, the Ministry of Culture was informed by the Polish Province of the Dominican Order that a group of items from the former Prussian State Library had been discovered among its own library collections. At the end of 2015, after formal and legal arrangements had been completed, this missing part of the Berlin collection was handed over to the Jagiellonian Library as property of the State. On 19th April 2016, having made an inventory of these recovered items (together with a description of their state of preservation), we began to make them available to readers, the first of whom were Prof. Hermann Parzinger (the President of the Prussian Cultural Heritage Foundation) and Mrs. Barbara Schneider-Kempf (the Director of the Staatsbibliothek zu Berlin).

This rediscovered collection contains many kinds of items. The greater part consists of several dozen old books in Hebrew and Yiddish and there are more than a dozen Chinese and Tibetan prints. Manuscripts are undoubtedly the most valuable part of the collection. The group of Latin manuscripts – consisting of nine items, four of which are from the twelfth century – includes *Welfen Chronik*, *Aphorisma philosophica* by Wilhelm de Donekasteria, three thirteenth-century manuscripts (one of which is a pocket calendar made by Widukind of Korbei), a beautifully illuminated fifteenth-century book of hours and a fourteenth-century missal, which – because of the preserved chain attached to its binding – is a rare object.

The collection of twenty-one Greek manuscripts includes items from the ninth century down to the seventeenth century, as well as two capsules containing fragments of Greek papyri. This collection has yet to be described by scholars in a satisfactory way and will therefore be the object of further research by a group of classicists under the supervision of Katarzyna Kołakowska. The oldest ninth-century manuscript is a psalter. Three manuscripts – the *Lives of the Saints*,

1 Zdzisław Pietrzyk, "Zbiory z byłej Pruskiej Biblioteki Państwowej w Bibliotece Jagiellońskiej", *Alma Mater* 2008, No 100, pp. 15–19.

the *Evangelical Pericopes* and the *Commentary on the Psalms* by Theodoretus – date back to the eleventh century. The twelfth-century manuscripts (of which there are seven) include the sermons of St. Gregory of Nazianzus, The Acts of the Apostles, a psalter with comments and four Gospels.

As regards the other language categories, there are four Italian manuscripts containing (among other things) the work of Thomas Campanella and three French manuscripts, the latter including a description of the life of the Moravian Brethren and the genealogy of the powerful de Croy family. The Oriental items in the rediscovered collection include thirteen Arabic and Syrian manuscripts (coming mainly from the collections of Springer, Wetzstein and Sachau) and eleven Indian objects.

The rediscovered manuscripts include six albums which are marked with the following shelfmarks: alba amicorum 1, alba amicorum 2, alba amicorum 3, alba amicorum 6, alba amicorum 9 and alba amicorum 20. All the surviving and rediscovered albums come from the sixteenth and seventeenth centuries. Each of them is of a different character. The registration of the album entries according to subjects of the King of Poland (i.e. according to people coming from areas belonging to the Crown and the Grand Duchy of Lithuania – and after 1569 of the Polish-Lithuanian Commonwealth), which we briefly call 'the registration of polonica', is a laborious task requiring the examination of entries in albums that are scattered all over the world. The album entries are fragmentary sources for the history of individual people – their movements, their friendships, their research and reading preferences, their aesthetic sensibility – and sometimes for the circumstances of their everyday lives. In many cases, they allow us to determine the routes of the journeys they made as young people – especially those connected with their studies and academic careers. For literary scholars, these entries provide research data on literary genres and their reception in a given time and area. The albums can also be an excellent source for art historians, especially as the miniatures and illustrations which they contain have yet to be examined by scholars.

The first research on albums began as early as the eighteenth century, when Michael Lilienthal described the origin and contents of the albums.[2] A compendium of entries was made by the Keil brothers.[3] Wolfgang Klose[4] has written

2 Michael Lilienthal, *Schediasma Critico-Litterarum de Philothecis variaque earundem usu etabusu vulgo von Stammbüchern Dissertation* (Königsberg, 1711).

3 Robert und Richard Keil, *Die deutschen Stammbücher des XVI bis XIX Jahrhunderts* (Berlin, 1893).

4 Wolfgang Klose, *Corpus alborum amicorum. Beschreibendes Verzeichnis der Stammbücher des 16. Jahrhunderts* (Stuttgart, 1988).

what is still the most important work on sixteenth-century albums, while Lotte Kurras, Werner Schnabel, Werner Taegert, Vello Helk, Zdenek Hojda, L. Firmlov and Aleksandra Golik-Prus (a Polish scholar) have made a considerable contribution to research on album entries.[5] In recent years, thanks to the efforts of Prof. Werner Schnabel of the University of Erlangen, a database of albums has been created.[6]

These albums seem to have had their origins in Protestant student circles in Wittenberg, where students wanted to record the memory of their professors and colleagues in their books. The oldest albums come from the mid-forties of the sixteenth century. Initially, they were known and used in student circles, but in time the practice spread to other professional and social circles, especially those that were mobile. At the end of the sixteenth century, another kind of album appeared – the "house book" – on the model of which the whole album genre came into being. Soon albums became popular, as they allowed students to preserve the memory of the people they met in the course of their peregrinations. A similar development was the practice of keeping "home books" which visitors signed and in which they could write something.

Very few of the students from the Polish-Lithuanian Commonwealth are known to have kept albums.[7] By contrast, several thousand of these insufficiently appreciated sources have survived from this period in Germany, the Netherlands and Scandinavia. On the basis of the geographical distribution of the surviving albums, we can say that they were popular and held in high regard in Protestant countries, whereas in Catholic countries such collections were not considered to be of great importance. Studies on the subject – together with analysis of letters, diaries and memoirs – show that students from the Polish-Lithuanian Commonwealth had indeed followed this fashion. However, most of the albums which we know to have existed have not come down to us. After the fall of the Warsaw Uprising in 1944, the collection of albums belonging to Józef Andrzej Załuski was burnt by the Germans along with the collection of the National Library in

5 Aleksandra Golik-Prus, *Różnorodność formuły "non omnis moriar" w łacińskich wpisach sztambuchowych przełomu XVI i XVII wieku* (Katowice, 2004).

6 The works of the authors mentioned are presented in: Repertorium Alborum Amicorum: http://www.raa.phil.uni-erlangen.de/ – the literature tab certainly gives most of the literature concerning albums, though it is still incomplete (7.3.2018).

7 See: Golik-Prus, *Różnorodność formuły*, pp. 13–14; Zdzisław Pietrzyk, *Sztambuch Kryspina Gericiusa jako przykład źródła do dziejów staropolskich podróży edukacyjnych*, in: *Źródła do dziejów staropolskich podróży edukacyjnych* eds. Dorota Żołądź-Strzelczyk and Małgorzata E. Kowalczyk (Wrocław, 2017), pp. 169–182.

Warsaw. A dozen or so mentions prove that Polish students who travelled abroad did keep albums. These included Wojciech Zakrzewski, Aleksander Piotr Tarło, Maciej Vorbek Lettow, Marcin Ruar and Jan Ługowski.[8] However, if we look for the term "album" (*sztambuch*) in the contents of the Old Polish sources, we will not find it, because it was referred to as a "book of entries" (*książka do wpisów*) or a "name book" (*imionnik*). Fr Szymon Naruszowicz, the tutor of Jaś Ługowski, entered expenses relating to album entries in his expenditure register several times.[9] In Ingolstadt – on March 25th 1640 – he wrote: "For the blank book for coats of arms 1 zloty", "For painting a coat of arms in J.M.P. Dobraczyński's book 1 zloty". These accounts show that Jaś Ługowski had an album of his own and made signed entries in the albums of other students by having his own coat of arms (Lubicz) painted in them as a memento, as was then the custom. Unfortunately, I have not been able to find Jaś Ługowski's entry in the albums which I have reviewed to date – nor have I been lucky enough to find any mention of such an entry in studies on the subject.

Alba amicorum 1

As I have already mentioned, six albums have been found in the rediscovered collections. The album bearing the shelfmark Al. amicorum 1 once belonged to Adam Grütschreiber from Michałów near Brzeg. Adam Grüttschreiber was a counsellor and courtier of the Dukes of Legnica and Brzeg. In Michałów, he funded new furnishings (including a pulpit) and built a new church tower.[10] The entries in this album come from the years 1578–1617. The basis for the album is a print by Jost Amman, Johann Bockberger and Heinrich Rebenstock *Newe Livische Fiiguren, Darinen die gantze Römische Historien künstlich begriffen und angezegt* … published in Frankfurt in 1573. It has been very richly illustrated by hand. Most of these illustrations are coats of arms of the authors of the entries. Despite their rather uneven artistic value, their heraldic value is very high. In

8 Henryk Barycz, *Z dziejów polskich wędrówek naukowych za granicę* (Wrocław, 1969), pp. 239–240; Marian Chachaj, *Zagraniczna edukacja Radziwiłłów* (Lublin, 1995) p. 127; Karol Ogier, *Dziennik podróży po Polsce 1635–1636*, ed. Irena Fabiani-Madeyska, introduction by Marian Pelczar, part 2 (Gdańsk, 1953), p. 193; Maciej Vorbek-Lettow, *Skarbnica pamięci pamiętnik lekarza króla Władysława IV*, eds. Ewa Galos and Franciszek Mincer (Wrocław, 1968), p. 7; *Jasia Ługowskiego podróże do szkół w cudzych krajach 1639–1643*, ed. Krystyna Muszyńska, (Warszawa, 1974), p. 223.

9 *Jasia Ługowskiego …*, pp. 223, 225.

10 Jakub Pokora, *Sztuka w służbie reformacji. Śląskie ambony 1550–1650* (Warszawa, 1982), pp. 200, 202.

Grüttschreiber's "name book" (*imionnik*), there are also many genre paintings, some of which are quite bold from the point of view of social convention.

The album has the kind of layout that was typically used for entries. The first pages contain inscriptions by princes and counts. All entries come from the years 1578–1617, which for an album is a relatively broad chronological range. As far as the contents of the entries are concerned, this volume differs from the vast majority of other albums. There is generally no mention of the places where the entries were made and there are few dedications. By contrast, a typical album entry consisted of a motto, an aphorism, a dedication containing the place and date of origin of the entry as well as a coat of arms or a genre scene. In the album of A. Grüttschreiber, we most often have only a signature without the lengthy dedication that was typical of other albums. Most of the coats of arms or genre scenes added by the people who made entries were probably painted by an artist that is unknown to us. A. Grüttschreiber was a counsellor at the court of the Duke of Legnica and persons staying at the court probably made their entries in his album in Legnica or Brzeg – or even at his family home in Michałów, which is possibly why there is no mention of the place at which the entries were made, given that the album was treated as a "house book". On the first page of the album there is an entry from 1617 by John, Margrave of Brandenburg and the next entries are autographs by Joachim Ernst, Duke of Anhalt (in 1582) and by Georg Duke of Legnica (Herzog of Liegnitz), the latter written above a wonderfully painted coat of arms. Entries by the Dukes of Legnica Georg Rudolph (1608) and John George (1578) as well as the Duke of Baden Ernst Friedrich, (1608) are also to be found in the album. The next princes and aristocrats to make entries at the beginning of Grüttschreiber's album include the Princes of Anhalt John George and Christian (an entry in 1578), the Duke of *Braunschweig-Lüneburg* Joachim Karl (an entry in 1596), the Princes of Ziembice Karol Fryderyk (1597) and Henryk Wacław (1608), the Burgrave Otto Dohn (1580) and the Czech aristocrat Wiktor Thomas *Žerotín* (1598). The aristocratic entries in the album include the Leliwa coat of arms, painted by a rather poorly skilled painter. Above this coat of arms there is an entry made by Jan Tarnowski, with no date or place and with the aphorism *Virtute et armis praemia*. Among several hundred entries, there are a few that we can classify as *Polonica*, i.e. as entries made by subjects of the King of Poland.

The entries that follow include autographs by Marcin of Kalinowa Zaremba (the starost of Grabów) and by the royal courtier Abraham Zaremba. Both left aphorisms and their own signatures, but unfortunately gave no indication of when and where their entries were made. Abraham Zaremba wrote a Polish commentary on a miniature depicting a partially clad woman ("Jonas and our cook"). In 1578, Zygmunt Kurzbach – who was from a Silesian family living in the borderland region – left a Latin aphorism as a memento in the album. Probably at the same time – two pages later – Marcin Borek Gostyński left his own inscription together with his coat of arms and the customary aphorism. His stepfather was Zygmunt Kurzbach.

In 1581, Adam Dzierżanowski left his inscription in Adam Grüttschreiber's album, together with a beautifully painted Gozdawa coat of arms and – two years later – near his autograph, Wacław Dzierżanowski left his. Next to the Nałęcz coat of arms, Stanisław Rakowski made his entry in the album, but unfortunately did not give any date or place. In 1607, Joachim Aleksander Posadecki signed the album. In 1609, the Castellan of Santok Piotr Choiński (ca 1560–1614) left his autograph together with the motto *Deus spes mei*. Łukasz Górnicki left his autograph – also without giving any date or place – in the company of Franciszek Tiberius, August von Briesen and Jean Petit d'Aubigni. The number of *Polonica* in A. Grüttschreiber's extensive album – containing several hundred entries – is small. This album will be of interest to scholars who are carrying out research on the court of Legnica and will also be of interest to art historians and specialists in heraldry, as it abounds in genre scenes and coats of arms.

Alba amicorum 2

Before setting off on a journey, Samuel Rosacius prepared his album very carefully. It is a codex bound in tooled white leather. The size of this volume is typical for a seventeenth-century "name book" (18 x 23.5 cm), which at that time began to have functions that were different from the first albums which had appeared in the first half of the sixteenth century. On his travels, Samuel Rosacius wanted to collect the autographs of European monarchs. It is known from the source literature that Samuel Rosacius studied in Zgorzelec and on 1st April 1626 – at the age of twenty and as a prospective student of theology – he left his autograph in the collective album of the students of the University of Leiden.[11] His journey had probably been planned well in advance, because the arrangement of the book indicates the future route of his journey. The album is arranged according to the following pattern: first come the portraits of rulers (beginning with that of the Emperor Ferdinand, the kings of England, Denmark, Sweden, Bohemia, Poland, etc.); then, on the following pages, illustrations of the main city or cities in the State ruled by that particular monarch. The number of illustrations depicting

11 *Album studiosorum Academiae Lugduno-Batavae MDLXXV – MDCCCLXXV*, (The Hague, 1875), p. 191.

European rulers and cities in the 1620s is not typical of albums from this period. The entries are placed on specially prepared marbled paper sheets. Some of them are even on vignettes of various shapes which were specially designed for the autographs of Rosacius's friends. The authors of the entries in this album include King Charles I of England (in 1626), King Christian IV of Denmark and Jan, Duke of Schleswig-Holstein.

The entry by the King of England is followed by a printed and hand-coloured plan of the London of 1623 which has been glued into the album. In Samuel Rosacius' album, the page with the portrait of King Sigismund III Vasa by Claus Jansz Visscher the younger is directly followed by a page with a watercolour view of Cracow. It is a hand-painted panorama from the north-west of Cracow (Fig. 7/ Abb. 7), based on the engraving made by Matthew Merian in 1619. The watercolor bears the caption "Crakow".

Abb. 7: Kraków, Biblioteka Jagiellońska, Alba Amicorum 2

The album also contains a pen drawing of a panorama of Gdańsk (f. 176 recto). On the f. 69 recto there is a panorama of Riga. As Poland had lost that city in 1621, Rosacius placed it just after the view of Stockholm, in accordance with its new political affiliation. Apart from the signatures of the rulers, the entries in the album are dated 1626 in London, including the autograph of Achacy Schulz from Elbląg, who as an aphorism left a quatrain in French and a dedication to Rosacius. This album is extremely interesting owing to its unusual character and the panoramas of cities and other illustrations which it contains. It includes panoramas of Vienna, Bratislava, Amsterdam, Antwerp, The Hague, Copenhagen, Stockholm, Bergen Mechelen, Lisbon, Cologne, Mainz and Trier.

Alba amicorum 3

This album belonged to Jerzy Lichtfuss (1601–1642), the son of the mayor and burgrave of Toruń Idzi Lichtfuss and of Elżbieta Stroband, the daughter of the mayor of Toruń Henryk. Jerzy Lichtfuss studied in Frankfurt, Königsberg, Wittenberg, Leipzig and Rostock. After completing his studies, he joined the court of Wacław Leszczyński when the latter was Vice-Chancellor (from 1620 to 1625) and later the Grand Crown Chancellor (from 1625 to 1628). Owing to the origins of J. Lichtfuss, the entire album can be considered to be a *polonicum*.

In this album, many of the entries were made by people from the Polish-Lithuanian Commonwealth. The Lichtfuss "name book" is ordered in a classic way, i.e. its first pages contain the entries of the noblest inscribers. The first sheet of parchment glued into the album contains images of twelve coats of arms of members of the Pomeranian nobility together with those of the families that were related to Lichtfuss: the Baunschweig, Strobands, Bodeck, Mochinger, Lind and Krieger families.

At the very beginning of the book, there is an entry made in 1624 by the Elector of Brandenburg Georg Wilhelm, who also left his multi-field coat of arms. Somewhat surprisingly in this classic arrangement of the volume, in which the first entries were reserved for the mighty of this world, on f. 4 verso, we find the autograph of Mateusz Judycki, who signed in as "a courtier of the Bishop of Włocławek", unfortunately without any mention of the place or date of the entry.

Further on in the album, at f. 24 recto, there is an entry by Bazyli Judycki. The pages that follow contain entries made by magnates. On 31th July 1620, Francis of Pomerania made an entry in the album. Beside it there is a note saying that he died in December 1620. On the following pages there are entries by – among others – Bogusław XIV, Duke of Pomerania and the Bishop-Elect of the Diocese of Kamień from 1627. The Duke of Llegnica John Christian made an entry in 1620, while The Duke of Brandenburg Friedrich Wilhelm made his in 1634. Entries made by aristocrats include that of Albrycht Stanisław Radziwiłł, who met the Lichtfuss family in Gdańsk on 5th June 1625, only two weeks after the end of an almost year-long peregrination across Europe as the companion of Prince Władysław Zygmunt I.[12] In 1640, Bogusław Radziwiłł made his entry. Ernest Denhoff made an entry in German without specifying the place or date. Under the Latin aphorism *Per angusta ad augusta* there is a colourful Wieniawa coat of arms and on the motto under the coat of arms an inscription by the Voivode of Bełz, Rafał Leszczyński. The following page contains a coloured drawing depicting Fortune as well as an inscription by the son of the Voivode of Bełz, Bogusław Leszczyński.

The members of the Leszczyński family immortalised in the album of J. Lichtfuss are Jan – the son of the chancellor – and Rafał, who both made entries without specifying the place or date. In Toruń on 12th May 1620 an entry was made by Łukasz Sierakowski, who at that time was just beginning his political career as the castellan of Kruszwica. On 22nd March 1622, Michał Dornowski left his autograph together with an aphorism, a dedication and a beautifully painted Leliwa coat of arms. On 26th October 1624, Krzysztof and Kazimierz Lew Sapieha made entries without saying where they were made.

In 1624, Mikołaj and Krzysztof Słupecki from Konary made entries in J. Lichtfuss's album, leaving a five-field genealogical coat of arms. In Gdańsk, on 8th May 1625, J. Lichtfuss met Jakub Maksymilian Fredro, who referred to himself as the Royal Secretary. Probably in 1626 (there is no year owing to a truncated folio) on 25th June, an entry was made by Gabriel Posse, who was a trusted Swedish courtier of King Sigismund III Vasa. In the same place and at the same time, another Swede who faithfully served King Sigismund III Vasa – Sigismund Guldenstern – also left his autograph.

In J. Lichtfuss's album there are several entries by members of families who were closely connected with the anti-Trinitarian movement. In Frankfurt am Oder, on 10th June 1621, Jan Sack left a memento consisting of a colourful coat of arms, while Sebald Sack made an entry in the album on 19th August 1622. In Szczecin on 20th April 1633 an entry was made by Jan Szlichtyng of Bukowiec, who was a judge from Wschowa, a follower of the Czech Brethren and a relative of the famous anti-Trinitarian writer Jonasz Szlichtyng.

In 1632 – also in Szczecin – an entry was made by Władysław Dorohostajski, who was a student of Jan Amos Komenski. On 7th January 1643, the son of the Castellan of Mścisław Samuel Abrahamowicz signed J. Lichtfuss's album in Szczecin and on the next page there is the autograph (with no mention of

12 *Podróż królewicza Władysława Wazy do krajów Europy Zachodniej w latach 1624–1625 w świetle ówczesnych relacji*, ed. Adam Przyboś (Kraków, 1977).

any place or date) of Stanisław Stokowski, who was a courtier of the King of Poland. Other entries made by residents of the Polish-Lithuanian Commonwealth include those of Jerzy Tomicki (13th March 1625), Piotr Sowiński (1624), Krzysztof Pisiński (Frankfurt am Oder, 23th December 1621), Franciszek Gorskowski (Frankfurt am Oder, 18th June 1623), Joachim Buchholtz of Gdańsk (Rostock, 4th June 1627), Jan Fabricius of Gdańsk (Rostock, 24th April 1627) and Jan Koepenig of Gdańsk (Rostock, 25th April 1625). These and other autographs are of great importance for the writing of the biography of Jerzy Lichtfuss, as they provide valuable information about his circle of friends.

Alba amicorum 6

The album of Henryk Nicolai bears the shelfmark Al. amicorum 6 and records the course of its owner's educational journey around Europe. It has so far been known only from a short note by J. Bolte.[13] In May 1585, Nicolai visited the University of Leiden, where on 4th April the famous Józef Scaliger made an entry in his album. In 1586, when Nicolai was in Heidelberg, he received the autograph of Daniel Tossanus.

From Heidelberg Henryk Nicolai went to Strasburg to continue his studies and on 9th October 1587 he visited the aged Jan Sturm in Northeim. When he left Strasburg in January 1589, it was not only his colleagues, but also the most important members of the staff of the Strasbourg Academy who made farewell entries in his album. In January 1589, Konrad Dasypodius, Erazm Marbach, Jan Pappius, Melchior Sebitzius, Jan L. Hawenreuter, Jerzy Obrecht, Wawrzyniec Tuppius and Melchior Junius left their autographs. From Strasbourg, Nicolai went to Altdorf, where he studied law with Hugh Donell and Scipio Gentili, the latter of whom made an entry in Altdorf without giving any date. Under the scholarly supervision of S. Gentili, H. Nicolai wrote a dissertation which he subsequently published with a dedication to the Council of the City of Gdańsk.

In Altdorf, Jan Pretorius (on 13th August 1593) and Mikołaj Taurellus also made entries in Nicolai's album. In 1593, H. Nicolai visited Heidelberg again and in May 1593 he was in Jena, where Georg Volkamar, Jan Dinckelius and Gotard Artus of Gdańsk left entries in his album. In December 1593 Nicolai visited Oxford, while in 1595 and 1596 he stayed in Paris. H. Nicolai's travel route is quite complicated. The entries reveal that he returned to certain cities

---

13 Johannes Bolte, "Aus den Stammbüchern der Berliner Bibliothek", *Archiv für Literaturgeschichte* XV, (1887), p. 336.

several times. After a long educational journey, he settled down in Gdańsk, which was his hometown and where he served as the city secretary for the next thirty years. [14]

Alba amicorum 9

This album belonged to Karol Patinus, a professor at the University of Padua. It contains several entries from 1669, when its owner stayed in Vienna and Regensburg. In this album, there are no *polonica*.

Alba amicorum 20

The album with the shelfmark al. amicorum 20 used to belong to Szymon Kenig (Regius) of Amberga. It allows us to reconstruct the course of his educational journey. The entries in S. Regius's album – based on the print by Nicolaus Reusner entitled *Icones seu imagines* … (published in Strasbourg in 1587) – reveal his scholarly pathway. First – in 1588 – he stayed in Wittenberg, and then in 1589 he was in Helmstedt and from 1589 to 1590 in Leipzig. The last entries in chronological order come from his native Ambergi from the years 1591–1603. It should be noted – on the basis of the *polonica* – that Reusner's print contains an image of Nicolaus Copernicus as well as some textual information about the astronomer. Andrzej Kochcicki, who lived in the Silesian-Polish borderlands, made an entry in the album of S. Regius during his studies in Wittenberg on 9th September 1588, leaving aphorisms and a dedication in Latin.

The album entries are an excellent historical source that allows us to very accurately ascertain dates in travel routes, and therefore also the courses of the lives of the people involved, i.e. those who made entries in the albums and those who collected the autographs. However, research on the chronology of the entries must be done very cautiously owing to the fact that most of these entries come from Protestant circles that were very reluctant to accept the reform of the calendar that was carried out by Pope Gregory XIII in 1582. Also, surnames should be read with particular caution, though the comparative method allows us to overcome this obstacle. The album entries provide information that is very reliable from a factual point of view. In the near future, thanks to the text corpus of albums completed under the supervision of Prof. Werner Schnabel from

14 On H. Nicolai's educational journey see: Zdzisław Pietrzyk, *W kręgu Strasburga. Z peregrynacji młodzieży z Rzeczpospolitej polsko-litewskiej w latach 1538–1621*, (Kraków, 1997). I was not able to include in this study the album in question.

Erlangen, research on this kind of historical source will probably make a great leap forward because scholars will at last have access to the albums that have come down to us.

Transl. by Joanna Pypłacz

Bibliography

Album studiosorum Academiae Lugduno-Batavae MDLXXV–MDCCCLXXV (The Hague, 1875).

Barycz, Henryk, *Z dziejów polskich wędrówek naukowych za granicę* (Wrocław, 1969).

Bolte, Johannes, "Aus den Stammbüchern der Berliner Bibliothek", *Archiv für Literaturgeschichte* XV, (1887), S. 335–336.

Golik-Prus, Aleksandra, *Różnorodność formuły "non omnis moriar" w łacińskich wpisach sztambuchowych przełomu XVI i XVII wieku* (Katowice, 2004).

Chachaj, Marian, *Zagraniczna edukacja Radziwiłłów* (Lublin, 1995).

Jasia Ługowskiego podróże do szkół w cudzych krajach 1639–1643, eds. Muszyńska, Krystyna (Warszawa, 1974).

Keil, Robert und Richard, *Die deutschen Stammbücher des XVI bis XIX Jahrhunderts* (Berlin, 1893).

Klose, Wolfgang, *Corpus alborum amicorum. Beschreibendes Verzeichnis der Stammbücher des 16. Jahrhunderts* (Stuttgart, 1988).

Lilienthal, Michael, *Schediasma Critico-Litterarum de Philothecis variaque earundem usu etabusu vulgo von Stammbüchern Dissertation* (Königsberg, 1711).

Ogier, Karol, *Dziennik podróży po Polsce 1635–1636*, eds. Fabiani-Madeyska, Irena, introduction by Pelczar, Marian, part 2 (Gdańsk, 1953).

Pietrzyk, Zdzisław, W *kręgu Strasburga. Z peregrynacji młodzieży z Rzeczpospolitej polsko-litewskiej w latach 1538–1621* (Kraków, 1997).

Pietrzyk, Zdzisław, *Zbiory z byłej Pruskiej Biblioteki Państwowej w Bibliotece Jagiellońskiej*, "Alma Mater" 2008, No 100, pp. 15–19.

Pietrzyk, Zdzisław, "Sztambuch Kryspina Gericiusa jako przykład źródła do dziejów staropolskich podróży edukacyjnych", in: *Źródła do dziejów staropolskich podróży edukacyjnych* eds. Żołądź-Strzelczyk, Dorota and Kowalczyk, Małgorzata E. (Wrocław, 2017), pp. 169–182.

Podróż królewicza Władysława Wazy do krajów Europy Zachodniej w latach 1624–1625 w świetle ówczesnych relacji, eds. Przyboś, Adam, (Kraków, 1977).

Pokora, Jakub, *Sztuka w służbie reformacji. Śląskie ambony 1550–1650* (Warszawa, 1982).

Repertorium Alborum Amicorum: http://www.raa.phil.uni-erlangen.de/ (7.3.2018)

Vorbek-Lettow, Maciej, *Skarbnica pamięci pamiętnik lekarza króla Władysława IV*, eds. Galos, Ewa and Mincer, Franciszek (Wrocław, 1968).

Gesa Weinert
Universität Bonn

Die Lenziana in Krakau und die Historisch-kritische Edition sämtlicher Verse von J. M. R. Lenz

Abstract: Seit dem Ende des 19. Jahrhunderts besteht der Nachlass des Sturm-und-Drang-Autors Jakob Michael Reinhold Lenz (1751–1792) aus zwei großen Sammlungen, die beide zum Bestand der ehemaligen Preußischen Staatsbibliothek gehören und gegenwärtig an zwei Orten aufbewahrt werden: Der dreibändige Nachlass J.M.R. Lenz liegt in Berlin (heute: Staatsbibliothek zu Berlin – Preußischer Kulturbesitz); die 26 Konvolute umfassende Sammlung *Lenziana* befindet sich in der Biblioteka Jagiellońska in Krakau.

Keywords: Nachlass, *Lenziana*, Lyrik von Jakob Michael Reinhold Lenz, Edition, Staatsbibliothek zu Berlin – Preußischer Kulturbesitz, Biblioteka Jagiellońska

Die Lenz-Edition

Als im Herbst 1996 Professor Dr. Harald Steinhagen (Universität Bonn) und ich die Lyrik von Jacob Michael Reinhold Lenz (1749–1792)[1] als Gegenstand meiner Dissertation verabredeten, war diese noch weitgehend unbekannt und wenig erforscht.[2] Meine Fragestellung lautete: „Die Leistung der Form: Metrische Formen in ihrer inhaltlichen Funktion in der Lyrik von J. M. R. Lenz".

Nach meiner gründlichen Einarbeitung in Lenz' Lyrik stellte sich dann aber eine ganz andere grundlegendere Frage: Einige Verse von Lenz, die in der einen Gedichtausgabe holpernd und teils unsinnig daherkommen, lesen sich in einem anderen Abdruck stimmig und überzeugend. Da es sich nach Angaben der Herausgeber aber nicht um verschiedene Textfassungen, sondern um dieselbe – meist handschriftliche – Quelle als Textvorlage handle, lag die Vermutung nah, dass die Einschätzung der Lenzschen Verse auch von der Qualität der jeweiligen

1 Zur Schreibweise von Lenz' ersten Vornamen mit „c" siehe: Gesa Weinert, „‚… und ich, ich sey Jacob.' Der Taufeintrag von J. M. R. Lenz im Kirchenbuch von Seßwegen", *Lenz-Jahrbuch* 8/9 (1998/99), S. 83–97.

2 Lediglich 37 Gedichte waren zu dieser Zeit kritisch ediert in: Gert Vonhoff, *Subjektkonstitution in der Lyrik von J. M. R. Lenz. Mit einer Auswahl neu herausgegebener Gedichte* (Frankfurt am Main, 1990).

Edition abhängt. Eine literaturwissenschaftliche Arbeit über einen textkritisch überhaupt nicht gesicherten Gegenstand schien mir nicht mehr legitim, denn in der Beschreibung und Beurteilung der lyrisch-metrischen Form ist jedes Schreibhäkchen, jeder Buchstabe, jeder Laut und jede Silbe entscheidend: z. B. „i" oder „j"? „Lil-jen" oder „Li-li-en"? Bevor ein ernstzunehmendes Dissertationsprojekt *über* die Lenzsche Lyrik begonnen werden kann, müssen die Texte in verlässlicher, d. h. historisch-kritischer Güte und Qualität vorliegen. So brach ich die weit fortgeschrittenen Textanalysen ab und erschloss vom Herbst 1999 bis zum Herbst 2003 den gesamten Nachlass von J. M. R. Lenz und habe die historisch-kritische Edition sämtlicher Verse von Lenz erarbeitet, die 2003/04 an der Philosophischen Fakultät der Rheinischen Friedrich-Wilhelms-Universität zu Bonn als Dissertation angenommen wurde.

In den beiden darauffolgenden Jahren habe ich die Dissertationsfassung grundlegend überarbeitet und stark gekürzt. Anders als zuvor angekündigt[3], entfällt nun die Wiedergabe diplomatischer Umschriften und sämtlicher Entstehungsstufen in den Handschriften zugunsten lesbarer und zitierfähiger Fassungen; die Entstehungsvarianten werden jetzt in einem Textapparat verzeichnet, der unmittelbar dem Editierten Text folgt. Die Publikation der Edition hat sich infolge mehrerer beruflicher und privater Neuorientierungen lange verzögert. In der Zwischenzeit sind 2007 zwei Lenz-Editionen von David Hill und Heribert Tommek erschienen,[4] sodass „meine" Ausgabe mittlerweile nicht mehr die erste veröffentlichte historisch-kritische Lenz-Edition ist und bei neun Gedichten nicht mehr den Anspruch auf den Erstdruck erheben kann.

Die Lenz-Gedicht-Edition habe ich weiterhin aktualisiert: Die zwischenzeitlich erstmals publizierten neun Lenz-Gedichte habe ich erneut 2015 in Krakau anhand der Handschriften geprüft sowie im textkritischen Teil des Kommentars ausführlich mit meinen zahlreichen abweichenden Lesungen im Vergleich zum Erstdruck (bei Tommek 2007) dokumentiert und begründet. Seit 2003/04 sind anderweitig keine neuen textkritisch relevanten Editionen oder Interpretationen der Gedichte, die in der Edition berücksichtigt werden könnten oder müssten, publiziert worden.

---

3 Gesa Weinert, „‚Mässige (sic!) meine Flammen um sie singen zu können'. Über die historisch-kritische Edition sämtlicher Werke in Versen von J. M. R. Lenz", in: Inge Stephan und Hans-Gerd Winter (Hrsg.), *Die Wunde Lenz* (Bern/Berlin et al, 2003), S. 35–53.

4 Jacob Michael Reinhold Lenz, *Schriften zur Sozialreform. Das Berkaer Projekt*, hrsg. v. Elystan Griffiths, David Hill et al. (Frankfurt am Main, 2007). J. M. R. Lenz, *Moskauer Schriften und Briefe*, hrsg. und kommentiert v. Heribert Tommek (Berlin, 2007).

Die historisch-kritische Edition sämtlicher Verse von Jacob Michael Reinhold Lenz ist ein Langzeitprojekt. Sie wurde im Herbst 1996 begonnen, war im Jahr 2003 abgeschlossen, liegt seit 2015 grundlegend überarbeitet vor und wird aufgrund und trotz Finanzierungsschwierigkeiten hoffentlich in absehbarer Zukunft publiziert. Die Edition umfasst mehr als 1200 getippte bzw. 1600 gedruckte Seiten mit 176 Gedichten, die nach zum Teil erst sehr aufwendiger Prüfung als Werke von Lenz anerkannt werden konnten. Nachgewiesen werden zudem weitere 96 Einzelgedichte und vier monographische Gedichtbände, die bisher zu Unrecht Lenz zugeschrieben wurden oder zumindest als äußerst zweifelhaft gelten müssen.

Die meisten Verse sind handschriftlich überliefert und wurden zu Lenz' Lebzeiten nicht gedruckt.

Der Lenz-Nachlass

Seit dem Ende des 19. Jahrhunderts besteht der Lenz-Nachlass aus zwei großen Sammlungen, die beide zum Bestand der ehemaligen *Preußischen Staatsbibliothek zu Berlin* gehören und gegenwärtig an zwei Orten aufbewahrt werden. Der dreibändige *Nachlass J. M. R. Lenz* liegt in Berlin (heute: *Staatsbibliothek zu Berlin – Preußischer Kulturbesitz*); die 26 Konvolute umfassende Sammlung *Lenziana* befindet sich in der Biblioteka Jagiellońska in Krakau.

Für die Erarbeitung der ersten historisch-kritischen Gedichtedition von Lenz sind beide Sammlungen grundlegend. In der Staatsbibliothek Berlin werden 43 Handschriften mit Gedichten aufbewahrt, in Krakau 45. Dass aber oft erst mit der jeweiligen Ergänzung aus Berlin bzw. Krakau die tatsächlichen überlieferungs- und textkritischen Zusammenhänge eines einzelnen Gedichts erforscht werden können, zeigt das folgende Beispiel sehr anschaulich.

1. Beispiel: *Was ist Satyre?*

   Die Verse von *Was ist Satyre?* – eine Satire in Versen – sind in zwei Fassungen in drei archivarischen Einheiten überliefert. Alle drei Schriftstücke haben gleichartiges Papier, das gleiche Wasserzeichen und sind an den gleichen Stellen über längere Zeit aufeinanderliegend vermodert; heute werden sie getrennt voneinander in Berlin und in zwei verschiedenen Einheiten in Krakau aufbewahrt.

   Alle drei Handschriften enthalten ein Wasserzeichen mit der Jahreszahl 1788, sodass die Verse zwischen 1788 und 1792, Lenz' Todesjahr, geschrieben worden sein müssen. Die erste Gedichtfassung (H1) wurde nach einer ersten Niederschrift überarbeitet. H2a (Abb. 8) und H2b sind zwei Teile einer Reinschrift von der überarbeiteten ersten Fassung.

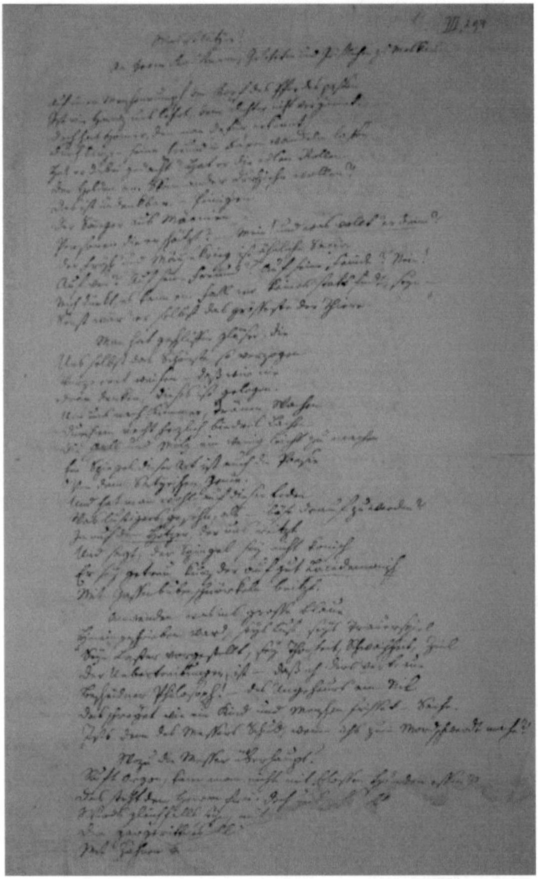

Abb. 8: Kraków, Biblioteka Jagiellońska, Lenziana 1, II. Aus der letzten russischen Zeit/ II. Prosa/Nr. 7. *Was ist Satyre?* (Zweite Fassung, 1. Teil = H2a)

Dass H2b (aus den *Lenziana* in Krakau) kein selbständiges Gedicht, sondern den Schluss von H2a bietet (auch in Krakau, aber in einer anderen archivarischen Einheit), erschließt sich aber erst, wenn man die vollständige Entwurfsfassung H1 (aus Berlin) kennt.

Ludwig Tieck (1773–1853) edierte die Verse von *Was ist Satyre?* erstmals 1828 in der dreibändigen Lenzausgabe nach dem ersten Teil der Krakauer Fassung (H2a), mischte aber Ergänzungen aus der Berliner Entwurfsfassung

(H1) hinein.[5] Tiecks Nachlassverwalter Rudolf Köpke (1813–1870) verzeichnete die *Sammlung Lenziana*, führte dabei jedoch *Was ist Satyre?* (H2a) nicht unter den *Lenziana*, sondern erwähnte die Handschrift anderweitig unter der Rubrik „Originale bei Tieck gedruckt habe ich endlich noch: (Varianten!)". Köpke vermachte die *Sammlung Lenziana* Jegór von Sivers (1823–1879), dieser vererbte sie Karl Weinhold (1823–1901). Ungeklärt ist, warum Weinhold, der ansonsten so gewissenhafte und zuverlässige Herausgeber der ersten Gedichtausgabe von Lenz (1891),[6] dem sämtliche Handschriften der *Lenziana* vorlagen, H2a – die „Krakauer Fassung" – nicht kannte. Irrtümlich druckte er 1882 die letzten sechs Verse (nach H2b) als eigenständiges Gedicht.[7] Als Vermächtnis Weinholds gehört die *Sammlung Lenziana* seit 1901 der Preußischen Staatsbibliothek zu Berlin, wurde im Zweiten Weltkrieg 1940/41 nach Schloss Fürstenstein ausgelagert, kam in das Kloster Grüssau (Krzeszów Kamienna Góra) und befindet sich gegenwärtig in der Biblioteka Jagiellońska, Kraków.

Wendelin von Maltzahn (1815–1889), der die Berliner Fassung (H1) bis zu seinem Tod besaß und dessen Sammlung den heute in Berlin befindlichen dreibändigen *Nachlass J. M. R. Lenz* bildet, kannte H2a. Doch wie die Handschrift H2a von *Was ist Satyre?* in die *Lenziana* 1 gekommen ist, habe ich auch nach vielen Jahre Recherche nicht ermitteln können. Sigrid Damm hatte bereits 1987 auf eine „weitere handschriftliche Fassung" von *Was ist Satyre?* in Krakau hingewiesen, diese jedoch nicht in ihrer dreibändigen Lenzausgabe berücksichtigt.[8] Erst bei der Verzeichnung der *Lenziana* konnte ich 1999 die Krakauer Fassung H2a verlässlich nachweisen und ihr auch den zweiten Teil des Gedichtes (H2b) zuordnen.

In der historisch-kritischen Edition sämtlicher Verse von J. M. R. Lenz werden die drei verstreuten Handschriften des einen Gedichts zusammengeführt und erstmals synoptisch gleichberechtigt nebeneinander mit allen Entstehungsvarianten publiziert.

Auf zwei weitere Gedichte möchte ich hinweisen, bei denen ebenfalls eine handschriftliche Fassung in Kraków und eine andere an einem anderen Ort aufbewahrt wird:

---

5 J. M. R. Lenz, *Gesammelte Schriften*, hrsg. v. Ludwig Tieck (Berlin, 1828), Bd. 3, S. 294–298.

6 J. M. R. Lenz *Gedichte*. Mit Benutzung des Nachlases [sic] Wendelins von Maltzahn, hrsg. v. Karl Weinhold (Berlin, 1891), S. 249–254.

7 Karl Weinhold (Hrsg.), *Drei Gedichte von Jac. M. R. Lenz* (Breslau, 1882), S. 3.

8 Vgl. J. M. R. Lenz, *Werke und Briefe in drei Bänden*, hrsg. v. Sigrid Damm (Leipzig, 1987), Bd. 3, S. 819.

2. Beispiel: *Liebe! Sollte deine Pein*: Die handschriftliche Fassung, die in Kraków aufbewahrt wird (H2), ist eine flüchtige Abschrift von H1 (welche in Berlin/SBB-PK liegt).
3. Beispiel: *An die Sonne/Seele der Welt unermüdete Sonne*: Auch bei diesem Gedicht ist die handschriftliche Fassung, die in Kraków aufbewahrt wird (H2), eine flüchtige Abschrift von H1 (welche im Thüringischen Hauptstaatsarchiv in Weimar liegt).

Im Gegensatz zu den flüchtigen Abschriften sind die Fassungen in Weimar und Berlin in sorgfältiger Schönschrift gefertigt. Um den Wert der flüchtigen Abschriften, die sich in Kraków befinden, zu schätzen, sollte man sich an eine Notiz von Lenzens Hand erinnern, die in den *Lenziana* in Kraków liegt:

> Eh ich weggehe von W.[eimar, Ende des Jahres 1776] mir alle kleinen
> Gedichtchen abschreiben die ich dort gemacht
> wegen angenehmer Erinnerungen

Die handschriftlichen Fassungen der beiden Gedichte, die in Kraków aufbewahrt werden, diese flüchtigen Abschriften, sind demnach die Blätter, die Lenz bei seiner Abreise aus Weimar mitnahm und bei sich trug auf seiner Reise in den Südwesten Deutschlands zu Georg Schlosser, in die Schweizer Berge und zu Lavater nach Zürich. In der Schweiz hinterließ Lenz die Blätter vermutlich mit zahlreichen anderen Handschriften, die erst auf Betreiben von Johann Georg Hamann 1786 nach Riga zur Familie Lenz gelangten und von dort aus wieder verstreut wurden. Die Handschriften von Lenz, die sich heute in Kraków befinden, sind also immer schon viel und weit gereist.

Die Sammlung Lenziana

Seit Mai 1999 habe ich als Vorarbeit für die Edition im Laufe wiederholter mehrwöchiger Aufenthalte in Kraków die *Lenziana* detailliert erfasst und im Oktober 2000 als Verzeichnis der Biblioteka Jagiellońska für die Bearbeitung von Anfragen und den Benutzern zur Verfügung gestellt. Gedruckt liegt das Verzeichnis der *Lenziana* seit 2003 vor.[9]

---

9 Gesa Weinert, „Verzeichnis der Lenziana in Kraków. Nachlaßteile von Jacob Michael Reinhold Lenz in der ‚Sammlung Lenziana', in der ‚Sammlung Autographa' und in der ‚Sammlung Varnhagen' – Bestand der ehemaligen Preußischen Staatsbibliothek zu Berlin, gegenwärtig in der Biblioteka Jagiellońska, Kraków", in: Stephan und Winter (Hrsg.), *Die Wunde Lenz*, S. 467–486.

Die ersten sechs Konvolute der Sammlung *Lenziana* enthalten hauptsächlich eigenhändige Original-Handschriften; neben den Gedicht-Handschriften – darunter auch die einzigen überlieferten sechs französischsprachigen – auch dramatische Fragmente, allerlei Entwürfe und Notizen, vor allem aber eine große Zahl von Abhandlungen sowie die größte Gruppe aller erhaltenen Briefe von Lenz. Die Konvolute 7–26 umfassen eine große Zahl von Abschriften aus dem 19. Jahrhundert, die immer wieder als Ersatz für verlorene Originale relevant sind. Auch Kontextmaterial (wie z. B. Korrespondenzen zwischen den Lenz-Forschern des 19. Jahrhunderts) sind äußerst aufschlussreich für die Erforschung der Originalhandschriften.

Außer der Sammlung *Lenziana* enthalten auch zwei weitere Handschriftensammlungen der *Preußischen Staatsbibliothek*, die heute in Kraków aufbewahrt werden, Originalhandschriften von Lenz: Die *Sammlung Autographa* und die *Sammlung Varnhagen*. Die *Sammlung Autographa* enthält u. a. 19 Briefe von Lenz an Heinrich Christian Boie sowie das sogenannte *Passavantheft*, ein Heftchen mit Abschriften, das Gedichte von Lenz als einzige Quelle oder aber in abweichender Fassung überliefert. In der *Sammlung Varnhagen* liegen z. B. ein eigenhändiges dramatisches Gedicht und ein kleines dramatisches Fragment von Lenz.

Dank

Vielen Mitarbeiterinnen und Mitarbeitern in 71 Archiven, Bibliotheken und Institutionen bin zu Dank verpflichtet, aber allen voran und über viele Jahre ganz besonders den Damen und Herren in der Jagiellonen-Bibliothek in Kraków: anfangs noch Frau Dr. Elżbieta Burda und dann über ganz lange Zeit der unvergleichlich hilfreichen Frau Dr. Monika Jaglarz in der Handschriftenabteilung. Ich danke den früheren und der jetzigen Bibliotheksleitung, dass ich bei Bedarf jederzeit uneingeschränkt auf die Handschriften und Materialien habe „zugreifen" dürfen; vor Ort, aber auch von Bonn und Köln aus. Über viele Jahre konnte ich mitverfolgen, wie die Schriftstücke restauriert und foliiert, erst auf Mikrofilm, dann als Scan archiviert und für die wissenschaftliche Verwendung zur Verfügung gestellt wurden. Ich bin dankbar dafür, dass die weitgereisten Lenz-Handschriften und anderen Materialien in Kraków so vorbildlich betreut werden.

Bibliographie

Lenz, Jacob Michael Reinhold, *Gesammelte Schriften*, hrsg. v. Tieck, Ludwig (Berlin, 1828), Bd. 3.

Lenz, Jacob Michael Reinhold, *Gedichte*. Mit Benutzung des Nachlaßes [sic] Wendelins von Maltzahn, hrsg. v. Weinhold, Karl (Berlin, 1891).

Lenz, Jacob Michael Reinhold, *Werke und Briefe in drei Bänden*, hrsg. v. Damm, Sigrid (Leipzig, 1987), Bd. 3.

Lenz, Jacob Michael Reinhold, *Moskauer Schriften und Briefe*, hrsg. und kommentiert v. Heribert Tommek (Berlin, 2007).

Lenz, Jacob Michael Reinhold, *Schriften zur Sozialreform. Das Berkaer Projekt*, hrsg. v. Griffiths, Elystan, Hill, David et al., (Frankfurt am Main, 2007).

Vonhoff, Gert, *Subjektkonstitution in der Lyrik von J. M. R. Lenz. Mit einer Auswahl neu herausgegebener Gedichte* (Frankfurt am Main, 1990).

Weinert, Gesa, „‚… und ich, ich sey Jacob …' Der Taufeintrag von J. M. R. Lenz im Kirchenbuch von Seßwegen", *Lenz-Jahrbuch*, 8/9 (1998/99), S. 83–97.

Weinert, Gesa, „‚Mässige [sic!] meine Flammen um sie singen zu können.' Über die historisch-kritische Edition sämtlicher Werke in Versen von J. M. R. Lenz", in: Stephan, Inge und Windet, Hans-Gerd (Hrsg.): *Die Wunde Lenz* (Bern/Berlin et al., 2003), S. 35–53.

Weinert, Gesa „Verzeichnis der Lenziana in Kraków. Nachlaßteile von Jacob Michael Reinhold Lenz in der ‚Sammlung Lenziana', in der ‚Sammlung Autographa' und in der ‚Sammlung Varnhagen' – Bestand der ehemaligen Preußischen Staatsbibliothek zu Berlin, gegenwärtig in der Biblioteka Jagiellońska, Kraków", in: Stephan, Inge und Winter, Hans-Gerd (Hrsg.), *Die Wunde Lenz* (Bern/Berlin et al., 2003), S. 467–486.

Weinhold, Karl (Hrsg.), *Drei Gedichte von Jac. M. R. Lenz* (Breslau, 1882).

Jana Kittelmann
Martin-Luther-Universität Halle-Wittenberg

Nebenschauplätze? Zu den Handschriften Johann Georg Sulzers in der Sammlung Varnhagen und der Sammlung Autographa

Abstract: Im Zentrum des Beitrags stehen die Briefhandschriften von Johann Georg Sulzer (1720–1779). Als Autor, Ästhetiker, Pädagoge, Philosoph, Naturforscher und Mitglied (ab 1775 Direktor) der philosophischen Klasse der Akademie der Wissenschaften gehörte er zu den führenden deutschen Intellektuellen des 18. Jh. Seine Briefe sind heute an mehreren Orten verstreut. Der Beitrag geht auf die in der Sammlung Varnhagen und der Sammlung Autographa vorliegenden Handschriften des Forschers ein, um ihre Bedeutung in seinem gesamten Briefwerk zu erörtern und Forschungsdesiderate zu formulieren.

Keywords: Johann Georg Sulzer, Briefhandschriften, Sammlung Varnhagen, Sammlung Autographa

„Unverträglich, ehrgeizig und eingebildet, bei sonst vortrefflichen Eigenschaften, Kenntnissen und Fähigkeiten."[1] (Abb. 9)

Diese Notiz, die Varnhagen den in seiner Autographensammlung überlieferten Briefen Johann Georg Sulzers beifügte, lässt auf ein ambivalentes Interesse und nur wenig persönliche Wertschätzung des Briefschreibers schließen. Johann Georg Sulzer[2], 1720 im schweizerischen Winterthur geboren und 1779 in Berlin gestorben, schien für Varnhagen eher eine negativ besetzte Figur zu sein. Varnhagens Urteil überrascht umso mehr, da die von ihm zusammengetragenen Briefe Sulzers, der als Philosoph, Ästhetiker, Pädagoge, Naturforscher, Mitglied und seit 1776 Direktor der philosophischen Klasse der Königlichen Akademie der Wissenschaften eine Art Schlüsselfigur und Knotenpunkt der Berliner Aufklärung war,[3] eine gänzlich andere Sprache sprechen. So erscheint Sulzer etwa in den 1750 und 1767 entstandenen, jeweils an Johann Wilhelm Ludwig Gleim gerichteten Schreiben,

1 Kraków, Biblioteka Jagiellońska, Sammlung Varnhagen (SV) 240, Sulzer.

2 In Varnhagens Sammlung finden sich auch zwei, nach dem berühmten Porträt Sulzers seines Schwiegersohns Anton Graff in Kupfer gestochene Bildnisse.

3 Vgl. dazu die Beiträge in dem von Elisabeth Décultot, Philipp Kampa und Jana Kittelmann herausgegebenen Sammelband *Johann Georg Sulzer – Aufklärung im Umbruch*, (Berlin/New York, 2018).

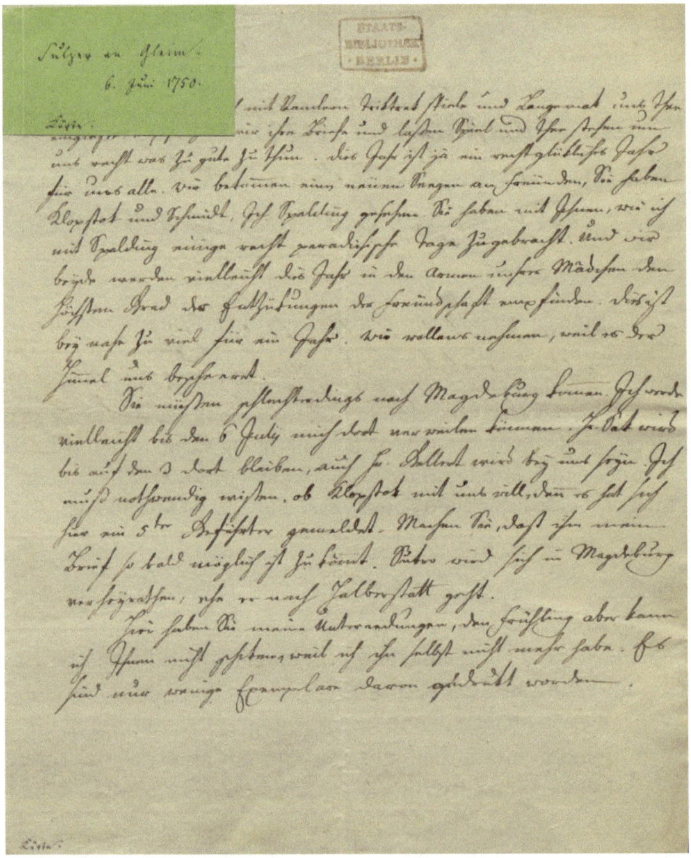

Abb. 9: Kraków, Biblioteka Jagiellońska, Sammlung Varnhagen 240, Sulzer. Brief Sulzers an Johann Wilhelm Ludwig Gleim mit Varnhagens Vermerk „Korte“

durchaus als freundschaftlich agierender Briefpartner, der sich unter anderem über Telemann und Leibniz austauschen wollte.[4] Das Schreiben vom 6. Juni 1750 kann gar als epistolares Manifest von Geselligkeit und Freundschaft gelesen werden, in dem Sulzer alles andere als „unverträglich“ oder „eingebildet“ daherkommt:

> Diesen Augenblik da ich mit Ramlern Triktrak spiele und Langemak uns Thee eingießt empfangen wir ihre Briefe und laßen Spiel und Thee stehen um uns recht was zu gute zu

4 Sulzer an Gleim, Berlin, 4. Dezember 1767, SV 240, Sulzer.

thun. Dies Jahr ist ja ein recht glükliches Jahr für uns alle. Wir bekommen einen neüen Seegen an Freünden, Sie haben Klopstok und Schmidt, Ich Spalding gesehen. Sie haben mit Ihnen, wie ich mit Spalding einige recht paradiesische Tage zugebracht. Und wir beyde werden vielleicht dies Jahr in den Armen unsrer Mädchen den höchsten Grad der Entzükungen der Freündschafft empfinden. Dies ist beynahe zu viel für ein Jahr.[5]

Sulzers Brief, der, dem Tenor seines Jahrhunderts entsprechend, den Charakter eines Gespräches hat, das um Alltägliches, um Geselligkeit, Liebe, Freundschaft und Literatur kreist, zeigt einmal mehr, dass die Sammlung Varnhagen nicht nur bedeutende Dokumente für die Freundschafts- und Briefkultur des 19. Jahrhunderts versammelt, sondern zugleich als ein großes Archiv der Freundschaftskulturen früherer Epochen, insbesondere der Zeit der Aufklärung und der Empfindsamkeit wahrgenommen werden muss. Doch der Reihe nach.

Warum kam Varnhagen dennoch zu seinem Urteil und wie war er überhaupt an die Handschriften Sulzers gekommen? Welche Rollen spielen diese beiden und andere, heute in Krakau zu findende Dokumente innerhalb des gesamten Briefwerks Sulzers? Neben der Sammlung Varnhagen befinden sich in der Sammlung Autographa noch weitere Schreiben Sulzers, die alle als charakteristisch sowohl für die Epistolarkultur der Zeit als auch für Sulzers enzyklopädisch und polyhistorisch ausgerichtetes Briefwerk gelten können. Darunter sind wahre Schätze, wie etwa einer der frühesten überlieferten Briefe, den der vierundzwanzigjährige, kurz zuvor ins damals preußische Magdeburg gekommene Sulzer an Gleim in Potsdam schrieb und der den Auftakt einer langjährigen und teilweise konfliktreichen Freundschaft bildete. Sulzers auf titularisches Beiwerk verzichtendes und mit der schlichten Anrede „Mein Herr“ beginnendes Schreiben zeugt von dem für die Zeit typischen Bruch mit barock-servilen rhetorischen Mustern. Sulzer wird nicht zuletzt mit diesem Schreiben als Teil einer jungen und innovativen Generation von Briefschreibern greifbar, die noch vor Gellert ihr „Lebensmodell von Freundschaft und Geselligkeit“[6] auf ihre epistolare Praxis übertrugen und popularisierten.

Nicht weniger bedeutend ist ein Dokument von der Hand des ‚alten‘ Sulzer. Der einzige überlieferte Brief an Johann Gottfried Herder, der sich ebenfalls in der Sammlung Autographa befindet (Abb. 10), ist ein seltenes Zeugnis des (scheinbar) friedlichen Austausches der sich meist in Konfrontation zueinander befindenden Generation der *Aufklärer* und *Stürmer und Dränger*. Sulzers im Februar 1772 entstandener Brief erreichte Herder als jungen Prediger, der kurz zuvor seine von der Akademie preisgekrönte *Abhandlung über den Ursprung der Sprache* verfasst hatte, in Bückeburg.

---

5 Sulzer an Gleim, Berlin, 6. Juni 1750, SV 240, Sulzer.

6 Uwe Hentschel, „‚Besuche in Briefen.‘ Die epistolare Praxis der Anakreontiker und Gellerts Briefreform“, in: *Orbis Litterarum* Bd. 56 (2001), S. 378–395, hier S. 383.

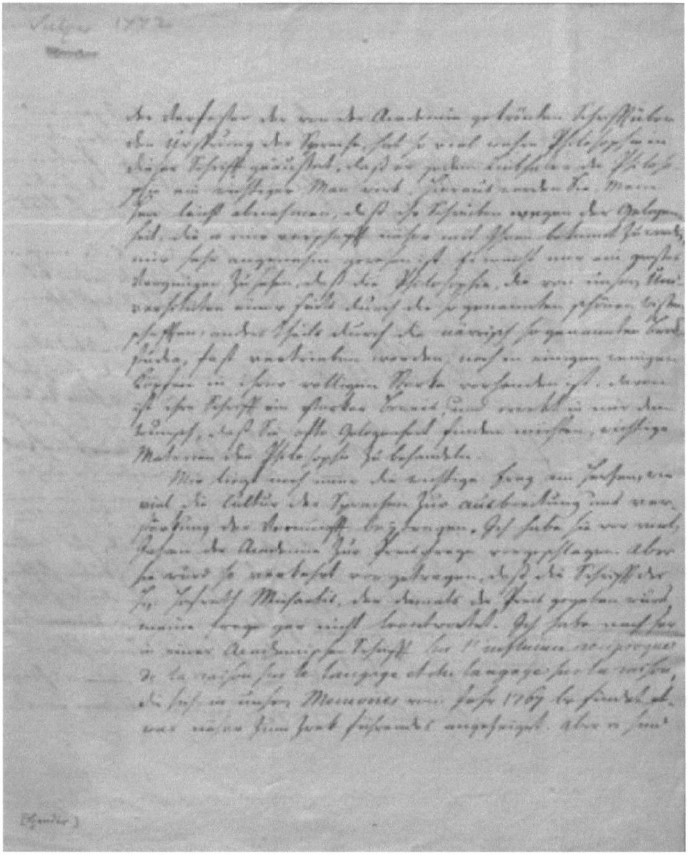

Abb. 10: Kraków, Biblioteka Jagiellońska, Sammlung Autographa, Sulzer. Brief Sulzers an Johann Gottfried Herder

Um eben diese Schrift kreisen die Ausführungen Sulzers, der darin die tiefen Abneigungen und Feindschaften gegen Herder, der eine permanente Reibefläche insbesondere in seinen Briefen darstellte, leger überspielen konnte. Sulzer betont in seinem Schreiben, dass Herder mit dieser Schrift für „alle Liebhaber der Philosophie" ein „wichtiger Man" werde und, dass er mit „Begierde" jede weitere Schrift des Verfassers erwarte.[7] Dass Herder Sulzer unter anderem in

7 Johann Georg Sulzer an Johann Gottfried Herder, Berlin, 18. Februar 1772, Kraków, Biblioteka Jagiellońska, Sammlung Autographa (SA), Sulzer.

Rezensionen übel mitspielte, wird dabei ebenso wenig thematisiert wie Sulzers Verdammung des „Herderismus", der seiner Meinung nach eine ganze Generation erfasst, verführt und verdorben hatte. So schrieb Sulzer an Johann Georg Zimmermann: „Herder hat Goethe verdorben und Goethe verdirbt hundert andere. Es scheint mir wichtig, daß man sich mit Ernst dem empfindsamen Unsinn der die Stelle der Vernunfft einnehmen will, wiederseze." Und auch in Briefen an Johann Jacob Bodmer ist von Herder als einem „wunderlichen Menschen" die Rede, mit dem Sulzer ein „paar ganz ernsthafte Worte öffentlich"[8] sprechen wollte. In seinem Brief, der ein äußerst wichtiges Pendant zu den anderen, in Bibliotheken in Zürich und Hannover zu findenden Korrespondenzen mit Bodmer und Zimmermann darstellt, verzichtete er darauf allerdings.

Nicht zuletzt machen Dokumente wie der Brief an Herder die Sammlungen Varnhagen und Autographa zu einem der relevanten Nebenschauplätze auf der Karte des etwa 2000 Dokumente umfassenden Nachlasses Johann Georg Sulzers. Dessen Briefe sind in Archiven in ganz Europa überliefert. Neben der Zentralbibliothek Zürich, die über den Großteil des Nachlasses verfügt und die mit der 454 Briefe umfassenden Korrespondenz zwischen Sulzer und dem Literaturprofessor Johann Jacob Bodmer ein nicht zuletzt aus literaturhistorischer Perspektive bedeutsames Konvolut aufbewahrt, sind unter anderem das Gleimhaus Halberstadt (Korrespondenzen Sulzers mit Gleim, dem Ehepaar Samuel Gotthold und Dorothea Lange und der Karschin), die Leibniz Bibliothek Hannover (Korrespondenzen mit Johann Georg Zimmermann) und das Freie Deutsche Hochstift (Korrespondenzen mit Gellert, Haller und Wilhelmine Keusenhoff) als Institutionen zu nennen, die über umfangreiche Sulzer-Handschriften verfügen und die zugleich wichtige Schnittstellen zu den Krakauer Beständen bilden. Welche Stellung die Krakauer Sulzer-Handschriften innerhalb einer bestandsübergreifenden Gesamtschau einnehmen und inwiefern sie sich zudem als relevant und exemplarisch für die Korrespondenznetze der Aufklärung, das heißt deren soziale Zusammensetzung, räumliche Ausdehnung, zeitliche Entwicklung, literarische Dimension und die in diesen Netzen stattfindenden Austauschprozesse verschiedenster Art (Wissen, Ressourcen, Begrifflichkeiten, materielle Objekte u. a.), erweisen, kann hier freilich nur angedeutet werden.

8 Sulzer an Johann Jacob Bodmer, Berlin, 6. November 1773, Zürich, Zentralbibliothek (ZBZ), Ms Bodmer 5a.

Um Sulzer als Briefschreiber kennenzulernen, muss man also den Weg in die Archive gehen. Der überwiegende Teil der nachgelassenen Dokumente Sulzers ist noch unveröffentlicht und kaum erforscht.[9] Einzelne Briefe wurden in Briefsammlungen, Zeitschriften und Anthologien, insbesondere des 18. und 19. Jahrhunderts publiziert. Unter anderem versammeln die von Wilhelm Körte aus *Gleims litterarischem Nachlaß* herausgegebenen *Briefe der Schweizer Bodmer, Sulzer, Geßner* (1804) zahlreiche Briefe Sulzers. Über Körte, den Nachlassverwalter und Neffen Gleims, war aller Wahrscheinlichkeit nach auch Varnhagen an die Briefe gekommen.[10] Der in der für Varnhagen typischen Manier auf einem grünen Zettel verzeichnete und auf den Brief geklebte Hinweis „Körte" verweist auf diese Provenienz. Obwohl Varnhagen Körte persönlich nicht schätzte, gingen in den 1820er Jahren zahlreiche Autographen zwischen Halberstadt, wo Körte lebte, und Berlin hin und her. Körte, eine umstrittene Figur und „flunkernder Allerleiwisser, der sich gar zu gern wichtig machte",[11] wie Varnhagen vermerkt, bot nicht nur Autographen des 18. Jahrhunderts, sondern auch „Materialien"[12] von Zeitgenossen wie Friedrich August Wolf an.

In diese Zeit des ‚Autographenhandels' zwischen Varnhagen und Körte fällt ebenfalls eine nicht publizierte Sammlung Friedrich Wilhelm Riemers mit brieflichen Notizen Sulzers über Goethe, Klopstock, Herder und Lessing.[13] Schließlich war wohl auch Varnhagens Urteil über Sulzer, mit dem wir diese Ausführungen begonnen haben, von Goethe und dessen vernichtender Kritik an Sulzer motiviert. Varnhagen, den Heine einmal „Statthalter Goethes auf Erden"[14] nannte, kannte zweifelsohne Sulzers Kontroverse mit Goethe, der unter anderem – mit

9 Vgl. dazu: Jana Kittelmann, „‚Archiv der Critik'. Johann Georg Sulzers Briefe", in: *Das Achtzehnte Jahrhundert* 42/1 (2018), S. 30–47. Im Rahmen der Edition der *Gesammelten Schriften Johann Georg Sulzers* wird momentan von Elisabeth Décultot, Anett Lütteken und Jana Kittelmann die Edition des Briefwechsels zwischen Sulzer und Johann Jacob Bodmer vorbereitet. Darüber hinaus ist eine elektronische Edition aller Korrespondenzen Sulzers geplant.

10 Ludwig Stern verweist darauf, dass Varnhagen von Wilhelm Körte Handschriften aus dem Nachlass Gleims erhalten hatte. Vgl. Ludwig Stern, *Die Varnhagen von Ensesche Sammlung in der Königlichen Bibliothek zu Berlin* (Berlin, 1911), S.V.

11 Biographische Notiz Varnhagens zu Wilhelm Körte, SV 102, Koerte.

12 Wilhelm Körte an Varnhagen, o. O. [Halberstadt] und o.D., SV 102, Koerte.

13 Weimar, Goethe-Schiller-Archiv, Signatur: GSA 78/1036.

14 Heinrich Heine an Karl August Varnhagen von Ense, Paris, 31.3.1838. in: Heinrich-Heine-Säkularausgabe, hrsg. von der Stiftung Weimarer Klassik und dem Centre National de la Recherche Scientifique in Paris, Bd. XXI, bearb. v. Fritz Eisner, (Berlin, 1970), S. 272.

gerade einmal zweiundzwanzig Jahren – in einer Rezension in den *Frankfurter Gelehrten Anzeigen*[15] den weltweisen und berühmten Professor scharf angegriffen hatte. In seinen Briefen nannte Sulzer Goethe im Gegenzug einen „hizigen und unphilosophischen Kopf", „der die Empfindungen auf den Thron sezen möchte, von dem er die Vernunfft herunterreißt."[16] Varnhagens Sulzer-Handschriften oder Projekte wie die Notizensammlung Riemers zeigen, dass sich das Interesse an Sulzers Briefen vorwiegend auf dessen Beziehungen zu großen Gelehrten und Dichtern seiner Zeit beschränkte; ein Umstand, der nicht nur die Sammlungs-, sondern auch die kanonisierte, auf Einzelautoren fokussierte Editionspraxis des 19. und 20. Jahrhunderts sowie die Urteile über vermeintliche Nebenfiguren wie Sulzer nachhaltig beeinflusste.

Dabei ist ein anderer, nicht von Goethe und Herder bzw. ihren Schülern, Anhängern und Editoren geprägter Blick auf Sulzer und seine Briefe mehr als angebracht. Das Briefeschreiben gehörte wie für jeden Gelehrten des 18. Jahrhunderts zu Sulzers Alltag. Er nutzte Briefe als private Gebrauchstexte, Mitteilungsträger, Informations- und Wissensspeicher. Die Notation von Informationen, das Sammeln und Transferieren von Beobachtungen und Erfahrungen, die kritische Reflexion sowie die Zirkulation von Wissen, Ideen und Objekten prägten Sulzers epistolares Selbstverständnis. Sulzer war ein begabter, geistreicher und meist unterhaltsamer, aber kein zügelloser Briefschreiber. Abgesehen von verliebten Phasen, in denen ihm sein Gemütszustand nichts anderes erlaubte, als Briefe zu schreiben – der Liebesbriefwechsel zwischen Sulzer und seiner Braut Wilhelmine Keusenhoff, der sich teilweise in der Sammlung Autographa befindet,[17] legt davon beredtes Zeugnis ab – blieb er von der „Briefwuth"[18] seines Zeitalters weitgehend unberührt.

Reiz und Bedeutung der Briefe Sulzers liegen in ihrem nahezu enzyklopädischen und polyhistorischen Charakter begründet. Die verschiedenen

15 Anonym [Johann Wolfgang von Goethe], „Die Schönen Künste, in ihrem Ursprung, ihrer wahren Natur und besten Anwendung betrachtet von J.G. Sulzer". 1772, in: *Frankfurter Gelehrte Anzeigen,* 18. Dezember 1772, S. 801–808.

16 Sulzer an Johann Georg Zimmermann, Berlin, 12. Dezember 1774, Hannover, Leibniz Bibliothek, Signatur: Ms XLII 1933 A II 93, Bl. 128.

17 Vgl. Jana Kittelmann, „‚Bist Du allein im Garten oder ist noch jemand da?'. Wilhelmine Keusenhoff und die Briefkultur der Empfindsamkeit", in: Renata Dampc-Jarosz und Paweł Zarychta (Hrsg.), *„Nur Frauen können Briefe schreiben." Facetten weiblicher Briefkultur nach 1750* (im Erscheinen).

18 Georg Gottfried Gervinus, *Geschichte der deutschen Dichtung*, 4. Bd., 5, hrsg. von Karl Bartsch, (Leipzig, 1873), S. 275.

Wissensbereiche und Tätigkeitsfelder, in denen Sulzer wirkte und zu denen neben der Ästhetik, Philosophie, Literatur und Pädagogik auch die Naturhistorie und (Agrar-)Ökonomie gehören, spiegeln sich in seinen Briefen und insbesondere auch in den in der Biblioteka Jagiellońska aufbewahrten Dokumenten wider. Neben Briefen an Gleim sind hier Schreiben an Albrecht von Haller,[19] Philipp Daniel Lippert (den Aufseher der Dresdner Antikensammlung), Jean Henri Samuel Formey, Christian Fürchtegott Gellert und andere zu finden. Die Liste seiner Korrespondenzpartner zeigt uns Sulzer als einen breit interessierten Briefschreiber, der Kontakte zu Gelehrten verschiedenster Gebiete pflegte. Mit dieser breiten und vielschichtigen Partizipation an Diskursen verschiedenster Art nimmt Sulzer durchaus eine prominente Stellung innerhalb der Briefkultur der Zeit ein.

Von Berlin aus, wo fast alle Briefe Sulzers (auch die in Krakau befindlichen Dokumente) entstanden sind, pflegte Sulzer ein europaweites Korrespondenznetzwerk, das sich über Preußen, Sachsen, die Schweiz bis nach England zu Johann Heinrich Füßli oder ins Osmanische Reich, woher Sulzer Pflanzensamen bezog, erstreckte. Bedeutend war Zürich, wohin Sulzer lebenslange Beziehungen und Korrespondenzen unterhielt. Dass Sulzer ein wichtiger Vermittler von Literatur und Kontakten war, zeigt der bereits erwähnte Brief von 1744, in dem er Gleim mit Bodmer bzw. dessen Werken bekannt machte.[20] Viele aus der Schweiz gesandte literarische Texte fanden als Briefbeilagen über Sulzer ihren Weg zum jeweiligen Adressaten. Neben den in Krakau befindlichen Dokumenten verweist unter anderem die in der SUB Hamburg aufbewahrte Korrespondenz Friedrich von Hagedorns, der über Sulzer kontinuierlich Texte und Briefe Bodmers erhielt, auf diese Phänomene der Zirkulation, die bislang nur unzureichend erforscht sind, hin.

---

19 Der in der Sammlung Autographa befindliche Brief an Haller vom 2. Oktober 1773, in dem es unter anderem um anatomische Studien geht, ist als Ergänzung zu Sulzers anderen hinterlassenen Briefen an den Naturforscher hochinteressant. Er verdeutlicht Sulzers intensive Partizipation an naturhistorischen Diskursen und Praktiken. Vgl. zu Haller und Sulzer auch: Daniela Gay, „Johann Georg Sulzer et Albrecht von Haller, notes sur la valeur et la fonction de la poésie“, in: Bernard Deloche (Hrsg.), *L'esthétique de Johann Georg Sulzer (1720–1779). Actes du colloque international du 21. novembre 2003*, (Lyon, 2005), S. 139–146.

20 Vgl. dazu auch: Elisabeth Décultot, „Von Winterthur nach Berlin. Zu Johann Georg Sulzers europäischen Vermittlungsaktivitäten“, in: Heidi Eisenhut, Anett Lütteken et al. (Hrsg.): *Europa in der Schweiz – Grenzüberschreitender Kulturaustausch im 18. Jahrhundert*, (Göttingen, 2013), S. 151–168.

Neben Gleim, Hagedorn und Bodmer gehörten auf dem Feld der Literatur und Publizistik Ramler, Gellert, Wieland, Lavater, Lessing und Nicolai zu Sulzers Korrespondenzpartnern. Der in Krakau aufbewahrte Brief an Gellert, der sich ursprünglich in der Sammlung Radowitz befand und schließlich in die Sammlung Autographa integriert wurde, bildet dabei eine wichtige Ergänzung zu den anderen Teilen der Korrespondenz, die im Freien Deutschen Hochstift liegt und von John Francis Reynolds bereits in den 1980er Jahren ediert wurde. Unter der laufenden Nummer 5985 verzeichnet der Radowitzsche Autographenkatalog eben jenen Brief „in scherzhaftem Tone".[21] Der freundschaftliche, Geselligkeit forcierende Austausch ist charakteristisch für die Korrespondenz, in die auch Sulzers Gattin Wilhelmine, die Gellert sehr schätzte, involviert war. Auf die Korrespondenz mit Wilhelmine Keusenhoff, von der sich wichtige Zeugnisse in Krakau befinden, ist in einem anderen Beitrag näher eingegangen worden. Hier sei nur bemerkt, dass sich die Dokumente als zentrale Quelle für die empfindsam konnotierte und zuweilen mit literarischen Inszenierungspraktiken sowie erotischen Anspielungen aufgeladene Briefkultur um 1750 offenbaren.[22]

Von gänzlich anderer Färbung, aber aufschlussreich für Sulzers Position innerhalb der preußischen Administration erweisen sich seine hinterlassenen amtlichen Korrespondenzen, denen er als Professor für Mathematik am Joachimsthalschen Gymnasium und als Mitglied der Königlichen Akademie regelmäßig nachging. Hier sind vor allem die zahlreichen, auf Französisch verfassten Schreiben an den Sekretär der Akademie, Jean Henri Samuel Formey, zu nennen. Dabei handelt es sich weniger um umfangreiche Briefe, sondern mehr um Billets, die den täglichen mündlichen Dialog ergänzten. Sulzers Korrespondenz mit Formey, dessen Nachlass sich zu großen Teilen in der Sammlung Autographa und der Sammlung Varnhagen (hier auch 25 Briefe Sulzers an Formey) befindet, ist wie viele andere Briefwechsel des 18. Jahrhunderts im Allgemeinen und des Akademieumfelds im Besonderen bislang nur unzureichend bzw. überhaupt nicht ausgewertet worden. Dabei spielte Formey für Sulzers Schaffen und Karriere eine äußerst wichtige Rolle. Mit Formey stand Sulzer zeitlebens in einem guten Austausch, der sich weit über die Belange der Akademie (etwa Preisaufgaben)[23] erstreckte. Formey übersetzte zahlreiche Schriften Sulzers und

21 *Verzeichniss* [sic] *der von dem verstorbenen preußischen General-Lieutenant J. von Radowitz hinterlassenen Autographen-Sammlung*, Teil 2 [Gelehrte], (Berlin, 1864), S. 446.

22 Vgl. Kittelmann, *Keusenhoff und die Briefkultur der Empfindsamkeit*.

23 Vgl. Sulzers Schreiben an Formey vom 2. Oktober 1773: „Voici, Monsieur et très honoré confrère, les pieces pour le prix qui se sont accumulées peu à peu chez moi. Les trois

wurde wiederholt zur Korrektur von Manuskripten herangezogen, wie folgendes Billet Sulzers zeigt:

> Je Vous prie très instamment, Monsieur, de me faire la grace de corriger dans ce Manuscrit les fautes les plus sensibles contre la langue, qui pourroient s'y trouver. Je Vous en aurai toute l'obligation qu'un pareil service fait naitre dans un coeur sensible, et d'ailleurs rempli d'estime et d'amitié pour Vous. Sulzer.[24]

Im Gegenzug informierte Sulzer Formey über Tendenzen der deutschen Literatur und lieferte Rezensionen zu dessen Journalen *Nouvelle Bibiothèque Germanique* und *Bibliothèque Impartiale*. Formey war es auch, der Sulzer nach dessen Tod mit einer kurz darauf ins Deutsche übersetzten *Eloge* würdigte und diesen so zumindest teilweise in die Nachwelt rettete.[25]

Zweifelsohne haben auch Sulzers Briefe, die er selbst einmal als „Archiv der Critik"[26] bezeichnete, wie so viele andere, nicht erschlossene und unerforschte Briefe von Autorinnen und Autoren des 18. Jahrhunderts eine nähere Aufmerksamkeit verdient. Um gattungs- und mediengeschichtliche Zusammenhänge, epochenspezifische Entwicklungen, Kausalitäten und die damit verbundenen Innovationen der Briefkultur des 18. Jahrhunderts systematisch darstellen zu können, müsste die Rekontextualisierung und Erforschung der Befunde freilich aus dem bestands- und archivübergreifenden historischen Material heraus erfolgen. Das zeigen schon allein die verschiedenen Sammlungen in Krakau. Nur dann können Phänomene und zentrale Fragestellungen der Briefforschung, wie etwa die Entwicklung des Privatbriefes von der reinen Zweckgebundenheit hin zu einer empfindsamen Freundschaftskultur, die Entstehung briefinterner Individualität, die literarische Inszenierung im Brief, epistolare und epochenspezifische Gruppenbildungen und -stille, kollektive Autorschaft, Autor- und Werkentwicklung in Briefen, der polyglotte Charakter von Briefen, die Zirkulation von Wissen, die Popularisierung von Gelehrsamkeit oder die kulturellen Praktiken epistolarer Kommunikation systematisch untersucht werden. Die Handschriften der Sammlung Varnhagen und der Sammlung Autographa dürften dabei für die weitere Erforschung der Briefkultur des 18. Jahrhunderts eine wahre Fundgrube und alles andere als einen Nebenschauplatz darstellen.

---

pieces principales, qui pourront se disputer la victoire sont encore entre les mains de Mr. Beguelin." SA, Sulzer.

24 Sulzer an Formey, o. O. und o. D., SA, Sulzer.

25 Jean Henri Samuel Formey, *Éloge de Mr. Sulzer,* (Berlin, 1779).

26 Sulzer an Johann Jacob Bodmer, Berlin, September 1774, ZBZ, Ms Bodmer 5a.

Bibliographie

Hannover, Leibniz Bibliothek, Signatur: Ms XLII 1933 A II 93, Bl. 128.

Sulzer an Johann Georg Zimmermann, Berlin, 12. Dezember 1774

Kraków, Biblioteka Jagiellońska (BJ)

Sammlung Autographa (SA), Sulzer.

Sulzer an Albrecht von Haller, 2. Oktober 1773

Sulzer an Johann Gottfried Herder, Berlin, 18. Februar 1772

Sulzer an Jean H. S. Formey vom 2. Oktober 1773

Sulzer an Formey, o. O. und o. D.

Sammlung Varnhagen (SV) 102, Körte

Biographische Notiz Varnhagens zu Wilhelm Körte

Wilhelm Körte an Varnhagen, o. O. [Halberstadt] und o.D.

Sammlung Varnhagen (SV) 240, Sulzer:

Porträt Sulzers, Kupferstich nach einem Porträt seines Schwiegersohns Anton Graff

Sulzer an Gleim, Berlin, 6. Juni 1750

Sulzer an Gleim, Berlin, 4. Dezember 1767

Weimar, Goethe-Schiller-Archiv, Signatur: GSA 78/1036

Zürich, Zentralbibliothek (ZBZ), Ms Bodmer 5a

Sulzer an Johann Jacob Bodmer, Berlin, 6. November 1773

Sulzer an Johann Jacob Bodmer, Berlin, September 1774

Anonym [Johann Wolfgang von Goethe], „Die Schönen Künste, in ihrem Ursprung, ihrer wahren Natur und besten Anwendung betrachtet von J.G. Sulzer“. 1772. *Frankfurter Gelehrte Anzeigen*, 18. Dezember 1772, S. 801–808.

Décultot, Elisabeth, „Von Winterthur nach Berlin. Zu Johann Georg Sulzers europäischen Vermittlungsaktivitäten“, in: Eisenhut, Heidi, Lütteken Anett und Zelle, Carsten (Hrsg.), *Europa in der Schweiz – Grenzüberschreitender Kulturaustausch im 18. Jahrhundert*, (Göttingen, 2013), S. 151–168.

Décultot, Elisabeth, Kampa, Philipp und Kittelmann, Jana (Hrsg.), *Johann Georg Sulzer – Aufklärung im Umbruch*, (Berlin/New York, 2018).

Formey, Jean Henri Samuel, *Éloge de Mr. Sulzer*, (Berlin, 1779).

Gay, Daniela, „Johann Georg Sulzer et Albrecht von Haller, notes sur la valeur et la fonction de la poésie“, in: Deloche, Bernard (Hrsg.), *L'esthétique de Johann Georg Sulzer (1720–1779). Actes du colloque international du 21. novembre 2003*, (Lyon, 2005), S. 139–146.

Gervinus, Georg Gottfried, *Geschichte der deutschen Dichtung*, 4. Bd., 5. Auflage, hrsg. v. Bartsch, Karl (Leipzig, 1873).

Heine, Heinrich an Karl August Varnhagen von Ense, Paris, 31.3.1838, in: Heinrich-Heine-Säkularausgabe, hrsg. von der Stiftung Weimarer Klassik und dem Centre National de la Recherche Scientifique in Paris, Bd. XXI, bearb. v. Eisner, Fritz (Berlin, 1970), S. 272.

Hentschel, Uwe, „‚Besuche in Briefen'. Die epistolare Praxis der Anakreontiker und Gellerts Briefreform", *Orbis Litterarum* Bd. 56 (2001), S. 378–395.

Kittelmann, Jana, „‚Archiv der Critik'. Johann Georg Sulzers Briefe", *Das Achtzehnte Jahrhundert* Bd. 42/1 (2018), S. 30–47.

Kittelmann, Jana, „Bist Du allein im Garten oder ist noch jemand da?". Wilhelmine Keusenhoff und die Briefkultur der Empfindsamkeit, in: Dampc-Jarosz, Renata und Zarychta, Paweł (Hrsg.), *„Nur Frauen können Briefe schreiben." Facetten weiblicher Briefkultur nach 1750* (im Erscheinen).

Stern, Ludwig, *Die Varnhagen von Ensesche Sammlung in der Königlichen Bibliothek zu Berlin* (Berlin, 1911).

Verzeichniss [sic] *der von dem verstorbenen preußischen General-Lieutenant J. von Radowitz hinterlassenen Autographen-Sammlung*, Teil 2 [Gelehrte], (Berlin, 1864).

Markus Bernauer
Berlin-Brandenburgische Akademie der Wissenschaften
Projektleiter Jean Paul Edition

Hundelocken und Briefe. Einige Bemerkungen zu Dichterverehrung, Autographen und Sammlungen nach 1800

Abstract: Ausgehend von der Handschrift eines Briefes Jean Pauls an eine Verehrerin und Sammlerin erörtert der Aufsatz die in der Goethezeit verbreitete Praxis des Autographensammelns und geht u.a. auf die Kollektionen von Jean Paul und Johann Wolfgang Goethe ein. Dabei erörtert der Text die Motivationen der Sammler um 1800 und reflektiert sowohl die für die Goethezeit typische Aufladung der Handschrift mit der Bedeutung von ‚Reliquie' als auch ihre in physiognomischen Denkmustern begründete Deutung als Ausdruck des Charakters, um anschließend die moderne Auffassung der Handschrift als ästhetisches Objekt herauszustellen.

Keywords: Handschriften, Kulturpraxis des Autographensammelns seit der Goethezeit bis zum 20 Jh., Geniekult, Jean Paul und Johann Wolfgang Goethe als Autographensammler

1

Nach der Abdankung Napoleons, nach 1815 also, gehörte Jean Paul für einige Jahre zu den am meisten verehrten, wenn auch kaum gleichermaßen gelesenen Dichtern der Gegenwart – überraschenderweise auch bei der jüngeren Generation, besonders innerhalb der entstehenden ‚Studentenbewegung' (wie die triumphale Heidelberger Reise zeigt).[1] Die schätzte den alternden Schriftsteller für seine großen Romane als „Manifestationen revolutionär-demokratischen Geistes" (Harich[2]) und für die Nachwirkungen dieses Geistes bis in die nachnapoleonischen Dezennien. Als Kämpfer für die „Freiheit des Denkens", für „Freiheit und Gleichheit"

1 Über den späten Jean Paul und seine Reisen vgl. Markus Bernauer, „Die letzten Jahre", in: Bernhard Echte und Petra Kabus (Hrsg.), *Das Wort und die Freiheit. Jean Paul Bildbiographie*, (Wädenswil am Zürichsee, 2013), S. 378–383 sowie Asta-Maria Bachmann und Uwe Schweikert, „‚Es ist so schön geliebt zu werden' – Jean Paul späte Reisen", in: Markus Bernauer, Angela Steinsiek et al. (Hrsg.), *Jean Paul. Dintenuniversum. Schreiben ist Wirklichkeit* (Berlin, 2013), S. 237–248.

2 Wolfgang Harich, *Jean Pauls Revolutionsdichtung. Versuch einer neuen Deutung seiner heroischen Romane* (Berlin, 1974), S. 534.

rühmte noch Ludwig Börne in der Totenrede seinen Jean Paul. Aber die Ideale von 1789 hatte der Dichter mit den Mitteln der Satire und dazu oft genug schwer verständlich und in Figurenreden vertreten. So konnte ein anderes Segment des Publikums, das ganz und gar nicht revolutionär gesinnt war, über sie hinweglesen und in Jean Pauls Dichtungen Nostalgie für das empfindsame Zeitalter zelebrieren. Sieht man einmal von Kundgebungen wie dem Heidelberger ‚Vivat' ab[3], dürften sich die Formen der stillen Verehrung beider Seiten geglichen haben. Die Lektüre alleine genügte nur einem kleinen Teil der Verehrer (und war selten der Ausgang der Bewunderung), es drängte die meisten zur persönlichen Begegnung, zu einer Form der Teilhabe am Dichter, die sich am besten wie bei einem christlichen Heiligen in einer Reliquie manifestieren, eine solche notfalls gar erzeugen sollte.

Mühsam kämpfte Jean Paul daher gegen die Jäger seines Haupthaars, nur ein Trick rettete ihn – wenn man ihm glauben will – bei den späten Reisen vor der Kahlköpfigkeit; am 3. Juni 1817 schreibt er an seine Frau Caroline: „Man treibts wirklich so närrisch, daß mir Thibaut lachend erzählte, es seien unter der Hand einige Haare nach Manheim geschickt worden von meinem – Hunde, (der sich überhaupt keines ähnlichen Lebens erinnert; und den viele für den Spizius Hofmann im Hesperus halten, in welchem Irrthum er sie auch läßt)."[4] Erhalten haben sich keine von des Spitzhunds Locken, wohl aber – innerhalb der Familie – einige Haare Jean Pauls, die Caroline Richter Jahrzehnte später ihrer Enkelin Johanna Hake schenkte.[5]

Als Andenken weniger intim, passender für einen Schriftsteller und verbreiteter waren Papiere mit autographen Schriftzügen. Der einfachste und sicherste Weg, an einige Zeilen eines berühmten Mannes zu gelangen, waren die Stammbucheinträge: Jean Pauls Korrespondenz ist gerade in späteren Jahren reich an Sinnsprüchen für Stammbücher, die ihm vorgelegt wurden. Viele sind nicht im Original erhalten; vielmehr hat Jean Paul sie in seine Briefbücher übertragen, vielleicht auch um die Merksätze gegebenenfalls wieder verwenden zu können. Ob alle der erhaltenen Blätter von ihm eigenhändig ausgestellt wurden, muss offen bleiben; in Berends Ausgabe finden sich jedenfalls solche, die wie das Ergebnis von Autographenvermehrung mithilfe von Kopiergenauigkeit und Sprichwörterbuch (!) wirken.[6] Nicht bekannt von Jean Paul ist eine gleichsam

---

3 Vgl. Eduard Berend (Hrsg.), *Jean Pauls Persönlichkeit in Berichten der Zeitgenossen.* Mit einem Nachwort von Kurt Wölfel (Weimar, 2001), S. 174.

4 Jeans Pauls *Sämtliche Werke. Historisch-kritische Ausgabe.* Dritte Abteilung, hrsg. von Eduard Berend (Berlin, 1952–1964), Band 7: *Briefe 1815–1819*, Nr. 305, S. 133 (im Folgenden zitiert als Jean Paul SW III und Bd.).

5 Bernauer, Steinsiek et al., *Jean Paul. Dintenuniversum*, Nr 14.2.

6 So etwa SW III/7, Nr. 332, 399 und 400.

authentische Fälschung, ein papiernes Pendant zu den Hundehaaren sozusagen –, wohl aber von Goethe.

Von ihm war 2012 in der Ausstellung *Kultur des Sinnlichen* eine Lithographie von vier Versen des Gedichts *Feindseliger Blick* zu sehen, datiert auf Johanni 1830 (24. Juni) und mit ebenfalls lithographierter Unterschrift. Die Verse sind sinnreich gewählt, übrigens mit kleinen Varianten gegenüber dem Erstdruck von 1827: „Was ist denn aber bey'm Gespräch/Was Herz und Geist erfüllet?/Als dass ein ächtes Wort-Gepräg/Von Aug' zu Auge quillet".[7] Der Autograph ersetzt das Gespräch, in dem ein echtes (authentisches) Wort unmittelbar von Mensch zu Mensch gewechselt wird – eine Beschriftung, die in Bezug auf den Träger nur mit Ironie gelesen werden kann, handelt es sich doch eben um eine Lithographie, einen vervielfältigten Druck, nicht um eine Original-Handschrift. Oder steht die Reproduktion dem materiellen Tintenoriginal nur graduell, nicht grundsätzlich nach? Davon wird später noch zu reden sein. Für Goethes Umgang mit Handschriften jedenfalls sind diese Verse, im Kontext ihrer lithographischen Verbreitung gelesen, symptomatisch.

Zurück zu den Reliquiaren: Außer den Stammbüchern gab es eine weitere Möglichkeit, an eine Handschrift des verehrten Dichters zu kommen, gängig vor allem dann, wenn an eine persönliche Begegnung nicht zu denken war: das Anschreiben mit der Bitte um eine Antwort. Jean Paul erhielt immer wieder Briefe, deren einziger Zweck es war, ihn zu einem Gegenbrief zu veranlassen – um an einen Autographen zu gelangen.

Einer der unverfrorensten Versuche dieser Art unternahm im Juni 1819 eine Gräfin Chassepot; deren Brief gibt einige Aufschlüsse über die Antriebe und Gepflogenheiten von Autogrammjäger(inne)n:

> Vor mehreren Jahren hatte ich den Vorsaz gefaßt die Handschriften berühmter Männer u Frauen zu sammlen, und mir so ein Herbarium zu errichten, aus welchem ich, – Jedermann darf sich ja sein eignes System erschaffen – den eigenthümlichen Geist desjenigen der die Federzüge hinwarf, herauszufinden trachtete. Seinen Charakter, seine Gewohnheiten u Neigungen, genug den ganzen verborgenen Menschen daselbst herauszuheben, wie den Teller aus der Form, glaubte ich nicht möglich, wohl aber den Beleg für die Gattung seines Verstandes u das Wesen seines Temperaments. Daß ich mich bei diesen metaphysischen Uebungen nur an berühmte, folglich bekannte Gegenstände

7 Sebastian Böhmer u.a. (Hrsg.), *Kultur des Sinnlichen* (Berlin/München, 2012), Nr. 105, S. 274. Vgl. *Goethes Werke*, hrsg. im Auftrage der Großherzogin Sophie von Sachsen. Abtlg. I–IV. (Weimar, 1887–1919), hier: I.3, S. 155 und S. 415. (Die Ausgabe wird im Folgenden als WA zitiert.). Vgl. auch: Goethe, Johann Wolfgang von, *Werke. Vollständige Ausgabe letzter Hand*, (Stuttgart/Tübingen, 1827–1830), Bd. 3.

> gehalten, geschah aus zwey Beweggründen, erstlich: weil es immer sehr interreßant ist Etwas das unmittelbar von ihnen ausgegangen, zu besizen, zweitens: weil dort meiner *Untersuchung* auch gleich die Bestätigung oder die Wiederlegung der *maaßnehmenden* Anwendungsregeln folgen konnten, insofern das Ausgezeichnete allgemeiner Beurtheilung blosgestellt ist.

Auf einen weiteren Abschnitt, worin die Gräfin Jean Paul an ihren jüngsten Besuch in Bayreuth erinnert, folgt ein Geständnis:

> Zur Verständigung obiger Einleitung aber, muß ich Ihnen sagen: daß das Fragment eines von Jean Paul an einen seiner Freunde geschriebenen Briefes, den Schaz meiner aphoristischen *Schrift*lese vergrößern half, daß ich mit vieler Mühe mich in Besiz desselben gesezt hatte, u daß mir dieses bei meiner lezten Anwesenheit in Kurland abgeschwazt, ab-gebeten, genug abgedrungen ward. Daß die jezige Besizerin dieses Blättchens Jean Pauls eifrigste Jüngerin ist, es als die heiligste Reliquie aufbewahrt, u daß ich Gelegenhe+--it zu finden hoffte mich für dieses freywillige Opfer durch neue Beute zu entschädigen, bestimte mich zu der nothgedrungenen Großmuth welche mir Ehr' u Preis gewann. Jener Brief war an einen Mann gerichtet deßen Gattin Clotilde heißt, u dieser Clotilde wünschte ein *Postcriptum* „365 Pfingst- u Frühlingstage im Jahre."[8]

Warum Jean Paul ganz gegen seine Gewohnheit am 22. Juli, nach seiner Rückkehr von der Stuttgarter Reise, antwortete, erklärt die Person der Briefschreiberin. Dorothea Gräfin Chassepot, geb. Knabenau (1779–1848), verheiratet in zweiter Ehe mit einem französischen Offizier, gehörte seit 1808 zum Hofstaat der Herzogin Dorothea von Kurland und hatte in ihrem Gefolge allerorten – nicht zuletzt auf dem Schloss in Löbichau (zwischen Gera und Altenburg gelegen), das die Herzogin im Sommer bewohnte und wo sie einen Salon führte –, genügend Gelegenheiten, Berühmtheiten kennenzulernen (so in Karlsbad schon 1808 Goethe[9]). Nach Bayreuth war die Gräfin zusammen mit Dorothea von Kurland im Sommer 1819 gekommen, um Jean Paul nach Löbichau einzuladen, eine Einladung, die er auch in der Antwort an die Chassepot zunächst ausschlug (und später doch annahm[10]). Immerhin der ersten Bitte der Schreiberin genügte er aber mit seiner Antwort: „Und hier ist meine Hand, aber leider nur

8 Jean Pauls *Sämtliche Werke. Historisch-kritische Ausgabe.* Vierte Abt., Band 7: *Briefe an Jean Paul 1815–1819*, hrsg. von Markus Bernauer (Berlin, 2013), S. 303 f., Nr. 182 (Textband); vgl. auch die Erläuterungen S. 770 (Kommentare). Im Folgenden zitiert als Jean Paul SW IV und Bd. Die Handschrift befand sich ehemals in der Sammlung Autographa (SA) der Preußischen Staatsbibliothek und wird derzeit in der Biblioteka Jagiellońska aufbewahrt.

9 Vgl. WA III/3, S. 366.

10 Vgl. Berend, *Jean Pauls Persönlichkeit*, S. 242 ff. und Bernauer, Steinsiek et al., *Jean Paul. Dintenuniversum*, S. 238 und Nr. 14.5.

die, die ich schreibe, nicht die andere, womit ich die Ihrige drücken würde für Ihren so schönen Brief."[11] Tatsächlich wurde Jean Pauls Brief aufbewahrt und vor einiger Zeit aus einer Auktion für die Staatsbibliothek zu Berlin – Preußischer Kulturbesitz erworben.[12] Dass man innerhalb der Familie über den Tod der Empfängerin hinaus den Brief als autographes Zeugnis einer persönlichen Verbindung schätzte, lässt sich aus der späteren Beschriftung durch den Bruder auf der Rückseite herauslesen: „erster Brief von Jean Paul als Antwort an meine Schwester, als sie ihn durch die Herzogin veranlaßt, schriftlich bat, nach Löbichau zu kommen u dies mit einem Handschlag zu besiegeln". Der Wortlaut des Anschreibens dürfte kaum mehr bekannt gewesen sein, daher das Missverständnis des „Handschlags".

Glaubt man dem Anschreiben, muss die Gräfin eine kleine Sammlung ihr Eigen genannt und hinterlassen haben. Und ihr Brief war ja als Ersatz gedacht für ein verlorenes, genauer ein verschenktes Stück: Eine Bekannte der Chassepot und Verehrerin Jean Pauls ließ sich offenbar nicht eher beschwichtigen, bis sie eine ‚Reliquie' in Händen hielt, eben den erwähnten Brief Jean Pauls. Das Postskript machte die Identifikation dieser ‚Reliquie' schon für Berend leicht: Es handelte sich um den Brief Jean Pauls an seinen Berliner Freund Hans Georg von Ahlefeldt vom 1. März 1796; und tatsächlich nannte Ahlefeldt die von ihm umschwärmte Minette von Kropff in einem Brief seine Klotilde (der Name der Heldin im frisch erschienen Roman *Hesperus*).[13] Das Zitat aus diesem Brief an Ahlefeldt kann als Nachweis dafür dienen, dass die Chassepot den Schluss des Briefes als Fragment wirklich in Händen gehalten hat. Und was ihre schmachtende Kurländer Freundin angeht, so ist ihr immerhin zugutezuhalten, dass sie mit diesem Fragment so sorgfältig verfuhr, dass es Berend neben der Abschrift des ersten Teils aus Frankfurter Privatbesitz für seine Ausgabe nutzen konnte.[14] Unklar ist, wie dieser doch sehr persönliche Briefe die Hand wechseln konnte und wann (am ehesten 1808, als die Herzogin in Berlin weilte, die Gräfin vermutlich mit ihr und dabei vielleicht Ahlefeldt kennenlernte).

In den Händen der Autographenjägerin war indes keineswegs der gesamte Brief, sondern nur das zweite Blatt. Für sich genommen könnte dies Zufall sein, vor dem Hintergrund des Sammelns betrachtet, weist dieser Befund auf eine – für die Nachgeborenen – ärgerliche Gepflogenheit hin. Da die Sammler nicht am

11 Jean Paul SW III/7, S. 285, Nr. 548.
12 Autogr. I/4398, zuvor Kat. 687 Stargardt (Juni 2007), Nr. 246.
13 Jean Paul SW III/2, S. 160 f., Nr. 252. Vgl. auch Jean Paul SW IV/2, S. 143 ff., Nr. 72.
14 Jean Paul SW III/2, S. 444, zu Nr. 252. Das Fragment befand sich später in Privatbesitz in Hamburg, ist derzeit jedoch nicht nachweisbar.

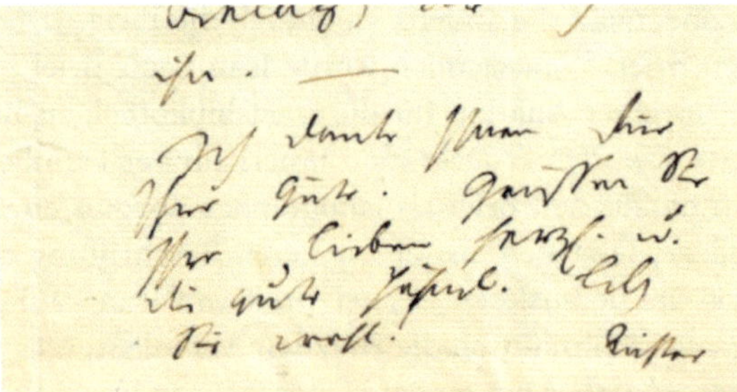

Abb. 11: Privatbesitz. Brief Jean Pauls an Elisa Feind (?), undatiertes Fragment.

Text, nicht am Stil der Sprache interessiert waren, sondern am Stil der Schrift, am Autographen, an der materiellen Handschrift als ‚Reliquie', verlangten passionierte Handschriftjäger mindestens einen Auszug mit lesbarer Unterschrift (wie ihn die Chassepot besaß) und Verehrer ein beliebiges, aber wenigstens beglaubigtes Schnipsel – entsetzt nahm Hans Christian Andersen aus den Händen Caroline von Wolzogens einige Verse entgegen, die Schillers Schwägerin für ihn eigenhändig aus dem Manuskript des *Wilhelm Tell* geschnitten hatte![15] Eine zu diesem bekannten Beispiel vergleichbare Geschichte muss ein Jean Paul'sches Briefschnipsel haben, das vor einigen Jahren auf dem Autographenmarkt auftauchte und mein Interesse an der Verwandlung von Texten jeder Art in Autographen durch Zerschneiden weckte.[16] Das Fragment ist echt; wie schon Berend, der es erst nach Abschluss seiner Ausgabe zu Gesicht bekam, vermutete, dürfte der Brief einst an Elisa Feind geschrieben worden sein. Entziffern lässt sich nur noch: „[…] beklagen Sie (?) mich u ihn./Ich danke Ihnen für/Ihre Güte. Grüssen Sie/Ihre Lieben herzlich u. die gute Hähnel. Leben Sie wohl!/Richter"[17] (Abb. 11)

Die Gründe für solche Verstümmelungen haben schon frühe Sammler wie der Leipziger Philosoph, Publizist und Dichter Christian Heinrich August Clodius gegenüber einem unbekannten Adressaten benannt und auch beklagt: „Der Zweck, als ich sie [die Sammlung] anlegte, war nicht so wohl, bloße Schriftzüge zu haben, über die sich allerdings anthropologische, übrigens oft unsichere Bemerkungen

15 Vgl. Kai Sina und Carlos Spoerhase, „‚Gemachtwordenheit'. Über diesen Band", in: Kai Sina und Carlos Spoerhase (Hrsg.), *Nachlassbewusstsein. Literatur, Archiv, Philologie 1750–2000* (Göttingen, 2017), S. 8 ff. (mit Abb.). Die ausgeschnittenen Verse haben sich in Kopenhagen erhalten.

16 Moirandat Company AG Basel, Auktion 9, Basel 23.11.2013, Nr. 19.

17 Jean Paul SW IV/9, S. 2, Nr. 1.4.

machen lassen, sondern Privaturtheile und charakteristische Äußerungen merkwürdiger Männer und vertraulichen Mittheilungen, die besser Handschrift bleiben, als gedruckt werden. [...] Aus diesem Grunde zerschneide ich auch nicht gern einzelne Briefe, aus denen sich freylich viele Doubletten machen ließen."[18]

Der zweite Grund hat einen pekuniären, zumindest einen materialistischen Beigeschmack: Durch Zerschneiden lassen sich Autographen vermehren – und damit die Möglichkeiten für Tauschakte unter Sammlern. Aber die Gepflogenheiten einer Szene, die schon namhafte Archivare zu Dieben gemacht hat, soll uns hier weniger interessieren als der andere Punkt. Clodius geht davon aus, dass es Äußerungen gebe, die besser ungedruckt blieben, in ihrer *Merkwürdigkeit* jedoch den Sammler interessieren müssten. Während er damit ein ausgeprägtes Interesse am Brief als Treibkraft für den Sammler eingesteht, um nicht zu sagen eine voyeuristische Neugier, verunmöglichten jene Eigentümer, die Jean Pauls Brief an Elisa Feind zerschnitten, die Befriedigung eben dieser Neugier und reduzierten den ursprünglichen Brief auf ein Stück Papier mit wenigen und wenig aussagekräftigen Schriftzügen. Glaubt man Clodius, sind Autographenbesitzer nicht selten so mit ihren Stücken verfahren – und doch tauchen derart zugerichtete Briefe erstaunlich selten im Handel auf, weniger weil die Klientel, die einer hysterischen Verehrung wie bei modernen Schlagerstars ausgelieferten Zeitgenossen, längst verschwunden ist, sondern weil moderne Sammler autographe Dokumente, nicht mehr nur autographe Schrift, die Merkwürdigkeit der Äußerung, nicht mehr die der Handschriftenzüge verlangen.

Einen Wandel der Sammlerbegierde meint man heute schon aus Clodius' Brief herauszulesen, erst recht springt er einem in Stefan Zweigs Aufsatz *Die Autographensammlung als Kunstwerk* in die Augen, wo dieser moderne Großsammler „Schillers Witwe [!], die um gelegentlichen Besuchern eine Freude zu machen, mit der Schere ein paar Zeilen aus dem Manuskript des Wilhelm Tell auf's geradewohl herausschnitt, eine Art moderner Herostrat", mit einer Kannibalin vergleicht.[19] Dabei scheint Zweig vergessen oder verdrängt zu haben, dass

18 Günther Mecklenburg, *Vom Autographensammeln. Versuch einer Darstellung seines Wesens und seiner Geschichte im deutschen Sprachgebiet* (Marburg, 1963), S. 22 f. Der auf den 8. Januar 1831 datierte Brief befand sich interessanterweise bis 2010 in einer berühmten Privatsammlung, der Bibliothek Emanuel Stickelberger in Basel; er gelangte nach deren Auflösung offenbar erneut in Privatbesitz (vgl. Koller Auktionen A 153/3, Juni 2010, Nr. 15).

19 Stefan Zweig, „Die Autographensammlung als Kunstwerk", in: Oliver Matuschek (Hrsg.), *Ich kenne den Zauber der Schrift. Katalog und Geschichte der Autographensammlung Stefan Zweig. Mit kommentiertem Abdruck von Stefan Zweigs Aufsätzen über*

noch bis weit ins 19. Jahrhundert Druckmanuskripte Arbeitsmaterialien waren, die nach Gebrauch, nämlich nachdem das Buch gesetzt war, sang- und klanglos weggeworfen wurden (nicht zufällig hat sich von Jean Paul nur das Manuskript von „Der Komet“ erhalten). So sie zum Druck befördert wurden, verfuhr man nach dem Hinscheiden eines Schriftstellers auch mit Briefen wie mit Werkmanuskripten: Wie sich der Verfasser dieses Aufsatzes an einem ganz anderen Beispiel überzeugen konnte, wanderten Briefe im Original mit Korrekturen und Streichungen zum Setzer und gelangten von da nur mit Glück wieder an ihre Besitzer zurück.[20]

Ob es im Falle des in Rede stehenden Jean Paul-Briefes also vielleicht die Empfängerin oder jemand aus ihrer Familie war, der die Privatheit des Briefes schützen wollte, ist vor diesem Befund sekundär: Die Beschränkung des Interesses an Inhalten traf sich mit der Abneigung, etwas Inhaltliches preiszugeben. Für das denkbar intimste – oder vielleicht auch ein allermeist ausreichend intimes – Verhältnis zum verehrten Dichter reicht es dem Verehrer oder dem Sammler, ein reliquiares, ein mit gleichsam metonymischen Qualitäten aufgeladenes Objekt zu besitzen, das in unmittelbarer, physischer Berührung zum Verehrten steht (im Gegensatz zum Bildnis, das qua Ähnlichkeit ihn vergegenwärtigt – man denke an Roman Jakobsons berühmte Differenzierung von Kontiguitäts- und Similaritätsoperationen in Zeichensystemen, auch in nichtsprachlichen[21]). Dieses jedenfalls behauptet der Brief der Gräfin Chassepot (es fällt das Wort „unmittelbar“) ebenso wie er eine Begründung für das besondere Interesse am handschriftlichen Dokument gibt (das nun allerdings alte und neue Sammler verbindet): Einen „eigenthümlichen Geist“ gilt es auf diesem Wege zu entdecken, seinen „Charakter, seine Gewohnheiten u Neigungen“ geradezu zu enthüllen. Forscherneugierde kann der Sammler mittels seiner Autographen befriedigen, wie ein Botaniker bei eigentümlichen Pflanzen – die Chassepot spricht denn auch von einem Herbarium.

---

das Sammeln von Handschriften (Wien, 2005), beigegebenes Typoskript-Faksimile des Aufsatz S. 2. Die Nationalausgabe von Schillers Werken, Bd. 10, hrsg. von Siegfried Seidel (Weimar, 1980), S. 394 ff. vermerkt neben den Ausschnitten von Caroline von Wolzogen auch solche von Schillers Kindern Karl und Emilie aus Manuskripten zum *Wilhelm Tell*.

20 Vgl. Markus Bernauer, *Heinrich von Stein* (Berlin et al., 1998), (Supplementa Nietzscheana, Bd. 4), S. 596 und 617, Nr. 82.

21 Roman Jakobson, „Zwei Seiten der Sprache und zwei Seiten aphatischer Störungen“ (1956), in: Wolfgang Raible (Hrsg.), *Aufsätze zur Linguistik und Poetik* (Frankfurt am Main et al., 1979), S. 117–141, insbes. S. 133 ff.

2

Wer Autographen sammelt, sammelt Charaktere, wenigstens in effigie. Johann Wilhelm Ludwig Gleim in Halberstadt legte eine solche Sammlung von Charakteren an, und zwar gleich zweifach, einmal in Bildnissen im berühmten Freundschaftstempel, dann in seinen reichen Korrespondenzen, die ihm schließlich ein bis heute beeindruckendes Archiv von Autographen bescherte. Jean Paul hingegen bewahrte Briefe, die ihn erreichten, auf, aber ohne absichtlich und gezielt zu sammeln – auch wenn sich unter seinen Briefen solche fanden, die gar nicht an ihn adressiert war und von denen Eduard Berend vermutete, er habe sie sich beschafft. Aus dem modischen Interesse für das „Charakteristische der Handschrift", wie Berend vermutete?[22] Die an ihn gerichteten Schreiben waren ihm sicherlich – wie seine eigenen Briefbücher, in die er mehr oder weniger auszugsweise die abgehende Korrespondenz eintrug – vor allem Gedankenstützen im epistolarischen Dialog.[23] Hingegen sammelte in extenso Autographen Goethe; die Autographensammlung war eine Art Seitenstück zur eigenen Kunstsammlung, allerdings mit anderer Intention. Zu den wichtigsten Bestandteilen gehörten Briefe, die ihn erreichten. Sie landeten zuweilen in Sammlungszusammenhängen, bevor sie beantwortet werden konnten. So schreibt er z. B. an Friedrich Heinrich Jacobi, der ihn zur Rückgabe zweier geliehener Briefe bat: „Lichtenbergs Brief liegt hier bey. Er war unter meine Autographa gerathen. Den Brief an deinen Bruder find' ich wohl auch und dann soll er gleich abgehen."[24] Goethes Sammlung ist hervorragend dokumentiert und größtenteils erhalten[25]; einzelne Autographen wie den Brief Jean Pauls vom 4. Juni 1795, mit

22 Eduard Berend, „Jean Paul als Autographenliebhaber", in: *Der Autographensammler. Eine Katalogfolge des Antiquariats J. A. Stargardt*, N. F. 1. Jg., Nr. 2 (März 1951 = Nr. 494), S. 30.

23 Die Briefbücher haben sich als Fasz. XXVIV in Jean Pauls Nachlass erhalten.

24 Brief vom 11. Januar 1808, WA IV/, S. 6 (Nr. 5482). Vgl. auch Stiftung Weimarer Klassik/Goethe- und Schiller-Archiv (Hrsg.), *Briefe an Goethe. Gesamtausgabe in Regestform*, Bd. 5 1805–1810 (Weimar, 1992), Nr. 756.

25 Vgl. *Goethes Autographensammlung. Katalog*, bearb. von Hans Joachim Schreckenbach (Weimar, 1961). Zu Entstehung und Bearbeitung der Sammlung gibt die Einleitung von Schreckenbach wichtige Aufschlüsse. Über Goethe und das Sammeln von Autographen vgl. Sebastian Böhmer, „Die Magie der Handschrift. Warum Goethe Autographe sammelte", *Zeitschrift für Ideengeschichte*, H. V/4, (Winter 2011), S. 97–110. Neben dem im Folgenden erwähnten Brief befinden sich die Jean Pauls an Goethe vom 27.3.1794 (SW III/2, Nr. 5) sowie an Lorenz Kreul vom 25.1.1823 (III/8, Nr. 406) in der Sammlung, Letzterer als Faksimile.

dem dieser ihm den *Hesperus* schickte, verschenkte Goethe, in diesem Fall 1824 an seinen entfernten Verwandten Christian Schlosser, aufgezogen auf Karton in einer nur als museal zu beschreibenden Weise und darauf beglaubigt: „Jean Paul Richters Handschrift – bezeugt Goethe“![26]

Aber seine Sammlungswut begrenzte sich keineswegs auf eingegangene Briefe; aus der Korrespondenz wissen wir, dass er gezielt ‚beliefert‘ wurde. Wieder ist es Friedrich Heinrich Jacobi, der ihm, obwohl bei dem Lichtenberg-Brief ja ein düsterer Verdacht aufgekommen sein könnte, fremde Autographen schickte. Im Brief vom 16. April 1812, den ein gewisser Gersdorff überbrachte, liest man: „Ich sende Dir einige Autographa. Andre: ein Billet von St. Martin, ein Brief von Necker, einer von Le Sage, ein paar von der Giftmischerinn Ursinus, sollen nächstens folgen. Ich konnte sie heute nicht gleich auffinden.“[27] Die Zusammenstellung ist interessant, weil sie die verschiedenen Facetten der menschlichen Existenz beleuchtet, vom französischen Theosophen Louis-Claude Marquis de Saint-Martin, den Jacobi einige Jahre zuvor in Paris aufgesucht und auch Jean Paul nahegelegt hatte[28], über den Genfer Bankier und Finanzminister Ludwigs XVI. Jacques Necker und Alain-René Lesage bis hin zu Sophie Ursinus, deren Fall, der nie nachgewiesene Giftmord an ihrem Mann und ihrer Tante und der Mordversuch an ihrem Diener, zu den berühmtesten Kriminalfällen der Zeit gehörten. Die Autographen dienten also nicht allein dem genaueren Blick auf Künstlercharaktere, waren mithin nicht Bestandteil des zeitgenössischen Geniekults, sondern wurden anthropologisch gelesen – als Zeugnisse von Eigentümlichkeiten der menschlichen Charakterbildung. Diese Lesart hebt auch Goethes Dank für Jacobis Sendung 10. Mai 1812 hervor:

> Deine kostbare Gabe, theuerster alter Freund, hat mich in Jena ereilt, in dem Augenblick, da ich im Begriff war nach Carlsbad zu reisen, woher dir denn auch dieses zukommt. […] Die übersandten Blätter sind mir von unendlichen Werth; denn da mir die sinnliche Anschauung durchaus unentbehrlich ist so werden mir vorzügliche Menschen

---

26 Vgl. Konrad Heumann u. a. (Hrsg.), *Namenlose Empfindung. Jean Paul und Goethe im Widerspruch. Handschriften und Deutungen.* Katalog zur Ausstellung im Freien Deutschen Hochstift/Frankfurter Goethe-Museum 2013, S. 42–48. Vgl. auch WA III/9, S. 200 f. und 223. Der Brief befindet sich heute im Freien Deutschen Hochstift.

27 Max Jacobi (Hrsg.), *Briefwechsel zwischen Goethe und Friedrich Heinrich Jacobi* (Leipzig, 1846), S. 252. Vgl. auch Stiftung Weimarer Klassik/Goethe- und Schiller-Archiv (Hrsg.), *Briefe an Goethe. Gesamtausgabe in Regestform*. Bd. 6: 1811–1815 (Weimar, 2000), Nr. 400.

28 Vgl. den Brief Jacobis an Jean Paul vom 31. Juli 1802 (Jean Paul SW IV/4, S. 342 f., Nr. 248).

> durch ihre Handschrift auf eine magische weise vergegenwärtigt. Solche Documente ihres Daseyns sind mir, wo nicht eben so lieb, als ein Portrait, doch gewiß als ein wünschenswerthes Supplement oder Surrogat desselben. Sende mir daher was du kannst, und rege mehrere Freunde dazu an; wie leicht giebt jeder den Beytrag eines solchen Blattes, das sonst verloren ginge und dessen Werth derjenige vorzüglich zu schätzen weiß, dessen Denkart im Alter eine historische Wendung nimmt.[29]

Die Verbindung von Handschrift und Charakter, die im Laufe des 19. Jahrhunderts in die sog. Graphologie münden wird, stellte bereits Johann Caspar Lavater her, mit dem Goethe von 1773 bis zum Anfang der achtziger Jahre in einem relativ dichten Austausch stand.[30] Lavater hatte mit der Physiognomik einen systematischen Zusammenhang zwischen den äußeren Merkmalen einer Person – und dazu zählte er ihre Bewegungsformen – und ihrem Charakter herzustellen versucht und war mit diesem anthropologischen Ansatz außerordentlich erfolgreich. Um Material für seine Physiognomik zu bekommen, suchte er Verbindung zu zahlreichen Zeitgenossen, darunter etwa Jean Paul, zu dem er den Maler und Zeichner Heinrich Pfenninger schickte, damit dieser eine Porträtzeichnung anfertige, die es erlauben sollte, Physiognomie und Charakter des Dichters mit dem *Hesperus* in Verbindung zu bringen[31] (auf Pfenninger geht dann übrigens auch das Bildnis im Halberstädter Gleimhaus zurück). Umgekehrt fand sich nicht zufällig in Jean Pauls Nachlass unter den wenigen Briefen, die nicht für ihn bestimmt waren, ein „handschriftliches Dokument von dem Apostel der Physiognomik".[32]

Lavater hatte selbst die Handschrift als Bestandteil der äußeren Erscheinung des Menschen behandelt und einen unmittelbaren Zusammenhang zwischen der Physiognomik und der Handschriftenkunde hergestellt. Das 4. Fragment im 3. Band der *Physiognomischen Fragmente* ist dem „Charakter der Handschriften" gewidmet; darauf haben sich auch später Autographensammler oder Herausgeber von Faksimilesammlungen wie Wilhelm Dorow berufen. Ausgehend von der Prämisse, dass „alle körperliche Bewegungen des Menschen sich nach seinem Temperamente und seinem Charakter – modifiziren", erklärt Lavater die Ergebnisse der Tätigkeit, die die Hand beim Zeichnen ausübt, zu Emanationen der Person des Zeichners (was das für die Zeichnungen in den *Physiognomischen Fragmenten* bedeutet, die ja den Porträtierten gleichsam rein charakterisieren

29 WA IV/23, S. 6 (Nr. 6329).
30 Vgl. Heinrich Funk (Hrsg.), *Goethe und Lavater. Briefe und Tagebücher*, (Weimar, 1901).
31 Bernauer, Steinsiek et al., *Jean Paul. Dintenuniversum*, Nr. 2.1.
32 Vgl. Berend, „Jean Paul als Autographensammler", S. 30.

sollen, bleibt unbedacht). Was aber für Zeichnungen gilt, gilt auch für die Handschrift:

> Sollte dieses von den Zeichnungen und Figuren, die man Handschriften nennt, weniger wahr seyn? Wird diese Verschiedenheit aller Handschriften nicht allgemein anerkannt? -- Was sag' ich? Richten nicht so gar förmliche Tribunale, die sonst auch die Physiognomie des ganzen Menschen verwerfen, über die Physiognomie der Handschrift? das heißt: Setzt man es nicht als die höchste Wahrscheinlichkeit voraus, daß (seltene Menschen ausgenommen) jeder Mensch seine eigene, individuelle, und unnachahmbare, wenigstens selten und schwer ganz nachahmbare Handschrift habe?[33]

Eine Prämisse Lavaters zeigt sich am Ende des Abschnittes: die der Einheit des Menschen, seine Individualität: „Es ist nichts zusammengeflicktes in der Natur. Nur die Kunst schneidet weg und flickt an. Die Unerreichbarkeit der Natur wird immer ihre Ganzheit und Homogenität seyn!"[34]

Die Handschrift bezeugt also den Charakter eines Menschen, Autographen stehen für die Eigenheit des natürlichen Menschen als Individuum. Mit dieser Behauptung aber ist das Sammeln von Autographen, das Zusammentragen von Zeugnissen des natürlichen Menschen auch dort begründet, wo man die Rangfolge von Natur und Kunst nicht so simpel sehen mochte wie Lavater. Ein Briefkonzept Goethes vom 3. April 1820 an einen ‚Mitsammler', Carl Bernhard Preusker, nimmt das Lavater'sche Theorem auf und erweitert die Begründung für das Sammeln von Handschriften über das einige Jahre zuvor gegenüber Jacobi geäußerte Bedürfnis, durch „sinnliche Anschauung" von Handschriften vorzügliche Menschen magisch zu vergegenwärtigen:

> Daß die Handschrift des Menschen Bezug auf dessen Sinnesweise und Charakter habe und daß man daran wenigstens eine Ahnung von seiner Art zu seyn und zu handeln empfinden könne, ist wohl kein Zweifel, sowie man ja nicht allein Gestalt und Züge, sondern auch Mienen, Ton, ja Bewegung des Körpers als bedeutend, mit der ganzen Individualität übereinstimmend anerkennen muß. Jedoch möchte wohl auch hiebey mehr das Gefühl als ein klares Bewußtseyn statt finden; man dürfte sich wohl darüber im Einzelnen aussprechen, dieß aber in einem gewissen methodischen Zusammenhang zu thun möchte kaum jemand gelingen. [–] Indessen da ich selbst eine ansehnliche Sammlung Handschriften besitze, auch hierüber nachzudenken und mir selbst Rechenschaft zu geben oftmals Gelegenheit genommen; so scheint mir daß ein jeder, der seine Gedanken auf diese Seite wendet, wo nicht zu fremder, doch einiger Belehrung und

33 Johann Caspar Lavater, *Physiognomische Fragmente, zur Beförderung der Menschenkenntniß und Menschenliebe*, Bd. 3 (Leipzig u. a., 1777), S. 111 f.

34 Lavater, *Physiognomische Fragmente*, Bd. 3, S. 110.

> Befriedigung einige Schritte thun könne, die ihm eine Aussicht auf einen einzuschlagenden Weg eröffnen.[35]

Die Sammlung kompensiert *den* Mangel, dass ein „klares Bewusstsein“ des Verhältnisses von Mensch und ihm eigener äußerer Erscheinung systematisch nicht zu gewinnen ist, sondern nur durch ein Gefühl, das sich aus der Anschauung speist. Sammeln tritt an die Stelle des abstrakten Philosophierens, die Unmittelbarkeit der Anschauung drängt physiognomische und im engeren Sinne graphologische Systematik zurück.

So verstanden wird aus der Tätigkeit des Sammelns die Sammlung als Aufgabe; für diese ist Goethe jedes Mittel (vielleicht sogar eine versuchte Unterschlagung von Autographen wie gegenüber Jacobi) und jeder Gegenstand recht. Selbst die von Clodius so beklagte Zerschneidung von Autographen nimmt er in Kauf, um an eine besondere Handschrift zu kommen, Sinn und Sinnzusammenhang einer Handschrift sind ihm einerlei:

> Haben Sie doch ja die Gefälligkeit, von Zeit zu Zeit an meine fromme Sammlung zu denken: denn fromm ist doch wohl alles, was das Andenken würdiger Menschen zu erhalten und zu erneuern strebt. Auch bloße Couverte und Namensunterschriften nehme ich sehr gern auf. Theilen Sie mir doch ja dergleichen von englischen und französischen merkwürdigen Männern mit. Auch ältere Deutsche sind mir sehr willkommen. Von Mitlebenden und Kurzverstorbenen besitz' ich viel. Komme ich zurück, so lasse ich vielleicht ein compendiöses Register meiner Sammlung drucken, um meine auswärtigen Freunde zu gefälligen Beyträgen.[36]

Wie eine Kunst – erhält auch die Autographensammlung einen Katalog (eine Hintertüre für die Systematik). Aber was dazu dient, das Andenken an Charaktere in ihrer Besonderheit am Leben zu erhalten, ist gerade keine Kunstsammlung. Mittels *Der Sammler und die Seinigen*, einer narrativ ausgearbeiteten und aufgefächerten Abhandlung (die acht Briefe werden mehreren Verfassern in die Feder gelegt) über Kunst und Sammeln, die 1799 in den *Propyläen* erschien, lässt sich der Unterschied fassen. Im achten Brief zieht Julie eine Art Resümee; sie unterscheidet dazu sechs Künstlertypen, deren Vereinigung für das Kunstwerk erst Vollendung bedeute:

> Die eine Hälfte des halben Dutzends nimmt es zu ernst, streng und ängstlich, die andere zu spielend, leicht und lose. Nur aus innig verbundenem Ernst und Spiel kann wahre

35 WA IV/32, S. 224 f. (Nr. 191).

36 Brief an Johann Friedrich Blumenbach vom 20. Juni 1806, in: WA IV/19, S. 139 (Nr. 5204).

> Kunst entspringen, und wenn unsere einseitigen Künstler und Kunstliebhaber je zwei und zwei einander entgegenstehen,
> der Nachahmer dem Imaginanten,
> der Charakteristiker dem Undulisten,
> der Kleinkünstler dem Skizzisten;
> so entsteht, indem man diese Gegensätze verbindet, immer eins der drei Erfordernisse des vollkommenen Kunstwerks, wie zur Übersicht das Ganze folgendermaßen kurz dargestellt werden kann.[37]

Es folgt die Tabelle, nach der Kunstwahrheit die Verbindung des Nachahmers und des Phantomisten, Schönheit die des Charakteristikers und des Undulisten (jene, „die das Weichere und Gefällige ohne Charakter und Bedeutung lieben"[38]) und Vollendung die des Kleinkünstlers und des Skizzisten erfordert. Von Interesse ist der zweite Gegensatz, der auf eine Diskussion im sechsten Brief zurückgeht, worin der „Gast" Charakteristik zur einzigen Grundlage der Kunst erklären wollte. Diese ästhetische Prämisse verwirft das Schema am Ende entschieden. Autographen aber haben die Charakteristik zur alleinigen Grundlage – sie unterscheiden sich darin von „Kunstwerken", jedenfalls wenn Letztere – in dieser Begriffsbildung – ihrerseits nicht einseitig ‚charakteristisch' verstanden werden. Das macht Autographen in Goethes Verständnis offenbar nicht weniger sammlungswürdig als Zeichnungen oder Gemälde, aber eben als Zeugnisse von Individuen, nicht von Überindividualität – und gewissermaßen in der Schwebe zwischen Kunst- und Naturaliensammlung.

Tatsächlich geht das neue Interesse am Individuum, das die Goethezeit portiert, mit der Entstehung von Autographensammlungen einher. Zwar wurden seit dem 17. Jahrhundert Handschriften gesammelt (während sie in den Kunst- und Kuriositätenkabinetten der Renaissance keine besondere Rolle spielten), aber nicht als Zeugnisse bedeutender Charaktere, sondern als solche einer Rolle, die ein bedeutender Charakter ausfüllte, damit in erster Linie als historische Zeugnisse.[39] Im 19. Jahrhundert jedoch waren die Handschriften eine Sammlungssparte für sich geworden, es trugen Dichter wie Holtei oder Mörike ebenso Autographen zusammen wie passionierte Sammler vom Schlage eines Varnhagen von Ense, der gleich auch ganze Nachlässe erwarb. Für weniger betuchte

37 WA I/47, S. 205.

38 WA I/47, S. 200.

39 Über die Geschichte der Autographensammlung vgl. u. a. Johannes Günther und Otto August Schulz (Hrsg.), *Handbuch für Autographensammler* (Leipzig, 1856), S. 1–21; Eugen Wolbe, *Handbuch für Autographensammler* (Berlin, 1923), S. 143–199 und Mecklenburg, *Vom Autographensammeln*, S. 18–79.

Interessenten – oder auch ergänzend zu bestehenden Sammlungen – bot der Buchhandel im 19. Jahrhundert Surrogate, Sammlungen von Handschriftenproben in Lithographien (solche bilden auch einen Teil von Goethes Sammlung).[40] Wilhelm Dorow, preußischer Offizier, Schriftsteller und selbst Sammler, trug 1836 bis 1838 in vier Heften Faksimiles zusammen und kommentierte sie; im Vorwort zum ersten Teil berief er sich ausdrücklich auf Lavater.[41] In der Folge entstanden solche Zusammenstellungen nicht nur zum ästhetischen Vergnügen der Handschriftenliebhaber, sondern auch zu semiprofessionellen Zwecken für Graphologen.[42] Oder sie wurden gar für ‚gute Zwecke' veranstaltet; d. h. Autoren lieferten dafür Beiträge ein, deren Text gedruckt und mit Originalunterschrift versehen oder gleich ganz in Handschrift geboten wurde. Ein besonders schönes Beispiel bietet ein von der Gesellschaft zur Rettung Schiffbrüchiger 1881 unter dem Patronat des Kaisers herausgegebenes „Selbstschriften-Album" *Aus Sturm und Noth*, für das neben Schriftstellern bildende Künstler Zeichnungen und Musiker Vorlagen für Noten bereitstellten. (Abb. 12)

Und noch ein zwecks Spendensammlung vom Hochkommissar für Flüchtlingsfragen des Völkerbundes Fridtjof Nansen 1922 herausgegebener Band *Für unsere kleinen russischen Brüder! Gaben westeuropäischer Schriftsteller und Künstler für die notleidenden Kinder in den Hungersnotdistrikten Rußlands* wertet die Texte durch autographe Unterschriften auf. In beiden Beispielen treten die Handschriften nicht nur neben die Zeichnungen, sie gewinnen einen ästhetischen Eigenwert, sind die gleichsam sichtbar gewordene künstlerische Leistung des Dichters. Autographen kann danach – gegen Goethe gedacht – eine ästhetische Qualität abgewonnen werden, die es erlaubt, sie in Kunstmuseen neben Zeichnungen, Druckgraphik und Gemälden auszustellen.[43]

---

40 So findet sich darin beispielsweise der Brief Jean Pauls an Lorenz Kreul (III/8, Nr. 406) als Faksimile, interessant, weil Kreul vom Dankesbrief Jean Pauls für das von ihm gemalte Pastellporträt (Bernauer, Steinsiek et al., *Jean Paul. Dintenuniversum*, Nr. 2.16) selber ein Faksimile herstellte und dieses zusammen mit einer Lithographie seines Porträts vertrieb! Vgl. *Kunst-Blatt* zum *Morgenblatt für gebildete Stände*, 7, 1826, Nr. 32 (20.4.1820), S. 128.

41 *Facsimile von Handschriften berühmter Männer und Frauen aus der Sammlung des Herausgebers. Bekannt gemacht und mit historischen Erläuterungen begleitet von Wilhelm Dorow* (Berlin, 1836–1838).

42 Vgl. z. B. Maximilian Klein (Hrsg.), *Handschriften namhafter Persönlichkeiten der neuesten Zeit. Ein Handbuch für Graphologen und Liebhaber der Graphologie*, 3. Auflage (Leipzig, 1921).

43 Vgl. z. B. die Ausstellung und den Katalog *Strawinsky. Sein Nachlass, sein Bild* im Kunstmuseum Basel 1984, die den in der Paul Sacher-Stiftung befindlichen Nachlass auch unter ästhetischen Kriterien zeigte.

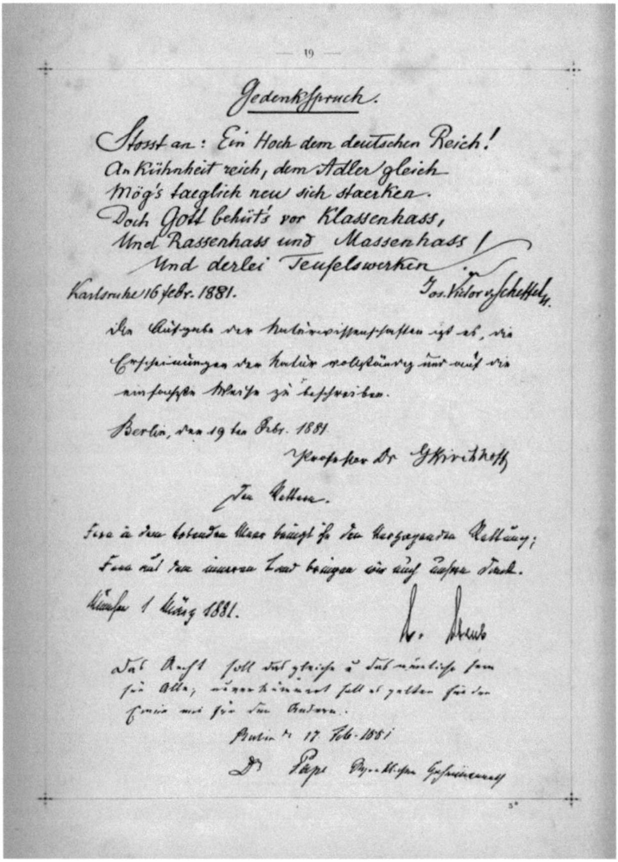
Gedenkspruch.

Stosst an: Ein Hoch dem deutschen Reich!
An Kühnheit reich, dem Adler gleich
Mög's taeglich neu sich staerken.
Doch Gott behüt's vor Klassenhass,
Und Rassenhass und Massenhass!
Und derlei Teufelswerken.

Karlsruhe 16 Febr. 1881. Jos. Victor v. Scheffel.

Die Aufgabe der Naturwissenschaften ist es, die Erscheinungen der Natur vollständig und auf die einfachste Weise zu beschreiben.

Berlin, den 19ten Febr. 1881

Professor Dr G Kirchhoff

Abb. 12: *Aus Sturm und Noth. Selbstschriften-Album des Deutschen Reiches.* Im Auftrag der Deutschen Gesellschaft zur Rettung Schiffbrüchiger herausgegeben. Berlin o.J. [1881].

Im 20. Jahrhundert trat aber auch ein neuer Typ des Sammlers auf, der Autographen mit neuem Selbstbewusstsein, neuer Systematik und großer Fülle zusammentrug: Martin Bodmer, Karl Geigy-Hagenbach oder Stefan Zweig zum Beispiel. Bodmer und Zweig äußerten sich nicht nur über ihre Sammlungen und das Sammeln (das bei ersterem ja auch Drucke einschloss), sie entwickelten gar eine Art Theorie; danach sollte die Sammlung selbst zum Kunstwerk, und damit quasi zum Ausdruck des Sammlers werden; bei Zweig liest man im Aufsatz „Die Autographensammlung als Kunstwerk“ von 1914:

> Will eine Sammlung mehr sein als Anhäufung, so muss sie trachten, Organismus zu werden, eine persönliche Form zu haben und eine eigene Seele, Organismus, wie das Kunstwerk, mit dem die Sammlung noch jenes letzte gemeinsam hat, dass auch die Vollendungen immer nur nahe kommt ohne sie jemals gänzlich zu erreichen.[44]

Der Begriff von ‚Kunstwerk', den Zweig (wenn auch nur zum Vergleich) bemüht, koppelt ausgerechnet für *Hand*schriften die ästhetische Erscheinung vom *hand*werklichen Zutun ab, weil er sich nicht in erster Linie auf das einzelne Dokument bezieht. Modern genug erscheint das Kunstwerk, nämlich die Sammlung, gewissermaßen als Assemblage, die der ordnende Geist, nicht die Verarbeitung von Stoff bestimmt. Zu den universal angelegten wissenschaftlichen Sammlungen, wie sie die Sammlung Autographa der ehemaligen Preußischen Staatsbibliothek war, stellt ein solcher auf einen Sammler zugeschnittener Organismus ein Gegenstück dar. Und doch waren private Sammlungen für die Bewahrung von Handschriften wichtig und oft der Grundstock der öffentlichen Häuser – und außerdem sind sie ein bemerkenswertes kulturhistorisches Phänomen.

Bibliographie

Kraków, Biblioteka Jagiellońska (BJ), Sammlung Autographa (SA), Chassepot.

Bachmann, Asta-Maria und Uwe Schweikert, „‚Es ist so schön geliebt zu werden' – Jean Paul späte Reisen", in: Markus Bernauer, Angela Steinsiek et al. (Hrsg.), *Jean Paul. Dintenuniversum. Schreiben ist Wirklichkeit* (Berlin, 2013), S. 237–248.

Berend, Eduard, „Jean Paul als Autographenliebhaber", in: *Der Autographensammler. Eine Katalogfolge des Antiquariats J. A. Stargardt*, N. F. 1. Jg., Nr. 2 (März 1951 = Nr. 494).

Berend, Eduard, (Hrsg.), *Jean Pauls Persönlichkeit in Berichten der Zeitgenossen*, Mit einem Nachwort von Kurt Wölfel (Weimar, 2001).

Bernauer, Markus, *Heinrich von Stein*, (Berlin u.a., 1998).

Bernauer, Markus, „Die letzten Jahre", in: Bernhard Echte und Petra Kabus (Hrsg.), *Das Wort und die Freiheit. Jean Paul Bildbiographie*, (Wädenswil am Zürichsee, 2013), S. 378–383.

Böhmer, Sebastian, „Die Magie der Handschrift. Warum Goethe Autographe sammelte", in: *Zeitschrift für Ideengeschichte*, Heft V/4 (2011), S. 97–110.

44 Zweig, „Die Autographensammlung als Kunstwerk", beigegebenes Typoskript-Faksimile des Aufsatzes S. 1.

Böhmer, Sebastian u. a. (Hrsg.), *Kultur des Sinnlichen* (Berlin/München, 2012).

Dorow, Wilhelm, *Facsimile von Handschriften berühmter Männer und Frauen aus der Sammlung des Herausgebers* (Berlin, 1836–1838).

Funk, Heinrich (Hrsg.), *Goethe und Lavater. Briefe und Tagebücher* (Weimar, 1901).

Goethe, Johann Wolfgang von, *Werke. Vollständige Ausgabe letzter Hand*, (Stuttgart/Tübingen, 1827–1830), Bd. 3.

Goethes Werke, hrsg. im Auftrage der Großherzogin Sophie von Sachsen. Abtlg. I–IV. (Weimar, 1887–1919).

Günther, Johannes und Schulz, Otto August (Hrsg.), *Handbuch für Autographensammler* (Leipzig, 1856), S. 1–21.

Harich, Wolfgang, *Jean Pauls Revolutionsdichtung. Versuch einer neuen Deutung seiner heroischen Romane* (Berlin, 1974).

Heumann, Konrad et al. (Hrsg.), *Namenlose Empfindung. Jean Paul und Goethe im Widerspruch. Handschriften und Deutungen*. Katalog zur Ausstellung im Freien Deutschen Hochstift/Frankfurter Goethe-Museum (Frankfurt am Main, 2013). S. 42–48.

Jacobi, Max (Hrsg.), *Briefwechsel zwischen Goethe und Friedrich Heinrich Jacobi* (Leipzig, 1846).

Jakobson, Roman, „Zwei Seiten der Sprache und zwei Seiten aphatischer Störungen" (1956), in: Wolfgang Raible (Hrsg.), *Aufsätze zur Linguistik und Poetik* (Frankfurt am Main u.a., 1979), S. 117–141.

Jean Pauls Sämtliche Werke. Historisch-kritische Ausgabe, Abt.III und Abt. IV (Berlin 2003–2017).

Klein, Maximilian (Hrsg.): *Handschriften namhafter Persönlichkeiten der neuesten Zeit. Ein Handbuch für Graphologen und Liebhaber der Graphologie*, 3. Auflage (Leipzig 1921).

Kunst-Blatt zum *Morgenblatt für gebildete Stände*, 7, 1826, Nr. 32 (20.4.1820).

Lavater, Johann Caspar, *Physiognomische Fragmente, zur Beförderung der Menschenkenntniß und Menschenliebe*, Bd. 3 (Leipzig u. a., 1777).

Mecklenburg, Günther, *Vom Autographensammeln. Versuch einer Darstellung seines Wesens und seiner Geschichte im deutschen Sprachgebiet* (Marburg, 1963).

Schreckenbach, Hans Joachim, *Goethes Autographensammlung. Katalog* (Weimar, 1961).

Seidel, Siegfried (Hrsg.), *Schillers Werke. Nationalausgabe*, Bd. 10 (Weimar, 1980).

Sina, Kai und Spoerhase, Carlos, „‚Gemachtwordenheit'. Über diesen Band“, in: Kai Sina und Carlos Spoerhase (Hrsg.), *Nachlassbewusstsein. Literatur, Archiv, Philologie 1750–2000* (Göttingen, 2017).

Stiftung Weimarer Klassik/Goethe- und Schiller-Archiv (Hrsg.), *Briefe an Goethe. Gesamtausgabe in Regestform*, Bd. 5 1805–1810 (Weimar, 1992).

Strawinsky. Sein Nachlass. Sein Bild (Kunstmuseum Basel, 1984).

Wolbe, Eugen, *Handbuch für Autographensammler* (Berlin, 1923).

Zweig, Stefan, „Die Autographensammlung als Kunstwerk“, in: Oliver Matuschek (Hrsg.), *Ich kenne den Zauber der Schrift. Katalog und Geschichte der Autographensammlung Stefan Zweig. Mit kommentiertem Abdruck von Stefan Zweigs Aufsätzen über das Sammeln von Handschriften* (Wien, 2005).

Jochen Strobel
Universität Marburg

Philologenpost. August Wilhelm Schlegels Korrespondenz im Netz

Abstract: Der Beitrag fokussiert die Bedeutung der Korrespondenz im Schaffen des Romantikers August Wilhelm Schlegels. Der Forscher, ein Universalgelehrter an der Schwelle zum 19. Jahrhundert, welches sowohl um die gedächtnisbildende Qualität des Briefs wusste, als auch die wachsende Bedeutung des autographen Zeugnisses erkannte, betrachtete seine Korrespondenz vornehmlich als *das* Medium der klassischen, vormodernen europäischen Gelehrtenrepublik, das der Netzwerkbildung wie dem konkreten wissenschaftlichen Austausch diente. Die vorliegende Skizze präsentiert das seit 2012 von der Deutschen Forschungsgemeinschaft geförderte Projekt, in dessen Zentrum die Digitalisierung sowie elektronische Edition der Korrespondenz August Wilhelm Schlegels steht.

Keywords: August Wilhelm Schlegel, Philologie, Briefwechsel, Digitalisierung und elektronische Edition der Korrespondenz

Der Romantiker August Wilhelm Schlegel, dessen Geburtstag sich am 5. September 2017 zum 250. Mal jährte, war noch einmal ein Universalgelehrter an der Schwelle zum 19. Jahrhundert, zugleich trägt sein Schaffen Züge der Moderne. Auch als Professor an der 1818 neugegründeten Universität Bonn vertrat er das Fächerspektrum der gesamten Philosophischen Fakultät, von Alter Geschichte und Etruskologie über Kunst- und Literaturgeschichte, Propädeutika zum akademischen Studium, Enzyklopädie bis hin zu der von ihm begründeten und nun also als eigenständiges Fach bestehenden Indologie. Man mag mit dem Literaturwissenschaftler Héctor Canal eine ‚Universalphilologie' als Schlegels Leitmotiv bezeichnen und diesem Begriff auch seine Übersetzungen, vor allem Shakespeare sowie frühneuzeitliche Texte aus den romanischen Kulturen, zuordnen,[1] zudem seine zahlreichen Rezensionen, seine ästhetischen, metrischen, kunstgeschichtlichen Abhandlungen aus der Zeit des von ihm mitherausgegebenen *Athenaeum*. Seine Gelehrsamkeit steht zweifellos im Spannungsfeld zu einer Leidenschaft, die er als Poesie bezeichnet hätte.

1 Vgl. Héctor Canal, *Romantische Universalphilologie. Studien zu August Wilhelm Schlegel* (Heidelberg, 2017).

Kritik, Hermeneutik (damit auch die Kunst der Übersetzung), kunsttheoretische Reflexion und Vergleichende Literaturgeschichte treffen beim Bonner Professor Schlegel konzentriert zusammen, wenn er sich im Dialog mit einer kleinen Schar auf Europa und Asien verteilter Enthusiasten daran machte, Sanskrit-Texte zu sammeln. Er besaß übrigens neben einer Handschriftensammlung auch eine solche indischer Miniaturen, die erstmals in Dresden ausgestellt war.[2] Neben dem akademischen Unterricht in Kleingruppen bedeutete Indologie für Schlegel, herausragende, frühe literarische Texte wie die *Bhagavadgita* und das *Ramayana* textkritisch zu sichern und zu edieren sowie mittels Übersetzungen ins Lateinische einem europäischen gelehrten Publikum in einer seiner Meinung nach adäquaten klassischen Sprache zugänglich zu machen.

Mit dem Stichwort ‚Philologenpost' spiele ich auf die Korrespondenz als *das* Medium der klassischen, vormodernen europäischen Gelehrtenrepublik an, das der Netzwerkbildung wie dem konkreten wissenschaftlichen Austausch diente. Zu Schlegels Zeiten begann sich Wissenschaftskommunikation institutionell zu verfestigen, wie die Disziplinen auszudifferenzieren sich anschickten, Kongresse und Fachzeitschriften dienten von nun an zunehmend dem einigermaßen raschen, intersubjektiv nachprüfbaren und auch mit sozialen Kontrollmechanismen versehenen wissenschaftlichen Austausch. Auch Schlegels Korrespondenztätigkeit mit deutschen und europäischen Fachkollegen scheint in den 1830er Jahren zugunsten des Publizierens nachzulassen.[3] Dennoch prägt Schlegel brieflich ein Epiphänomen der Gelehrtenrepublik mit, eine zwar europaweite, *ein* Fach mit begründende, aber eben auch auf dieses Fach begrenzte Korrespondenz.

Als aus der Philologie kommender Übersetzer betätigt sich Schlegel schon in den ersten Briefen, die er mit Ludwig Tieck wechselt, Briefen, in denen es um Shakespeare-Lesarten und die Frage nach Übersetzungsdetails geht.[4] Als

---

2 Vgl. Monica Juneja und Petra Kuhlmann-Hodick (Hrsg.), *Miniatur-Geschichten. Die Sammlung indischer Malerei im Dresdner Kupferstich-Kabinett.* [Katalog.] (Dresden, 2017).

3 Vgl. Jochen Strobel, „‚Nach den Krisenjahren'. August Wilhelm Schlegel in der europäischen Gelehrtenrepublik", in: Jürgen Fohrmann und Kai Kauffmann (Hrsg.), *August Wilhelm Schlegel und die Philologien. = Zeitschrift für deutsche Philologie. Sonderheft.* 2018, S. 153–168.

4 Vgl. etwa schon Tiecks ersten Brief: Digitale Edition der Korrespondenz August Wilhelm Schlegels (13.4.2018); Ludwig Tieck an August Wilhelm von Schlegel; [Anfang Dezember 1797]; Ludwig Tieck und die Brüder Schlegel. Briefe, hrsg. v. Edgar Lohner auf der Grundlage der von Henry Lüdeke besorgten Edition. (München, 1972) (Volltext); http://www.august-wilhelm-schlegel.de/briefedigital/briefid/876 (11.5.2018).

zeitweiliger Mitherausgeber der Werke Friedrichs des Großen schreibt noch der späte Schlegel Briefe, die dem Austausch mit Philologen wie August Böckh gelten.[5]

Nicht betont werden muss, dass Schlegel einer Zeit angehörte, die um die gedächtnisbildende Qualität des Briefs wusste, die auch die wachsende Bedeutung des autographen Zeugnisses selbstverständlich zu schätzen wusste. Schlegel, der seine Briefschaften sammelte und zusammenhielt, der Unliebsames vernichtete, wusste natürlich, dass seine Korrespondenz nicht nur (in Maßen) Nationalphilologie praktizierte, sondern sich auch zum Gegenstand philologischer Arbeit eignen würde. Als ein Vierteljahrhundert nach Schillers Tod Goethe mit der Publikation seines Briefwechsels mit dem verstorbenen Freund einmal mehr Gedächtnisbildung per Brief oder besser per Briefedition betrieb, reagierte Schlegel mit außerordentlich bösartigen, sogleich publizierten *Xenien*, die einstiger Polemik in nichts nachstand. Dies verweist auf die ungeheure Brisanz von aus unserer Sicht eher harmlosen brieflichen Hinterlassenschaften, die dazu angetan waren, alte Wunden wieder aufzureißen.

Es ist bekannt, dass Praktiken der Romantiker oder romantische Praktiken mit denen einer entstehenden nationalen, *deutschen* Philologie in Austauschbeziehungen standen oder ihr auch schlicht vorausgingen, sie anregten. Damit ist angedeutet, dass der Weg von der romantischen Gedächtnisbildung zur schulmäßigen Philologie gewunden, aber doch bruchlos verlief, so auch der Weg von den romantischen Briefschreibern und -sammlern zu den Editoren.

Dass sich Zielsetzung und Methodik vielfach verändert haben, widerspricht dieser Beobachtung nicht. Es täte zugleich not, anzuerkennen, dass sich die philologischen Tugenden gleichgeblieben sind. Da nun also August Wilhelm Schlegel einen Großteil seiner Briefschaften trotz mancher Ortswechsel wohlverwahrt hatte[6] und die Wahrer seines Nachlasses, der Bonner Jurist Eduard Böcking sowie die Bibliothekare der Königlich Sächsischen Bibliothek in Dresden, es dabei beließen – ein ganz anderes Schicksal ereilte Ludwig Tiecks Briefarchiv[7] –,

5 Vgl. die 25 heute zugänglichen Briefe Schlegels an Böckh: http://www.august-wilhelm-schlegel.de/briefedigital/letters/search?facet_filters%5B36_facet_absender%5D=&facet_filters%5B36_facet_adressat%5D=August+B%C3%B6ckh&facet_filters%5B36_facet_absenderort%5D=&facet_filters%5B36_facet_adressatort%5D=&facet_filters%5B36_status%5D=&facet_filters%5B36_datengeberhand%5D=&query=B%C3%B6ckh&orderby=36_Datum (15.5.2018).

6 Eine bedeutende Ausnahme bilden die am Wohnsitz der Madame de Staël in Coppet bei Genf zurückgelassenen Briefe, die teils bis heute nicht zugänglich sind.

7 Vgl. Jochen Strobel, „Der Briefschreiber“, in: Claudia Stockinger und Stefan Scherer (Hrsg.), *Ludwig Tieck. Leben – Werk – Wirkung* (Berlin/Boston, 2011), S. 165–176.

konnten gemäß den Konjunkturen der Romantikforschung diese Briefe auch sozusagen schubweise ediert werden. Hinzu kam ein zusätzliches Sammelinteresse in Dresden: Ende des 20. Jahrhunderts konnte der Nachlass um bedeutende Bestände aus dem bei Genf gelegenen Schloss Coppet ergänzt werden, wo sich Schlegel als Hausgenosse der Madame de Staël jahrelang aufgehalten hatte. Die bedeutendste Rolle spielte in der ersten Hälfte des 20. Jahrhunderts der deutsch schreibende Prager Jude Josef Körner, dem an einer Rettung der späteren, sich national gebärdenden Romantik lag und dem es doch gelang, diese zumal in den 1930er Jahren nicht unproblematischen Akzente mit philologischer Akribie zu verbinden.

Dass Korrespondieren *auch* der Netzwerkbildung dient, ist keine neue Einsicht, jeder Nutzer briefähnlicher elektronischer Kommunikationsmedien weiß dies ohnehin – Netzwerke sichtbar zu machen kann erst gelingen, wenn Gedächtnisbildung sich von der Konzentration auf Zentralgestirne entfernt, Zentrum und Peripherie keine Gegensätze mehr sind. Damit tut sich die Briefedition beispielsweise schwer, geht sie doch in aller Regel von einem Schreibenden oder vom Dialog zwischen zwei Schreibenden aus. Private Briefarchive wiederum sammeln zunächst nur eingegangene Schreiben, nicht ausgegangene. Anhand der Geschichte von Goethes Briefregistratur könnte man die praktischen Schritte vom ‚Aufheben' eines eingegangenen Schreibens bis zur Edition Jahrzehnte später nachvollziehen und die dahinter stehenden theoretischen Prämissen obendrein.

Einer Erforschung netzwerkartiger Strukturen, einer Repräsentation auch der Materialität und der Ikonizität des Briefes arbeitet die digitale Briefedition in die Hände. Sie kann sich zwar als fortgesetzte Summen- und Gedächtnisbildung verstehen, besitzt aber den Vorzug, dass die mit ihr verbundenen Entscheidungen nachprüfbar sind.

Die Deutsche Forschungsgemeinschaft fördert seit 2012 das Projekt „Digitalisierung und elektronische Edition der Korrespondenz August Wilhelm Schlegels"[8] Wir möchten die etwa 5.000 erhaltenen Briefe von und an Schlegel für den Forschenden benutzbar machen, und wir bauen auf den, wenngleich im Einzelnen gewiss auch defizitären, im Print erschienenen Briefeditionen auf. Zu jedem Brief wollen wir eine Anzahl gesicherter, weitgehend im Volltext und auch interessenspezifisch durchsuchbarer Daten zur Verfügung stellen: digitale Bilder der Handschrift und des besten Druckes, Metadaten zu beiden, eine Registerauszeichnung nach Personen, Körperschaften, Periodika, Orten und Werken.

8 www.august-wilhelm-schlegel.de (11.5.2018).

Die etwa 2.500 bislang nicht gedruckten Briefe werden neu transkribiert und ausgezeichnet. Die Philipps-Universität Marburg, die den Nachlass besitzende Institution, also die Sächsische Staatsbibliothek – Landes- und Universitätsbibliothek Dresden, sowie das Trier Center for Digital Humanities kooperieren in diesem Projekt sehr erfolgreich, seit 2014 ist eine Beta-Version der Präsentationsoberfläche im Netz. Seit Anfang 2017 werden einmal im Quartal vor allem neu transkribierte Briefe sowie Kurzbiographien der Korrespondent*innen freigeschaltet. Dabei bekennen wir uns dazu, in unseren Volltexten (aber auch zwecks Nachlesbarkeit im Faksimile) ältere edierte Texte unverändert zu präsentieren. Letztlich aus pragmatischen (finanziellen) Gründen weichen wir hier von einer guten editorischen Konventionen ab: Wir korrigieren nicht die Textfehler oder Normierungen bisheriger Editionen, sondern bilden sie ab. Dies mag man als Bekenntnis zur Prozesshaftigkeit von Gedächtnisbildung lesen, wir verleugnen also unsere Vorgänger so wenig wie die Vorbesitzer der Autographen, deren Spuren auf dem Image sichtbar sind.

Unsere Edition verweist, wie zu zeigen ist, auf ihre Vorgeschichte, die u.a. in den Sammelkästen eines Varnhagen, eines Radowitz, Raumer, Meusebach oder Altenstein, in den Räumen der Preußischen Staatsbibliothek zu Berlin und in der Biblioteka Jagiellońska handelt. Es ist in ihren Anfängen auch eine Geschichte der Romantik-Rezeption, sie erzählt von Feindschaften und Freundschaften, von Kontakten der Jenaer Romantiker zu der Generation ihrer Anhänger.

In seinen *Denkwürdigkeiten des eigenen Lebens* spricht Karl August Varnhagen von Ense, der im Jahr 1800 im Alter von nur 15 Jahren in Berlin begonnen hatte Medizin zu studieren, von seiner Bekanntschaft mit der Literatur, mit Theater und Oper. Unter dem Einfluss der Lektüre von August Wilhelm Schlegels Shakespeare-Übersetzungen sowie „Schlegel'sche[n] kritische[n] Urteile[n]“[9] beginnt sich sein bis dahin an der Antike und dem französischen Klassizismus geschultes Poesie-Verständnis zu wandeln. Schlegels Berliner ästhetische und literaturgeschichtliche Vorlesungen zu hören und ihn selbst kennenzulernen trägt zu diesem Sinneswandel bei, den er geradezu als Lebenswende begreift – man beachte, dass Varnhagen zu diesem Zeitpunkt 16 oder 17 Jahre alt gewesen sein muss:

> Ich gab den größten Beweis von Unabhängigkeit, indem ich mich unterstand, die Vorlesungen August Wilhelm Schlegel's ein paarmal zu besuchen; ich bedurfte dazu einer Einlaßkarte, die ich bei ihm selbst abholen mußte. Sein persönliches Benehmen war

9 Karl August Varnhagen von Ense, Denkwürdigkeiten des eignen Lebens. Bd. 1: 1785–1810, hrsg. von Konrad Feilchenfeldt (Frankfurt am Main, 1987), S. 221.

> gefällig; was er mir sagte, traf mich als bedeutungsvoll, und seine Vorträge schlossen mir eine Welt neuer Beziehungen auf. [...] Die Bekanntschaft literarischer Männer hatte für mich einen unaussprechlichen Reiz [...].[10]

Anders als der General Joseph Maria von Radowitz, aus dessen Autographensammlung ebenfalls Schlegel-Korrespondenz in Krakau liegt, zielte Varnhagens Sammeltätigkeit nicht auf die in der Handschrift offenbarte Physiognomie großer Männer und damit auf ein Pantheon aus Selbstzeugnissen ab[11] (das Exemplarische an den Autographen hatte ja auch Goethe interessiert), sondern auf die Materialisierung des eigenen Gedächtnisses:

> Meine Sammlung von Autographen bezieht sich zunächst auf Rahel's und meinen Lebenskreis, unsre Verhältnisse und Bekanntschaften; die für uns wichtigen, bei uns genannten Personen gehören schon deßhalb in die Reihe, wenn auch sonst keine Merkwürdigkeit mit ihrem Namen verbunden sein mag.[12]

Das Private, Persönliche war die Keimzelle, aber nicht zugleich die Grenze dieser Praxis. Sammeln, Bewahren, zugänglich Machen – das ist philologische Tätigkeit, die Beschriftung der Autographen durch Varnhagen selbst zeugt von einem über das bloße Sammeln hinaus gerichteten erschließenden Interesse. Die Nähe zu dem, was Mitte des 19. Jahrhunderts Edition war, zeigt sich daran, dass ihm die Herausgeberschaft der Werke Lessings angetragen wurde, ein Amt, das nach Varnhagens Absage Karl Lachmann übernahm.[13] Schon zu Lebzeiten stießen aber die auf den eigenen Materialien beruhenden editorischen Absichten auf Grenzen und Vorbehalte. Nikolaus Gatter benennt nicht die Edition, nicht die Publikation, sondern die „in ständischer und religiöser Hinsicht unvoreingenommene[...] Diskurspflege der Salonkultur"[14] als Fluchtpunkt von Varnhagens Arbeit.

1913 kam bei Liepmanssohn in Berlin der Nachlass und darin die Autographensammlung des ersten preußischen Kultusministers Karl Freiherr vom Stein zum Altenstein (1770–1840) zur Versteigerung. Darin befand sich ein von 1818 datierendes Schreiben August Wilhelm Schlegels an den Arzt, Schriftsteller und damaligen preußischen Beamten Johann Ferdinand Koreff (1783–1851).

---

10 Ebd., S. 222.

11 Vgl. Nikolaus Gatter, *„Gift, geradezu Gift für das unwissende Publicum". Der diaristische Nachlaß von Karl August Varnhagen von Ense und die Polemik gegen Ludmilla Assings Editionen (1860–1880)* (Bielefeld, 1996).

12 Ebd., S. 258 f.

13 Vgl. ebd., S. 260.

14 Ebd., S. 266.

Der aus Breslau gebürtige Jude Koreff beteiligte sich kurz nach der Jahrhundertwende in Berlin zusammen mit Varnhagen von Ense und anderen an dem romantikfreundlichen Nordsternbund. In Paris hatte er als praktizierender Arzt auch Schlegels Leiden behandelt, war nach dem Wiener Kongress aber als Vertrauter des Staatskanzlers Hardenberg nach Berlin gewechselt. Der vielseitige Koreff, als „Serapionsbruder" dem Freundeskreis um E. T. A. Hoffmann zugehörig, förderte in seiner Berliner Zeit nach Kräften Wissenschaftler und Künstler. Schlegels Berufung als *Professor litterarum elegantiorum* an eine der beiden neugegründeten preußischen Universitäten – Berlin oder Bonn – kam auf Koreffs Betreiben zustande.[15] Schlegel schrieb am 7.8.1818 an Koreff (Abb. 13), nachdem er sich an die letzte Begegnung erinnert hatte:

> Seitdem empfing ich einen unendlich schmeichelhaften Brief vom Minister von Altenstein unter dem 19ten Jul. worin er mir die amtliche Ausfertigung meines Rufes nach Berlin ankündigt, die aber noch nicht zu mir gelangt ist. Ich habe sogleich geantwortet, und meine Bereitwilligkeit erklärt, vorläufig in Bonn anzutreten, wie ich dieß auch früher gegen Sie gethan. Mit großer Sehnsucht habe ich einigen Zeilen von Ihnen entgegengesehen, weil ich wünschte zu erfahren, ob ich, und wo und wann dem Fürsten aufwarten soll. [...] Indessen rückt der Sommer weiter vor, und es wird mir immer schwerer, um nicht zu sagen unmöglich, für den Antritt im Herbst alle erfoderlichen häuslichen und gelehrten Vorbereitungen zu treffen. Denn ich konnte und kann noch, aus Mangel einer bestimmten Entscheidung, weder eine Wohnung miethen, noch meine Bibliothek kommen lassen; noch dieß, noch jenes.
>
> Nun ist noch ein neues Ereigniß hinzugekommen, das mich persönlich betrifft, – ein retardirender Umstand, würde Goethe sagen, der aber eine Million Förderungen werth ist. Freuen Sie sich mit mir des unverhofften Glückes, das mir die Vorsehung beschieden hat, Sie, mein von jeher für mich so liebevoll gesinnter Herzensfreund. Ich bin verlobt: ein edelgesinntes, geistreiches liebenswürdiges und schönes Mädchen giebt mir ihre Hand: Fräulein Sophie Paulus die Tochter meines alten verehrten Freundes, des Geheime Kirchenrathes Paulus, giebt mir ihre Hand. Beyde Eltern, von denen diese einzige Tochter, einzig in jeder Beziehung, die ausgezeichnetste Erziehung bekommen, haben mir von jeher viel Freundschaft und Theilnahme bewiesen. Auch vertraut man ein solches Kleinod nur dem, welchem man das beste gönnt.
>
> Nun, lieber Koreff, bitte ich Sie um ein kleines Tränkchen der Unsterblichkeit, deren Sie so manche in der Tasche haben. Nun verlohnt es sich zu leben: nach einem in

15 Vgl. am ausführlichsten zu Koreff der materialreiche, in seiner Einleitung von antisemitischen Bemerkungen nicht freie Band: *David Ferdinand Koreff. Serapionsbruder, Magnetiseur, Geheimrat und Dichter. Der Lebensroman eines Vergessenen*. Aus Urkunden zusammengestellt und eingeleitet von Friedrich v. Oppeln-Bronikowski (Berlin/ Leipzig, 1928).

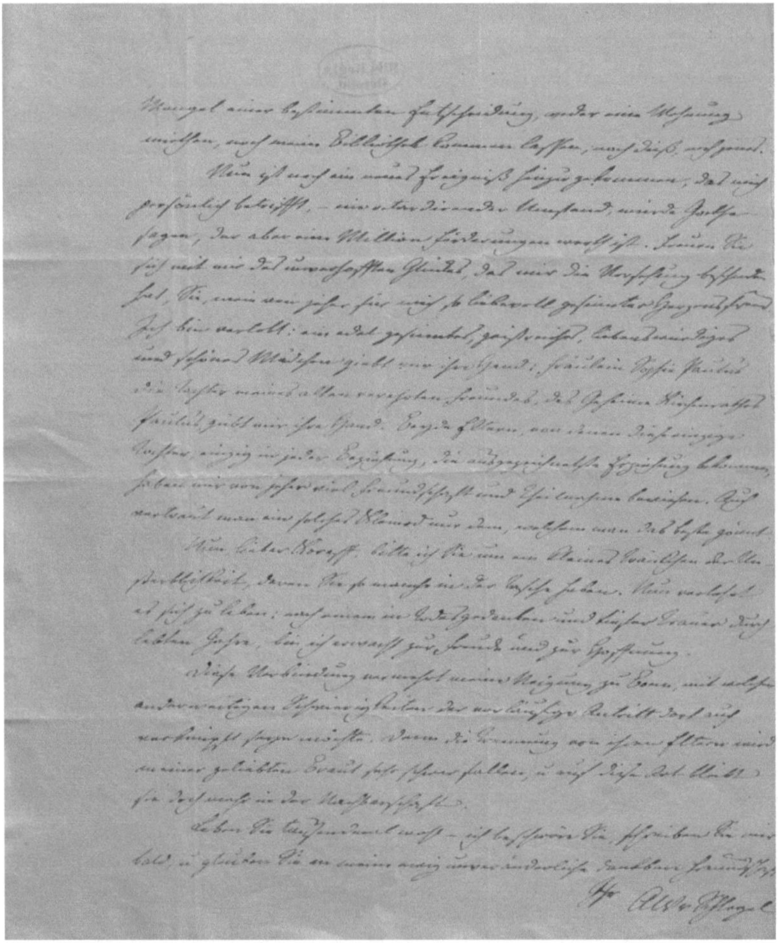

Abb. 13: Kraków, Biblioteka Jagiellońska, Sammlung Autographa, Schlegel. Der Brief August Wilhelm Schlegels an Johann Ferdinand Koreff, 7.8.1818

Todesgedanken und tiefer Trauer durchlebten Jahre, bin ich erwacht zur Freude und zur Hoffnung.[16]

16 Digitale Edition der Korrespondenz August Wilhelm Schlegels (13.4.2018); August Wilhelm von Schlegel an Johann Ferdinand Koreff; 07.8.1818; Briefe *von und an August Wilhelm Schlegel. Gesammelt und erläutert durch Josef Körner*. Bd. 1. (Zürich et al.,

In seinem sehr vertraulichen Brief offenbarte Schlegel, warum er dem rheinischen Bonn im Vergleich mit der preußischen Hauptstadt nun noch mehr den Vorzug gab als ohnehin schon: Mit 51 Jahren plante er eine halb so alte Heidelberger Pfarrerstochter zu ehelichen, der alternde Philologe war im siebten Himmel! Von seinem ‚Leibarzt' erhoffte er sich nun ein „kleines Tränklein der Unsterblichkeit". Er ahnte nicht, dass seine künftige Gattin ihm niemals nach Bonn folgen, dass die Ehe nur auf dem Papier existent sein würde. Nicht erst für seinen Bonner Studenten Heinrich Heine dürfte dieses Fiasko Anlass zum Spott gewesen sein.[17]

Einigermaßen pikant ist nun, dass Koreff offensichtlich den so intimen Brief ausgerechnet Schlegels oberstem Vorgesetzten, dem Kultusminister Karl Freiherr vom Stein zum Altenstein, für dessen Autographensammlung überließ; Stempel und Akzessionsnummer auf der Handschrift geben darüber Auskunft. Schlegels Entscheidung für Bonn hatte eine private, aber auch eine universitäts- und wissensgeschichtliche Dimension: In der Bonner Philosophischen Fakultät war Schlegel lange Zeit der unangefochtene Star, mit seinen öffentlichen Vorlesungen zu den Künsten und zur Geschichte zog er zahlreiche Studenten an, *privatim* scharte er einen kleinen Kreis von Sanskrit-Eleven um sich. Von seinen Erfolgen berichtete er auch immer wieder seinem Chef Altenstein in offiziellen Schreiben. Der ministeriale Autographensammler wusste also auch um die ‚andere' Seite von Schlegels Entscheidung und bewahrte privat das aus Adressatenhand stammende Bekenntnisschreiben auf, welches über das explodierende Gefühlsbarometer des prominenten Professors beredt Auskunft gibt. Seine Einbildungskraft hatte dem alternden Romantiker einen Streich gespielt.

Varnhagen und Altenstein haben den späteren Editoren gleichsam in die Hände gearbeitet, sie waren aber noch selbst an den Vorgängen um die Entstehung der Briefe beteiligt, ja, das Interesse am Sammeln und damit die Ursache der Überlieferung waren persönlich motiviert. Gesammelte Briefe gehörten zur Biographie der Sammler. Dem Koreff-Brief ist dieses persönliche Interesse des Sammlers Altenstein deutlich eingeschrieben, in Varnhagens Sammlung finden sich natürlich auch Schreiben Schlegels an ihn selbst. Nicht unpersönlich-nüchterne Tätigkeit, sondern ein Miteinander aus philologischem Interesse und welthaltigem Handeln bestimmte den Weg der Briefe.

1930) (Volltext); http://www.august-wilhelm-schlegel.de/briefedigital/briefid/622 (11.5.2018).

17 Vgl. Heinrich Heine, „Die romantische Schule", in: ders., *Sämtliche Schriften*, hrsg. von Klaus Briegleb, Dritter Band (München, 1997), S. 357–504, hier S. 419.

Bibliographie

Briefe von und an August Wilhelm Schlegel. Gesammelt und erläutert durch Josef Körner, Bd. 1. (Zürich/Leipzig et al., 1930).

Canal, Héctor, *Romantische Universalphilologie. Studien zu August Wilhelm Schlegel* (Heidelberg, 2017).

David Ferdinand Koreff. Serapionsbruder, Magnetiseur, Geheimrat und Dichter. Der Lebensroman eines Vergessenen. Aus Urkunden zusammengestellt und eingeleitet von Friedrich v. Oppeln-Bronikowski (Berlin/Leipzig, 1928).

Digitale Edition der Korrespondenz August Wilhelm Schlegels: http://www.august-wilhelm-schlegel.de/briefedigital/(30.8.2018)

August Wilhelm von Schlegel an August Böckh: http://www.august-wilhelm-schlegel.de/briefedigital/letters/search?facet_filters%5B36_facet_absender%5D=&facet_filters%5B36_facet_adressat%5D=August+B%C3%B6ckh&facet_filters%5B36_facet_absenderort%5D=&facet_filters%5B36_facet_adressatort%5D=&facet_filters%5B36_status%5D=&facet_filters%5B36_datengeberhand%5D=&query=B%C3%B6ckh&orderby=36_Datum

August Wilhelm von Schlegel an Johann Ferdinand Koreff; 07.8.1818: http://www.august-wilhelm-schlegel.de/briefedigital/letters/view/1084?left=text&right=manuscript&query_id=5b0d2337762d9

Ludwig Tieck an August Wilhelm von Schlegel; [Anfang Dezember 1797]; http://www.august-wilhelm-schlegel.de/briefedigital/briefid/876

Gatter, Nikolaus, *„Gift, geradezu Gift für das unwissende Publicum". Der diaristische Nachlaß von Karl August Varnhagen von Ense und die Polemik gegen Ludmilla Assings Editionen (1860–1880)* (Bielefeld, 1996).

Heine, Heinrich, „Die romantische Schule", in: ders., *Sämtliche Schriften*, hrsg. v. Klaus Briegleb, Dritter Band (München, 1997), S. 357–504.

Juneja, Monica und Kuhlmann-Hodick, Petra (Hrsg.), *Miniatur-Geschichten. Die Sammlung indischer Malerei im Dresdner Kupferstich-Kabinett*. [Katalog] (Dresden, 2017).

Ludwig Tieck und die Brüder Schlegel. Briefe, hrsg. v. Edgar Lohner auf der Grundlage der von Henry Lüdeke besorgten Edition (München, 1972).

Strobel, Jochen, „Der Briefschreiber", in: Stockinger, Claudia und Scherer, Stefan (Hrsg.), *Ludwig Tieck. Leben – Werk – Wirkung* (Berlin/Boston, 2011), S. 165–176.

Strobel, Jochen , „„Nach den Krisenjahren'. August Wilhelm Schlegel in der europäischen Gelehrtenrepublik", in: Forhmann, Jürgen und Kauffmann, Kai (Hrsg.), *August Wilhelm Schlegel und die Philologien. = Zeitschrift für deutsche Philologie. Sonderheft*. 2018, S. 153–168.

Varnhagen, Karl August Varnhagen von, *Denkwürdigkeiten des eignen Lebens*. Bd. 1: 1785–1810, hrsg. v. Konrad Feilchenfeldt (Frankfurt am Main, 1987).

Ingo Breuer
Universität zu Köln

Hybride Kommunikation? Eine Miszelle zu Heinrich von Kleists Brief an Wilhelmine von Zenge vom 16./18.11.1800

Abstract: Dieser Beitrag präsentiert den Brief als hybride Gattung und „blurred genre". Der Brief Heinrich von Kleists an Wilhelmine von Zenge vom 16./18.11.1800 changiert zwischen Privatbrief und Abhandlung, und grundsätzlich kann der Brief sogar zum ‚Container' verschiedener Briefe, Gattungen und Objekte werden, der die üblichen Grenzen editorischer Möglichkeiten sprengt.

Keywords: Briefkultur um 1800, „Berlinka", Brief als hybride Gattung, „blurred genre", Heinrich von Kleist, Briefhandschrift, Briefedition

Gattungen sind Konstruktionen von Realität, die gleichwohl eine reale Basis besitzen, indem verschiedenen Texten als besonders relevant erachtete gemeinsame formale und/oder inhaltliche Merkmale extrapoliert werden. Solche idealtypischen Merkmale sind dann auch Voraussetzung für so etwas wie die Vorstellung von Mischgattungen, als die auch immer wieder Briefe erscheinen, wenn sie Kohärenz vermissen lassen, also z.B. aus sehr unterschiedlichen Teilen bestehen – ein Problem, das schon für den Galaterbrief des Apostels Paulus zu Forschungsdiskussionen geführt hatte, ob es sich um eine „juridisch-symbuleutisch-epideiktische Mischgattung" handele.[1] Generell gelten zunächst sämtliche Mischungen von unterschiedlichen Gattungen als ‚hybrid', die „mit den traditionellen Gattungsbegriffen westlicher Poetik nicht mehr adäquat beschrieben werden können."[2] Doch meist sind bei solchen Diskussionen Überschneidungen zwischen fiktionalem und faktualem Erzählens im (post-)modernen Roman gemeint, also z.B. Genres wie „u.a. *documentary novel, new journalism* [...], *literary nonfiction, faction, factifiction, fictional biography* und *travelogue*",[3]

1 Dieter Kremendahl, *Die Botschaft der Form. Zum Verhältnis von antiker Epistolographie und Rhetorik im Galaterbrief* (Göttingen, 2000), S. 122.

2 Jutta Ernst, „Hybride Genres", in: Ansgar Nünning (Hrsg.), *Metzler Lexikon Literatur- und Kulturtheorie. Ansätze – Personen – Grundbegriffe*, 5. Auflage (Stuttgart, 2013), S. 313 f., hier S. 313.

3 Ebd.

gelegentlich auch analoge Phänomene in Lyrik und Kurzprosa. Eine Erweiterung dieses Konzepts hat Ulrich Johann Beil vorgenommen, indem er erstens den Bogen über die gesamte europäische Geschichte des Romans spannt und zweitens den Fokus auf eine andere Gattungsmischung, diejenige von Prosa und Poesie, verlagerte.[4] Ausnahmen einer solchen Fokussierung auf literarische Texte bilden die Nachweise narrativer (oder auch dramatischer) Strukturen in der Historiographie, z.B. bei Hayden White,[5] und vor allem Clifford Geertz mit seinem Konzept der „blurred genres", zu denen nicht nur die oben genannten Interferenzen zwischen Fakten und Fiktionen zählen, sondern auch das „genre mixing in social science, as in intellectual life generally".[6]

Diese Phänomene sind sämtlich dadurch geprägt, dass die ‚vermischten' Gattungen jeweils identifizierbar bleiben, bzw. setzen selbst in ihren kalkulierten Grenzverwischungen als Basis des ästhetischen Spiels die Existenz von normativen Gattungsvorstellungen voraus. Es stellt sich sogar die Frage, ob nicht die „Unbestimmbarkeit der Gattungszugehörigkeit eines Textes [...] daher der absolute Ausnahmefall" ist.[7] Das mag selbst in einem Fall gelten, in dem ein Autor wie Heinrich von Kleist selbst eine kurze Unentschiedenheit zeigt und mit einer kleinen Geste einen bedeutsamen Gattungswechsel vornimmt.

Die einschlägigen Werkausgaben lassen den Brief Kleists an seine Verlobte Wilhelmine von Zenge vom 16. und 18. November 1800 gleichlautend beginnen mit „Für Wilhelminen." (Abb. 14).

Die Ausgabe Heinrich Sembdners druckt die Worte zentriert und kursiv,[8] die Ausgabe von Klaus Müller-Salget und Stefan Ormanns im Deutschen Klassiker-Verlag[9] und die vom Verlag inzwischen zurückgezogene Münchener Ausgabe[10]

4 Vgl. Ulrich Johann Beil, *Die hybride Gattung. Poesie und Prosa im europäischen Roman von Heliodor bis Goeth*e (Würzburg, 2010).

5 Hayden White, *Metahistory. Die historische Einbildungskraft im 19. Jahrhundert in Europa* (Frankfurt am Main, 1991).

6 Clifford Geertz, „Blurred Genres: The Refiguration of Social Thought", *The American Scholar* Bd. 49, H. 2 (Spring 1980), S. 165–179, hier S. 165.

7 Moritz Baßler, „Gattungsmischung, Gattungsübergänge, Unbestimmbarkeit", in: Rüdiger Zymner (Hrsg.), *Handbuch Gattungstheorie* (Stuttgart/Weimar, 2010), S. 52–54, hier S. 53.

8 Heinrich von Kleist, *Sämtliche Werke und Briefe*, 2 Bde., hrsg. von Helmut Sembdner, 9. Auflage (München, 1993), Bd. II, S. 591.

9 Heinrich von Kleist, *Sämtliche Werke und Briefe*, 4 Bände, hrsg. von Ilse-Marie Barth, Klaus Müller-Salget et al. (Frankfurt am Main, 1987–1997), Bd. IV, S. 157.

10 Heinrich von Kleist, *Sämtliche Werke und Briefe, Münchner Ausgabe*, 3 Bände, auf der Grundlage der Brandenburger Ausgabe hrsg. von Roland Reuß und Peter Staengle (München, 2010), Bd. II, S. 667.

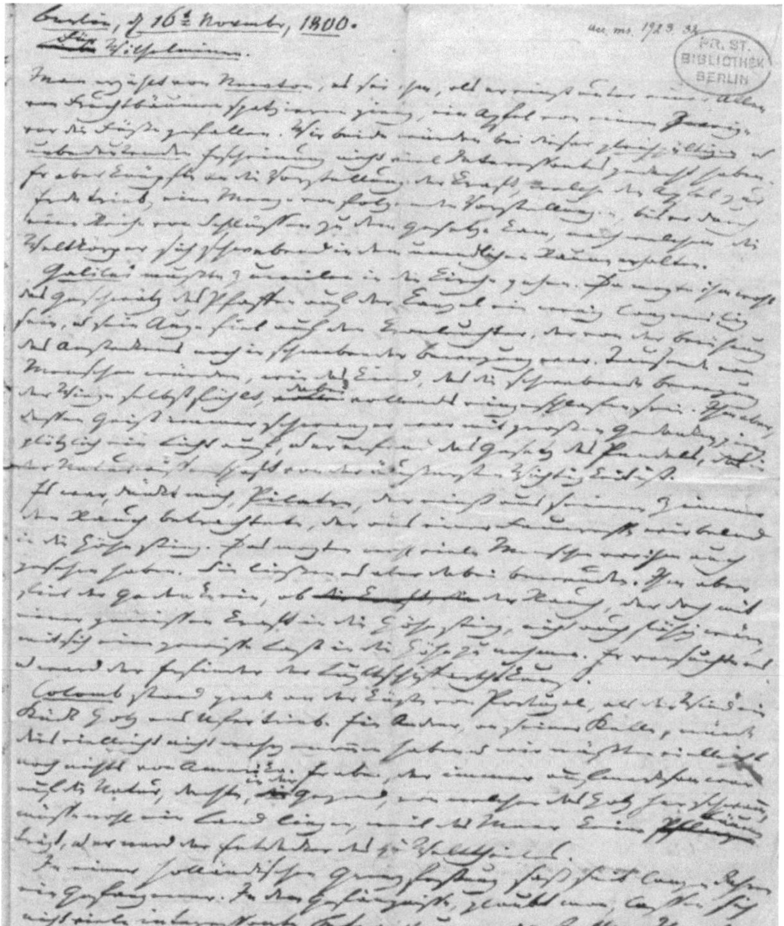
Berlin, d. 16t. November, 1800.

Abb. 14: Krakow, Biblioteka Jagiellońska, Sammlung Autographa, Kleist. Brief Heinrich von Kleists an seine Verlobte Wilhelmine von Zenge vom 16. und 18. November

linksbündig und kursiv, die Brief-Ausgabe Dieter Heimböckels im Reclam-Verlag linksbündig, aber eingerückt und gesperrt gedruckt.[11] Der in der Jagiellonen-Bibliothek in Kraków aufbewahrten Handschrift folgen die

11 Heinrich von Kleist, *Sämtliche Briefe*, hrsg. von Dieter Heimböckel (Stuttgart, 1999), S. 163.

Berlin-Brandenburger Ausgabe von Roland Reuss und Peter Staengle[12] sowie „KLEIST.digital“ von Günter Dunz-Wolf,[13] indem dort der Zeilenumbruch beibehalten wird, die Zeile linksbündig sowie die Schrift recte und unterstrichen gesetzt sind.[14]

Erst ein Blick in editionsphilologisch anspruchsvollere Werkausgaben oder besser noch in die Handschrift verrät, dass hier eine Korrektur stattfand, denn zunächst hieß es: „Liebe Wilhelmine“. Die Anrede „Liebe“ wird also durch die Präposition „Für“ ersetzt, der Name „Wilhelmine“ erhält die neue Endung „-n“; und auch der abschließende Punkt dürfte neu sein. Diese scheinbar marginale

12 Heinrich von Kleist, *Sämtliche Werke. Historisch-kritische Ausgabe*, hrsg. von Roland Reuß und Peter Staengle (Basel/Frankfurt am Main, 1988–2010), Bd. IV/1, S. 382.

13 Heinrich von Kleist, *KLEIST.digital*, digitale Edition sämtlicher Werke und Briefe, neu editiert nach Handschriften und Erstdrucken, hrsg. von Günter Dunz-Wolff, http://www.kleist-digital.de/brief?id=letters/b_028.xml#corrigenda_in_doc (17.5.2018).

14 Zur Editionsproblematik bei Kleists Briefen vgl. zuletzt Klaus Müller-Salget, „Probleme der Edition und der Kommentierung von Kleists Briefen“, in: Ingo Breuer, Katarzyna Jaśtal et al. (Hrsg.), *Gesprächsspiele und Ideenmagazine. Heinrich von Kleist und die Briefkultur um 1800* (Köln/Weimar et al., 2013), S. 55–68 und Caroline Socha, „Kritische Briefausgaben als editorische Herausforderungen“, in: ebd., S. 69–84. – Dieser Band dokumentiert die Ausstellung „Heinrich von Kleist und die Briefkultur seiner Zeit“ 22.9.–28.10.2011 in der Jagiellonen-Bibliothek/Biblioteka Jagiellońska, Kraków aus dem Anlass des 200. Jahrgedenkens an den Tod Kleists 2011, bei der zum ersten Mal im großen Umfang Kleist-Handschriften der Öffentlichkeit vorgestellt werden konnten. Als direktes *follow-up* widmete sich die Tagung der Heinrich von Kleist-Gesellschaft 2012 diesem Thema, vgl. das Schwerpunktthema im *Kleist-Jahrbuch* 2013, hrsg. von Günter Blamberger, Ingo Breuer et al. (Stuttgart/Weimar, 2013). Die Krakauer Tagung stellt den Beginn der Köln-Krakauer Zusammenarbeit bei der Erforschung der „Berlinka“ dar (im Rahmen der langjährigen Köln-Krakauer Universitätspartnerschaft). Hervorgegangen sind hieraus inzwischen zahlreiche weitere Tagungen, Publikationen und auch Ausstellungen sowohl in Krakau: Für 2017/18 neben der Ausstellung, auf der dieser Band basiert, sowohl in Krakau mit Ausstellung und Tagung zum Thema „‚nur Frauen können Briefe schreiben‘. Facetten weiblicher Briefkultur nach 1750“ in Krakau (vgl. den in Vorbereitung befindlichen Tagungsband hrsg. von Renata Dampc-Jarosz und Paweł Zarychta) als auch in Köln, vgl. den von Ingo Breuer und Thomas Ketelsen herausgegebenen Ausstellungskatalog *Der Brief und die Zeichnung. Wallraf-Richartz-Museum Köln, 21.2.-3.6.2018* (Köln, 2018). Ebenso wurde diese Forschung für die universitäre Lehre produktiv gemacht, was sich neben entsprechenden Lehrveranstaltungen u.a. in mehreren Krakauer Qualifikationsarbeiten zu Beständen der ‚Berlinka‘ und einer Exkursion Kölner Studierender im Mai 2017 nach Krakau mit Arbeit an den Handschriften und Kolloquium zur Präsentation Krakauer Abschlussarbeiten und anderer Forschungsprojekte manifestierte.

Änderung zieht Konsequenzen nach sich, die üblicherweise nicht gezogen werden. Schließlich bedeutet die Verschiebung von „Liebe Wilhelmine" zu „Für Wilhelminen." eine Modifikation der Adressierung und damit einen Gattungswechsel vom Brief zum Traktat. Allerdings wird dieser berühmte Brief, der in der Forschung ausgiebig diskutierte Passagen zum Würzburger Torbogen[15] und zum Ideenmagazin enthält, weder in dieser noch in vielen anderen in der Rubrik ‚Schriften', sondern bei den ‚Briefen' abgedruckt.

Dies wäre wenig problematisch, wenn das Kriterium für diese Entscheidung der einschlägigen literaturwissenschaftlichen Definition des Briefs folgen würde, dass es sich um eine „[s]chriftliche Mitteilung an einen abwesenden Empfänger" handelt, der sich durch die „Nennung bzw. Anrede eines oder mehrerer Adressaten von anderen nicht-fiktionalen und nicht zur Veröffentlichung bestimmten Texten" von anderen Gattungen unterscheidet.[16] Doch wird hier die brieftypische Adressierung bewusst durchgestrichen und durch eine Widmung ersetzt, die keine Exklusivität der Adressierten (hier Wilhelmine von Zenge) und kein Verzicht auf Publikation impliziert – im Gegenteil! Sicher ist den beiden Herausgebern des Briefbands der Ausgabe im Deutschen Klassiker-Verlag, Klaus Müller-Salget und Stefan Ormanns, zuzustimmen, dass der „Ersatz von ‚Liebe' durch ‚Für' [...] dem Umstand Rechnung [trägt], daß die ersten Absätze des Briefs eher eine didaktische Abhandlung darstellen",[17] was in strikter Konsequenz bedeutet, dass dies auf die folgenden Passagen nicht mehr zutreffe. Der Teufel steckt jedoch im Detail. Erstens findet sich in diesem Brief eine Fortsetzung solcher Gattungswechsel, auf die noch zurückzukommen sein wird. Und zweitens verrät ein kursorischer Blick in die bisherigen Editionen, dass die aktuelle Unklarheit über die Gattungszuordnung bei Weitem keine Ausnahme darstellt, sodass es mir nötig erscheint, solche Fragen nochmals zu diskutieren.

---

15 Vgl. Kleist, *Sämtliche Werke und Briefe*, hrsg. von Ilse Barth u.a., Bd. IV, S. 159: „Da gieng ich, in mich gekehrt, durch das gewölbte Thor, sinnend zurück in die Stadt. Warum dachte ich, sinkt wohl das Gewölbe nicht ein, da es doch *keine* Stütze hat? Es steht, antwortete ich, weil alle Steine aufeinmal einstürzen wollen – und ich zog aus diesem Gedanken einen unbeschreiblich erquickenden Trost [...]." Zur Basis ihrer Kleist-Interpretation machte dies u.a. Bianca Theisen, *Bogenschluß. Kleists Formalisierung des Lesens* (Freiburg, 1996).

16 Jochen Golz, „Brief", in: *Reallexikon der deutschen Literaturwissenschaft*, hrsg. von Klaus Weimar, Harald Fricke et al., (Berlin/New York, 1997), S. 251–255, hier S. 251.

17 Kleist, *Sämtliche Werke und Briefe*, hrsg. von Ilse Barth u.a., Bd. IV, S. 690f. (Kommentar).

Im dritten Band der von Klaus Müller-Salget herausgegebenen Ausgabe im Deutschen Klassiker-Verlag, der laut Titel „Sämtliche Erzählungen, Anekdoten, Gedichte und Schriften" enthält, werden unter der Rubrik „Philosophische und kunsttheoretische Schriften" zunächst einige Texte abgedruckt, die ebenso im vierten, die Briefe enthaltenden Band ihren Ort hätten finden können: Es beginnt mit dem „Aufsatz, den sichern Weg des Glücks zu finden und ungestört – auch unter den größten Drangsalen des Lebens, ihn zu genießen", der die Widmung „An Rühle" enthält,[18] die vielleicht eher mit einer brieftypischen Adressierung verwechselt werden könnte als die obige Widmung „Für Wilhelminen." Selbst der Inhalt verrät einige Parallelen: Beide enthalten sowohl philosophische Passagen, die die Zuordnung zu den Schriften plausibel erscheinen lassen, als auch persönliche Anreden und Hinweise auf gemeinsame Erlebnisse, wie z.B. die „Harzwanderung",[19] die deutlich Briefcharakter tragen.

Eine solche Mischung von verschiedenartigen persönlichen Adressierungen findet sich prinzipiell auch im obigen Brief an Wilhelmine von Zenge. Nach der Widmung „Für Wilhelminen" beginnt ein längeres Traktat über die Zufälle, die zu großen Entdeckungen geführt und Personen wie Newton, Galilei, Pilatre und Columbus berühmt gemacht haben, das nur ein unspezifisches „Wir" und einen individualisierten Einschub („dünkt mich") enthält.[20] Danach wechseln sich meist kurze persönliche Passagen mit häufigen Anreden („Diese Beispiele mögen hinreichend sein, Dir, mein liebes Mädchen, zu zeigen […]", „Von Dir werde ich freilich nicht verlangen, daß Du durch Deine Beobachtungen […]" usw.)[21] mit Sachtexten ab, so die Torbogen-Passage, mit der der Briefteil vom 16. November endet – die berühmte Bleistiftzeichnung befindet sich jedoch erst am Ende des zweiten Briefteils vom 18. November. Dieser Briefteil beginnt wieder mit einer kurzen persönlichen Passage („Bemühe Dich also von jetzt an, recht aufmerksam zu sein […]"), um dann – mit einer weiteren Unterbrechung – eine ganze Reihe kurzer lehrhafter „Beispiele" zu erzählen, die seine Verlobte Wilhelmine von Zenge nun auslegen und deren Ergebnis dann „in einem dazu bestimmten Hefte" festhalten soll.[22] Die folgenden Personalpronomen können meist sowohl auf die Adressatin Wilhelmine von Zenge gemünzt sein als auch eine allgemeine Leseransprache darstellen, bleiben also zweideutig. Andere sind eindeutig auf

18 Ebd., Bd. III, S. 515–530, hier S. 515.

19 Ebd., Bd. III, S. 520, vgl. S. 517 (zwei Mal „mein Freund"), S. 520f. (vier Mal: „mein Freund"), S. 530 („Lieber") usw.

20 Ebd., S. 157–159.

21 Ebd., S. 159.

22 Ebd., S. 160f.

die Adressatin gemünzt, da sie z.B. Koseformen enthalten (z.B. „Dir, mein liebes Minchen") oder auf private Details verweisen (z.B. „Ich danke Dir für die 6 Fr. d'or.").[23]

Der zweite unter „Schriften" abgedruckte Text trägt in der Handschrift keinen Titel (wird aber später unter „Über die Aufklärung des Weibes" bekannt), sondern nur einen unterstrichenen Datumsvermerk („d. 16.t Septmb. 1800 zu Wirzburg") und ist Teil des Briefkonvoluts vom 13.–18. September 1800, wurde also aus dem Briefzusammenhang herausgelöst.[24] Der dritte Text lautet „Über die allmählige Verfertigung der Gedanken beim Reden" und trägt die Widmung „An R. v. L.", hat also wiederum Rühle von Lilienstern als Adressaten und/oder Widmungsempfänger.[25] Weiteres ist nicht bekannt, da die Textüberlieferung auf einer inzwischen verschollenen Abschrift beruht; der Status, die genaue Datierung und die Frage, ob es sich um einen Brief, eine Briefbeilage oder eine jenseits epistolarer Kontexte entstandene Schrift handelt, sind ungeklärt. Diese Beispiele sollen genügen.

Die Zuordnung der Texte erfolgte nicht erst in der Ausgabe des Deutschen Klassiker-Verlags nach inhaltlichen Kriterien, sodass vor allem ihr philosophischer Gehalt für einen Abdruck im Kontext der Schriften und nicht der Briefe entscheidend gewesen sein dürfte. Dagegen ist – nicht zuletzt in Leseausgaben – nichts einzuwenden, wenn auf den problematischen Status der Texte zumindest aufmerksam gemacht wird, wie dies hier der Fall ist. Allerdings werden auch solche Informationen in der Praxis sehr leicht übersehen, da sie in der Regel im kritischen Apparat mitgeteilt werden, der sich häufig weit entfernt vom Text im Anhang einer Edition befindet. Erst die Handschrift (bzw. ihre qualitativ hochwertige Reproduktion) macht solche Phänomene unmittelbar evident.

Die genannten Beispiele von Briefen bzw. Schriften mit zumindest zweideutigem Status dokumentieren keine ‚Fehler' von Editoren, sondern verweisen auf ein Grundproblem der Gattung: Der Brief wird – so paradigmatisch in der *Enzyklopädie der Neuzeit* – einerseits kommunikationstechnisch definiert als „eine schriftliche, individuell adressierte Mitteilung" und „Mittel pragmatischer schriftlicher Kommunikation", andererseits ist er „in funktionaler Hinsicht nicht festgelegt", sodass er „mehr oder weniger typische Formen ausbildet – je nachdem, ob der Sachbezug (Darstellung) oder der Personenbezug (Ausdruck, Apell)

23 Ebd., S. 161 und S. 164.

24 Ebd., S. 531–534; vgl. Kleist, *Sämtliche Werke, Historisch-kritische Ausgabe*, Bd. IV/1, S. 302–309, wo dieser ‚Aufsatz' als Teil dieses Briefs abgedruckt ist, was der in der Jagiellonen-Bibliothek aufbewahrten Handschrift entspricht.

25 Kleist, *Sämtliche Werke und Briefe*, hrsg. von Ilse Barth u.a., Bd. IV, S. 534–540.

im Zentrum des Schreibens steht" bzw. ob „kommunikative Routinen" entstehen, die auch gattungsmäßige „Konventionalisierungsprozesse in Gang setzen".[26] Entsprechend entstehen zahllose Briefgenres, gerade auch differenziert nach den gewählten Anlässen, für die die Briefsteller Handreichungen bereitstellen.[27] Außerdem – und dies gerät selten in voller Konsequenz in den Blick – handelt es sich beim Brief keineswegs um eine ‚stabile' Gattung, in der starre Grenzen zwischen solchen ‚Konventionen' bestehen. Bekannt sind bereits in der Antike nicht nur Fälle, in denen Briefe für die Veröffentlichung bestimmt waren, sondern auch generell die Möglichkeit fließender Übergänge, sodass „die noch immer verbreitete Vorstellung einer Dichotomie von (echtem) B[rief] und (künstlerischer) Epistula" hinfällig ist.[28] Dies wird im 18. Jahrhundert umso virulenter, als z.B. in überaus beliebten Genres wie Reisebüchern in Briefform[29] tatsächlich oder scheinbar private Schreiben zur Basis publizierter Werke wurden. Dabei müsste man theoretisch schon viel früher ansetzen, da Privatbriefe durchaus von einer ganzen Gruppe von Rezipienten (z.B. der Familie des Empfängers) zur Kenntnis genommen wurden und damit einen ersten (halb-)öffentlichen Charakter erhielten.

Heinrich von Kleist, der in mehreren Briefen davon berichtet hatte, v.a. mittels seiner Briefe an Wilhelmine von Zenge ein ‚Ideenmagazin' für eine Tätigkeit als ‚Schriftsteller' anlegen zu wollen, befindet sich mit seinem oben vorgestellten, partiell vom Brief in ein Traktat transformierten Text an genau dieser Schwelle. Sein Brief wäre leicht als Mischgattung zu bezeichnen, was – wie anfangs gezeigt – in der Forschung zu literarischen Werken durchaus üblich ist, wodurch jedoch nicht geklärt ist, warum Kleist am Anfang bewusst einen Gattungswechsel zum Traktat vornahm, obwohl der Brief im weiteren Verlauf deutlich als Privatbrief ausgewiesene Passagen enthält.

---

26 Robert Vellusig, „Brief", in: Friedrich Jäger (Hrsg.), *Enzyklopädie der Neuzeit*, Bd. 2 (Darmstadt, 2005), Sp. 406–413, hier Sp. 406f.

27 Vgl. Carmen Furger, *Briefsteller. Das Medium „Brief" im 17. und 18. Jahrhundert* (Köln/Weimar et al. 2010), S. 138–142.

28 Hans Neumann und Peter L. Schmidt, „Brief", in: Hubert Cancik und Helmuth Schneider (Hrsg.), *Der neue Pauly. Enzyklopädie der Antike*, Bd. 2 (Stuttgart/Weimar, 1997), Sp. 771–775, hier Sp. 771.

29 Idealtypisch wird eine solche Transformation vom Brief zum Buch präsentiert von Jana Kittelmann, *Von der Reisenotiz zum Buch. Zur Literarisierung und Publikation privater Reisebriefe Herman von Pückler-Muskaus und Fanny Lewalds* (Dresden, 2010). Ein bekanntes Beispiel stellen auch die in die *Italienische Reise* eingegangenen Briefe Johann Wolfgang von Goethes an Charlotte von Stein dar, obwohl diese auf weiten Strecken ihren Briefcharakter verloren haben.

Als transporttechnisches Phänomen markiert der Brief eine Botschaft, die zunächst einmal durch ihren Umschlag bzw. ihren Status als zusammenhängende Postsendung ihre Begrenzung erhält – und damit möglicherweise nicht nur auf *eine* Botschaft zu reduzieren ist, sondern auch ein Paket von Briefen darstellen kann, gelegentlich sogar mit beliebten Beilagen wie Scherenschnitte, Haare und andere persönliche Objekte. Ebenso stellen insbesondere Kleists Briefe an die Verlobte Container unterschiedlichster Texte innerhalb einer Briefsendung dar, die sowohl in Form eigener ‚Beilagen' (siehe den oben genannten Brief vom 13.–18. September 1800) als auch in Form unterschiedlicher Brief- und Textsorten innerhalb eines fortlaufenden Schreibens auftreten können. Dies thematisiert Kleist auch innerhalb des Briefs vom 16.–18. November 1800, indem er zunächst eine Art *subscriptio* unter die seiner Verlobten gewidmeten *exempla* setzt: „Diese Beispiele mögen hinreichend sein, Dir, mein liebes Mädchen, zu zeigen, daß *nichts* in der ganzen Natur unbedeutend [...] ist."[30] Dazu wolle er ihr „in diesem Bogen die Anleitung geben", was dann auch in der Folge durch zusätzliche „Beispiele" geschehen solle, da diese „wohl immer, besonders bei Weibern, die beßte Wirkung thun mögten."[31] Darauf folgen in immer neuen Anläufen weitere denkwürdige Beispiele mit Erklärungen. Zusammengehalten werden diese unterschiedlichen Textsorten durch das Kuvert, das (hier in stark vereinfachter Transkription) die eindeutige Aufschrift trägt: „An/das Stiftsfräulein/Wilhelmine von Zenge/Hochwürden u[nd] Hochwohlgeb[oren]/zu/Frankfurt/an der Oder."[32] Ob und in welchem Umfang Kleist seinen Briefen tatsächlich (weitere) materielle Beilagen hinzufügte, ist leider unbekannt – immerhin findet sich eine dazu passende selbstironische Bemerkung über die Authentizität privater Kommunikation in einem Brief an Ulrike von Kleist vom 13./14. März 1803: „Ich weiß nicht, was ich Dir über mich unaussprechlichen Menschen sagen soll. – Ich wollte ich könnte mir das Herz aus dem Leibe reißen, in diesen Brief packen, und Dir zuschicken. – Dummer Gedanke!"[33]

Dies bedeutet aber auch, dass einerseits – nicht nur im vorliegenden Fall, sondern auch in zahlreichen anderen Briefen Kleists – eine Abfolge unterschiedlicher Textsorten vorliegen kann, die es nahelegen mag, Briefe in verstreuten Einzelteilen zu edieren. Andererseits bildet der ‚Container' einer identifizierbaren Postsendung mit ihrer individuellen Adressierung auf dem Umschlag den übergeordneten

---

30 Kleist, *Sämtliche Werke und Briefe*, hrsg. von Ilse Barth u.a., Bd. IV, S. 159.

31 Ebd.

32 Vgl. Kleist, *Sämtliche Werke. Historisch-kritische Ausgabe*, hrsg. von Roland Reuß und Peter Staengle, S. 380f.

33 Kleist, *Sämtliche Werke und Briefe*, hrsg. von Ilse Barth u.a., Bd. IV, S. 313.

Rahmen und bestimmt letztlich die Textgattung. Damit bleiben Gattungen identifizierbar, wenn für den Brief auf die Vorstellung einer ‚Werkeinheit' verzichtet wird – als Einheit jedoch kann er durchaus als hybrides Genre verstanden werden. Für Wilhelmine von Zenge war es kein Problem, die einzelnen Teile zu identifizieren, auch die Unterscheidung in öffentliche und private Passagen sowie solche mit Doppelcharakter dürfte unproblematisch gewesen sein. Vor allem aber war es für sie kein Problem, diese Uneinheitlichkeit als ‚Einheit' zu denken. Als hybrid sind Briefe dementsprechend nicht zu bezeichnen, da der Begriff der Hybridität selbst noch erstens einen wissenschaftlich unhaltbaren banalen Antagonismus zwischen *fact* und *fiction* und zweitens eine deutlich unterkomplexe Vorstellung von homogenen Identitäten auch in gattungstheoretischer Hinsicht voraussetzt. Stattdessen verschwimmen speziell beim Brief die unterschiedlichsten Materialien in einer Art von *fuzzy logic* zu einer diffusen Einheit, deren Einheitlichkeit häufig durch inhaltliche Signale unterschiedlichster Quantität und Qualität, aber manchmal vielleicht auch allein durch kommunikationstechnische Gegebenheiten u.ä. produziert wird. Ebenso „blurred" wie die übrige Realität sind also auch die Gattungen und Genres, vor allem im Fall des Briefs.

Bibliographie

Baßler, Moritz, „Gattungsmischung, Gattungsübergänge, Unbestimmbarkeit", in: Zymner, Rüdiger (Hrsg.), *Handbuch Gattungstheorie* (Stuttgart/Weimar, 2010), S. 52–54.

Beil, Ulrich Johann, *Die hybride Gattung. Poesie und Prosa im europäischen Roman von Heliodor bis Goethe* (Würzburg, 2010).

Blamberger, Günter, Breuer, Ingo et al. (Hrsg.), *Kleist-Jahrbuch* 2013 (Stuttgart/Weimar, 2013).

Breuer, Ingo, Ketelsen, Thomas (Hrsg.), *Der Brief und die Zeichnung, Katalog der Ausstellung im Wallraf-Richartz-Museum Köln, 21.2.–3.6.2018* (Köln, 2018).

Breuer, Ingo, Jaśtal, Katarzyna et al. (Hrsg.), *Gesprächsspiele und Ideenmagazine. Heinrich von Kleist und die Briefkultur um 1800* (Köln/Weimar et.al., 2013),

Ernst, Jutta, „Hybride Genres", in: Ansgar Nünning (Hrsg.), *Metzler Lexikon Literatur- und Kulturtheorie. Ansätze – Personen – Grundbegriffe*, 5. Auflage (Stuttgart/Weimar, 2013).

Furger, Carmen, *Briefsteller. Das Medium „Brief" im 17. und 18. Jahrhundert* (Köln/Weimar et al., 2010).

Geertz, Clifford, „Blurred Genres: The Refiguration of Social Thought", *The American Scholar* Bd. 49, H. 2 (Spring 1980), S. 165–179.

Golz, Jochen, „Brief", in: *Reallexikon der deutschen Literaturwissenschaft*, hrsg. von Weimar, Klaus, Fricke, Harald et al. (Berlin/New York, 1997), S. 251–255.

Kittelmann, Jana, *Von der Reisenotiz zum Buch. Zur Literarisierung und Publikation privater Reisebriefe Herman von Pückler-Muskaus und Fanny Lewalds* (Dresden, 2010).

Kleist, Heinrich von, *KLEIST.digital*, digitale Edition sämtlicher Werke und Briefe, neu editiert nach Handschriften und Erstdrucken, hrsg. von Günter Dunz-Wolff, http://www.kleist-digital.de (17.5.2018)

Kleist, Heinrich von, *Sämtliche Werke und Briefe*, hrsg. von Barth, Ilse-Marie, Müller-Salget, Klaus et al. (Frankfurt am Main, 1987–1997).

Kleist, Heinrich von, *Sämtliche Briefe*, hrsg. von Heimböckel, Dieter (Stuttgart, 1999).

Kleist, Heinrich von, *Sämtliche Werke und Briefe*, hrsg. von Sembdner, Helmut, 9., vermehrte und revidierte Auflage (München, 1993).

Kleist, Heinrich von, *Sämtliche Werke und Briefe, Münchner Ausgabe*, auf der Grundlage der Brandenburger Ausgabe, hrsg. von Reuß, Roland und Staengle, Peter (München, 2010).

Kleist, Heinrich von, *Sämtliche Werke. Historisch-kritische Ausgabe*, hrsg. von Reuß, Roland und Staengle, Peter (Basel/Frankfurt am Main, 1988–2010).

Kremendahl, Dieter, *Die Botschaft der Form. Zum Verhältnis von antiker Epistolographie und Rhetorik im Galaterbrief* (Göttingen, 2000).

Müller-Salget, Klaus, „Probleme der Edition und der Kommentierung von Kleists Briefen", in: Breuer, Ingo, Jaśtal, Katarzyna et al. (Hrsg.), *Gesprächsspiele und Ideenmagazine. Heinrich von Kleist und die Briefkultur um 1800* (Köln/Weimar et al., 2013), S. 55–68.

Neumann, Hans und Schmidt, Peter L., „Brief", in: Cancik, Hubert und Schneider, Helmuth (Hrsg.), *Der neue Pauly. Enzyklopädie der Antike*, Bd. 2 (Stuttgart/Weimar, 1997), Sp. 771–775.

Socha, Caroline, „Kritische Briefausgaben als editorische Herausforderungen", in: Breuer, Ingo, Jaśtal Katarzyna et al. (Hrsg.), *Gesprächsspiele und Ideenmagazine. Heinrich von Kleist und die Briefkultur um 1800* (Köln/Weimar et al., 2013), S. 69–84.

Theisen, Bianca, *Bogenschluß. Kleists Formalisierung des Lesens* (Freiburg, 1996).

Vellusig, Robert, „Brief", in: Friedrich Jäger (Hrsg.), *Enzyklopädie der Neuzeit*, Bd. 2 (Darmstadt, 2005), Sp. 406–413.

White, Hayden, *Metahistory. Die historische Einbildungskraft im 19. Jahrhundert in Europa* (Frankfurt am Main, 1991).

Heinz Härtl
Leiter der Arnim-Arbeitsstelle der Klassik Stiftung Weimar (bis 2005)

Handschriften des Varnhagen-Nachlasses in der Brief-Edition der Weimarer Arnim-Ausgabe

Abstract: Die auf zehn Bände veranschlagte Edition der Briefe von und an Ludwig Achim von Arnim ist der umfangreichste Œuvre-Bereich der historisch-kritischen Weimarer Arnim-Ausgabe, für die insgesamt vierzig Bände vorgesehen sind. Die Gesamtkorrespondenz des Autors befindet sich, soweit handschriftlich überliefert, in zahlreichen Archiven und Bibliotheken, ein erheblicher Teil im Varnhagen-Nachlass, den die Biblioteka Jagiellońska (BJ) verwahrt. Im vorliegenden Beitrag werden einige Handschriften aus diesem Nachlass hervorgehoben, die in literarischer, literaturgeschichtlicher und editorischer Hinsicht von besonderem Interesse sind.

Keywords: Briefkultur um 1800, Varnhagen-Sammlung (BJ), Briefe von Ludwig Achim von Arnim, Edition

Die auf zehn Bände veranschlagte Edition der Briefe von und an Ludwig Achim von Arnim ist der umfangreichste Œuvre-Bereich der historisch-kritischen Weimarer Arnim-Ausgabe (WAA), für die insgesamt vierzig Bände vorgesehen sind. Bisher erschienen die ersten vier Korrespondenzbände mit den Briefen der Arnimschen Jugend- und Reisejahre (1788–1808).[1] Da Arnim ein exzellenter Briefschreiber und Autor war, der mit vielen Zeitgenossen korrespondierte, ist das bisher in seiner Gesamtheit vernachlässigte und unübersichtlich publizierte Briefwerk von besonderem Interesse. In der Weimarer Ausgabe werden die Briefe von Arnim chronologisch im Zusammenhang mit denen an Arnim ediert, und nicht nur die abgeschickten, sondern auch zahlreiche Konzepte und Exzerpte, die Arnim sich zu ihnen und von

1 Ludwig Achim von Arnim, *Werke und Briefwechsel. Historisch-kritische Ausgabe* (Weimarer Arnim-Ausgabe. In Zusammenarbeit mit der Stiftung Weimarer Klassik, hrsg. von Roswitha Burwick, Sheila Dickson et al. (Tübingen, 2000–2009; Berlin/Boston, 2010ff.) Bd. 30: Briefwechsel 1788–1801 (2000); Bd. 31: Briefwechsel 1802–1804 (2004); Bd. 32: Briefwechsel 1805–1806 (2011); Bd. 33: Briefwechsel 1807–1808 (2018). Jeweils hrsg. von Heinz Härtl unter Mitwirkung von Ursula Härtl. Die Ausgabe wird im Folgenden mit der Sigle WAA zitiert.

ihnen anfertigte, außerdem erschlossene Briefe und Sonderformen wie Schriftwechsel in gutsherrschaftlichen und amtlichen Angelegenheiten, Stammbucheinträge und Beilagen. Die verschiedenen Brieftypen verschränken sich zur Gesamtkorrespondenz des Autors. Sie befindet sich, soweit handschriftlich überliefert, in zahlreichen Archiven und Bibliotheken, ein erheblicher Teil im Varnhagen-Nachlass, den die Biblioteka Jagiellońska (BJ) verwahrt. Im Folgenden werden einige Handschriften aus diesem Nachlass hervorgehoben, die in literarischer, literaturgeschichtlicher und editorischer Hinsicht von besonderem Interesse sind.

1

Die wichtigste Einzelkorrespondenz des Briefœuvres ist diejenige zwischen Arnim und Clemens Brentano, die während der Arnimschen Reisejahre zu einem der außerordentlichsten Briefwechsel der deutschen Literatur geriet. Zu ihm gehört ein im Varnhagen-Nachlaß überliefertes Blatt (WAA 32, Nr. 512), das von dem großenteils langen und emphatischen Briefen, die die Dichterfreunde einander schrieben, durch seine lakonische Kürze und den Zitatcharakter absticht. Arnim hatte es Ende 1806, nach dem Sieg Napoleons über die preußischen Truppen in der Schlacht von Jena und Auerstedt vom 14. Oktober des Jahres, in das ostpreußische Königsberg verschlagen, während am 31. Oktober in Heidelberg Brentanos Frau Sophie Mereau in der Totgeburt eines Kindes gestorben war. Davon wusste Arnim noch nichts, als er Brentano aus der „Nachfolgung des Armen Lebens Christi" (1621) des Straßburger Mystikers Johannes Tauler Verse abschrieb, die eindringlicher als prosaische Mitteilungen die existentielle Not eines Geflüchteten bezeugen, der am Schluss mit „Mei" zu einem eigenen Text ansetzte, aber nicht weiterkam:

[recto:]

Königsberg d, 2 Dec. 1806.
bey H. Toussaint et Comp

Der Vater vom Himmelreich spricht:
Mensch steh still und fürcht mich
Gehst du vor dich
So thust du thöricht,
Mein rechte Hand die schlägtt dich! –
So spricht Gott der Sohn:
Mensch, kehr dich um und merk mich,
Du gehst unweißlich,
Ich warne dich! –
So spricht Gott der heilge Geist:
Mensch laß deinen Willen fleischlich
In meinen Willen geistlich
Das rath ich.
In Gottes Namen

Amen: – Taulers Nachfolge des armen Lebens Christi S 176.
A. A.

Mei

[verso:]

An

Clemens Brentano

zu

Heidelberg

2

In Arnims Briefwechsel mit Brentano durchdringen sich Authentizität und Fiktionalisierung, Mitteilungs- und Kunstcharakter. Die längeren, teils sehr langen, vielfach mit Gedichten durchsetzten Briefe sind in einem erheblichen Ausmaß keine spontanen Niederschriften, sondern wurden, zumindest von Arnim, intensiv vorbereitet und mit Raffinesse ausgeführt. So liegen im Varnhagen-Nachlass gleich drei Konzepte (WAA 31, Nr. 253.K1–K3) zu einem im September 1802 in Genf an Brentano geschriebenen Brief (Nr. 253), die zudem dadurch besonders interessant sind, dass jedes von ihnen eine Skizze enthält, die die „Manier" eines Malers ironisiert. Die Vorbereitungsintensität wird erst recht signifikant, wenn man außerdem ein viertes Konzept berücksichtigt, das sich im Freien Deutschen Hochstift Frankfurt/M. (FDH) befindet und eine weitere Skizze in der „Manier" eines weiteren Malers enthält (Nr. 253.K4). Zu einem etwas späteren großen Reise-Brief des jungen Arnim an Brentano – aus Paris, 27. Februar, 1. und 7. März 1803 (WAA 31, Nr. 288) – gibt es zwar drei Konzepte (Nr. 288.K1–K3), aber jedes liegt in einem anderen Archiv: FDH, Goethe- und-Schiller-Archiv Weimar (GSA) Jagiellonen-Bibliothek. Der Kontext einer Brief-Handschrift des Varnhagen-Nachlasses erschließt sich also mitunter erst, wenn man den gesamten handschriftlich überlieferten Arnim-Nachlass berücksichtigt – und nicht nur der Kontext, sondern auch ein einzelner Brief. Ein schönes Beispiel dafür bietet ein umfangreiches Exzerpt (WAA 31, Nr. 234.E), das Arnim sich zu einem Brief an seine Tante Louise von Schlitz anfertigte, den er in der ersten Julihälfte 1802 vermutlich aus Zürich schrieb. Der erste Teil, überschrieben „Erinnerungen vom Rhein./Abgeschrieben aus dem Briefe an die Tante", befindet sich im Varnhagen-Nachlass, der titellose zweite Teil, der eine originelle Charakteristik von Mitgliedern der Frankfurter Brentano-Familie enthält, liegt im FDH. Da der ausgefertigte Brief fehlt, ist die Erkenntnis des Zusammenhangs besonders wichtig; zu ihm gehört außer den beiden Exzerptteilen noch eine Passage des im GSA überlieferten Antwortbriefes der Tante (Nr. 238), die sich auf den nicht überlieferten Arnimschen Brief bezieht, und da außerdem noch ein im FDH verwahrter Brief Louise von Schlitz' an Brentano vom 28. Juli 1802 (Nr. AII.14) eine Äußerung über den Brief des Neffen enthält, dient auch sie als Teil eines erschlossenen Briefes (Nr. *234) der aus drei Archiven bezogenen Annäherung an das verschollene Original.

3

An Brentano sind insgesamt elf Konzepte, Exzerpte oder Ausfertigungen Arnims im Varnhagen-Nachlass überliefert. Den zweiten Adressaten-Rang in der Anzahl solcher Stücke beanspruchen mit neun die an Goethe gerichteten. Zu drei Briefen, die Arnim 1806 an ihn schrieb, sind außer den abgeschickten Sendungen (WAA 32, Nr. 422, 454, 480) auch ein Konzept (Nr. 454.K1) und zwei Exzerpte (Nr. 422.E, 480.E) vorhanden – ein umfangreicher Part von insgesamt etwa 85 beschriebenen Seiten, von denen zuvor nur die abgeschickten Briefe veröffentlicht waren. Da außer dem Konzept im Varnhagen-Nachlass zu demselben Brief noch zwei weitere Konzepte (aus dem Goethe- und Schiller-Archiv das eine, dem FDH das andere) ediert werden konnten, erschließt sich aus zahlreichen Details, was Arnim wie in das Schreiben an Goethe übernahm. Dem Konzept im Varnhagen-Nachlass lässt sich im Vergleich sogar entnehmen, dass er eine ganze, „Reise-Fragmente an G“ überschriebene Passage nicht berücksichtigte. Mit dem Brief und einem im Varnhagen-Nachlass befindlichen Konzeptteil reagierte Arnim jeweils zu Beginn auf ein Stammbuchblatt Goethes, das dieser ihm am 13. März 1806 (WAA 32, Nr. AI.58) mit einem lateinischen Spruch geschickt hatte: „Consiliis hominum pax non reparatur in orbe“. Mit Arnims Übersetzung des Spruches, der ihn zutiefst beeindruckte, beginnt sowohl der Konzeptteil als auch der an Goethe geschickte Brief, der zunächst mit dem Konzept-Wortlaut übereinstimmt, dann von ihm abweicht. Zum Vergleich werden die Anfangspassagen von Konzeptteil (links) und Brief an Goethe (rechts) nebeneinander mitgeteilt; die Abweichungen sind hervorgehoben. Aus ihnen geht hervor, wie überlegt und stilsicher Arnim überarbeitete. Man kann sie auch als Variationen des Themas lesen, das Goethe mit seinem Motto vorgeben hatte:

[Konzeptteil]
Nicht durch Menschen wird der Frieden wiedergewonnen: diese Worte Ihres vielverehrten Andenkens haben sich mir so tief eingedacht, daß sie mir aus jeder Gegend aus jedem Sonnenstand der Betrachtung zusprechen, sie liegen wie das Kreutz im Kreutzkristal, es bedarf nur des Treffens im Eröffnen. Als ich meinem Danke für dieses Andenken Luft machen wollte, mein Fenster öffnete, da war Krieg in allen Lüften, Winter und Frühling stürzten sich mit wechselndem Glücke *über*einander und rissen sich um die dürren wie um die ausbrechenden Blätter.

[Brief an Goethe]
Nicht durch Menschen wird der Frieden wiedergewonnen: diese Worte Ihres vielverehrten Andenkens haben sich mir so tief eingedacht, daß sie mir aus jeder Gegend aus jedem Sonnenstand der Betrachtung zusprechen, sie liegen wie das Kreutz im Kreutzkristal, es bedarf nur des Treffens im Eröffnen. Als ich meinem Danke für dieses Andenken Luft machen wollte, mein Fenster öffnete, da war *noch* Krieg in allen Lüften Winter und Frühling stürzten sich mit wechselndem Glücke *gegen* einander und rissen sich um die dürren wie um die ausbrechenden Blätter.

[Konzeptteil]
Wenn der zweifelhafte Einfluß der Götter in menschliche Leidenschaft *zehn Jahre des Krieges vor Troja bereiteten, was wirkte wohl der Krieg unter den Göttern,* wenn die Menschen ihnen auch nur die abprallenden Spiesse Pfeile *und Funken* auflangen müsten, sich aber gar nicht um den Kampf bekümmern dürften, in so fern sie nicht dabey zertreten wären? Ist es anders jezt, *welche fratzenhafte Vorstellungen machten sich Franzosen, Oesterreicher, Russen und Schweden um sich aus der Verlegenheit zu helfen, nichts vom Kriege zu wissen als die Stösse von den Göttertritten.* Doch *ists* heilig und schön und besser als meine Deutung, bey tausend *Rippenstössen* noch den einen unversehrten Fleck zu kennen, *in jedem Unglück noch das Glück zu finden.* Die Bienen wälzen sich *jez*t in Blüthen, ich auch, viel mehr als wälzen kann ich nicht, so schwer ist das *ernste* Schicksal, ein brauner Engländer, den ich an die Stange gewöhnen wollte, *mir auf den Schenkel gefallen und hat ihn auf anderthalb Quadratfuß* mit rothen und blauen Blüthen bedeckt. *Viel Glück war dabey, denn ungeschickter beym ersten Bäumen sich überschlagen sah ich nie ein Pferd, aber mein guter Genius suchte mir* in dem gepflasterten Hofe eine ungepflasterte Stelle aus *und schützte die Seulen,* Knochen und Mark, *möchte er* doch *mein böses Schicksal in der Schwemme blenden, todt reiten kann ich es in der kurzen Zeit nicht mehr.* Was hilft mir *nun* der Frieden rings in dessen *tiefem* Augapfel ich wohne, die weichen fleischigen Erdgebürge schützen mich *rings* mit dem Milchhaar der Saaten, und mit geschwungenen *Augenbraunen* Buchen *und Eichen,* aber wer sah *jemals* aus seinen Augen, der nicht *her*ausgehen mochte und ganz fühlen, daß das Herrlichste ausser ihm? […]

[Brief an Goethe]
Wenn der zweifelhafte Einfluß der Götter in menschliche Leidenschaft *dem Kriege vor Troja zehn Jahre bereitete, wie viel Jahre würde uns ein Krieg unter den Göttern dauern,* wenn die Menschen ihnen auch nur die abprallenden Spiesse, Pfeile auflangen müsten, *die Funken sich zurechnen und die verdeckte Sonne,* sich aber gar nicht um den Kampf bekümmern dürften, in so fern sie nicht dabey zertreten wären? Ist es *wohl* anders jezt? *Ich habe zu meiner Ueberzeugung durch Strelitz noch ein Heer Russen wandern sehen, daß nicht blos in Frankreich sondern fast über all entweder nichts davon oder etwas ganz andres in den Soldaten steckt, als woran der übrige Staat bey ihnen denkt; sie kennen nichts als die blauen Flecke von den Göttertritten!* Doch *mag es* heilig und schön *seyn* und besser als meine Deutung, bey tausend *Unglücksfällen* noch den einen unversehrten Fleck zu kennen, *daß wenn die Leute sagen, kein Unglück ohne Glück. Jezt sollte nun Frieden der Welt seyn,* die Bienen wälzen sich in Blüthen – ich auch, – viel mehr als wälzen kann ich *mich* nicht; so schwer ist das *harte* Schicksal *auf mich gefallen* und hat mich mit rothen und blauen Blüthen bedeckt: Ein brauner Engländer (den ich an die Stange gewöhnen wollte) *schlug sich bäumend über, ich muß ihm das Zeugniß geben* in dem gepflasterten Hofe mir eine ungepflasterte Stelle *ausgesucht, der Lebensseulen* Knochen und Mark *geschont zu haben und doch wünsche ich ihm heimlich, daß er in der Schwemme geblendet werden möchte, daß ich ihn noch* todt reiten *könnte.* – Was hilft mir der Frieden rings, in dessen Augapfel ich wohne, die weichen fleischigen Erdgebürge schützen mich mit dem Milchhaar der Saaten und mit *dem* geschwungenen *Augenbraun* der Buchen; aber wer sah *noch je* aus seinen Augen, der nicht *hin*ausgehen mochte und ganz fühlen, daß das Herrlichste ausser ihm? […]

4

Zahlreiche Briefe des jungen Arnim enthalten Gedichte, manche sind Gedichte, und es gibt in der BJ sogar zwei Gedichte, die als Gedicht-Briefwechsel zusammengehören, was sich allerdings erst erschließt, wenn man außer dem Varnhagen-Nachlass auch die ebenfalls in Kraków verwahrten Autographa der ehemals Preußischen Staatsbibliothek Berlin berücksichtigt. Im Varnhagen-Nachlass befindet sich Arnims in Stanzen gereimte „Danksagung an Helmina von Hastfer für die am Morgen überschickten Gedichte Klotildens von Surville" (WAA 31, Nr. 306.K), unter den Autographa liegen Helmina von Hastfers vier Stanzen „Dank u Antwort an Achim v Arnim. Für sein herrliches Gedicht" (Nr. 307). Helmina von Hastfer – bekannter als Helmina von Chézy, wie sie nach ihrer zweiten Heirat hieß – hatte Arnim während seines Paris-Aufenthalts im Frühjahr 1803 einen eben erschienenen, „Poésies de Clotilde" betitelten Band mit Gedichten geschenkt, die einer Dichterin aus dem 15. Jahrhundert zugeschrieben wurden, jedoch wahrscheinlich eine Fälschung eines Autors aus der zweiten Hälfte des 18. Jahrhunderts, des Marquis Josephe-Etienne de Surville, waren. Arnims nicht bekannter abgeschickter Brief soll, wie Helmina von Hastfer sich erinnerte, „wenigstens dreisig Stanzen" enthalten haben (Nr. *306), im Konzept sind immerhin noch acht uberliefert. Dessen erste Stanze lautet:

Wie sinnend schlummert in den Strahlen-Sonnen,
Die rings im Thale blühend hell erschlossen,
Der Erde Kind in heimisch stillen Wonnen!
Die Sterne waren seiner Lust Genossen,
Zerronnen sie zur Erd' ist Tag begonnen,
Ihr Blinken ist zum Thau herabgeflossen
Das Kindlein ruht am heilgen Mutter^busen,
Bewacht es treu ihr Blumen seine Musen.

Die Empfängerin revanchierte sich umgehend mit „Dank u Antwort an Achim v Arnim", *dem sie* drei Wochen später anlässlich seines Abschieds von Paris und der Weiterreise nach London noch ein Briefgedicht (Nr. 311) schickte. Es wäre unbekannt geblieben, würde es nicht ebenfalls unter den Autographa überliefert sein. Arnim dankte seinerseits mit einem in Calais vor der Überfahrt abgeschickten, wiederum gereimten Gruß (Nr. 312), den das FDH verwahrt. Er war damals so in Reim- und Dichterlaune, dass er bald nach der Ankunft in London, als er einen am 5. Juli 1803 an Brentano geschriebenen Brief (Nr. 314) exzerpierte, zwei Auszüge anfertigte, in denen die Prosa jeweils in ein Gedicht übergeht, das gar nicht im Brief steht. Der eine Auszug wird im GSA verwahrt (Nr. 314. E1), der andere im Varnhagen-Nachlass (Nr. 314.E2); der in diesem befindliche *offenbart besonders eindrucksvoll, wie das Exzerpieren ins lyrische Fabulieren überging. Im abgeschickten Brief hatte Arnim an Brentano geschrieben:*

„Wie mich das Meer erfreute, als ich es in Boulogne wiedersah, du glaubst es nicht, ich hätte mit den kleinen schwarzen Räuberschiffen auslaufen mögen. Das Meer hat doch ein prächtiges Herz [...]".

Der Anfang des Exzerpts lautet:

Aus dem Brief an Clemens

Wie mich das Meer erfreuet als ich es wiedersah, der treue Glücks Gefährte alles Unglücks und aller Hoffnungen.

Ich hätte mit dem kleinen schwarzen Räuberschiffe
Hinaus durch Nacht und Nebel laufen mögen.
O Meer du prächtig Herz der edlen Erde,
[...]

5

Das umformulierende Auswählen, stilistische und gedankliche Weiterbilden ist eine Besonderheit der Arnimschen Briefexzerpte, die sie von gewöhnlichen regestenartigen Aufzeichnungen unterscheidet und eine Übergangsform von seinem sowieso partiell dichtungsnahen Brieføeuvre zum eigentlich poetischen bildet. Aber nicht nur wegen umformulierter oder ganz neuer Stellen sind Arnims Briefexzerpte relevant, sondern auch, weil sich ihnen entnehmen lässt, was ihm in überlieferten ausgefertigten Briefen besonders wichtig war, und weil nicht wenige Exzerpte die einzigen Belege für verschollene Briefe sind. In den Jahren 1805–1812 hat Arnim besonders intensiv exzerpiert. Davon zeugen drei überlieferte und rekonstruierte Konvolute mit Briefauszügen. Das früheste mit Exzerpten vom 28. September 1805 bis 10. März 1807 liegt im Varnhagen-Nachlass (WAA 32, Anhang III). Die beiden späteren Konvolute, von denen sich das eine im GSA (WAA 33, Anhang III), das andere im FDH (WAA 33, Anhang IV) befindet, schließen chronologisch an: mit Exzerpten vom 27. März 1807 bis 7. März 1808 das eine, vom 10. März 1808 bis zum 22. Oktober 1812 das andere.

Die beiden Anfangsseiten (1^r und 1^v) des im Varnhagen-Nachlass befindlichen Konvoluts sind interessant erstens wegen des Mottos, das eine Motivation, die Arnim zum Exzerpieren seiner Briefe antrieb, originell verdichtet, zweitens wegen des Inhalts, da der abgeschickte Brief nicht überliefert ist, und drittens wegen der Arnimschen Exzerpier-Manier:

[1^r:]
<u>Abschriften aus Briefen.</u>
Vieles muß vorübertreiben,

Gold muß an dem Ufer bleiben.

[x] gemacht. Er hat Bonaparte getäuscht und und das will viel sagen, der nach dem hartnäckigen Kampfe vom 7ten die Russen in Unordnung meinte, während Bennigsen seine Leute ruhig in eine mittelmässige Stellung geführt hatte, nachdem er die Franzosen an der guten Stellung hatte die Hörner ablaufen lassen. Ein R. General sagte, das Genie der Nation habe gegen ihren General gesiegt. Sonderbares Schicksal, das fünftausend Genies hierdurch flüchten ließ, nachdem schon alle Gefahr vorüber. Der Friede kommt nur aus der Überzeugung, daß es nichts hilft Krieg zu machen, seitdem Nap. stumpfer geworden wird man seine Grenze auch mit blöden Augen finden, ein Volk hört auf zu erobern, wo es blos aussaugen will, so Preussen, Frankreich Xerxes, die Röm. Wir wollen siegen wie Bacchus in Indien mit Sang und Klang, wo ich froh bin das ist mein und so gehören Sie mir

[1v:]

An R. Königsberg d. 10 Merz 1807.

Wir illuminiren Königsberg während wir das merkwürdige Naturspiel Danzig im Dunkeln lassen, wer weiß in diesem Augenblicke die Nehrung zu benutzen, wie die alte Freundschaft, die so furchtlos sich bespricht. Aber wer will rechten mit den Linkischen. Ich habe einen Ekel bekommen gegen das Kriegswesen, wie ich die gelben, blauen und Grünen Leichen in die Gruben schleifen sah, während die Fabrick wie Gottes Donner nachspottend von Heilsberg herüber zu uns tönte, bestahl sie noch ein Bauer der sie in der Grube schichtete um ihre letzte Habe. Welch ein Kloak ist dieses ewig berühmte He ilsberg wie ein Dreckgenie, Orgel Kanzel und Altar stehen am Abtrit, wer zuviel daran gerochen wird an die Luft gelegt, so einen nent man todt. Welche Behandlung der Helden. Aber einem davon waren auch an der Stelle des Herzens dicke Erbsen heraus getreten. Das kömt von dem saubern Skelettiren der Dörfer, da müssen sie immer solch Zeug einschlucken, die Bretter brauchten sie zur Feurung, das Dachstroh zum Lager was drin war zum Fressen. Der Rest sind ein Paar Ständer und der Schornstein. Von der Galantine d'hommes, die einzelne Hände aus den eingefrornen Teichen herausstreckten kein Wort. Es wird noch sehr stinken in der Welt und keiner wird wissen woher, es werden noch viele Leichen aus dem Wasser im Frühjahr aufsteigen wie Wasserlilien, wie viele? Sehr unsicher wie alle Geschichte, wenn Geschichte nichts andres als Zahlen. Das Schlachtfeld hat mich gegen meinen Willen zum Verehrer von Bennigsen

Verblüffenderweise beginnt das Exzerpt auf der Vorderseite des ersten Blattes mit der zweiten Hälfte des Auszugs, und danach folgt auf der Rückseite die erste Hälfte, beginnend mit Ort und Datum („Königsberg d. 10 Merz 1807"). Wie ist diese Umkehrung zu erklären? Arnim hatte zunächst nur die Überschrift „Abschriften aus Briefen." und das Motto auf die erste Seite geschrieben, ansonsten diese und die Rückseite freigelassen und auf der Vorderseite des zweiten Blattes (2r) mit dem Eintrag der Briefexzerpte – zunächst dem Auszug eines Briefes an Bettina vom 28. September 1806 – begonnen. Danach füllte er die folgenden Seiten mit weiteren Exzerpten, und als alle beschrieben waren, fand er für das vom 10. März 1807 keinen freien Platz mehr außer auf dem ersten Blatt.

Dabei begann er, um dessen Vorderseite mit Titel und Motto von weiterem Text frei zu halten, auf der Rückseite, merkte beim Exzerpieren jedoch, dass sie nicht ausreichte, weshalb er auf der Vorderseite weiterschrieb.

„ich fühle es, daß solche Art Leute wie ich nur in der Welt sind Unordnung zu machen, unordentlich zu seyn, unordentlich zu schreiben", teilte Arnim am 5. August 1806 Bettina mit (WAA 32, Nr. 473). Von einem unordentlichen Weltverhältnis zeugt paradigmatisch das erste Exzerpt des im Varnhagen-Nachlass befindlichen Exzerpt-Konvoluts. Dass die Welt, in der Arnim damals lebte, ebenfalls nicht in Ordnung war, bezeugt der Inhalt des Exzerpts. Etwa 30 km südlich der alten preußischen Krönungs- und Residenzstadt Königsberg, wohin Arnim sich geflüchtet hatte, war es am 7./8. Februar 1807 zur verlustreichen Schlacht zwischen französischen und russischen Truppen bei Preußisch-Eylau gekommen, und Arnim schrieb den nicht überlieferten Brief, dessen Exzerpt glücklicherweise erhalten ist, nachdem er das Schlachtfeld gesehen hatte. Sein Eintrag über das Elend des Krieges ist von außerordentlicher Krassheit. Der im Exzerpt mit „R." abgekürzte Empfänger des Briefes war der Musiker und politische Schriftsteller Johann Friedrich Reichardt, den es damals nach Danzig verschlagen hatte.

6

Die meisten Handschriften mit Arnim-Bezug im Varnhagen-Nachlass sind nicht Briefe und verwandte Textsorten von ihm, sondern Briefe an ihn: in den bisher edierten vier Briefbänden der WAA insgesamt 109 von 57 Schreibern. An der Spitze liegt mit elf Briefen Arnims Schul- und Jugendfreund Friedrich von Raumer, der spätere Staatswissenschaftlicher und Historiker, gefolgt von Arnims Hallenser Physik-Professor Ludwig Wilhelm Gilbert mit acht Briefen. Von den meisten Korrespondenten (38) ist im Varnhagen-Nachlass jeweils nur ein Brief überliefert. Die Schreiber waren großenteils weniger renommierte Jugendfreunde und Kommilitonen, Beiträger zu „Des Knaben Wunderhorn" und zur „Zeitung für Einsiedler", Zufallsbekanntschaften wie der preußische Offizier Karl Friedrich von Zglinicky, mit dem Arnim in Königsberg Umgang hatte. Nachdem er von dort zunächst mit Reichardt nach dessen Gut Giebichenstein bei Halle gereist war und dann über Weimar nach Kassel – der Tilsiter Frieden vom 7./9. Juli 1807 machte es möglich –, schrieb ihm der inzwischen in die Nähe des ostpreußischen Heiligenbeil abkommandierte Zglinicky, ohne zu wissen, wo der Adressat inzwischen sich aufhielt, einen liebenswürdigen Brief (WAA 33, Nr. 610), der an dieser Stelle stellvertretend für die vielen im Varnhagen-Nachlass liegenden Schreiben an Arnim ebenfalls publiziert wird – als Lebens- und

Beziehungszeugnis des Dichters, aber auch als ‚Rettung' von nicht oder wenig bekannten Episteln, die in einer großen Zeit deutscher Briefkultur von Vergessenen geschrieben wurden:

Cantonirungs-Quartier Lemsdorf
bei Heiligenbeil d. 28t November
1807.

In welchem milden Klima, Sie dieser Brief auch treffen, welche Himmelsauen Sie durch wandlen mögen, so werden Ihre Gedanken Sie doch zurück tragen, in jenes rauhe Land, das durch die Verwüstungen des Krieges, eine so barbarische Aussen-Seite angenommen hat, u also Ihrem Gedächtniß keine wohlthuende Empfindung gewähren würde, wenn Ihnen nicht auch hier beßere Tage aufgegangen wären, u sehr liebenswürdige Erscheinungen, die Zeit der Trauer, in der wir lebten einiges Angenehme gegeben hätte. Es schien mir als wären Sie während Ihres Auffenthalts in Königsberg, nahe daran gewesen, sich für dieses Leben zu bestimmen, und sich einen festen Ruhe-punkt zu wählen, das Glück lächelte Ihnen einmal, und ich glaube, daß es nur bei Ihnen gestanden hätte zu zugreifen. [*Anspielung auf Arnims Verhältnis zu Auguste Schwinck.*] Mit sich selbst aber einig, den Weg des Lebens allein weiter zu wandeln, verließen Sie dies Land, um unter einem wärmeren Himmel – Kunst und Liebe zu suchen. Sie sind glücklich, daß Sie Ihr Schicksal zwingen können, nach Ihrem Gefallen, Land und Leute zu wählen, in dem, und mit denen Sie leben wollen. Ich und tausend andere, müßen uns nun schon einmal, den wiedrigen Zeit-Umständen angemeßen, uns einen Lebensplan vorzeichenen. Und was für ein Leben in diesem Augenblick, wo jeder Stand, alle Unannehmlichkeiten des Krieges im tiefen Frieden ertragen muß. Und die Aussicht für die Zukunft ist auch nicht besonders. Wie die Mauern steht uns das Soultsche Corps noch gegen über, argwönisch jeden Schritt der Armee, und des Cabinets bewachend; so, daß wenn es auf irgend eine Art, zum Kriege kommen sollte, wir in jedem Fall, keine große Rolle spielen werden.

Ich habe einige Zeit in Berlin gelebt, um von neuem recht zu fühlen, was wir verloren haben, doch bin ich mit meiner Aufnahme im Cirkel meiner gewesenen Mitbürger sehr zufrieden, und hege alle gute Hoffnung seit dieser Zeit, für die Verträglichkeit des Militair und civils, wenn wir je noch wieder einrücken sollten. Ich kehrte zurück, weils nach meiner Einsicht, als preußischer Soldat nicht anders, wie in Preußen zu leben ist, um mancher Bitterkeit auszuweichen, der man doch gern, wie wohl verdient, über hoben ist; lebte einige Zeit am Hofe zu Memel, der mir jetzt wie der Weimarsche vor kommt, in Rücksicht der geselligen Verhältniße. Ich muß es dankbar erkennen, daß mich der Fürst Radzewil [*Radziwill*] vom Hunger Tode errettet hat, den ich daselbst gefunden, wenn ich nicht täglich meinen Sejour [*Aufenthalt*] dort gehabt hätte, nächst einem fremden Gesandten, der auch gütig für mich sorgte so schlecht und unangenehm war der Auffenthalt daselbst. Dieser mein Wohlthäter hat, wie ich von meinem Corespondenten aus Memel höre, in diesen Tagen sich schleunig einschiffen müßen, wie wohl er nur als Privatmann daselbst gelebt hat, in dem man sein Creditiv [*Beglaubigungsschreiben*] nicht annehmen wollte. Es ist Ihrer sehr oft bei Pr Luise [*Prinzessin Luise Radziwill*] erwehnt worden, und Sie haben da, wie überall eine gute Erinnerung von sich zurück gelaßen, der Fürst besitzt Ihr Portrait sehr wohl getroffen, bis auf die Nasen-Spitze die er

sich nicht genau betrachtet hat. Man hofft am Hofe gutes von der kommenden Zeit, weil man es wünscht, aber wahrlich aus keinem andern Grunde. Den Pr [*Prinz*] Wilhelm hat man nach Homburg gesandt, um von da aus wenns der Kaiser [*Napoleon*] erlaubt nach Paris zu gehen, um den Abmarsch der [*französischen*] Truppen zu bewirken, und hierauf bauet man, im Januar in Berlin zu sein. Doch glauben wir alle nicht daran, Sie können denken das die Verzögerung des Abmarsches der fremden Truppen einen Bankrott des Staats immer näher bringt, und vom künftigen ersten kommt lauter Papier in Cours, wie man sagt.
Da es den Anschein hat, als würde in einem andern Theil von Deutschland, die Kriegs Fackel aufs neue wieder zünden, so mache ich mich bereit, dahin zu gehen, wo es loß geht, da wir, wenn es von unsern Hern abhängt gewiß neutral bleiben.
Ich bin bei meiner letzten Anwesenheit in Königsberg wenig bei Schwinks gewesen, da sie von einem Töchterlein entbunden, in der Zeit die Besuche nicht annahm, und ihre Familie, stets ihr Gesellschaft leistete. – – – Der Sinn des Menschen ist veränderlich, waß er heute sehnlich wünscht, mißfällt ihm Morgen, und Uebermorgen stößt ihm schon wieder etwas Neues auf – – das füge ich als Charakteristik der Königsbergerin hinzu. Wohl aber habe ich mehrere Abend äußerst vergnügt im Schlegelschen Cirkel [*um die Königsberger Schenkendorf und Schrötter*] verlebt, wo Ihrer mit dem Mann des Pelzes dankbarlich gedacht wurde.
Wenn Sie einige Augenblicke sich abmüßigen können, so erfreuen Sie mich mit einer Antwort die ich nach Danzig zu addressiren bitte, wo man meinen jedesmaligen Aufenthalt genau weiß, laßen Sie hören waß Sie gesehen u gefühlt u gehört haben, da es denn doch Menschen giebt die sich darüber freuen werden, wenn Sie hören, daß es Ihnen gut geht. Mit Hochachtung und Freundschaft verharre ich

Ihr ergeb* Zglinicky.

7

Am oberen Rand der ersten Seite des Zglinickyschen Briefes notierte Karl August Varnhagen von Ense, von der Schreibweise des Namens in der Unterschrift abweichend, „von Zylinicky an L. A. von Arnim. Heiligenbeil, 28. Nov. 1807.", darunter und am linken Rand „Bettina v. Arnim." Varnhagens Handschrift ist im Arnimschen Anteil des Nachlasses auf verschiedene Weise präsent. Nicht nur zu dem Brief von Zglinicky, sondern zu jedem einzelnen vermerkte er am oberen Rand der ersten Seite den Namen des Schreibers, meistens auch den des Adressanten (selten den Schreibort) – etwa „Scherer an L. A. von Arnim" (WAA 30, Nr. 100) oder „Jeannette Dieterich an L. A. von Arnim" (WAA 32, Nr. 364) –, am unteren Rand meistens den Vornamen „Bettina" (selten auch den Nachnamen) der mit Varnhagen im Alter befreundeten Witwe des Dichters, der er in den fünfziger Jahren des 19. Jahrhunderts die Autographen von und an ihn verdankte. Nur ausnahmsweise irrte er sich mit der Adressanten-Bestimmung, und auch nur ausnahmsweise schrieb er in Briefe hinein, meistens Auflösungen von abgekürzten oder entstellten Personennamen, so zu den Spaßunterschriften zweier hallescher Kommilitonen aus dem Jahr 1800 – „v Röhdthoël" bzw. „v Rauhmehr" – die korrekten Schreibungen „(Redtel)" bzw. „(Raumer)" (WAA 30, Nr. 110). Einige Stücke des Arnim-Briefwechsels, vor allem desjenigen mit Brentano, exzerpierte er zu erheblichen Teilen. Die Varnhagenschen Exzerpte liegen zumeist den betreffenden Briefen bei. Sie sind zwar nicht in textkritischer Hinsicht relevant, jedoch als Rezeptions- und Aneignungszeugnisse eines Lesers, der bei allem Gespür für die besondere Qualität dessen, was er abschrieb, doch auch ein distanziertes Verhältnis dazu hatte. Diese Varnhagenschen Abschriften werden in der WAA ebenso registriert wie seine Einträge in Autographen. Außerdem waren kleine, mit Notizen versehene Zettel, die Varnhagen einer Reihe von Briefen zumeist am linken oberen Rand der ersten Seite anklebte, und in Briefen eingelegte Blätter mit Bemerkungen von ihm zu berücksichtigen. Der Brief Zglinickys muss ihn besonders interessiert haben; auf einem angeklebten Zettel notierte er noch einmal, was er am oberen und linken Rand der ersten Seite festhielt: „von Zylinicky an L. A. von Arnim/Heiligenbeil, 28. Nov./Bettina v. Arnim."

Varnhagen war, von seltenen Ausnahmen abgesehen, nicht nur der erste Abschreiber von Briefen oder Briefteilen, die Arnim verfasst oder erhalten hatte, sondern auch der Erste, der Konzepte und Ausfertigungen miteinander verglich und aus dem Vergleich Erkenntnisse gewann, die mit den Arnimschen Autographen auf Beilagen überliefert sind. So schrieb er zu einem Briefkonzept Arnims an Sophie Brentano, geb. Mereau vom 3. Januar 1805: „Sonderbar, daß auch Achim von Arnim, der gleichsam stets mit fliegender Feder und auch seine Verse wie aus dem Stegreif schrieb, für gewöhnliche Freundschaftsbriefe sich bisweilen Entwürfe machte, selbst bisweilen an Clemens Brentano schreibend, an den vertrautesten Freund, mit dem sonst keine Umstände gemacht wurden. Auch Karl von Nostitz that das, auch Chamisso! Sie wollten selbst im scheinbaren Morgenanzug noch guter Wirkung sicher sein." (WAA 32, Nr. 360.K.) Wie sorgfältig Varnhagen verglich, belegt eine Notiz zu Arnims Brief an Goethe vom 20. Februar 1806: „(In einer andern eigenhändigen Abschrift des Verfassers findet sich noch folgende, später ausgelassene Stelle:) / Das heimlich verkuppelnde Wesen der Politik geht so weit, daß die auf Einem Bein kriegsfüßig stehenden Inspektionen eigentlich nicht einmal ahnden, gegen wen sie fechten sollen. – Ich flüchte mich aus u.s.w." (WAA 32, Nr. 422.) Eine Empfehlung Varnhagens, geschrieben nach seiner Lektüre des umfangreichen Manuskriptmaterials zu dem Brief an Goethe, offenbart in einem bezeichnenden Detail, worin sich der korrekte Leser von dem unkorrekten Autor unterschied; in einer Ausgabe, die dessen Abweichung von der Normalität veranschaulicht, kann auf keinen Fall der Ratschlag befolgt werden: „Wer diese Briefe je zum Druck befördert, der erweise ihnen die Wohlthat häufiger Absätze und guter Interpunktion."

Varnhagen hinterließ nicht nur Notizen zu Personen oder Besonderheiten in oder von Briefen, sondern auch zu Verfassern von ihnen. Diese vereinzelten biographischen Aufzeichnungen, die Briefen seines Nachlasses beiliegen, sind als dessen Anteil noch kaum wahrgenommen worden. Sie enthalten sonst nicht oder wenig bekannte biographische Einzelheiten vor allem pikanter und amüsanter Couleur, die charakteristisch für die Schreiber der Briefe sein mögen, auf jeden Fall aber für den Schreiber der Aufzeichnungen sind. In einer Mitteilung Varnhagens über Karl Friedrich von Zglinicky vereinheitlichen sich Privates und Öffentliches, Skandalöses und Politisches, Klatsch und Kritik in elegant fließendem Stil zu einem anmutigen Schriftbild, mühelos lesbar und gleichmäßig wie ein gedruckter Text:

> Ein schöner Mann, was man so nennt, ohne allen edlen Ausdruck. Er machte großes Glück bei Frauen, schon in Berlin, wo er als Offizier der Besatzung lebte. Daneben fleißiger Theatergänger, sein Kopf war angefüllt mit Sprüchen aus Schauspielen, Liederversen und Singspielen, bei jedem Anlaß fiel ihm etwas der Art ein, und er brachte es oft mit guter, wohl auch beißender Laune vor. Nach 1806 wandte er sich nach England, nahm Dienst in der deutschen Legion, kam mit dieser nach Sizilien. Hier wurde er der Liebhaber der Königin Karoline. Als diese seiner müde geworden war, ging er nach Deutschland zurück. In Töplitz wurde er durch Gentz der Prinzessin von Solms vorgestellt und deren Liebhaber. Das dauerte auch eine Weile. Der eine Prinz von Solms ist anerkannt der Sohn Zglinitzky's. Er quälte die Prinzessin, die inzwischen Herzogin von Cumberland, zuletzt Königin von Hannover geworden war, mit Geldforderungen bis an ihr Ende, drohte mit den Briefen, die er in Händen hatte. Als er seine Memoiren herausgeben wollte, – da er selber nicht der Feder mächtig ist, sollte ihm der Romanschriftsteller Mügge helfen, – gerieth die Prinzessin in größte Besorgniß, sie ließ durch den Polizeiminister Gustav von Rochow den Zglinitzky bedrohen, nach den Papieren suchen (man fand aber nichts), den Schriftsteller Mügge mit 100 Fried.d'or beschwichtigen.
> Im Jahr 1813 hatte Zgl. wieder preußische Dienste genommen, gut gedient, und den Abschied als erhalten.
> Vor 1806 hatte er einen Zweikampf mit Karl von Nostitz, vom Regiment Gendarmen, der sich aus Ritterlichkeit eines Bürgermädchens annahm, das Zgl. beleidigt hatte.

Bibliographie

Ludwig Achim von Arnim, *Werke und Briefwechsel. Historisch-kritische Ausgabe* (Weimarer Arnim-Ausgabe. In Zusammenarbeit mit der Stiftung Weimarer Klassik, hrsg. von Roswitha Burwick, Sheila Dickson, Lothar Ehrlich, Heinz Härtl et al. (Tübingen, 2000–2009; Berlin/Boston, 2010ff.)

Bd. 30: Briefwechsel 1788–1801 (2000);
Bd. 31: Briefwechsel 1802–1804 (2004);
Bd. 32: Briefwechsel 1805–1806 (2011);
Bd. 33: Briefwechsel 1807–1808 (2018).
Jeweils hrsg. von Heinz Härtl unter Mitwirkung von Ursula Härtl

Philip Mattson
Universität Heidelberg

Der Rekurs aufs Original – auch eine Entdeckungsreise

Abstract: Der Beitrag mag als Werkstattbericht und Nebenprodukt des Projekts einer historisch-kritischen Edition der Briefe Wilhelm von Humboldts betrachtet werden, zu deren Grundsteinen die in der Biblioteka Jagiellońska aufbewahrten Handschriftenbestände der ehemaligen Preußischen Staatsbibliothek gehören. An drei aufschlussreichen Beispielen belegt der Aufsatz, dass der editorische Rekurs auf die Handschrift, der oft bloß als eine routinemäßige Pflicht betrachtet wird, gelegentlich zu völlig unerwarteten Entdeckungen führen kann, die nicht nur textliche Korrekturen zeitigen, sondern sogar bisherige Forschungsergebnisse infrage stellen können.

Keywords: Briefedition, Handschrift, Henriette Herz, Wilhelm von Humboldt, die ehemalige Preußische Staatsbibliothek, Biblioteka Jagiellońska

Wer einen Text kritisch edieren will, muss nach Möglichkeit von der Originalfassung ausgehen, also von der Originalhandschrift bzw. vom Typoskript – von späteren, immer aktueller werdenden Varianten (E-Mail, Sms, Twitter etc.) einmal abgesehen. Im Falle einer definitiven Briefedition hat man zudem häufig mit früheren Editionen zu tun. Zuweilen sind sie sogar Unikate, weil deren seinerzeitige Vorlagen inzwischen verloren sind. In den entgegengesetzten Fällen ist es sinnvoll, ja obligatorisch – und wenn der Editionsvorgänger noch so angesehen ist – auf die Originalhandschrift zu rekurrieren. Selbst wenn sich die Voredition als einwandfrei erweist, war dieser Umweg nicht unnütz, sondern eine unerlässliche Pflichtübung eines jeden ernst zu nehmenden Editors, denn wird er – der Umweg – unterlassen, bleibt die Frage, ob in der neuen Ausgabe die Handschrift textlich korrekt wiedergegeben wurde, weiterhin offen. Dieser Beitrag wird aber zeigen, dass der Rekurs manchmal mehr als eine bloße routinemäßige Pflicht ist und gelegentlich zu völlig unerwarteten Entdeckungen führen kann, die nicht nur textliche Korrekturen zeitigen, sondern sogar Forschungsergebnisse infrage stellen können.

Der Beitrag mag als Werkstattbericht und Nebenprodukt des Projekts einer historisch-kritischen Edition der Briefe Wilhelm von Humboldts[1] betrachtet

1 Wilhelm von Humboldt, *Briefe*. Historisch-kritische Ausgabe, hrsg. v. Philip Mattson. Bd. 1 ff. (Berlin, 2014 ff. – im Folgenden: ‚Briefe').

werden. An dieser Stelle ist die dankbare Feststellung angebracht, dass dieses Editionsprojekt ohne die Kooperation der Biblioteka Jagiellońska nicht realisierbar wäre, unter deren Dach drei große Bestände der ehemaligen Preußischen Staatsbibliothek aufbewahrt werden, die wichtige einschlägige Originalhandschriften enthalten: 1) die Sammlung Autographa; 2) die Varnhagensche Sammlung; 3) das handschriftliche Material aus Humboldts sprachwissenschaftlichem Nachlass: „Collectanea linguistica". Hier werden drei Beispiele aus den ersten beiden Beständen vorgeführt und besprochen.

Die Sammlung Varnhagen enthält Humboldts Briefe an seine Jugendfreundin Henriette Herz, die zu den frühesten Briefen Humboldts überhaupt zählen. Es sind schwärmerische Episteln eines verliebten Jünglings, und als dieser im Herbst 1787 die Universität Frankfurt an der Oder bezog, fand Brief um Brief den Weg zur abgöttisch verehrten Freundin, Gattin eines prominenten Berliner Arztes, hin, aber eben auf Schleichwegen. Humboldts Erzieher, Gottlob Johann Christian Kunth, war ja mit den beiden Brüdern nach Frankfurt gereist und immatrikulierte sogar selbst an der Universität[2] (um auf diese Weise sicherzugehen, dass den Studien gewissenhaft nachgegangen wurde) und wohnte auch mit ihnen zusammen, im Haus von Humboldts einstigem Latein- und Griechischlehrer, Josias Friedrich Christian Löffler, der Theologieprofessor an der dortigen Universität war. Kunth war also, als Erzieher, auch Aufpasser, wodurch für solche heimliche Korrespondenz an beiden Enden des Schleichweges höchste Vorsicht geboten war.

Auf *ein* Mittel der Tarnung oder der vertraulichen Mitteilung war man bereits vor dem Abgang nach Frankfurt gekommen. Henriette hatte Humboldt eine hebräische Kursivschrift beigebracht, und diese verwendete er für seine Briefe an sie: Er schrieb also deutsche Texte mit hebräischen Graphemen.

Das erste Beispiel ist der Handschrift des Briefes W. v. Humboldts an Henriette Herz vom 29. Nov. – 2. Dez. (?) 1787 entnommen.

Der Text ist deutsch, der aus Gründen der Geheimhaltung in einer hebräischen Kursivschrift geschrieben wurde; links die letzte Seite des ersten Bogens, rechts die erste des zweiten. Der kurze Absatz oben rechts bezieht sich inhaltlich auf eine Stelle im ersten Bogen, wodurch sich der Schluss der Herausgeberin – es handele sich hier um zwei Briefe – als Irrtum erweist.

2 Die Brüder Wilhelm und Alexander v. Humboldt sowie Kunth stehen untereinander im publizierten Immatrikulationsverzeichnis; Ernst Friedlaender, Georg Liebe et al. (Hrsg.), *Aeltere Universitäts-Matrikeln. I. Universität Frankfurt a. O*, Bd. 2 (Leipzig, 1888), S. 507: Immatrikulationsnrn. 40–42 vom 1. Okt. 1787.

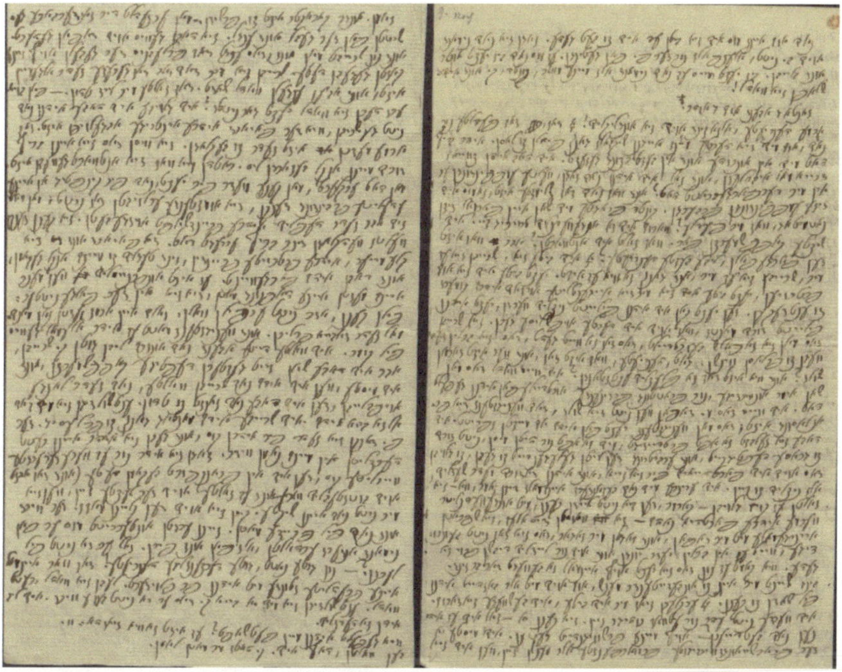

Abb. 15: Kraków, Biblioteka Jagiellońska, Sammlung Varnhagen 89, Humboldt

Das Beispiel (Abb. 15) ist seinem ersten Brief aus Frankfurt entnommen. In der Abbildung sieht man zwei nebeneinanderliegende Oktavbogen, die in winziger hebräischer Schrift – von rechts nach links – voll beschrieben sind. Diese Briefgruppe wurde zwar bereits ediert, von Varnhagens Nichte, Ludmilla Assing.[3] Allerdings war die Pflichtübung, von der eingangs die Rede war, in diesem Falle ohne methodische Umwege nicht durchführbar. Zunächst musste aus diesen zunächst unentzifferbaren Graphemen ein verlässliches Alphabet erschlossen werden. Das Internet lieferte zwar einige Aufstellungen von hebräischen Schriftarten, aus denen gewisse Anhaltspunkte gewonnen werden konnten, aber recht

3 [Ludmilla Assing (Hrsg.)], *Aus dem Nachlaß Varnhagen's von Ense: Briefe von Chamisso, Gneisenau, Haugwitz, W. von Humboldt, Prinz Louis Ferdinand, Rahel, Rückert, L. Tieck u. a. Nebst Briefen, Anmerkungen und Notizen von Varnhagen von Ense.* Bd. 1 (Leipzig, 1867) – im Folgenden ‚Assing'). Der Text der abgebildeten Stelle steht auf S. 58 f. bzw. 65.

viele Lücken blieben noch: Das Alphabet musste aus der Vorlage selbst gewonnen werden. In den Handschriften wurde den Datumszeilen der Briefe jeweils eine Transkription in lateinischer Schrift interlinear beigegeben, etwa: „sonntag abend". Damit konnte ein Anfang gemacht werden, aber dann blieb nichts übrig, als einige wenige Zeilen des gedruckten Textes mit der Handschrift zu vergleichen und daraufhin die Zuweisungen der Grapheme festzulegen, und zwar so lange, bis das Alphabet komplett war, um dann die gedruckte Vorlage wegzulegen und den Text von der Handschrift her zu gewinnen. Wenn nur eine dieser Zuweisungen falsch war, würde man bald einen Buchstabensalat bekommen, der keiner Sprache zugeordnet werden könnte.

Aber zuvor musste auch technisch einiges geschehen. Die vorhandenen Handschriftenkopien wurden noch einmal kopiert, die Zweitkopie Zeile für Zeile auseinandergeschnitten und die einzelnen Zeilen mit großem Abstand dazwischen auf quergelegte A5-Blätter geklebt, diese dann auf A4-Größe kopiert, um die Schriftgröße jener der nun vorzunehmenden Transkription anzugleichen. Es wurde dann jedes Graphem in der Zwischenzeile in Spiegelschrift transkribiert (in lateinischer Blockschrift, weil da mehr Buchstaben spiegelsymmetrisch sind), natürlich auch von rechts nach links. Das Resultat sieht dann den Schreibübungen eines schwer legasthenischen Abc-Schützen ähnlich, aber es führt doch zum gewünschten Ziele. Der nächste Schritt: man nehme einen faltbaren Notenständer, stelle die Schreibtischlampe so dahinter, dass sie das Blatt von hinten beleuchtet, und drehe dieses um: vgl. Abb. 16, in der nun der Text des Absatzes rechts oben in Abb. 15, nunmehr verkehrt stehend, wieder zu erkennen ist. Nun kann die Transkription an der Tastatur erfolgen, zunächst allerdings in der weitgehend phonetisch ausgerichteten Orthographie der Vorlage: Die Stelle in Abb. 16 lautet also: „noch um eins muss ich sie bitn eh ich zu bett gehe. sagn sie noch nimand auch b. nicht, alenfals nur der f. fon getingn. es muss noch bis iezt untr uns bleibn. bis iezt weiss es noch nimand als meine mutr, kunth, k. und ich. schlafn sie wohl!"

Abb. 16 zeigt den Beginn der rechten Seite von Abb. 15, vergrößert und mit Zwischenräumen, in die die spiegelschriftliche Transkription eingetragen und das Blatt anschließend umgedreht wurde, um die getippte Transkription vornehmen zu können.

Danach erfolgt die Umstellung zu einem normalen Text, der nur insofern historisch-kritisch sein kann, als Humboldt jene Grapheme übernimmt, die nicht phonetisch gegeben sind, etwa Dehnungs-h, *thun* statt *tun* etc. Und der Befund? Assings Text ist weitgehend korrekt; die meisten Abweichungen sind als Anpassungen an die geltende Orthographie bzw. Normalisierungen zu bewerten. Bei der Lesung eines durch Anfangsbuchstaben angedeuteten Namen ergab sich allerdings ein interessantes Problem. In der verwendeten hebräischen Schrift

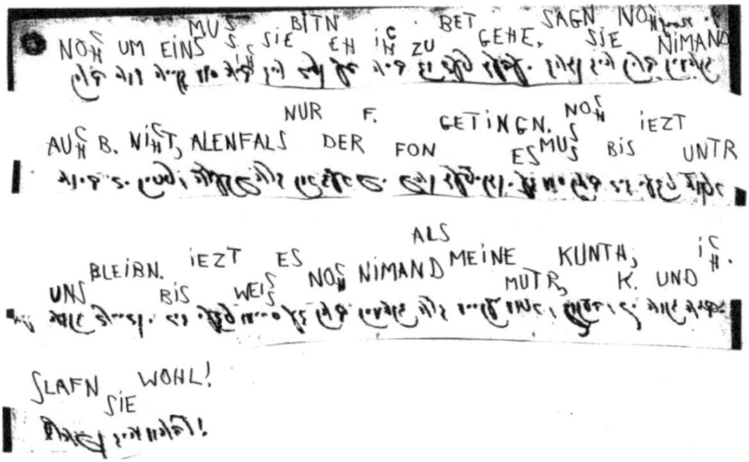

Abb. 16: Kraków, Biblioteka Jagiellońska, Sammlung Varnhagen 89, Humboldt

sind die Grapheme für *d* und *s* praktisch identisch, nur dass deren Lage im Normalfall um 90° verschieden ist: das *d* ähnelt einem in lateinischer Druckschrift geschriebenen *m,* das *s* einer *3.* Nun warf sich Humboldt (der künftige Sprachforscher) mit solchem Eifer auf diese geheimniskrämerische Sonderschrift, dabei ellenlange schwärmerische Ergüsse produzierend, dass Spuren der Schreibhast seiner Schrift anzumerken sind. Im gegenwärtigen Fall hatte das gelegentlich zur Folge, dass das an sich horizontal ausgerichtete *d* immer mehr zum Vertikalen hinneigte (oder war es das *s,* das plötzlich eine Schräge bekam?). Und nun steht plötzlich in der Handschrift eines dieser Briefe ein abgekürzter Name in der beschriebenen schiefen Zwischenlage: Auf dem imaginären Zifferblatt einer Uhr zeigt der obere Teil des Graphems auf die 10. Ist das nun ein Herr D. oder S.? Assing las „S.“[4] Aus dem Zusammenhang geht hervor, dass der so Angedeutete ein Studienfreund Humboldts ist, der vielleicht im Sommersemester 1788 mit nach Göttingen geht. Unter den bekannten Studienfreunden in Frankfurt/O. ist kein S. zu finden, wohl aber ein D.: Alexander Graf Dohna (später preußischer Innenminister, und als solcher Vorgesetzter des Sektionschefs Humboldt, als er die Bildungsreform in Preußen in die Wege leitete), und dieser immatrikulierte sich auch wirklich im Mai 1788 an der Georgia Augusta in Göttingen.[5]

4 Vgl. Assing, S. 56 und Briefe I 69.

5 Götz von Selle (Hrsg.), *Die Matrikel der Georg-August-Universität zu Göttingen* (Hildesheim/Leipzig, 1937), Teil 1, S. 312.

Nun aber zurück zum Ausgangspunkt dieses Beispiels: Abb. 15 gibt links die letzte Seite eines Bogens, rechts die erste Seite eines anderen wieder, auf der nach einigen Zeilen Text eine Datumszeile steht. Assing hat den rechts stehenden Bogen für einen eigenständigen Brief gehalten und den Text am Beginn als Nachschrift zum sonst voll beschriebenen Bogen angesehen. Ihr Brief Nr. 9 beginnt also mit der Angabe „Sonntag Abend um 7 Uhr“[6]. In der Nachschrift aber bittet Humboldt, seinen Plan, nach Göttingen zu gehen, niemandem zu verraten – wir kennen die Stelle bereits. Nun spricht aber Humboldt über diese Pläne nur im ersten, links stehenden Bogen, worauf die Bitte um Verschwiegenheit auf einem neuen Bogen folgt, weil hierfür auf dem ersten kein Platz mehr ist. Außerdem würde die Auslegung der Nachschrift als Füllsel eines sonst leeren oberen Rands im Widerspruch zu den sonst ohne jede Marge voll beschriebenen Blättern stehen. Es handelt sich also um *einen* Brief, nicht zwei: Humboldt schrieb den ersten Bogen am Donnerstag und Freitag voll, nahm einen weiteren Bogen, um die Nachschrift hinzuzufügen, und setzte den Brief am Sonntag, dort beginnend, wo die Nachschrift aufhörte, fort.

Was hat nun der Rekurs aufs Original in diesem Fall gebracht? Die recht mühsame und auf alle Fälle zeitaufwendige Überprüfung des bisherigen Drucks hat die Korrektheit von Assings Text weitgehend bestätigt. Immerhin konnte aber eine wohl falsche Deutung des erwähnten schief stehenden Graphems festgestellt werden. Die größte Überraschung aber war die Entdeckung, dass Assings Briefe 8 und 9[7] in Wirklichkeit *ein* Brief sind. Der Rekurs hat also die weitgehende Richtigkeit des Textes bestätigt, aber er war weit mehr als routinemäßige Pflichterfüllung.

Das zweite Beispiel ist ebenfalls dieser Briefgruppe entnommen, diesmal einem späteren Brief an Henriette, nachdem sie, wie zu sehen sein wird, etwas geschrieben haben muss, das den hebräisch-deutschen Episteln ein Ende bereitete. Sie wird sich – so ist zu vermuten – eines Tages gefragt haben, ob das eine so gute Idee war, Humboldt die hebräische Schrift beizubringen, denn diese langen, winzig beschriebenen Briefe werden auch für sie eine Geduldsprobe gewesen sein. In seinem nächsten Brief nach dem obigen Beispiel schreibt Humboldt jedenfalls, nunmehr in deutscher Schrift: „Sie fragen mich in Ihrem vorletzten Briefe, ob es mir wohl gleichviel sei, ob wir uns Deutsch oder Hebräisch schrieben? Ich schließe aus der Frage, daß Sie lieber Deutsch schreiben wollen.“[8] Wie

6 Assing, S. 59.

7 Vgl. Assing, S. 53–59 bzw. 59–65; in der jetzigen Ausgabe wird der Brief mit [29./30. Nov. und 2. Dez. (?) 1787] datiert (Briefe I 68–75).

8 An Henriette Herz, [9. (?) Dez. 1787] (Briefe I 75 f.).

das Beispiel, aus einem Brief aus Göttingen[9], jedoch zeigt, war die graphische Geheimnistuerei damit durchaus nicht passé. In der Handschrift sind bestimmte Wörter in Chiffre zu sehen, die interlinear, wohl von Henriette selbst, aufgelöst sind. (Das Beispiel ist im ersten Band der ‚Briefe' abgebildet.[10]) Der Brief ist nicht nur an sie gerichtet, sondern auch an die beiden anderen Mitglieder einer kleinen Clique, die sich um Henriette gebildet hatte und in der Literatur meist mit den Namen „Tugendbund" bzw. „Veredlungsbund" bezeichnet wird. (Die anderen beiden Mitglieder waren Brendel Veit – die spätere Dorothea Schlegel – und Carl von La Roche, ein Sohn der bekannten Schriftstellerin Sophie von La Roche.) Zur Bezeichnung dieser Gruppierung benutzt Humboldt ein Symbol, einen Kreis mit einem Punkt in der Mitte. Er selbst benutzt nie die Bezeichnung „Tugendbund"/„Veredlungsbund", sondern nur, an Stellen, wo er das Wort ausschreibt, „Verbindung", gelegentlich auch „Zirkel" (das gut zum Symbol passt). Im Beispiel ist nun zu sehen, dass jemand – vermutlich Varnhagen – über den ersten beiden Stellen mit dem Symbol das Wort *Loge* interlinear hinzugefügt hat (Humboldts Schrift ist es auf keinen Fall, und sie ist auch nicht jene der übrigen interlinearen Auflösungen). Assing hat diese Lesung übernommen, ohne sie als Ergänzung kenntlich zu machen.[11] Jeder, der die Stelle bei Assing liest, muss annehmen, das Wort *Loge* stamme von Humboldt. Die Folge war – wie man jetzt feststellen muss – für die Humboldt-Exegese, wo sie diese Stelle aufgegriffen hat, fatal, denn es konnte nicht ausbleiben, dass man auf die Idee kam, hierin eine Beziehung Humboldts zur Freimaurerei zu vermuten – die nicht bestand.[12] Kurzum, der Rekurs aufs Original hat hier „alternative facts" zutage gefördert, die in dieser Frage Klarheit schaffen. Beweis: 1) Nur an dieser Stelle kommt das Wort *Loge* – bei Assing – im Zusammenhang mit dem Zirkel vor. 2) An anderen Stellen ergänzt Humboldt das Symbol mit einem angehängten „-te" bzw. „-ten".[13] Als Ergänzung des Wortes *Loge* ergibt das nichts Sinnvolles, wohl aber mit *Verbindung*: „Verbündete"/„Verbündeten" (die Bezeichnung kommt auch unchiffriert in diesem Brief vor). Hier war der Rekurs aufs Original somit für die Forschung selbst entscheidend, denn die Ausführungen über Humboldt und die

---

9 An Henriette Herz, 11. Nov. [1788] (Briefe I 121).

10 Briefe I 123.

11 Assing, S. 115.

12 Vgl. Humboldt an Karoline v. Beulwitz, 20. Juni 1789: „Ich bin nicht freimäurer, K." (Briefe I 201).

13 Die Belege dieser Chiffreform wurden durch Paul Schwenke überliefert: ders.: „Aus Wilhelm von Humboldts Studienjahren. Mit ungedruckten Briefen", *Deutsche Rundschau* LXVI (1891), S. 228–251 *passim*. Seine damaligen Vorlagen sind Kriegsverlust.

Loge, die, sich auf diese Stelle berufend, gelegentlich dort anzutreffen sind, sind durch diese Korrektur allesamt hinfällig.

Das letzte Beispiel ist ein Paradefall zur Illustrierung der schlimmen und bisweilen auch dauerhaften Folgen einer Fehllesung. 1922 edierte der Arzt Iwan Bloch einen Brief an Schiller aus dem Jahr 1796, dessen Autograph er erworben hatte, und zwar in einem Privatdruck, mit vollständiger Textwiedergabe und einem Faksimile der letzten Seite des Autographs.[14] Es war dies bis dato der einzige Druck nach der Handschrift, denn Albert Leitzmann, der den Text 1935 nachdruckte[15], wusste anscheinend nicht, dass die Preußische Staatsbibliothek das Autograph 1924[16] erworben hatte (das infolgedessen heute in der Autographensammlung in Krakau erhalten ist). Auch die Schiller-Nationalausgabe hat nicht wissen können, dass es in Krakau ist, weil, als der betreffende Band[17] erschien, dessen Standort dort noch nicht bekannt war.

Auf Seite zwei des Autographs beginnt ein kurzer Absatz mit den Worten: „Die armen Horen!" In Blochs Druck steht aber: „Die neuen Horen!" Trotz des Fehlens einer *u*-Schleife las Bloch also „neuen" statt „armen". Jeder Leser dieses Textes muss den Eindruck bekommen, Humboldt beklage sich hier, in diesem kurzen Ausruf, wieder einmal über das Unverständnis, das das lesende Publikum Schillers bekannter Zeitschrift entgegenbringt. Die Stelle lautet: „Die armen Horen! Wer hätte das gedacht? Es ist ein furchtbares Unwesen in Deutschland, dem ich von Herzen ein Ende wünsche."[18] In Wirklichkeit bedauert er aber die Behinderung der Auslieferung der „Horen", die eine Folge der jüngsten Kampfhandlungen im Koalitionskrieg gegen Frankreich war, über die Schiller in seinem – nicht überlieferten – Brief berichtet haben muss.

Statt eines Resümees sei nun die Ausgangsfrage umgekehrt: Wie wäre die textliche Lage, wenn diese Bestände – wie leicht vorzustellen ist – den Zweiten Weltkrieg nicht überstanden hätten? (Immerhin war im Beitrag von Monika Jaglarz und Katarzyna Jaśtal zu erfahren, dass Bestände der Sammlung Autographa

---

14 *Ein unveröffentlichter Brief Wilhelm von Humboldts an Schiller. Seinem lieben Dannie Heineman zum 50. Geburtstage, 23. November 1922, dargebracht von Iwan Bloch.*

15 Albert Leitzmann, „Briefe Wilhelm von Humboldts an Schiller", *Preußische Jahrbücher*, CCXXXIX (1935), Brieftext S. 212–215.

16 Die Akzessionsvermerke der Sammlung Autographa beginnen immer mit dem Jahr des Erwerbs; hier: „Acc. Ms. 1924.39." (ein weiteres Argument für den Rekurs aufs Original!).

17 *Schillers Werke*, Bd. 36, Teil 1, hrsg. v. Norbert Oellers (Weimar, 1972), S. 305 ff.

18 An Schiller, 16. Aug. 1796 (Briefe III 281).

in alphabetischer Nachbarschaft zu Humboldt nicht überliefert sind.[19]) Dann bliebe unser Rekurs aufs Original ein frommer Wunsch, und die gezeigten Beispieltexte aus früheren Editionen müssten jenen Brieftexten an die Seite gestellt werden, deren Originale verloren sind, darunter den meisten Briefen Humboldts an Georg Forster und F. H. Jacobi und vielen an Schillers Freund Christian Gottfried Körner, u. v. a. Auch wenn diese u. a. vom bedeutenden Editor Albert Leitzmann herausgegeben wurden, bleiben immer wieder Stellen, wo man gar zu gerne das Original heranziehen möchte und nicht mehr kann. Deshalb wird in der neuen Edition zwischen zwei Klassen von Texten schon durch das Druckbild klar unterschieden: zwischen solchen Texten, deren Originale erhalten und somit nachprüfbar sind, und solchen, wo dies nicht der Fall ist. Die erste Gruppe wird in Antiqua gesetzt, die zweite in Grotesk: Serif gegen Sans-Serif.

Wären die Bestände, denen diese Tagung gewidmet ist, uns nicht, fast wie durch ein Wunder, erhalten geblieben, müssten die Texte in den angeführten Beispielen in grotesker Schrift gesetzt werden, und man würde infolge dessen weiterhin von einem unbekannten Herrn S. sprechen, der nach Göttingen gehen wolle, über Humboldts Verhältnis zur Freimaurerei spekulieren, die zwei Briefe in Assings Edition als eigenständige Stücke ansehen und mit Humboldt die „neuen Horen" beklagen, ohne recht zu wissen, weshalb ihre Neuheit sie gerade so bedauernswert macht.

Nur die Handschrift konnte hier Aufklärung bringen, und das war – dank des geradezu mirakulösen Überlebens dieser Bestände – doch noch möglich. Wahrhaftig, der Rekurs auf die Originalhandschrift kann manchmal eine Entdeckungsreise sein.

Zusammenfassung

Der Beitrag mag als Werkstattbericht und Nebenprodukt des Projekts einer historisch-kritischen Edition der Briefe Wilhelm von Humboldts betrachtet werden, deren Grundstein die in der Biblioteka Jagiellońska aufbewahrten Handschriftenbestände der ehemaligen Preußischen Staatsbibliothek darstellen. An zwei aufschlussreichen Beispielen wird darin belegt, dass der editorische Rekurs auf die Handschrift, der oft bloß als eine routinemäßige Pflicht betrachtet wird, gelegentlich zu völlig unerwarteten Entdeckungen führen kann, die nicht nur textliche Korrekturen zeitigen, sondern sogar bisherige Forschungsergebnisse infrage stellen können.

---

19 Vgl. Monika Jaglarz und Katarzyna Jaśtal, „Bestände der ehemaligen Preußischen Staatsbibliothek zu Berlin in der Jagiellonen-Bibliothek: Geschichte und Struktur" in diesem Band.

Bibliographie

Assing, Ludmilla (Hrsg.), *Aus dem Nachlaß Varnhagen's von Ense: Briefe von Chamisso, Gneisenau, Haugwitz, W. von Humboldt, Prinz Louis Ferdinand, Rahel, Rückert, L. Tieck u. a. Nebst Briefen, Anmerkungen und Notizen von Varnhagen von Ense*, Bd. 1 (Leipzig, 1867).

Friedlaender, Ernst, Liebe, Georg et al. (Hrsg.), *Aeltere Universitäts-Matrikeln. I. Universität Frankfurt a. O*, Bd. 2 (Leipzig, 1888).

Humboldt, Wilhelm von, *Briefe. Historisch-kritische Ausgabe*, hrsg. v. Philip Mattson, Bd. 1 ff. (Berlin, 2014 ff.).

Jaglarz, Monika und Jaśtal, Katarzyna, „Bestände der ehemaligen Preußischen Staatsbibliothek zu Berlin in der Jagiellonen-Bibliothek: Geschichte und Struktur" in diesem Band.

Leitzmann, Albert, „Briefe Wilhelm von Humboldts an Schiller", *Preußische Jahrbücher*, CCXXXIX (1935), S. 212–215.

Schillers Werke Bd. 36, Teil 1, hrsg. v. Norbert Oellers, (Weimar, 1972).

Schwenke, Paul, „Aus Wilhelm von Humboldts Studienjahren. Mit ungedruckten Briefen", *Deutsche Rundschau* LXVI (1891), S. 228–251.

Selle, Götz von (Hrsg.), *Die Matrikel der Georg-August-Universität zu Göttingen* (Hildesheim/Leipzig, 1937).

Ein unveröffentlichter Brief Wilhelm von Humboldts an Schiller. Seinem lieben Dannie Heineman zum 50. Geburtstage, 23. November 1922, dargebracht von Iwan Bloch.

Ottmar Ette
Universität Potsdam

Insel-Text und archipelisches Schreiben: Alexander von Humboldts *Isle de Cube, Antilles en général*[1]

Abstract: Im Zentrum des Beitrags steht das Manuskript *Isle de Cube. Antilles en général* Alexander von Humboldts. Es entstand im Verlauf des kurzen zweiten Aufenthaltes des Forschers in Südamerika, zu einem Zeitpunkt, als Humboldt den Gesamtüberblick über seine Reise in die Äquinoktial-Gegenden bereits besaß, seine Sammlungen ordnete und auf wenigen Seiten gedrängt und zugleich verdichtet all jenes notierte, was für ihn mit Blick auf künftige Veröffentlichungen über Kuba und die Antillen von Wichtigkeit sein könnte. Ausgehend von diesem Manuskript, in dem der Forscher nicht nur die südamerikanischen Inseln beschreibt, sondern auch gewissermaßen „in Inseln" schreibt, reflektiert der Autor des Beitrags das Humboldtsche Werk als ein archipelisches Textgeflecht.

Keywords: Alexander von Humboldt, *Isle de Cube, Antilles en général*, Kuba, Wissenschaft aus der Bewegung, Jagiellonen-Bibliothek

Insel-Texte und Insel-Bilder

Ohne jeden Zweifel ist Alexander von Humboldt ein kubanischer Schriftsteller. Oder lässt sich doch zumindest als solcher lesen. Sein Schreiben eröffnet ein langes und überaus fruchtbares Jahrhundert einer kubanischen Literatur, die sich im Zeichen des Exils und einer intensivierten transarealen Bewegung als eine Literatur ohne festen Wohnsitz konstituieren und in den Werken von Julián del Casal, José Martí und Juana Borrero am Ausgang des 19. Jahrhunderts kulminieren wird.[2]

So verwundert es nicht, dass der kubanische Romancier, Essayist und poeta doctus Alejo Carpentier für seine literarische Liebeserklärung[3] an die kubanische

1 Ottmar, Ette, „Insel-Text und archipelisches Schreiben: Alexander von Humboldts „Isle de Cube, Antilles en général", in: Ottmar Ette (Hrsg.), *edition humboldt digital*, Version 1 vom 10.5.2017, http//edition.humboldt.de//H0016213 (6.6.2018).

2 Vgl. hierzu das fünfte Kapitel „Inkubationen: Eine Nationalliteratur ohne festen Wohnsitz?" in: Ottmar Ette, *ZwischenWeltenSchreiben. Literaturen ohne festen Wohnsitz (ÜberLebenswissen II)*, (Berlin, 2005), S. 157–180.

3 Vgl. Alejo Carpentier, *La ciudad de las columnas* (La Habana, 1982).

Hauptstadt La Habana als incipit jene Schilderung der Einfahrt in den Hafen von Havanna auswählte, die Alexander von Humboldt im 28. Kapitel des berühmten Reiseberichts seiner *Relation historique* einrücken ließ. Dieses Kapitel seines Fragment gebliebenen und zwischen November 1814 und April 1831 in Paris auf Französisch publizierten Berichts von der amerikanischen Forschungsreise erschien im dritten und letzten Band der Relation historique und wurde parallel zum Reisebericht als Separatdruck unter dem Titel *Essai politique sur l'île de Cuba 1826* veröffentlicht. Die Einfahrt in den Hafen von Havanna, die Humboldt ein erstes Mal am 19. Dezember 1800 genießen konnte, wird vom preußischen Schriftsteller wahrlich spektakulär und wie in einem kinematographischen travelling in Szene gesetzt:

> L'aspect de la Havane, à l'entrée du port, est un des plus rians et des plus pittoresques dont on puisse jouir sur le littoral de l'Amérique équinoxiale, au nord de l'équateur. Ce site, célébré par les voyageurs de toutes les nations, n'a pas le luxe de végétation qui orne les bords de la rivière de Guayaquil, ni la sauvage majesté des côtes rocheuses de Rio Janeiro [sic!], deux ports de l'hémisphère austral: mais la grâce qui, dans nos climats, embellit les scènes de la nature cultivée, se mêle ici à la majesté des formes végétales, à la vigueur organique qui caractérise la zone torride. Dans un mélange d'impressions si douce, l'Européen oublie le danger qui le menace, au sein des cités populeuses des Antilles; il cherche à saisir les éléments divers d'un vaste paysage, à contempler ces châteaux forts qui couronnent les rochers à l'est du port, ce bassin intérieur, entouré de villages et de fermes, ces palmiers qui s'élèvent à une hauteur prodigieuse, cette ville à demi cachée par une forêt de mâts et la voilure des vaisseaux[4].

Wie aus der Perspektive eines erstmals in den Hafen von Havanna einfahrenden Reisenden, der aus der Bewegung diesen globalen Bewegungsort portraitiert, entsteht hier mit großer erzähltechnischer Geschicklichkeit eine Landschaft der Theorie,[5] in der sich Natur und Kultur, die Insel und die Welt, die hemisphärischen und die transozeanischen Dimensionen miteinander verbinden. Eine Wissenschaft aus der Bewegung, die transdisziplinäre Humboldt'sche Wissenschaft, inszeniert und entfaltet sich in immer neuen Perspektiven. Immer neue Relationen, immer neue globale Wechselwirkungen zeichnen sich ab: zwischen

4 Alexander von Humboldt, *Relation historique du Voyage aux Régions équinoxiales du Nouveau Continent …* Nachdruck des 1814–1825 in Paris erschienenen vollständigen Originals, besorgt, eingeleitet und um ein Register vermehrt von Hanno Beck, Bd. III, (Stuttgart, 1970), S. 348.

5 Zum Begriff einer Landschaft der Theorie vgl. Ottmar Ette, „Europa transarchipelisch denken. Entwürfe für eine neue Landschaft der Theorie (und Praxis)", in: *Lendemains*, Bd. XXXIX, Nr. 154 (Tübingen, 2014), Nr. 154–155, S. 228–242.

Europa und Amerika, zwischen heißen und gemäßigten Klimaten, zwischen Nordhalbkugel und Südhalbkugel, zwischen Land und Meer, zwischen Europäern und Antillanern, zwischen Stadt und Land, zwischen Bäumen und Schiffsmasten, ja bereits erahnbar (wenn auch noch halb verborgen) zwischen freien Menschen und Sklaven auf den Antillen. Alejo Carpentier wusste, warum er dieses ebenso poetisch wie poetologisch gelungene incipit als literarisch-wissenschaftlichen Entwurf seiner „Stadt der Säulen" voranstellte.

Dass Kuba eine transarchipelisch mit den Kanaren, den Kapverden wie den Philippinen vernetzte globale Insel war, verstand Alexander von Humboldt, der wohl erste Globalisierungstheoretiker, wie kein zweiter unter seinen Zeitgenossen. Diese weltumspannende Relationalität der Insel unter kolonialen Bedingungen und die Problematik der daraus resultierenden extremsten Spannungszustände begriff der kubanische Dichter und Essayist José Martí als einer der profiliertesten Denker der dritten Phase beschleunigter Globalisierung als einen Auftrag, daraus die kulturtheoretischen, politischen und sozialen Konsequenzen zu ziehen. Denn Kuba kam ebenso in der ersten wie in der zweiten und dritten Phase beschleunigter Globalisierung[6] die Rolle eines global player zu, der freilich stets ein Spielball zwischen den Führungsmächten der jeweiligen Globalisierungen blieb. Ab 1492 bildete die Insel einen Bewegungsraum verdichtetster Globalisierung.

All dies zeigte sich bereits im Kartenbild der Insel Kuba im Kontext der frühen Kartographien der Karibik. Die erste separate Einzeldarstellung der größten der Antillen-Inseln ist dabei nichts anderes als eine freie italienische Erfindung aus dem Jahre 1528. In seinem berühmten Insel-Buch[7] imaginierte der aus Padua stammende Venezianer Benedetto Bordone eine große Insel in den Umrissen eines Krokodils, die mit den naturräumlichen Gegebenheiten ebenso wenig etwas zu tun haben wie die eher an italienische Landschaften erinnernde zeichnerische Ausgestaltungen des Landesinneren. Doch gelang es dem Miniaturisten und Kartographen hervorragend, die Insel Kuba in ihren weltweiten Beziehungsnetzen im globalen Maßstab als einen Bewegungsort zu charakterisieren, der schon bald nicht nur im Kreuzungspunkt transatlantischer, sondern auch transpazifischer Schiffsrouten liegen sollte. Im *Libro di Benedetto Bordone nel qual si ragiona de tutte l'Isole del mondo* gerät das Insularium zum Imaginarium, zur Projektionsfläche von Mächten, für welche die Insel von höchster

6 Zu diesen Phasen vgl. Ottmar Ette, *TransArea. A Literary History of Globalization.* Translated by Mark W. Person (Berlin/Boston, 2016).

7 *Libro di Benedetto Bordone. Nel qual si ragiona de tutte l'Isole del mondo …*, (Vinegria, 1528).

politischer, militärischer und nicht zuletzt ökonomischer Wichtigkeit wurde. Dies zeigt auch und gerade der Vergleich zwischen der monographischen Kartendarstellung und dem Bild der Insel, das Benedetto Bordone in seine Weltkarte eintrug: Kubas Insel-Bild war von Beginn an weltweit vernetzt.

Die herausragende geostrategische Lage Kubas hatte sich bereits im Jahre 1500 in der heute berühmten, aber lange Zeit geheim gehaltenen Weltkarte des Juan de la Cosa abgezeichnet. Keine Insel der Antillen ist in ihren Umrissen mit höherer (und bis heute faszinierender) Präzision wiedergegeben als Kuba, dessen Schlüsselposition am Ausgang des Golfs von Mexiko sich bereits erkennen ließ. Die Carta des berühmten spanischen Seemanns und Kartographen konfrontiert uns mit jener spezifischen Situierung Kubas in dem von Europa aus über die Welt geworfenen Kartennetz, eine geopolitische Lage, welche das Schicksal der Insel im Verbund der Antillen in den verschiedenen Phasen beschleunigter Globalisierung bestimmen sollte. Juan de la Cosas Bild der Insel Kuba ist bereits ein Bewegungs-Bild im transatlantischen Spannungsfeld zwischen Europa, Afrika und einer sich abzeichnenden „Neuen Welt".

Dreihundert Jahre nach Juan de la Cosas Weltkarte lief Alexander von Humboldt gemeinsam mit Aimé Bonpland in jenen Hafen von Havanna ein, dem er auf seinen kartographischen Darstellungen der Insel stets eine Sonderrolle zubilligen sollte. Die beiden Karten der Insel Kuba, die Alexander von Humboldt seinem Kartenwerk des *Atlas géographique et physique des régions équinoxiales du Nouveau Continent* und damit seinem amerikanischen Reisewerk beigab, präsentieren uns den rechteckigen Ausschnitt einer Insel, die auf den ersten Blick als separate Darstellung gleichsam aus dem Zusammenhang der karibischen Inseln und Festlandsäume herausgeschnitten zu sein scheint. Sie ordnen sich dem bereits erwähnten, 1826 separat in zwei Bänden zu Paris erschienenen, *Essai politique sur l'île de Cuba*[8] zu. Die separate Kartendarstellung legt wie die separate Publikation des *Essai politique* (parallel zu Humboldts *Essai politique* über das entstehende Mexiko) nahe, dass der preußische Schriftsteller und Gelehrte die Insel bereits als protonationale Einheit verstand und angesichts

8 Alexander von Humboldt, *Essai politique sur l'île de Cuba. Avec une carte et un supplément qui renferme des considérations sur la population, la richesse territoriale et le commerce de l'Archipel des Antilles et de Colombia*, (Paris, 1826). Vgl. zu diesem Werk und dem ihm beigegebenen Karten auch die kritische Edition der englischsprachigen Übersetzung: Alexander von Humboldt, *Political Essay on the Island of Cuba. A Critical Edition*. Edited with an Introduction by Vera M. Kutzinski and Ottmar Ette. Translated by J. Bradford Anderson, Vera M. Kutzinski et al. With Annotations by Tobias Kraft, Anja Becker et al. (Chicago/London, 2011).

ihrer globalen Bedeutung auch verstanden wissen wollte. Insel-Text und Insel-Bild stehen bei ihm in engster wechselseitiger Beziehung – und zugleich auf dem damals avanciertesten wissenschaftlichen Reflexionsniveau.

Vergleicht man die beiden Cuba-Karten des *Atlas géographique et physique* mit kartographischen Darstellungen, wie sie etwa Guillaume-Thomas Raynals *Histoire philosophique et politique des établissements et du commerce des Européens dans les deux Indes* – der großen Kolonialenzyklopädie, die nach ihrer Erstausgabe von 1770 zu einem Bestseller der Lumières geworden war – noch beigegeben wurden, so wird der gewaltige Sprung augenfällig, den Humboldts Karten von 1820 und 1826 hinsichtlich ihrer Darstellungstechniken, der Präzision ihrer astronomischen Messungen und Ortsangaben sowie der Detailtreue ihrer kartographischen Visualisierung aufweisen. Die Karte von 1826 stellte dabei eine revidierte und an vielen Stellen deutlich verbesserte Arbeit da, in welche in Humboldts work in progress neuere und neueste Daten Eingang gefunden hatten. So sind hier auch die Orte wichtiger auf Sklavenarbeit basierender Plantagen eingetragen, mit welcher die ortsansässige Oligarchie eine gerade nach der Revolution im benachbarten Saint-Domingue bzw. Haiti eine stetig wachsende Rolle auf dem Weltmarkt zu spielen begann.

Es ging Humboldt folglich nicht allein um die deutlichen Verbesserungen bezüglich des Verlaufs der dargestellten Gebirge, die Hinzufügungen zuvor fehlender oder fehlerhafter Einträge oder die leichten Korrekturen der astronomischen Berechnungen, die Humboldt dank zusätzlicher Hinweise sowie fremder Messungen und Berichtigungen einarbeiten konnte, sondern um eine möglichst komplexe Repräsentation einer Insel, die über ihren Haupthafen Havanna ebenso transarchipelisch wie transareal sich in einer ökonomischen, sozialen und politischen Vielverbundenheit entwickelte. Das Insel-Bild musste seinem Insel-Text entsprechen.

All diese Dimensionen aber finden sich bereits in nuce in einem Manuskript, das von Ulrike Leitner im Nachlass Alexander von Humboldts in der Jagiellonen-Bibliothek zu Krakau gefunden und im September 2016 erstmals als Pionieredition in einer digitalen Ausgabe des Akademienvorhabens der Berlin-Brandenburgischen Akademie der Wissenschaften unter dem Titel *Isle de Cube. Antilles en général* in der Reihe *edition humboldt digital* vorgelegt wurde.[9] Bereits der selbstverständlich von Humboldt stammende Titel dieses insgesamt

9 Alexander von Humboldt, *Isle de Cube. Antilles en général*, hrsg. v. Ulrike Leitner, Piotr Tylus et al., in: Ottmar Ette (Hrsg.), *edition humboldt digital*, aktualisierte Version vom 10.5.2017, http://edition-humboldt.de/v1/H0002922 (23.5.2017). Im fortlaufenden Text zitiert unter der Sigle IC.

37 Manuskriptseiten umfassenden Textes signalisiert, dass die Insel ohne den Kontext des Archipels und damit letztlich ohne die weltweiten Bezüge für Humboldt nicht zu denken war.

Text-Archipel und Text-Fraktal

Die besondere Bedeutung der Insel Kuba für die Forschungsreise in die Amerikanischen Tropen (1799 bis 1804) ergibt sich bereits aus der Tatsache, dass sich Humboldt und Bonpland zweimal auf der größten der Antilleninsel aufhielten. Die eingangs angeführte Einfahrt in den Hafen von Havanna eröffnete den ersten Aufenthalt, der mit dem 19. Dezember 1800 begann und ein knappes Vierteljahr später am 15. März 1801 endete. Schloss sich diese erste Kuba-Erfahrung an den Aufenthalt an der Nordküste Südamerikas, in Caracas und insbesondere die große Reise auf den Flusssystemen des Orinoco und des Amazonas an, so bildete der zweite Aufenthalt auf der Insel vom 19. März bis zum 29. April 1804 den Abschluss der gesamten Forschungsreise. Diesem sechswöchigen Aufenthalt folgten nur noch eine kurze Reise nach Philadelphia und Washington, die es Humboldt nicht zuletzt erlaubte, seine Materialien und Dokumente vor jedwedem spanischen Zugriff zu schützen, sowie die Rückreise nach Europa.

Das im Folgenden im Fokus stehende Manuskript *Isle de Cube. Antilles en général* entstand zunächst im Verlauf dieses kurzen zweiten Aufenthaltes zu einem Zeitpunkt, als Humboldt freilich den Gesamtüberblick über seine Reise in die Äquinoktial-Gegenden bereits besaß, seine Sammlungen ordnete und auf wenigen Seiten gedrängt und zugleich verdichtet all jenes notierte, was für ihn mit Blick auf künftige Veröffentlichungen über Kuba und die Antillen von Wichtigkeit sein könnte. Eine genauere Prüfung von Humboldts Einträgen in diesen Teil seiner Amerikanischen Reisetagebücher belegt zweifelsfrei, dass der preußische Kultur- und Naturforscher wie stets auch Jahrzehnte später noch weitere Zusätze, Anmerkungen, Aktualisierungen oder Korrekturen in sein Manuskript eintrug, sodass sich eine offene Strukturierung dieser Seiten ergibt, die weit mehr sind als ein eigentliches Reisetagebuch und überdies über den kurzen Zeitraum des Jahres 1804 hinausreichen.

Die unterschiedliche Kontextualisierung der beiden Kubaaufenthalte des deutsch-französischen Forscherteams, auf die Humboldt selbst bereits aufmerksam machte,[10] führten dazu, dass sich die (an anderer Stelle in den Amerikanischen Reisetagebüchern festgehaltenen) Eindrücke des ersten von den

10 Vgl. hierzu auch Ulrike Leitner, „Vorwort“, in: Ottmar Ette (Hrsg.), *edition humboldt digital*, http://edition-humboldt.de/v1/H0002927 (23.5.2017).

Impressionen des zweiten Aufenthalts auf der Insel stark voneinander unterschieden. War den beiden Forschern nach den Strapazen der Orinoco-Reise Havanna als höchst angenehmer urbaner Raum mit allen Möglichkeiten geistreicher Betätigung erschienen, so wirkte vor dem Hintergrund des langen Aufenthalts in Mexiko-Stadt, der Hauptstadt Neuspaniens, Havanna beim zweiten Mal doch eher provinziell und aufgrund des Fehlens großer wissenschaftlicher Einrichtungen doch eher kleingeistig. Nicht ohne Abscheu vermerkte Humboldt, dass hier alle Gespräche im Zeichen der Sklaverei stünden: „A la Havane toutes les conversations roulent autour du grand problème de faire avec moins de Nègres le plus de pains de sucre en un jour" (Humboldt, *Amerikanische Reisetagebücher* IX, 142r.). Dies aber bedeutete keineswegs, dass Humboldts großes Interesse an der Insel in den amerikanischen Tropen nachgelassen hätte: Das genaue Gegenteil war der Fall.

Analysiert man Schreibweise und Strukturierung von *Isle de Cube. Antilles en général* genauer, so zeigt sich deutlich, auf welche Weise sich dieser Text in die großen Linien der *Amerikanischen Reisetagebücher* einschreibt. Durchgängig lässt sich wie in anderen Teilen seiner Reisemanuskripte weder eine chronologische noch eine historische, weder eine wissenschaftliche noch disziplinäre, weder eine thematische noch inhaltliche Anordnung der einzelnen Textteile feststellen. Andererseits lässt sich die auf den ersten Blick oft so frappierende scheinbar chaotische Zusammenstellung der Materialien ebenso wenig bestätigen, zeigen sich doch durchaus Ordnungssystematiken, an die sich Alexander von Humboldt selbst freilich niemals kontinuierlich hielt. Gattungsspezifisch haben wir es folglich weder mit einem persönlichen Tagebuch noch mit einem literarischen Reisebericht, weder mit einer historischen Darstellung etwa der Insel Kuba noch mit einer nach jeweiligen Disziplinen getrennt vorgehenden Abhandlung, weder mit einem wissenschaftlichen Traktat noch mit einer einfachen Stoff- und Materialiensammlung zu tun. Vielmehr ist *Isle de Cube* all dieses und zugleich – wie zu zeigen sein wird – weit mehr. Der Text lässt sich nicht auf eine einzelne dieser Funktionen reduzieren und fasziniert durch seine radikal offene Strukturierung.

Alexander von Humboldt analysiert in diesem Text nicht nur Inseln, er schreibt auch in Inseln. Dies bedeutet, dass er – wie auch in allen anderen Teilen der Amerikanischen Reisetagebücher – einzelne Textbereiche schafft, die sich diskontinuierlich aufreihen und in keiner alles umfassenden Kontinuität stehen. Vielmehr geht Humboldts Schreiben diskontinuierlich vor, insofern die einzelnen voneinander getrennten, »gebrochenen« Textteile relational wie die Inseln eines Archipels miteinander verbunden sind. Diese Relationalität oder Vielverbundenheit stellt ein Charakteristikum des nicht-linearen und diskontinuierlichen Humboldtian Writing dar. Wie anderen Text-Inseln aus seiner Feder gab Humboldt *Isle de Cube* einen Titel, der sich angesichts der Länge des in viele verschiedene Teile sich aufgliedernden Textes als Titel für ein ganzes Text-Archipel begreifen lässt.

Dieser Text bildet kein Fragment oder eine Ansammlung von Fragmenten, insofern *Isle de Cube* kein Bruchstück, keinen Teil eines größeren Werkes bildet, sondern vielmehr in sich selbst ein stets ausweitbares Schreibmodell darstellt, das auf Ähnlichkeitsbeziehungen basiert. *Isle de Cube. Antilles en général* ist folglich kein Fragment einer größeren Einheit, sondern ein Fraktal: Es bildet auf der Basis von Multirelationalität und Selbstähnlichkeit ein Modell ab, das uns zugleich eine Vorstellung vom Schreibmodell wie vielleicht mehr noch vom Denkmodell Alexander von Humboldts liefert. Dabei ist dieses Denkmodell von zutiefst relationaler Natur und richtet sich nicht nach einfachen Kausalketten aus, sondern an viellogischen Faktorenfeldern, die wechselseitig interagieren und ganz dem Humboldt'schen Grundaxiom entsprechen: „Alles ist Wechselwirkung" (*Amerikanische Reisetagebücher* IX, 27r, 2 – 27v). Nichts in diesem Werk wie auch in diesem Denken bleibt unverbunden und steht für sich allein: Was immer Humboldt gerade analytisch auseinandersetzen mag: Es wird sogleich wieder zusammengedacht.

Das Humboldt'sche Schreibmodell bildet kotextuell (also mit Blick auf die unterschiedlichen Bestandteile von *Isle de Cube* selbst) ein archipelisches Textgeflecht, welches kontextuell mit den historischen, politischen oder ökonomischen Entwicklungen der Zeit verflochten ist. Diese dynamische Anlage betrifft ebenso die intratextuellen Bezüge, die also die Relationen zu anderen Texten Humboldts innerhalb wie außerhalb der *Amerikanischen Reisetagebücher* betreffen, wie intertextuelle Beziehungen, die Humboldts Schreiben explizit oder implizit mit Werken, Daten und Erkenntnissen anderer Autoren verknüpfen. So setzt sich dieses im Jahre 1804 begonnene Stück Humboldt'scher Reiseliteratur selbstverständlich in ein Verhältnis etwa zu jenen Textteilen, die im Rahmen des ersten Kuba-Aufenthaltes verfasst wurden, bezieht aber auch all jene Text-Inseln mit ein, die Humboldt in anderen Teilen seiner Reisemanuskripte entwickelt hat. Folglich stehen, um nur ein Beispiel herauszugreifen, einzelne Betrachtungen über Sklaven und die Sklaverei in einem evidenten Verweisungszusammenhang mit Text-Inseln, die Humboldt in allen neun Bänden seiner Reisetagebücher oftmals mit Überschriften wie „Esclaves", „Sklaven" oder „Esclavos" versehen hat.

Auch wenn sich im Titel – bis in die französische Benennung der Insel hinein – eine Einsprachigkeit auszudrücken scheint und die weit überwiegenden Teile von *Isle de Cube* in französischer Sprache abgefasst sind: Zusätzlich zum Französischen werden – wie in anderen Teilen der Humboldt'schen Reisetagebücher auch – weitere Sprachen miteinbezogen, sodass die für Alexander von Humboldt so charakteristische Mehrsprachigkeit und das diskontinuierliche Hüpfen von einer Sprache zur anderen entsteht, welches mit seiner eigenen wie Wilhelm von Humboldts Überzeugung verknüpft ist, dass sich die Welt nicht aus einer einzigen Perspektive, nicht aus einer einzigen Sprache analysieren und verstehen lässt. Wissen ist sprachlich vermittelt und sprachlich verankert – und folglich nicht etwa sprachenneutral. Das archipelische Schreiben Alexander von Humboldts bedient sich daher ganz selbstverständlich einer Mehrsprachigkeit, die wir in unserer heutigen Wissenschaftsentwicklung im Zeichen der aktuellen Dominanz des Englischen – mit zweifellos erheblichen negativen Konsequenzen einschließlich des Verlusts ganzer nicht-englischsprachiger Bibliotheken – zu verlieren drohen.[11] Humboldts *écriture* basiert im selben Maße wie sein Weltbewusstsein auf einem ständigen Sprachenwechsel, der auch in diesem Manuskript mit seinen deutsch-, spanisch- oder englischsprachigen Passagen deutlich zum Ausdruck kommt.

Mit guten Gründen hat Michael Zeuske in seinem Begleittext zur erstmaligen Edition von *Isle de Cube. Antilles en général* auf die enorme Bedeutung der Sklavereiwirtschaft und des Sklavenhandels in diesem so komplexen Text aus Humboldts Hand aufmerksam gemacht.[12] Bereits seit seiner Ankunft in der »Neuen Welt« hatte sich Humboldt in Cumaná im heutigen Venezuela intensiv mit den unterschiedlichsten Formen der Sklaverei beschäftigt: ebenso mit jenen Formen indigener Versklavung und von Razziensklaverei wie mit jenen einer Massensklaverei, wie sie in der millionenfachen Versklavung, Verbringung, Vergewaltigung und brutalen Verwendung von Afrikanern in den Amerikas zum Ausdruck kam.[13] Entlang der gesamten Reise durch die Tropen Amerikas weist eine Vielzahl von Text-Inseln auf die hohe Beobachtungsgabe und Reflexionsfähigkeit, aber auch auf die unablässigen Informationsflüsse zur »ersten« wie zur »zweiten Sklaverei« hin, die in den Amerikanischen Reisetagebüchern

---

11 Vgl. Jürgen Mittelstraß, Jürgen Trabant et al., *Wissenschaftssprache. Ein Plädoyer für Mehrsprachigkeit in der Wissenschaft* (Stuttgart, 2016).

12 Vgl. Michael Zeuske, „Alexander von Humboldt, die Sklavereien in den Amerikas und das „Tagebuch Havanna 1804", in: Ottmar Ette (Hrsg.), *edition humboldt digital* http://edition-humboldt.de/v1/H0012105 (23.5.2017).

13 Ebd. Zur Frage der Sklaverei vgl. Aniela Mikolajczyk, „Alexander von Humboldts Manuskript *Isle de Cube. Antilles en général* in der Biblioteka Jagiellonska als Vorstufe des *Essai politique sur l'île de Cuba*", in: HiN – *Alexander von Humboldt im Netz. Internationale Zeitschrift für Humboldt-Studien* (Potsdam – Berlin) XVIII, 34, (2017), http://www.hin-online.de (23.5.2017).

archipelisch verarbeitet wurden. Humboldts Manuskript liefert ein höchst aussagekräftiges Bild der transatlantischen Barbarei aus ebenso hemisphärischer wie gesamtkaribischer Perspektive.

Zu Beginn des zweiten Aufenthalts von Aimé Bonpland und Alexander von Humboldt auf Kuba war eine grundlegende Veränderung globalgeschichtlichen Ausmaßes zu den bisherigen Rahmenbedingungen des Sklavereisystems hinzugetreten. Denn zu der von Humboldt erwähnten industriellen Revolution in England und der von ihm bewunderten politischen Revolution in Frankreich war nach der antikolonialen Revolution mit der Unabhängigkeit der Vereinigten Staaten nun der Erfolg der Haitianischen Revolution hinzugekommen, die 1791 begonnen und mit der Erklärung der Unabhängigkeit Haitis am 1. Januar 1804 abgeschlossen worden war. Humboldts Niederschrift beginnt im Jahre 1804, also wenige Wochen vor seiner kurzen Reise in die USA, gewiss stärker im Zeichen der amerikanischen als der europäischen Doppel-Revolution und siedelt sich damit zwischen der Revolution gegen den kolonialen Status in den Vereinigten Staaten und gegen den versklavten Zustand im bis vor kurzem noch französischen Saint-Domingue an. Wie sehr ihn zeitlebens die fortgesetzte Massensklaverei in den USA zu vielen kritischen Kommentaren herausforderte, wissen wir nicht allein aus seinen vehementen Protesten gegen den lange Zeit und bis in unsere Gegenwart hinein so erfolgreichen Versuch, ihn in den Vereinigten Staaten als Sklavereibefürworter darzustellen. Erst vor wenigen Jahren konnte eine kritisch edierte englischsprachige Neuübersetzung seines *Essai politique sur l'île de Cuba* vorgelegt werden, in der die verleumderischen Übersetzungen von Thrasher, der alle sklavereikritischen Ausführungen Humboldts in sklavereibefürwortende Äußerungen „übersetzte", signalisiert und hoffentlich dauerhaft aus der Welt geschafft wurden.[14] Auch dies ist ein Beispiel dafür, wie gefährlich und kurzsichtig eine Wissenschaft agiert, die nicht mehr auf fremdsprachige Texte, sondern nur mehr auf deren Übersetzungen ins Englische zurückgreift. Alexander von Humboldts translinguale Wissenschaft bildet hiergegen ein ideales Antidotum.

Inmitten einer rasch um sich greifenden Hysterie, in die angesichts der erfolgreichen Sklavenrevolution auf Haiti alle an Sklavenwirtschaft, Sklavenhandel und Sklavenschmuggel Beteiligten verfallen waren, entwickelte Alexander von Humboldt seine über lange Jahre bereits angestellten Beobachtungen auch und

14 Vgl. hierzu auch Vera M. Kutzinski und Ottmar Ette, „Inventories and Inventions: Alexander von Humboldt's Cuban Landscapes", in: Humboldt, *Political Essay on the Island of Cuba. A Critical Edition*, S. VII–XXIII.

gerade zur Second Slavery fort und analysierte aufmerksam ebenso das von ihm gesammelte beziehungsweise ihm zur Verfügung gestellte Zahlenmaterial wie auch die Rechtfertigungsdiskurse und das praktische Handeln der lokalen wie internationalen Oligarchien. Sein diplomatisches Geschick eröffnete ihm den Zugang nicht nur zu den höchsten, sondern auch den am besten informierten Kreisen der spanischen Kolonialgesellschaft.

Der Freund der Französischen Revolution ging zweifellos auf Distanz zur Haitianischen Revolution, blieb aber seiner ethisch fundierten Auffassung treu, der zufolge die Sklaverei in all ihren Formen – auch etwa im Bereich der indigen Völker Amerikas – verabscheuenswürdig sei und beendet werden müsse. In *Isle de Cube. Antilles en général* analysierte er – wie dies schon im Titel zum Ausdruck kommt – keineswegs nur die sich rapide verändernden historischen und ökonomischen Kontexte der Massensklaverei auf Kuba, sondern bezog aus einer vergleichenden und mehr noch die Vielverbundenheit der Sklaverei untersuchenden Perspektive die Antillen und den gesamten transatlantischen Bewegungsraum mit in sein Denken ein. Aufgrund der revolutionären Verhältnisse auf Saint-Domingue kam den französischen Antillen eine besondere Bedeutung zu. Gleichwohl beschäftigte er sich ebenso ausführlich mit der Sklavereigesetzgebung im Imperium der Katholischen Monarchie oder im britischen Empire mit seinen oftmals verharmlosenden Regelungen wie mit den gesetzlichen Grundlagen der Versklavung im französischen Kolonialreich.

Sein Ansatz war dabei zweifellos kein revolutionärer, sondern ein die Sklaverei Stück für Stück reformierender auf dem Weg zu einer mittelfristigen realen Abschaffung der Sklaverei. Immer wieder rücken dabei nicht nur die von der Massensklaverei ungeheuer(lich) profitierenden Mächte und Institutionen sowie die Handlungsmöglichkeiten der Sklaven in den Blick, sondern auch die konkreten Lebensbedingungen aller Versklavten in Kuba wie auf den Antillen insgesamt. Seine Forschungen beziehen sich ebenso auf die unmenschlichen Unterbringungsformen oder auf die jeweiligen Kleidungen der versklavten Afrikaner wie auf die Lebensgewohnheiten und Lebensmittel in den sich ständig „modernisierenden", an höchstmöglicher Rentabilität ausgerichteten Ingenios:

> On donne à un Nègre 1/2 arrobe de Tasajo de Buenos ayres, en outre les Viandes c. à. d. les Calabasses, Boniatos (Convolvulus) forme de Mays, 1 ar[roba] de Tasajo de Buenos ayres = 10–12 r[eales]. Enfin, [s'il] manque, on leur donne du Bacalao (salé) que l'on regarde comme malsain (IC Bl. 130v).

Anhand derartiger Passagen wird deutlich, in welchem Maße er sich nicht nur für die menschenverachtenden Praktiken der Massensklaverei im weltwirtschaftlichen Zusammenhang und nicht allein für die damals längst umstrittene

Frage der Rentabilität der Sklaverei (die für Humboldt angesichts der enormen Gewinnspannen freilich außer Frage stand) interessierte, sondern auch für die konkreten Lebensbedingungen der Sklaven auf jenen Ingenios, die Humboldt aufgrund seiner Beziehungen zur kubanischen Zuckeroligarchie persönlich hatte besichtigen können. So entsteht bereits in *Isle de Cube. Antilles en général* ein anschauliches Bild jener Massensklaverei, die Humboldt zugleich analysierte und verabscheute. Doch wusste er sehr realistisch einzuschätzen, dass die Abschaffung der Sklaverei, die in Teilen der Amerikas bis ins Jahr 1888 andauerte und letztlich in verschiedensten anderen Formen erneuerter Sklaverei fortlebte und weiter fortlebt, nicht die Sache weniger Jahre sein würde:

> S'il est dangereux qu'auqu'un [sic!] Gouvernement s'occupe en ce moment de la liberté des Nègres [,] on pourrait du moins s'occuper d'améliorer leur sort, de les rendre moins malheureux. C'est un Crime de ne pas le faire (IC Bl. 141v).

Untätigkeit in der Frage der Sklaverei war für Humboldt ein Verbrechen.

Miniatur – Modell – Fraktal

Isle de Cube. Antilles en général ist weit mehr als eine Material- und Stoffsammlung für Alexander von Humboldts später separat erschienenen *Essai politique sur l'île de Cuba*; dieser Text-Archipel entfaltet vielmehr eine spezifische Art der Miniaturisierung komplexer Zusammenhänge, die als *écriture courte* die Relationalität von Humboldts Annäherung an die Inselwelt der Karibik diskontinuierlich vor Augen führen. Die hier praktizierte Kurzschreibweise besteht keineswegs – wie die Textauszüge zeigen – aus einer stichpunktartigen Auflistung nebst beigefügten Erläuterungen (wie dies bei einer Materialsammlung der Fall gewesen wäre), sondern aus oft sehr pointiert formulierten sprachlichen Elementen, die dem gesamten Text im Rahmen der *Amerikanischen Reisetagebücher* einen hohen Erkenntniswert verschaffen. Alexander von Humboldt ist ein Schriftsteller: auch dort, wo er Miniaturen verfasst.

Die Zahlenangaben und Statistiken bilden ihrerseits Bezugspunkte für ein Analyse- und Denksystem, das stets nach einer internen wie einer externen Relationalität verlangt. Fraglos wird die Insel Kuba in ihrer internen Relationalität erfasst; Humboldt ist sich aber in seinem vernetzenden Denken der Tatsache gewiss, dass ein wirkliches Verständnis für die spezifische Situation der Insel nicht möglich ist, solange nicht deren Beziehungen innerantillanisch wie transarchipelisch miteinbezogen werden.

Wenn sich folglich unter der Überschrift „Esclaves“ (IC 134r) die französischsprachigen Überlegungen Humboldts zur Revolution in Saint-Domingue mit spanischen Zitaten des für ihn wichtigen Sklavereispezialisten Francisco de Arango y Parreño zur Gesetzgebung im spanischen Weltreich oder mit englischsprachigen Zitaten zur Sklavengesetzgebung auf Barbados oder den Bermudas vermischen, dann führt dies im Sinne Humboldts die Einheit des karibischen Raumes gerade aus dessen sprachlicher, kultureller, juristischer, sozialer oder politischer Verschiedenartigkeit vor Augen. Wie in einer Doppelbewegung von Systole und Diastole werden Auseinander-Setzen und Zusammen-Denken so überzeugend auf eine jeweils interne und externe Relationalität bezogen, in der die relative Eigen-Logik und Eigen-Gesetzlichkeit von Inseln nicht zu einer getrennten Behandlung, sondern einer komplexen Reflexion des Verschiedenartigen (beispielsweise innerhalb einer auf Sklaverei gegründeten Plantagengesellschaft) führt. Humboldt trennt gerade nicht nach den einzelnen Kolonialreichen, den unterschiedlichen Rechtssystemen, divergierend verlaufenen Geschichtsprozessen oder verschiedenen Sprachbereichen. Sein Diskursuniversum wie sein archipelisches Schreiben erfassen die Komplexität relational und viellogisch.

Die mithilfe einer Kurzschreibweise erzielte Miniaturisierung erlaubt die Entwicklung einer Modellbildung, die nicht auf Vereinfachung, sondern auf ein Höchstmaß an Komplexifizierung abzielt. Zugleich werden immer wieder die Lebens- und Erlebenskontexte deutlich. Wie hätte man die barbarische Repression des weißen Terrors auf Saint-Domingue besser zum Ausdruck bringen können als in dieser Einlassung:

> J'ai entendu dire: Mr. Vous êtes un Jean-foutre — —un Philantrope! On donnait 200 300 coups de fouets aux Nègres avant de les fusiller; on fusilloit tous les Prisonniers, 50–80 à la fois. Le Terrorisme régnait en 1803 aux Colonies. Le Général Rochambeau fit fusiller un Habitant parce que il ne lui paya pas la Contribution de 6000 pesos (IC Bl. 141v).

Auf diese Weise bildet *Isle de Cube. Antilles en général* nicht nur ein Schreib-, sondern weit mehr noch ein Denkmodell der Insel Kuba und mehr noch der Inselwelt der Antillen im Allgemeinen. In dieses Modell fließen ebenso geologische und pflanzengeographische, historiographische und kulturtheoretische, klimatologische und wirtschaftsgeographische, globalgeschichtliche und ökonomische, soziologische und politologische, sklavereispezifische und militärstrategische Aspekte ein, die sich immer wieder inselartig in den Text eingefügt finden und sogleich in eine Dimension der Vielverbundenheit übersetzen: Alles ist Wechselwirkung. Die politische Dimension dieses *Essai politique en miniature* umfasst ebenso die Politik wie das Politische in ihrer Vielverbundenheit.

Die Humboldt'sche Vernetzungswissenschaft entwirft das Modell[15] für ein wissenschaftliches Verständnis der Karibik, innerhalb dessen gilt: Wer die Insel Kuba verstehen will, darf sich nicht nur auf Kuba konzentrieren, sondern muss möglichst viele Erkenntnisse über Saint-Domingue beziehungsweise Haiti oder Jamaica, Martinique oder Barbados, Puerto Rico oder Guadeloupe, die Bermudas, Antigua oder Curaçao einbeziehen. Ein Kuba-Spezialist ist daher gerade nicht, wer sich allein auf Kuba konzentriert. In der für Humboldt so charakteristischen verdichtenden Schreibweise bringt dies bereits der Titel *Isle de Cube. Antilles en général* hervorragend zum Ausdruck.

Innerhalb eines derartigen relationalen Verständnisses der Karibik, das auf der Einsicht in eine offene Strukturierung aller Elemente, die miteinander in Wechselwirkung stehen, beruht, kann die Grundlage für eine polylogische Herangehensweise keine statische Raumgeschichte sein. Vielmehr ist in diesem Text, der sich am Ende der *Amerikanischen Reise* Alexander von Humboldts ansiedelt, die Humboldt'sche Wissenschaft in ihren Umrissen unverkennbar konstituiert. Keine Raumgeschichte, sondern eine Bewegungsgeschichte verbindet dynamisch die Elemente einer Welt, in der alles in Bewegung ist: von der prekären geologischen und vulkanologischen Situation über die Migration der Pflanzen bis hin zur (erzwungenen) Migration der Menschen, die Machtfaktoren unterliegen, welche sie im Zeichen eines transatlantisch zentrierten Weltwirtschaftssystems in versklavte Objekten weltumspannender Interessen verwandeln. Doch als prekär erscheinen in Humboldts *Amerikanischen Reisetagebüchern* nicht nur die Geologie oder die Ökologie, sondern gerade auch eine Ökonomie, die sich im Zeichen der erfolgreichen Revolution von Saint-Domingue spätestens seit 1804, dem Zeitpunkt des zweiten Aufenthaltes von Humboldt und Bonpland auf Kuba, der imminenten Gefahr radikaler Veränderungen ausgesetzt sieht. Humboldt bezog dies selbstverständlich ebenso auf den gesamten karibischen Raum wie auf die zirkumkaribischen Festlandsäume einschließlich der Vereinigten Staaten von Amerika, deren Bevölkerungs- und Sklavenentwicklung er kurz vor seiner Abreise in die USA einzufügen nicht vergaß. Die französischen Antillen standen im Fokus eines transatlantischen Handels, dessen sklavereiwirtschaftliche Grundlagen erschüttert waren.

So bietet *Isle de Cube. Antilles en général* nicht nur ein archipelisches Schreiben, dessen Miniaturisierung im Kontext einer viellogischen Vielverbundenheit

---

15 Zu den Zusammenhängen zwischen Miniaturisierung und Modellierung im Spannungsfeld von Wissenschaft, Kunst und Bricolage vgl. Claude Lévi-Strauss, *La pensée sauvage* (Paris, 1962).

das Modell der hier behandelten Area der Karibik transareal entfaltet. Dieses Modell konfiguriert vielmehr zugleich das Fraktal eines Wissenschaftsverständnisses, das Alexander von Humboldt in den folgenden Jahrzehnten[16] noch weiter ausarbeiten sollte. Als Fraktal der Humboldt'schen Wissenschaft steht es für eine Epistemologie und für ein ebenso scientifisches wie literarisches Schreiben ein, welche nichts von ihrer Relevanz für die heutigen Herausforderungen verloren haben.

Bibliographie

Carpentier, Alejo, *La ciudad de las columnas* (La Habana, 1982).

Ette, Ottmar, *ZwischenWeltenSchreiben. Literaturen ohne festen Wohnsitz* (Berlin, 2005).

Ette, Ottmar „Europa transarchipelisch denken. Entwürfe für eine neue Landschaft der Theorie (und Praxis)", *Lendemains*, (Tübingen, 2014), Bd. XXXIX, Nr. 154–155, S. 228–242.

Ette, Ottmar, *TransArea. A Literary History of Globalization*. Translated by Mark W. Person (Berlin/Boston, 2016).

Humboldt, Alexander von, *Amerikanische Reisetagebücher, Tagebuch IX* (1803–1804).

Humboldt, Alexander von, *Essai politique sur l'île de Cuba. Avec une carte et un supplément qui renferme des considérations sur la population, la richesse territoriale et le commerce de l'Archipel des Antilles et de Colombia*, (Paris, 1826).

Humboldt, Alexander von, *Relation historique du Voyage aux Régions équinoxiales du Nouveau Continent …*, hrsg. v. Beck, Hanno, Bd. III, (Stuttgart, 1970).

Humboldt, Alexander von, *Political Essay on the Island of Cuba. A Critical Edition*. Edited with an Introduction by Vera M. Kutzinski and Ottmar Ette. Translated by J. Bradford Anderson, Vera M. Kutzinski et al. With Annotations by Tobias Kraft, Anja Becker et al. (Chicago/London, 2011).

Humboldt, Alexander von, *Isle de Cube. Antilles en général*, hrsg. v. Leitner, Ulrike, Tylus, Piotr et al., in: Ette, Ottmar (Hrsg.), *edition humboldt digital*, aktualisierte Version vom 10.5.2017, http://edition-humboldt.de/v1/H0002922 (23.5.2017).

Kutzinski, Vera M. und Ette, Ottmar, „Inventories and Inventions: Alexander von Humboldt's Cuban Landscapes", in: Humboldt, Alexander von, *Political*

16

Essay on the Island of Cuba. A Critical Edition. Edited with an Introduction by Vera M. Kutzinski and Ottmar Ette. Translated by J. Bradford Anderson, Vera M. Kutzinski et al. With Annotations by Tobias Kraft, Anja Becker et al. (Chicago/London, 2011), S. VII–XXIII.

Leitner, Ulrike, „Vorwort", in: Ette, Ottmar (Hrsg.), *edition humboldt digital*, http://edition-humboldt.de/v1/H0002927 (23.5.2017).

Lévi-Strauss, Claude, *La pensée sauvage* (Paris, 1962).

Libro di Benedetto Bordone. Nel qual si ragiona de tutte l'Isole del mondo …, (Vinegria, 1528).

Mikolajczyk, Aniela, „Alexander von Humboldts Manuskript ‚Isle de Cube. Antilles en général' in der Biblioteka Jagiellonska als Vorstufe des ‚Essai politique sur l'île de Cuba'", *HiN – Alexander von Humboldt im Netz. Internationale Zeitschrift für Humboldt-Studien* (Potsdam – Berlin) XVIII, 34 (2017), http://www.hin-online.de (Stand: 23.5.2017).

Mittelstraß, Jürgen, Trabant, Jürgen et al., *Wissenschaftssprache. Ein Plädoyer für Mehrsprachigkeit in der Wissenschaft* (Stuttgart, 2016).

Zeuske, Michael, Alexander von Humboldt, die Sklavereien in den Amerikas und das „Tagebuch Havanna 1804", in: Ette, Ottmar (Hrsg.), *edition humboldt digital*. http://edition-humboldt.de/v1/H0012105 (23.5.2017).

Jutta Weber
Staatsbibliothek zu Berlin – Preußischer Kulturbesitz

Dominik Erdmann
Humboldt-Universität zu Berlin

Alexander von Humboldts Amerikanische Reisetagebücher. Am Anfang neuer Ideen – ein Projekt und seine Folgen

Abstract: Nach dem Erwerb der Tagebücher der Amerikanischen Reise Alexander von Humboldts durch die Staatsbibliothek zu Berlin gelang es, auch Mittel für die Erschließung und Digitalisierung des gesamten Nachlasses Humboldts zu erhalten. Das Humboldt-Projekt stellt einen wichtigen Meilenstein des gemeinsamen Arbeitens der Staatsbibliothek zu Berlin mit der Jagiellonen-Bibliothek an den bedeutenden Nachlassbeständen der ehemaligen Preußischen Staatsbibliothek dar. An dieses Projekt anknüpfend kann man nun Ideen und Ansätze für die Arbeit mit den Autographensammlungen innerhalb der „Berlinka", der Sammlung Autographa und der Sammlung Varnhagen entwickeln. Dies wird exemplarisch im vorliegenden Beitrag vorgenommen.

Keywords: Alexander von Humboldt, Amerikanische Reisetagebücher, Kalliope-Verbundkatalog, Digitalisierung von handschriftlichen Beständen, gemeinsames Humbold-Projekt der Staatsbibliothek zu Berlin und der Jagiellonen-Bibliothek

Nach dem Erwerb der Tagebücher der Amerikanischen Reise Alexander von Humboldts durch die Staatsbibliothek zu Berlin gelang es, auch Mittel für die Erschließung und Digitalisierung des gesamten Nachlasses Humboldts zu erhalten. Das Bundesministerium für Bildung und Forschung (BMBF) unterstützte, zusammen mit der Stiftung Preußischer Kulturbesitz und der Bundesbeauftragten für Kultur und Medien (BKM) ein auf drei Jahre angelegtes Projekt. Während die Universität Potsdam einzelne wissenschaftliche Arbeiten mit unterschiedlichen Forschungsansätzen zu den Reisetagebüchern Humboldts auf den Weg brachte, konnte die Staatsbibliothek einen großen Schritt zur Zusammenführung der Bestände der ehemaligen Preußischen Staatsbibliothek verwirklichen: Der durch Auslagerungen während des Zweiten Weltkrieges auf Krakau und Berlin verteilte Nachlass Humboldts konnte virtuell vereinigt werden. Heute sind über

33.000 Blatt, davon etwa 22.000 Blatt in Berlin und etwa 11.000 Blatt in Krakau in der Verbunddatenbank Kalliope erschlossen und vollständig digitalisiert. Sie können im Humboldt-Portal[1] weltweit von jedermann kostenlos eingesehen und verwendet werden.

Das Humboldt-Projekt stellt einen wichtigen Meilenstein des gemeinsamen Arbeitens der Staatsbibliothek zu Berlin mit der Jagiellonen-Bibliothek an den bedeutenden Nachlassbeständen der ehemaligen Preußischen Staatsbibliothek dar. An dieses Projekt anknüpfend kann man nun Ideen und Ansätze für die Arbeit mit den Autographensammlungen innerhalb der „Berlinka", der Sammlung Autographa und der Sammlung Varnhagen entwickeln. Deren Erschließung und Digitalisierung würde nicht nur die Arbeit an den Humboldtiana vervollständigen. Ein Vorhaben, das die beiden hoch bedeutenden Autographensammlungen erstmals in ihrer Gesamtheit und in ihrem Kontext zu vielen Nachlässen des 19. Jahrhunderts sichtbar machte, könnte einen ganz neuen Blick auf die Kultur und Geistesgeschichte des 19. Jahrhunderts eröffnen und viele Tausend Dokumente dem Vergessen entreißen.

Humboldt ist eine der bedeutendsten Persönlichkeiten der preußischen Kulturgeschichte des 19. Jahrhunderts. Aber er war natürlich nicht allein. Das Netzwerk seiner Korrespondenz ist seit je Gegenstand internationaler Publikationen. Dem bisher Bekannten fügt das Humboldt-Portal[2] eine Fülle von bisher nicht publizierten Briefen, Notizen, Texten hinzu, die in den Zusammenhang von Humboldts Nachlass gehören und nun einzeln oder in eben diesem Zusammenhang studiert werden können. Zurzeit ist eine umfassende Suche nach Personen, mit denen Humboldt schriftlich verkehrte, in der Datenbank Kalliope möglich: Über 4.780 Korrespondenzen Humboldts werden dort gegenwärtig verzeichnet, davon 2.236 in der Berliner Staatsbibliothek und 1.431 in der Jagiellonen-Bibliothek. Zu den wesentlichen Informationsquellen gehören neben den Briefen und Manuskripten aus dem Nachlass Humboldts natürlich auch die Reisetagebücher, die in einem Langzeitvorhaben der Berlin-Brandenburgischen Akademie der Wissenschaften bearbeitet werden.[3] Ein Register all der Personen, die Humboldt in Mittel- und Südamerika begegneten oder die ihm wichtige Informationen zur Verfügung stellten und in den Tagebüchern erwähnt werden, wird eines der Ergebnisse dieser Edition der Tagebücher sein. Eine weitere interessante Quelle zu Humboldts wissenschaftlichem und privatem Umgang ist das kleine Adressbuch, das die Staatsbibliothek vor ein paar Jahren erwerben konnte,

1 http://humboldt.staatsbibliothek-berlin.de (2.5.2018).
2 http://humboldt.staatsbibliothek-berlin.de/ (2.5.2018).
3 http://www.bbaw.de/forschung/avh-r (2.5.2018).

und das nun als digitales Bild und vollständig transkribiert der Forschung im Internet zur Verfügung steht[4]. Welche Kontakte Humboldt in der Öffentlichkeit nutzte und vermittelte, wird transparent werden, wenn 2019 das Berner Humboldt-Projekt seine Ergebnisse veröffentlichen wird.[5] Die Quellenlage von und über Alexander von Humboldt ist also heute so gut wie nie zuvor zugänglich und bildet eine hervorragende Grundlage für weitere Projektideen.

Der Nachlass Alexander von Humboldt (BJ) und die Kollektaneen zum Kosmos (SBB)

Alexander von Humboldt sammelte und bewahrte seine Manuskripte, Notizen, Zeitungsausschnitte, Karten, Artikel und Briefe, um sie für die Herstellung seiner eigenen Publikationen zu nutzen. Zugleich beabsichtigte er aber auch, sie an die forschende Nachwelt zu überliefern. Humboldt ausgeprägtes Nachlassbewusstsein drückt sich in seinen Testamenten ebenso aus, wie in kleinen Randnotizen die er direkt auf Manuskripte notierte und so über deren Entstehung oder Bedeutung informierte.

Humboldts Nachlassbestimmungen sind differenziert. Seinen gesamten Hausrat, die Bibliothek und die gedruckten Karten vermachte er seinem Kammerdiener Johann Seiffert. Alle handschriftlichen Materialien und die Manuskriptkarten bestimmte er zur Aufbewahrung auf der damaligen Königlichen Bibliothek zu Berlin und der Berliner Sternwarte.

Bei den Papieren, die auf die königliche Bibliothek gelangten, handelt es sich um Materialien, die Humboldt in seinem *Essai politique sur le royaume de la Nouvelle-Espagne*[6] und dem *Essai politique sur l'île de Cuba*[7] ausgewertet hat. Unter diesen Papieren befindet sich sein eigenhändiges Manuskript zu den *Tablas Geográficas Políticas del Reyno de Nueva España*[8] und zwei zwischenzeitlich edierte Tagebuchteile seiner amerikanischen Reise.[9] Die Dokumente

---

4 http://kalliope.staatsbibliothek-berlin.de/de/search.html?q=humboldt+adressbuch> (2.5.2018).

5 http://www.humboldt.unibe.ch/editionsprojekt.html (2.5.2018).

6 Alexander von Humboldt, *Essai politique sur le royaume de la Nouvelle-Espagne* (Paris, 1811).

7 Alexander von Humboldt, *Essai politique sur l'île de Cuba* (Paris, 1826).

8 Kraków, Biblioteka Jagiellońska, Nachlass Alexander von Humboldt, Bd. 1/1, Bl. 3a–25a.

9 Vgl. Ulrike Leitner (Hrsg.), *Alexander von Humboldt: Von Mexiko-Stadt nach Veracruz: Tagebuch* (Berlin, 2005). Sowie: Alexander von Humboldt, *Isle de Cube. Antilles*

wurden – wie es Humboldts Wunsch entsprach – 1868 von den Erben der Königlichen Bibliothek übergeben. Sie bildeten dort den Grundstock des heute in der Biblioteka Jagiellońska verwahrten, sogenannten Nachlass Alexander von Humboldt. Bei diesem handelt es sich indes nicht nur um einen ‚echten' Nachlass, sondern um eine sukzessive zusammengestellte Sammlung, die sich aus unterschiedlichen Erwerbungen zusammensetzt, darunter der großen Humboldt-Sammlung seines Sekretärs Eduard Buschmann.

Bei den Papieren, die Humboldt zur Aufbewahrung auf der Berliner Sternwarte bestimmte, handelt es sich um einen Großteil seiner bereits von ihm selbst sogenannten *Kollektaneen zum Kosmos:* eine Materialsammlung die Humboldt in seinem Arbeitszimmer in 13 großen und kleinen Kästen aufbewahrte, wie sie in dem berühmten Aquarell zu sehen sind, das Eduard Hildebrandt von Humboldt in seinem Arbeitszimmer um 1845 malte.

Die Kollektaneen waren ein hybrides, auf Humboldts vernetzende Wissenschaft zugeschnittenes, Arbeitsinstrument. Hier legte er Briefe, Zeitungsausschnitte, Publikationsfragmente, eigene und fremde Manuskripte und Notizen in großer Zahl in beschrifteten Mappen ab. Sie waren ebenso nach Themengebieten, wie hinsichtlich konkreter Textprojekte gegliedert und dienten Humboldt als ‚Zettelkasten' für die Herstellung seiner Werke. Auf der Sternwarte wurden diese Papiere fast nicht benutzt und gelangten 1932, damals noch in den ebenfalls beschrifteten Originalkästen Humboldts, in die Dokumentensammlung Darmstaedter, die an der damaligen Preußischen Staatsbibliothek angesiedelt war. Erst dort wurden die Papiere in neue Archivkästen umgepackt und, wie das damals üblich war, die mittlerweile zerschlissenen Kartons Humboldts vernichtet. Gleichwohl wurde die innere Aufteilung der Dokumente beibehalten, weshalb wir noch heute über eine Ordnung dieses Nachlassteils verfügen, wie sie Humboldt angelegt und hinterlassen hat. Aus ihr lassen sich weitreichende Rückschlüsse auf seine Arbeitspraxis ziehen.[10]

Obgleich die beiden Nachlassteile in Berlin und in Krakau ihrer Provenienz nach ganz verschieden sind – im einen Fall handelt es sich um einen ‚echten' Nachlass, im anderen um eine Sammlung – bestehen zwischen beiden

en général, hrsg. v. Ulrike Leitner, Piotr Tylus et al., in: *edition humboldt digital*, hrsg. v. Ottmar Ette, Version 2 vom 14.9.2017. https://edition-humboldt.de/v2/H0002922 (2.5.2018).

10 Vgl. Dominik Erdmann, *Verzettelte Gesamtschau. Alexander von Humboldts Notizen als Basis seines vernetzten Schreibens*, in: Marcel Atze und Volker Kaukoreit, „*Gedanken reisen, Einfälle kommen an*": *die Welt der Notiz* (Wien, 2017), S. 155–178.

zahlreiche Verbindungen. So vermachte Alexander von Humboldt seinem Sekretär Buschmann etwa den Kasten 10 seiner *Kollektaneen*. Bis heute fehlt dieser in der Aufstellung der Dokumente in der Staatsbibliothek zu Berlin. Lange Zeit war nicht klar, wo dieser Kasten 10 geblieben ist, doch konnte im Zuge der Katalogisierung der Krakauer Humboldt-Sammlung nachgewiesen werden, dass der Inhalt des Kastens – Humboldts Papiere für sein *Examen critique de l'histoire de la géographie du Nouveau continent et des progrès de l'astronomie nautique aux XVe et XVIe siècles*[11] – mit Buschmanns Humboldt-Sammlung in den heute in Krakau verwahrten Nachlass Alexander von Humboldt gelangten. Ferner enthält dieser auch die Original-Manuskripte und Druckfahnen zum *Kosmos*, zur dritten Ausgabe der *Ansichten der Natur* und einen Teil der Druckmanuskripte zu den *Kleineren Schriften*. All diese Schriften stellte Humboldt nachweislich mit seinen Kollektaneen her. Seit ihrer vollständigen Katalogisierung sind diese Bestände wenigstens virtuell wieder vereint. Bereits zum jetzigen Zeitpunkt lässt sich die Fruchtbarkeit dieser Erschließung und Zusammenführung konstatieren: Es sind bereits einige weitreichende und bedeutende Schlussfolgerungen und innovative Forschungsergebnisse vorgelegt worden, die nur aufgrund der gemeinsamen Erschließung der beiden Bestände gezogen werden konnten.[12]

Jenseits der Humboldt-Sammlung enthalten die in der Biblioteka Jagiellońska verwahrten „Berlinka" zahlreiche weitere Handschriften Humboldts. Ein großer Bestand an Briefen findet sich beispielsweise in der überaus reichhaltigen, bedeutenden und leider nach wie vor nicht erschlossenen Autographensammlung Karl August Varnhagen von Enses sowie in der Sammlung Autographa, in die Ende des 19. Jahrhunderts die Autographensammlung Joseph Maria von Radowitz aufgegangen ist, welche ebenfalls viele bedeutende Humboldtiana enthielt. An diesen beiden Sammlungen ist besonders von Interesse, dass Humboldt mit den beiden Sammlern in regem und teils freundschaftlichem Kontakt stand und ihnen zahlreiche weitere Handschriften von bedeutenden Persönlichkeiten vermittelte, die an ihn adressiert waren oder durch seine Hände gingen. Damit

11 Alexander von Humboldt, *Examen critique de l'histoire de la géographie du Nouveau continent et des progrès de l'astronomie nautique aux XVe et XVIe siècles* (Paris, 1836–1839).

12 Vgl. hierzu etwa die Beiträge zur Tagung *Weltreisen: Aufzeichnen, aufheben, weitergeben – Forster, Humboldt, Chamisso* (Staatsbibliothek zu Berlin 25. – 27.2.2016): Julian Drews, Ottmar Ette et al. (Hrsg.) *Forster – Humboldt – Chamisso Weltreisende im Spannungsfeld der Kulturen* (Göttingen, 2017).

hat er aktiv an der sich erst im frühen 19. Jahrhundert verbreitenden Praxis des Autographensammelns mitgewirkt.[13]

Die Sammlung Varnhagen

Die Sammlung Varnhagen[14] wurde der Königlichen Bibliothek 1872 von der Nichte und Erbin Karl Augusts Varnhagen von Enses, Ludmilla Assing, testamentarisch vermacht. Damit entsprach sie dem letzten Willen ihres Onkels. Die Sammlung umfasst vornehmlich Briefe von Fürsten, Politikern, Schriftstellern und Gelehrten, ihr Schwerpunkt liegt in der 1. Hälfte des 19. Jahrhunderts[15]. Allein von Rahel Varnhagen sind in der Sammlung Varnhagen wohl über 6.000 Briefe erhalten. Karl August Varnhagens Nachlass zieht sich mit seiner Korrespondenz durch die gesamte Sammlung. Nachdem 1858 Karl August Varnhagen gestorben war, hütete Ludmilla Assing, wie von ihrem Onkel testamentarisch bestimmt, seinen Nachlass. Sie fügte seiner Sammlung ihren eigenen Nachlass an, zunächst ihre eigene Manuskript- und Briefsammlung. Ihrer Sorgfalt in der Befolgung der testamentarischen Wünsche zweier enger Freunde ihres Onkels verdankt die Sammlung jedoch vor allem die Ergänzung um den Nachlass des 1870 verstorbenen Dichters Apollonius von Maltitz, sowie um den umfangreichen und bisher nicht bearbeiteten Nachlass des 1871 verstorbenen Fürsten Hermann von Pückler Muskau, dessen Bearbeitung ein besonderes Desideratum darstellt.

Die Sammlung Varnhagen bestand, als sie in die Königliche Bibliothek kam, aus drei Abteilungen: „Autographen, Manuskripte und allerlei Drucke", so heißt es bei Ludwig Stern, Direktor der Handschriftenabteilung der Königlichen Bibliothek, der die Sammlung bis an sein Lebensende für die Bibliothek verzeichnete und sie dabei auch neu ordnete[16]. Ludwig Stern schreibt in seinem Katalog zur Sammlung Varnhagen, dass „diese Sammlung zu einem großen Museum für Handschriften geworden ist".[17]

---

13 Vgl. hierzu: Christian Benne, *Die Erfindung des Manuskripts. Zu Theorie und Geschichte literarischer Gegenständlichkeit* (Berlin, 2015).

14 Vgl. zum Folgenden auch: Jutta Weber, *Die Sammlung Varnhagen*, in: Jana Kittelmann (Hrsg.), *Briefnetzwerke um Hermann von Pückler-Muskau* (Dresden, 2015), S. 185–196, hier: S. 185 ff.

15 Vgl. Nikolaus Gatter, „‚… sie ist vor allem die meine …' Die Sammlung Varnhagen bis zu ihrer Katalogisierung", in: Nicolaus Gatter, Eva Feldheim et al., *Wenn die Geschichte um die Ecke geht. Almanach der Varnhagen Gesellschaft* (Berlin, 2000), S. 239 ff.

16 Ludwig Stern, *Die Varnhagen von Ensesche Sammlung in der Königlichen Bibliothek zu Berlin* (Berlin, 1911).

17 Ebd. S. XV.

In der Sammlung Varnhagen befinden sich neben einigen Autographen, die Humboldt Varnhagen übergab, auch der Briefwechsel zwischen Humboldt und Varnhagen selbst. Obgleich Humboldt sich posthume Publikationen unter seinem Namen verbat, wurde der Briefwechsel kurz nach seinem Ableben von Ludmilla Assing publiziert.[18] Die Veröffentlichung löste einen Skandal aus, da die Briefe teils scharfe Urteile über Personen der höchsten Adelskreise enthielten. Ludmilla Assing trug sie zuletzt die steckbriefliche Suche in Preußen ein, weshalb sie nach Italien ins Exil ging. Doch hatte sie keineswegs alle Briefe Humboldts an Varnhagen publiziert und in den veröffentlichten zuvor kompromittierende Stellen gestrichen. Der oft zitierte Briefwechsel zwischen Alexander von Humboldt und Karl August Varnhagen von Ense stellt folglich gut 160 Jahre nach seinem Erscheinen ein Fragment dar. Aus nicht genauer zu eruierenden Gründen unterließ sie es beispielsweise, zwei Briefe aus dem Revolutionsjahr 1848 in den Briefwechsel mit aufzunehmen. Nur der erste von ihnen sei hier als Beispiel angeführt. Es handelt sich bei ihm um eine anonyme Zuschrift vom 11. März des Jahres. Der Brief enthielt als Beilage einen Auszug aus der Deutschen Londoner Zeitung mit Ferdinand Freiligraths „Februar-Strophen", die mit dem Gedicht „Im Hochland fiel der erste Schuß" anheben. Humboldts Kommentar über die Zusendung fiel allerdings äußerst nüchtern aus. In dem Billet, das er Varnhagen zusammen mit dem Gedicht zusendet, schreibt er: „Die Rep[ublik] erhöht nicht die Dichtergabe. Ich erhielt dies anonym durch die Post. Freiligr[ath] selbst aber ist wohl in Paris. Behalte Sie die Elendigkeit theurer Freund!"[19]

Die kurze Mitteilung mag unscheinbar erscheinen und sie ist doch bereits ein Hinweis auf interessante Funde, welche die Erschließung der Sammlung Varnhagen noch bereitzuhalten verspricht. In der Tat scheint es nicht zu hochgegriffen zu behaupten, dass diese unsere Ansichten über die erste Hälfte des 19. Jahrhunderts grundlegend verändern würde. (Abb. 17)

Die Sammlung Autographa

Neben der Sammlung Varnhagen befindet sich auch die ehemalige Autographensammlung der Preußischen Staatsbibliothek heute in Krakau. Sie geht zurück auf verschiedene im 19. Jahrhundert erworbene Autographensammlungen und Briefnachlässe. Unter ihnen ragt die umfangreiche, bereits erwähnte

18 Vgl. Ludmilla Assing (Hrsg.), *Briefe von Alexander von Humboldt an Varnhagen von Ense: aus den Jahren 1827 bis 1858. Nebst Auszügen aus Varnhagens Tagebüchern und Briefen Varnhagens und Anderen an Humboldt* (Leipzig, 1860).

19 Alexander von Humboldt an Karl August Varnhagen von Ense o.O., 11.3.1848. Kraków, Biblioteka Jagiellońska, Sammlung Varnhagen (SV), 90.

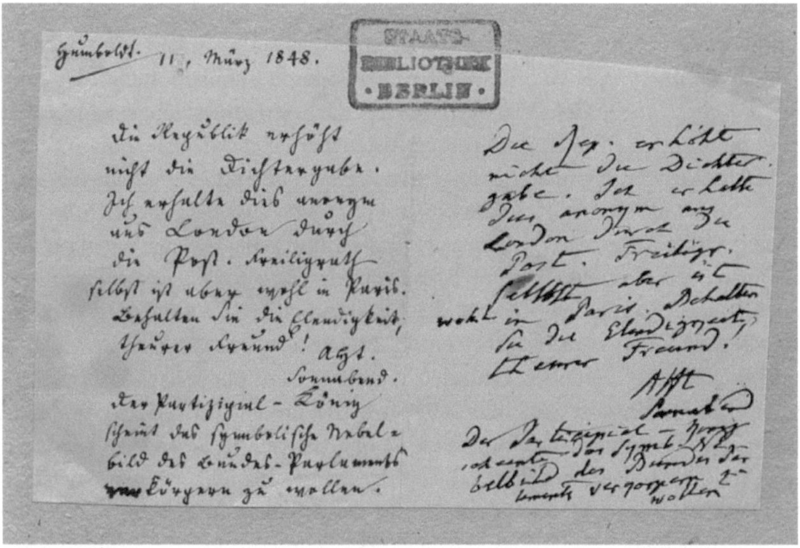

Abb. 17: Kraków, Biblioteka Jagiellońska, Sammlung Varnhagen 90. Brief A. von Humboldt an K. A. Varnhagen von Ense zu Ferdinand Freiligraths Februar-Strophen. Rechts Humboldts Handschrift, links die Transkription des Briefes durch Varnhagen.

Autographensammlung Joseph Maria von Radowitz hervor, ebenso wie die Sammlung des Reichsgrafen von Krasicki, die Briefnachlässe von Friedrich August Wolf, Henri Samuel Formey, Gregor von Meusebach und der Brüder Grimm. Nachdem die Königliche Bibliothek die Sammlungen und Nachlässe erworben hatte, wurden sie aufgelöst und die Briefe auf die nun in der Sammlung Autographa etablierte alphabetische Ordnung verteilt: Alle und zahlreiche später hinzuerworbene Briefnachlässe wurden zusammen mit den genannten und weiteren kleineren Autographensammlungen ab 1893 zu einem großen Alphabet zusammengefasst. Dabei wurden die erworbenen Sammlungen und deren je eigene Ordnung aufgelöst, sodass wir über diese heute – wenn überhaupt – nur noch über zeitgenössisch verfasste Kataloge unterrichtet sind.[20]

20 Im Falle der Autographensammlung von Radowitz verfügen wir etwa über einen sehr detaillierten Katalog, der aus dem sich die ehemalige Tektonik der Sammlung ableiten lässt. Vgl. *Verzeichniss der von dem verstorbenen Preussischen General-Lieutenant J. von Radowitz hinterlassenen Autographen-Sammlung* (Berlin, 1864).

Die nun entstandene riesige Sammlung Autographa sollte nach Ludwig Sterns Willen ebenfalls in einem gedruckten Katalog verzeichnet werden. Dazu kam es aber nicht, sodass erst 2005 Helga Döhn diese Arbeit in Angriff nahm und auf den Vorarbeiten des 19. Jahrhunderts fußend einen Katalog erarbeitete, der als CD-ROM vorliegt.[21]

Die Sammlung Radowitz in der Sammlung Autographa

Noch deutlicher als in der Sammlung Varnhagens lässt sich aus der Radowitz'schen Humboldts Nachlassbewusstsein ableiten. Neben den vergleichsweise wenigen Briefen, welche Radowitz direkt von ihm erhielt, enthält sie vor allem Manuskripte und Zeichnungen, die Humboldt Radowitz für seine Sammlung schenkte. Es war ihm ein ausgesprochenes Anliegen, originale Dokumente aus seiner Hand der Nachwelt zu vermachen. Auf diesem Weg erhielt Radowitz für seine Sammlung einige herausragende Stücke, darunter das erste erhalten gebliebene Reisejournal Humboldts, das dieser während seiner mit Georg Forster 1790 unternommenen Englandreise schrieb, eine handgezeichnete Karte der Orinoco-Region und einen Ausschnitt aus seinem amerikanischen Reistagebuch, den Humboldt bei der Überfahrt von Süd- nach Mittelamerika schrieb.[22]

Projektskizze zur Sammlung Varnhagen

Die beiden in Krakau liegenden Autographensammlungen sind von Umfang und Bedeutung so gewichtig, dass ihre Erschließung und wissenschaftliche Durchdringung nur in modular angelegten Projekten vorstellbar ist. Bei einem Umfang von über 250.000 Dokumenten (Sammlung Varnhagen) und über 220.000 Dokumenten (Sammlung Autographa) wären allein mit der bloßen Erfassung der Metadaten zu den einzelnen Dokumenten zahlreiche Personen über einen längeren Zeitraum beschäftigt. Eine Förderung solcher Vorhaben scheint ausgeschlossen. Deshalb, und auch, um beispielhaft zeigen zu können, wie eine modulare Bearbeitung erfolgen könnte, sei am Beispiel der Humboldtiana in beiden Sammlungen eine Projektidee kurz skizziert. Das vorgeschlagene Vorgehen hätte mehrere Vorteile:

---

21 Vgl. Helga Döhn, *Die Sammlung Autographa der ehemaligen Preussischen Staatsbibliothek zu Berlin. Autographenkatalog auf CD-ROM* (Berlin, 2005).

22 Vgl. Dominik Erdmann und Monika Jaglarz, „Präsente vom Süden des Äquators – Zu einem Ausschnitt aus Alexander von Humboldts amerikanischem Reisejournal in der Sammlung Radowitz", *Bibliotheksmagazin. Mitteilungen aus den Staatsbibliotheken in Berlin und München*, 12/34 (2017), S. 39–42.

Abb. 18: Modulares Vorgehen bei der Erschließung der Sammlung Varnhagen (Grafik Jutta Weber)

- Jedes einzelne Modul ist ein in sich geschlossenes Vorhaben.
- Jedes Modul kann unabhängig von den anderen Modulen bearbeitet werden.
- Alle Module ergänzen einander.
- Bibliothekarische/archivarische Erschließung und weiterführende Forschung können nebeneinander und miteinander erfolgen.

Die Bearbeitung der Sammlung Varnhagen könnte in folgenden Modulen beginnen (Abb. 18):

1. Alle Briefe Humboldts und Varnhagens werden in der Verbunddatenbank Kalliope erschlossen und anschließend digitalisiert (bibliothekarisch/archivarisches Projekt).
2. Die Tagebücher Varnhagens, die inhaltlich eng mit der Korrespondenz verbunden sind, werden ediert und kommentiert (Forschungsprojekt).
3. Die Korrespondenz weiterer Personen, die in den engen Zusammenhang mit Humboldt gehören, aber nur mit wenigen Briefen in der Sammlung vertreten sind, werden in Kalliope erschlossen und digitalisiert (bibliothekarisch/archivarisches Projekt).
4. Und vielleicht beginnt eines Tages ein Projekt zur Erschließung und Digitalisierung des Nachlasses des Fürsten Pückler (bibliothekarisch/archivarisches Projekt und Forschungsprojekte).

Abb. 19: Vorgehen bei der Erschließung der Sammlung Autographa (Grafik: Jutta Weber)

Etwas anders könnte die Bearbeitung der ja durch Helga Döhn bereits vollständig gesichteten und knapp verzeichneten Sammlung Autographa aussehen. Hier bieten sich zunächst bibliothekarisch/archivarische Projekte an (Abb. 19):

1. Alle Briefe Humboldts werden in der Verbunddatenbank Kalliope erschlossen und anschließend digitalisiert.
2. Nach und nach werden weitere umfangreiche Konvolute aus der Sammlung Autographa erschlossen, wie z.B. die Korrespondenz Herders, Goethes, Jean Pauls, Tiecks, Hegels, Kleists.

Eine Voraussetzung müsste allerdings gegeben werden, bevor diese oder ähnliche Projekte beginnen könnten: Beide Sammlungen müssten Blatt für Blatt gesichtet und, sofern eine erkennbare Ordnung vorliegt, foliiert werden. Wenn diese Foliierung kleine Einheiten, z.B. einen Kasten, umfasste, könnte man auch hier modular vorgehen. Diese Foliierung ist deshalb unabdingbar notwendig, um bei der Erschließung und Digitalisierung die richtigen Referenzen auf die richtigen Blätter bzw. Seiten geben zu können. Die Erfahrung zeigt, dass es dabei nicht notwendig ist, die Materialien neu oder „besser" zu sortieren. Fängt man einmal damit an, gibt es kein Halten mehr, die gesamte Arbeit würde mehr Chaos anrichten als Nutzen stiften. Es kommt einzig und allein darauf an, jedem Blatt eine zuverlässige Nummer zu geben, die zitierfähig ist und bleibt.

„Wenn man etwas Großes vorhat, muss man es gleich beginnen.“[23] Beide Projekte laden nicht nur zur Zusammenarbeit zwischen den beiden Bibliotheken ein, sondern sie sollten auch als besondere Chance gesehen werden, junge Wissenschaftlerinnen und Wissenschaftler mit dem Umgang mit dem historischen Quellenmaterial vertraut zu machen und ihnen die vielfältigen Forschungsmöglichkeiten, die in den beiden umfangreichen Sammlungen auf die Entdeckung warten, nahezubringen.

Mit der perspektivisch vollständigen Erschließung der Sammlungen Autographa und Varnhagen als gemeinsames Vorhaben von Bibliothek und Forschung kann eines der bedeutendsten Kommunikationsnetzwerke des 19. Jahrhunderts für die Wissenschaft zugänglich gemacht werden.

Vielleicht kommen wir in den nächsten Jahren dem Traum eines Museum des 19. Jahrhunderts, als das Ludwig Stern die Sammlung Varnhagen bezeichnete und zu dem ganz sicher auch die Sammlung Autographa gehört, Schritt für Schritt näher. Lassen Sie uns noch einmal Europa und seine Kultur beschwören: Gemeinsam tragen wir die Verantwortung für die uns anvertrauten schriftlichen Hinterlassenschaften der größten Wissenschaftler und Dichter.

„Ideen können nur nützen, wenn sie in vielen Köpfen lebendig werden“.[24] Mögen Humboldts Ideen sowie die skizzierten Pläne in vielen Köpfen lebendig werden und zum Nutzen der Forschung lebendig bleiben!

Bibliographie

Kraków, Biblioteka Jagiellońska (BJ)

Nachlass Alexander von Humboldt, Bd. 1/1, Bl. 3a–25a.

Sammlung Varnhagen (SV), 90.

Assing, Ludmilla (Hrsg.), *Briefe von Alexander von Humboldt an Varnhagen von Ense: aus den Jahren 1827 bis 1858. Nebst Auszügen aus Varnhagens Tagebüchern und Briefen Varnhagens und Anderen an Humboldt* (Leipzig, 1860).

23 Alexander von Humboldt an Martin Hinrich Lichtenstein, nach 1835; vgl. Alexander von Humboldt, *Es ist ein Treiben in mir. Entdeckungen und Einsichten*, hrsg. v. Frank Holl (München, 2009), S. 119.

24 Alexander von Humboldt an Ludwig Bollmann, Cumaná, 15. Oktober 1799; vgl. Humboldt, *Es ist ein Treiben in mir*, S. 73.

Benne, Christian, *Die Erfindung des Manuskripts. Zu Theorie und Geschichte literarischer Gegenständlichkeit* (Berlin, 2015).

Döhn, Helga, *Die Sammlung Autographa der ehemaligen Preussischen Staatsbibliothek zu Berlin. Autographenkatalog auf CD-ROM* (Berlin, 2005).

Drews, Julian, Ette, Ottmar et al. (Hrsg.), *Forster – Humboldt – Chamisso Weltreisende im Spannungsfeld der Kulturen* (Göttingen, 2017).

Erdmann, Dominik, „Verzettelte Gesamtschau. Alexander von Humboldts Notizen als Basis seines vernetzten Schreibens", in: Atze, Marcel und Kaukoreit, Volker, *Gedanken reisen, Einfälle kommen an: die Welt der Notiz* (Wien, 2017), S. 155–178.

Erdmann, Dominik und Monika Jaglarz, „Präsente vom Süden des Äquators – Zu einem Ausschnitt aus Alexander von Humboldts amerikanischem Reisejournal in der Sammlung Radowitz", in: *Bibliotheksmagazin. Mitteilungen aus den Staatsbibliotheken in Berlin und München*, 12/34 (2017), S. 39–42.

Gatter, Nikolaus, „‚… sie ist vor allem die meine …'. Die Sammlung Varnhagen bis zu ihrer Katalogisierung", in: Gatter, Nikolaus, Feldheim, Eva et al. (Hrsg.), *Wenn die Geschichte um die Ecke geht. Almanach der Varnhagen Gesellschaft* (Berlin, 2000), S. 239–260.

Humboldt, Alexander von, *Essai politique sur le royaume de la Nouvelle-Espagne*, (Paris, 1811).

Humboldt, Alexander von, *Essai politique sur l'île de Cuba*, (Paris, 1826).

Humboldt, Alexander von, *Examen critique de l'histoire de la géographie du Nouveau continent et des progrès de l'astronomie nautique aux XVe et XVIe siècles*, (Paris, 1836–1839).

Humboldt, Alexander von, *Es ist ein Treiben in mir. Entdeckungen und Einsichten*, hrsg. v. Holl, Frank (München, 2009).

Humboldt, Alexander von, *Isle de Cube. Antilles en général*, hrsg. v. Leitner, Ulrike, Tylus, Piotr et al., in: *edition humboldt digital*, hrsg. v. Ottmar Ette, Version 2 vom 14.9.2017. https://edition-humboldt.de/v2/H0002922 (2.5.2018).

Leitner, Ulrike (Hrsg.), *Alexander von Humboldt: Von Mexiko-Stadt nach Veracruz: Tagebuch* (Berlin, 2005).

Stern, Ludwig, *Die Varnhagen von Ensesche Sammlung in der Königlichen Bibliothek zu Berlin* (Berlin, 1911).

Verzeichniss [sic] *der von dem verstorbenen Preussischen General-Lieutenant J. von Radowitz hinterlassenen Autographen-Sammlung*, (Berlin, 1864).

Weber, Jutta, „Die Sammlung Varnhagen“, in: Kittelmann, Jana, *Briefnetzwerke um Hermann von Pückler-Muskau* (Dresden, 2015), S. 185–196.

http://humboldt.staatsbibliothek-berlin.de/ (2.5.2018)

http://www.bbaw.de/forschung/avh-r (2.5.2018).

http://kalliope.staatsbibliothek-berlin.de/de/search.html?q=humboldt+adressbuch> (2.5.2018).

http://www.humboldt.unibe.ch/editionsprojekt.html (2.5.2018).

Ulrike Leitner
Berlin-Brandenburgische Akademie der Wissenschaften

Von Mexiko nach Kuba – Vom Buch zur hybriden Publikation. Editorische Entwicklungen der Alexander von Humboldt-Forschung am Beispiel zweier Tagebuchteile der Biblioteka Jagiellońska

Abstract: Während einer 1998 erfolgten Durchsicht des Nachlasses in der Biblioteka Jagiellońska wurden zwei bisher unbekannte Tagebuchfragmente Alexander von Humboldts entdeckt: das „Journal du Mexique à Veracruz" und „Isle de Cube. Antilles en général". Beide sind inzwischen veröffentlicht: das erste 2005 als klassisches Buch mit Faksimile und das zweite 2016 als digitale Edition. Im Beitrag wird am Beispiel der Handschriften die Bedeutung der Tagebücher für Humboldts Schaffen demonstriert und ein Einblick in die Geschichte seines Nachlasses geboten. An ihnen wird außerdem exemplarisch die Entwicklung der Editionsarbeit bis heute im Vorhaben „Alexander von Humboldt auf Reisen – Wissenschaft aus der Bewegung" an der Berlin-Brandenburgischen Akademie der Wissenschaften vorgestellt.

Keywords: Alexander von Humboldt, Reisetagebücher, Handschriften, „Journal du Mexique à Veracruz" und „Isle de Cube. Antllles en général", hybride Publikation

Alexander von Humboldt (1769–1859) wurde berühmt durch seine „Amerikareise" (durch die heutigen lateinamerikanischen Länder Ekuador, Venezuela, Kolumbien, Mexiko und Kuba sowie ein anschließender Besuch in den USA, 1799–1804), über die er selbst in seinem 29-bändigen Reisewerk[1] berichtete. Reisebeschreibungen, Romane und Filme haben das Bild des unerschrocken auf hohen Vulkanen oder wilden Flüssen Reisenden idealisiert bzw. (nach der Rückkehr) das des wortreichen, aber einsamen Gelehrten am preußischen Königshof thematisiert. Kaum eine Persönlichkeit der deutschen Kultur- und Geistesgeschichte ist in den letzten 150 Jahren so oft und unter so verschiedenen Aspekten zitiert worden wie Alexander von Humboldt. In der wissenschaftshistorischen

1 Das amerikanische Reisewerk erschien von 1807 bis 1839 in 6 Partien und 29 Bänden. Vgl. Horst Fiedler und Ulrike Leitner, *Alexander von Humboldts Schriften. Bibliographie der selbständig erschienenen Werke* (Berlin, 2000).

Forschung wird er als der Gelehrte mit dem enzyklopädischen Ansatz genannt, der Tausende von naturgeschichtlichen Daten sammelte, sich mit vielen Themen beschäftigte, aber keine großen theoretischen Entdeckungen machte und mit seinen ausufernden, teilweise unvollendeten Werken letztlich scheiterte.

Diesem Bekanntheitsgrad steht die bisher eher mangelnde Kenntnis seiner Texte gegenüber. Zwar gab es Neuausgaben einiger bisher schwer oder gar nicht zugänglicher Werke Humboldts, aber für unser Verständnis seiner Haltung und der Aspekte seines Wirkens sind die glücklicherweise erhaltenen Tagebücher und Briefe ein notwendiger Zugang. Sie lassen Einblicke zu, die seine Werke nicht bieten. Zuverlässige Texte zur Verfügung zu stellen und damit auch lange tradierte Irrtümer und Halbwahrheiten zu Person und Wirkung eines durch den Ruhm verklärten Humboldt-Bildes zu korrigieren, sieht deshalb die A. v. Humboldt-Forschung an der Berlin-Brandenburgischen Akademie der Wissenschaften (vormals: Akademie der Wissenschaften der DDR) als wichtige Aufgabe. Ihre Publikationen und die Entwicklung der Herausgeberstandards während der nun fast 60 Jahre dauernden Editionstätigkeit sollen hier vorgestellt werden.

Humboldt hatte nicht nur seine Tagebücher von der Reise mitgebracht, sondern auch weitere umfangreiche Materialien zu den bereisten Ländern, die er während der nächsten 30 Jahre in der Phase der Ausarbeitung seines Reisewerks und auch später noch ergänzte. So wuchs ein immenses Konvolut von Notizen, Briefen, Druckschriften und Manuskripten anderer Autoren heran, das heute den Nachlass Humboldts bildet. Während einer komplizierten Geschichte schon zu Humboldts Lebzeiten, Veränderungen nach seinem Tod durch testamentarische Verfügungen, später durch Kriege, Teilung und Wiedervereinigung Deutschlands gibt es heute nicht nur zwei Nachlassteile (in der Staatsbibliothek zu Berlin – Preußischer Kulturbesitz (SBB-PK) und in der Biblioteka Jagiellońska in Krakau), sondern die Tagebücher – Nukleus des Nachlasses – sind nicht mehr in ihrer ursprünglichen Form und Bindung erhalten, so wie sie von Humboldt während seiner Reise in verschiedene Hefte geschrieben worden waren.

So konnten 1998 während einer Durchsicht des Nachlasses in der Biblioteka Jagiellońska zwei bisher unbekannte Tagebuchfragmente entdeckt werden: das „Journal du Mexique à Veracruz“ und „Isle de Cube. Antilles en général“. Beide sind inzwischen veröffentlicht: das erste 2005 als klassisches Buch mit Faksimile[2] und das zweite 2016 als digitale Edition[3]. Beide Manuskripte demonstrieren die

2 Ulrike Leitner (Hrsg.), *Alexander von Humboldt. Von Mexiko-Stadt nach Veracruz. Tagebuch* (Berlin, 2005).

3 Alexander von Humboldt, *Isle de Cube. Antilles en général*, hrsg. v. Ulrike Leitner, Piotr Tylus et al. (Hrsg.), in: Ottmar Ette (Hrsg.), *edition humboldt digital* (Berlin. Version 2 vom 14.9.2017), https://edition-humboldt.de/v2/H0002922 (29.5.2018). Die

Bedeutung der Tagebücher für Humboldts Schaffen und geben einen Einblick in die Geschichte des Nachlasses. An ihnen kann außerdem exemplarisch die Entwicklung der Editionsarbeit bis heute im Vorhaben „Alexander von Humboldt auf Reisen – Wissenschaft aus der Bewegung" an der Berlin-Brandenburgischen Akademie der Wissenschaften vorgestellt werden.

Zum Verhältnis Nachlass – Tagebücher

Humboldts Tagebücher waren nie Tagebücher im eigentlichen Sinne. Man findet eine Mischung aus Messdaten, Beobachtungen und Reflexionen, aber es ist nicht ein „Journal intime", wie man es von Künstlern und Schriftstellern kennt. Es ist eher eine Materialsammlung oder eine Sammlung von Protokollen der Untersuchung der Natur. Die chronologische Darstellung des Reiseverlaufs wird unterbrochen von naturwissenschaftlichen, historischen und gesellschaftskritischen Notizen, die manchmal zu eigenen Essays ausufern, Auszügen aus Manuskripten oder Büchern anderer Autoren oder von Archivmaterialien, wissenschaftlichen Schlussfolgerungen, Entwürfen für geplante Publikationen, Schilderungen von Exkursionen usw. Vor allem die astronomischen Messungen (die die Grundlage bildeten für die späteren Berechnungen durch Jabbo Oltmanns für die Publikation in der „Astronomie"[4]) nehmen einen großen Raum in den Tagebüchern ein. Randbemerkungen verweisen auf andere Tagebuchseiten. Insofern ist das Tagebuch ein Fundus von gesammelten und miteinander vernetzten Informationen.

Die Edition der Reisejournale Humboldts ist auch dadurch kompliziert, weil sie in der von Humboldt geschriebenen Form heute nicht mehr existieren, und das ist auch der Grund, dass Tagebuchteile im Nachlass gefunden werden konnten. Wir kennen nur vage den ursprünglichen Inhalt durch den „Index général"[5], den Humboldt anscheinend für seinen eigenen Gebrauch angefertigt hatte. Offenbar schrieb er während der Reise in mehrere (vermutlich 14) verschiedenfarbige Hefte, die er nach der Rückkehr für seine Publikationen auseinandergenommen

---

Handschrift liegt in Kraków, Biblioteka Jagiellońska (BJ), Nachlass Alexander von Humboldt Bd. 3/1 Bl. 127–149.

4 Alexandre de Humboldt und Jabbo Oltmanns, *Recueil d'observations astronomiques, d'opérations trigonométriques et des mesures barométriques, Faites pendant le cours d'un voyage aux régions équinoxiales du Nouveau Continent, depuis 1799 jusqu'en 1803; rédigées et calculées, d'après les Tables les plus exactes*, Teil II–I, (Paris, 1808–1811).

5 „Index général de mes MSS. Commencé le 4 Dec. 1805" (Berlin, Staatsbibliothek zu Berlin- Preussischer Kulturbesitz (SBB-PK), Nachlass Alexander von Humboldt (Tagebücher) V, 37r–49r.

hat und erst gegen Ende seines Lebens in anderer Zusammenstellung in 9 Bände neu binden ließ. So kennen wir sie heute. Nun befindet sich darin jedoch wesentlich mehr als das ursprünglich während der Reise notierte. Sie enthalten auch Briefe, Literaturauszüge und Manuskripte aus späterer Zeit.

Die Wiederherstellung der chronologischen Ordnung wird zusätzlich erschwert dadurch, dass Humboldt – um das vorhandene Papier auszunutzen – begonnene Texte an anderen Stellen weiter schrieb, der Text also gewissermaßen hin- und herspringt. Hinzu kommen die Randbemerkungen (oft Literaturhinweise), Ergänzungen und Hinzufügungen, zum Teil auch aus späterer Zeit, sodass man mit Recht von dem „Lebensprojekt Tagebücher"[6] sprechen kann. Hinterlassen sind also verschiedene, ineinander verschachtelte und miteinander verbundene Manuskripte und Manuskript-Konvolute. Diese vernetzte Textstruktur ist typisch für Humboldts Schreibstil, erstens innerhalb der Texte selbst (kenntlich an vielen Querverweisen), zweitens zwischen den Texten der verschiedenen von ihm während der Reise geführten Hefte, und drittens mit weiteren handschriftlichen Texten im Nachlass.

Dieser Nachlass[7] besteht heute aus zwei Teilen: 13 Kästen in Berlin und 15 Kästen (Bände) in Krakau, wovon nur einige Kästen diesen typischen Nachlassstil einer Materialsammlung haben, der im Zusammenhang der vollständigen Rekonstruktion der „Reisejournale" von Interesse ist. Die anderen sind gesammelte Briefwechsel und Abschriften von Manuskripten zum „Kosmos" und anderen Humboldt'schen Publikationen.

In den Nachlassteilen, die eine Struktur der Materialsammlung aufweisen, gibt es – sowohl in Berlin als auch in Krakau – ebenfalls Tagebuchteile. Man kann also sagen, dass es in den Tagebüchern Teile gibt, die nicht Tagebuch sind, dafür im Nachlass eigentliche Tagebuchteile. Das Vor- und Zurückspringen innerhalb der Texte und das Wandern oder Hin- und Herschwappen zwischen Nachlass und Tagebüchern widerspiegelt das Ette'sche Konzept der Humboldt'schen

6 Ottmar Ette, „Wissen aus der Bewegung. Alexander von Humboldts Amerikanische Reisetagebücher kommen in die Staatsbibliothek zu Berlin", *Arsprototo. Das Magazin der Kulturstiftung der Länder*, 1 (2014).

7 Genauer zu Beschreibung und Geschichte siehe Jutta Weber und Dominik Erdmann, „Nachlassgeschichten – Bemerkungen zu Humboldts nachgelassenen Papieren in der Berliner Staatsbibliothek und der Biblioteka Jagiellońska Krakau", *HiN – Humboldt im Netz* Bd. 16, Nr. 31 (2015). http://www.hin-online.de/index.php/hin/article/view/223 (29.5.2018). Die Autoren weisen zu Recht darauf hin, dass man von einem eigentlichen Nachlass wegen der komplizierten Sammlungsgeschichte und Struktur eigentlich nicht sprechen kann.

Wissenschaft der Bewegung[8]. Nur in der Verbindung der Reisejournale und dem Nachlass kann die typische Komplexität der Verschachtelung und Vernetzung der Texte und damit die „Humboldtian science“[9] bzw. „Humboldtian writing“[10] adäquat dargestellt werden.

Die komplizierte Geschichte des Nachlasses kann hier nur kurz angedeutet werden. Humboldt hatte bekanntlich seinem Kammerdiener Seifert wesentliche Teile seines Nachlasses vermacht, womit nach seinem Tod eine erste Teilung ausgelöst wurde. Andere Teile verblieben bei Eduard Buschmann, Humboldts Sekretär, der besonders in die Korrekturen am „Kosmos“ stark eingebunden und als Vollender einiger Werke von Humboldt vorgesehen war. Wieder andere Teile gelangten laut Humboldts testamentarischen Verfügungen an die Sternwarte. Die drei Kästen „Papiere zur Statistik von Mexiko und Kuba“ wurden von den Nachkommen der Familie von Humboldt 1868 der Königlichen Bibliothek in Berlin (heute SBB-PK) übergeben.

Nach dem Tod von Berghaus wurde 1884 dessen Briefwechsel mit Humboldt, und 9 Jahre später nach dem Tod von Buschmann sein Briefwechsel und der bei ihm verbliebene Nachlassteil an die Königliche Bibliothek zu Berlin gegeben. Die sog. Kollektaneenkästen kamen erst 1932 an die nun Preußische Staatsbibliothek, sodass hier jetzt fast der gesamte Nachlass lag, bis nach 1939 mit den ersten Auslagerungen der Preußischen Staatsbibliothek eine erneute Diaspora begann, denn die Bestände wurden wegen der Gefahr von Bombardierungen bewusst dezentral untergebracht. Nach 1945 wurden die verstreuten Bestände durch die neue territoriale Aufteilung an verschiedenen Orten wieder zusammengefügt: einerseits im Westen Deutschlands in der Nachfolgeeinrichtung der Preußischen Staatsbibliothek in Marburg sowie im Osten, in Krakau (Polen). Damit ging die alte Staatsbibliothek, die sich nun in der DDR befand, was Humboldt betraf, vorerst leer aus, bis die bis dato als verschollen geltenden Tagebücher 1957/1958 überraschend aus der Sowjetunion in die DDR zurückkehrten. Dort verblieben sie bis zur Rückgabe an die Nachkommen W. v. Humboldts nach Schloss Tegel 1990. 2013 konnten sie von der SBB-PK erworben werden.

8 Ottmar Ette, *Literatur in Bewegung. Raum und Dynamik grenzüberschreitenden Schreibens in Europa und Amerika* (Weilerswist, 2001).

9 Susan Faye Cannon, *Science in Culture: The Early Victorian Period* (New York, 1978).

10 Ottmar Ette, „Eine ‚Gemütsverfassung moralischer Unruhe‘. Humboldtian Writing: Alexander von Humboldt und das Schreiben in der Moderne“, in: Ottmar Ette, Ute Hermanns et al. (Hrsg.), *Alexander von Humboldt – Aufbruch in die Moderne* (Berlin, 2001), S. 33–56.

Edition in Phase I (1959–2000)[11]

1956 begann die Akademie der Wissenschaften der DDR mit den Vorbereitungen zu den Feierlichkeiten zu Alexander von Humboldts 100. Todestag 1959. 1958 kam es zur Gründung der Arbeitsstelle, die bis heute in mehrmals veränderter Form besteht. Konzipiert wurde damals die historisch-kritische Edition der Briefe Humboldts bis zu Humboldts 200. Geburtstag 1969. Doch die politische Entwicklung erschwerte zunehmend die deutsch-deutsche Zusammenarbeit, bis es 1970 zur Auflösung der internationalen Humboldt-Kommission kam. Allerdings brachen die Kontakte nie ganz ab. Der Humboldt-Biograph Hanno Beck (Bonn) gab einzelne Werke Humboldts neu heraus, während in der A. v. Humboldt-Forschungsstelle (Berlin, DDR) die Edition der Korrespondenz und der Tagebücher weiter im Vordergrund stand. Hier hat sich im Laufe der Zeit eine einmalige Forschungseinrichtung mit Archiv und Bibliothek entwickelt, die von Fachleuten aus aller Welt besucht wird.[12]

Durch die unerwartet wachsende Anzahl der Briefe wurde bald klar, dass der ursprüngliche Plan einer vollständigen Ausgabe aller Briefe aufgegeben werden musste. Kurt-R. Biermann, der spätere Leiter der Forschungsstelle und Autor einer Humboldt-Biographie, erarbeitete neue Editionsrichtlinien: für die ersten Phasen in Humboldts Leben (Jugend bis 1799 und Amerikareise 1799–1804) wurden alle Briefe chronologisch ediert, danach sollte eine Auswahl der Korrespondenten unter dem Aspekt ihrer historischen und wissenschaftshistorischen Relevanz stattfinden, diese dann aber vollständig. Grundsätzlich sind die wichtigsten Korrespondenzpartner Humboldts meist auch die, von denen ein geschlossener und umfangreicher Briefwechsel überliefert ist, sodass die wichtigsten Persönlichkeiten der Kultur- und Wissenschaftsgeschichte der 1. Hälfte des 19. Jahrhunderts damit erfasst wurden. Insgesamt erschienen in dieser Phase 10 Korrespondenzbände in der Reihe „Beiträge zur Alexander-von-Humboldt-Forschung".

---

11 Vgl. auch Tobias Kraft, „Humboldts Hefte. Geschichte und Gegenwart von Tagebuch-Forschung und -Rezeption", *HiN – Humboldt im Netz*, Bd. 16, Nr. 31 (2015), DOI: http://dx.doi.org/10.18443/222 (29.5.2018).

12 Vgl. Ingo Schwarz, „Zur Geschichte der Alexander-von-Humboldt-Forschung an der Berlin-Brandenburgischen Akademie der Wissenschaften", in: Gregor Wolf (Hrsg.), *Die Berliner und Brandenburger Lateinamerikaforschung in Geschichte und Gegenwart - Personen und Institutionen* (Berlin, 2001), S. 107–127.

Auch die Editionsgrundsätze wurden in Richtung einer Leseausgabe entschärft. Humboldts Schreibweise wurde zwar beibehalten, aber von einem diplomatisch treuen Abdruck in folgenden Fällen abgewichen:

- die französische und spanische Orthographie wurde modernisiert (temps statt tems, avait statt avoit, usw.);
- Personen- und Ortsnamen wurden in allen Sprachen modernisiert;
- die bei Humboldt wechselnde Schreibung von Doppelkonsonanten bzw. -vokalen wurde vereinheitlicht;
- das oft fehlende Dehnungs-h ergänzt (Höhle statt Höle)
- Zusammenschreibungen stillschweigend modernisiert;
- Abkürzungen u., od., d. wurden stillschweigend aufgelöst, alle anderen mit eckigen Klammern ergänzt;
- Akzente, fehlende Punkte, fehlende Umlaute usw., sowie unwesentliche Schreibversehen ebenfalls stillschweigend ergänzt bzw. berichtigt;
- Verwendete Zeichen ⊙ für Sonne etc. aufgelöst.

Großer Wert wurde jedoch auf eine gründliche historische Kommentierung gelegt.

Der zweite Schwerpunkt neben der Korrespondenz war die Edition der Tagebücher. In erster Linie sollte mit ihrer Publikation die unvollendete „Relation historique“[13] durch eine Leseausgabe ergänzt werden. Folglich hat die langjährige Mitarbeiterin der Forschungsstelle Margot Faak ausschließlich die reiseschildernden Teile ausgewählt. In jahrzehntelanger Arbeit hat sie die Erstellung der Transkriptionen betreut und gesichtet, ein Inhaltsverzeichnis verfasst, die Auswahl bestimmt und in vier Bänden ediert.[14] Diese beinhalten jedoch nur etwa ein Viertel der gesamten Reisejournale. Eine vollständige Ausgabe war wegen des Umfangs und der Komplexität des Inhalts nicht möglich. Der letzte

13 Humboldt hat in seiner Reiseschilderung nur etwa ein Drittel seines Gesamtweges beschrieben: Alexandre de Humboldt, *Relation Historique. Voyage aux régions équinoxiales du Nouveau Continent, fait en 1799, 1800, 1801, 1802, 1803, et 1804,* T. 1–3, (Paris, 1814–1831).

14 Margot Faak (Hrsg.), *Lateinamerika am Vorabend der Unabhängigkeitsrevolution. Eine Anthologie von Impressionen und Urteilen aus seinen Reisetagebüchern* (Berlin, 2003 [1982]); Margot Faak (Hrsg.), *Alexander von Humboldt. Reise auf dem Río Magdalena, durch die Anden und Mexiko, Teil I: Texte* (Berlin 2003 [1986]); *Teil II: Übersetzung, Erläuterungen, Register* (Berlin 2003 [1990]); Margot Faak (Hrsg.), *Alexander von Humboldt. Reise durch Venezuela. Auswahl aus den amerikanischen Reisetagebüchern* (Berlin, 2000).

von Margot Faak edierte Band 12 enthält die Tagebücher zum ersten Teil der Reise, durch das heutige Venezuela, ein Pendant also zu dem von Humboldt geschriebenen Reisebericht. Er erlaubt damit den Vergleich zwischen den an Ort und Stelle verfassten ungefilterten Notizen mit der mehr als 10 Jahre später abgefassten „Relation historique".

Die Editionsgrundsätze entsprechen denen der Korrespondenzbände in dieser Phase. Es gab keinen separaten kritischen Apparat, vom Herausgeber als notwendig erachtete Hinweise auf Korrekturen etc. kamen in die Anmerkungen. Wertvoll sind diese vier Tagebuchbände durch einen besonders gründlichen Anhang: die Register (Personen, Sachen, Orte), das Literaturverzeichnis (das nebenbei eine Studie der von Humboldt gelesenen Werke bietet) und der umfangreiche Kommentar. Einzelne Fußnoten kommen wissenschaftshistorischen Abhandlungen nahe, wie überhaupt in den Kommentaren der Bände der Forschungsstelle sich die neueste Humboldt-Forschung widerspiegelt.

Edition in Phase II (2000–2014)

Im neuen Jahrtausend wurden die Editionsrichtlinien, einem Bedürfnis moderner Forschung folgend, von dem Leiter der Forschungsstelle Eberhard Knobloch grundlegend überarbeitet. Sie entsprachen damit den üblichen Richtlinien einer historisch-kritischen Edition. Humboldts

Schreibeigentümlichkeiten wurden bewahrt, wie beispielsweise

- häufig fehlende Doppelkonsonanten, z. B. vortreflich, gedrukt (dagegen aber auch: Drukkerei), schrekliche oder Vokalen: disponirt (dagegen aber: giebt), z statt tz (sezt, unnüz);
- Häufige Schreibung von th statt t (z. B. Theil, Monathe);
- Dopplung des Schluss-s, z. B. Besorgniss;
- schwankende Schreibung von Eigennamen, z. B. Göthe, Schöll usw.

Offensichtliche sprachliche Irrtümer Humboldts wurden dagegen im Text (mit einem Hinweis im kritischen Apparat) korrigiert. Die Briefe erhielten nun zwei Apparate:

1. den zum Verständnis notwendigen Kommentar,
2. den kritischen Apparat. Dazu gehören:
   - Humboldts eigene Randbemerkungen;
   - Korrekturen von sprachlichen Fehlern Humboldts durch die Herausgeber;
   - Streichungen und Ergänzungen Humboldts;
   - Ersetzungen von Textversionen während des Schreibens.

Akzente, Punkte auf Umlauten und – sofern für das Verständnis unbedingt notwendig – Satzzeichen wurden jedoch stillschweigend ergänzt. Zwischen den verschiedenen Formen des „s“ wurde nicht unterschieden, „ß“ erschien nur, wenn es eindeutig als solches geschrieben wurde. Biographische, geographische und bibliographische Hinweise findet man in den entsprechenden Verzeichnissen. Humboldts Abkürzungen, sofern sie nicht im Abkürzungsverzeichnis stehen, wurden in eckigen Klammern ergänzt, z. B. franz[ösisch], Kürzel dagegen stillschweigend ergänzt. Die Korrektur der Personen- und Ortsnamen erfolgte nun nur in den Registern.

In dieser Phase erschienen neun Korrespondenzbände.

Es wurde dann auch eine völlig neuartige Tagebuchedition unternommen: das neu entdeckte „Journal du Mexique à Veracruz“. Bereits vor dem Fund der beiden Tagebuchfragmente in der Biblioteka Jagiellońska war bekannt, dass Teile in den gebundenen Tagebüchern fehlen mussten.[15] Durch diese Entdeckung konnten nicht nur Lücken geschlossen werden, sondern es ergab sich auch die Chance, erstmals in vollem Umfang ein Stück von Humboldts Tagebuch vollständig und ungekürzt zu edieren. Der Inhalt ist eine Mixtur verschiedenster Themen: botanische Beschreibungen, Auszüge aus einem Manuskript, das Humboldt offenbar vor Ort erhalten hatte, Ergänzungen durch zur Thematik passender Literatur (manche aus späterer Zeit, vermutlich als Humboldt an seinem Reisebericht schrieb), statistische Recherchen in mexikanischen Archiven, Beobachtungen zu Klima, Bodenbeschaffenheit und Gesteinen, zum Vorkommen von Pflanzen in bestimmten Höhen, zur Situation der Bevölkerung, Wiedergabe von indianischen Sagen, viele Skizzen von Bergformen, kleine Vokabellisten und Beschreibungen und Zeichnungen der Pyramide von Cholula, von der aus Humboldt die beiden Vulkane Popocatépetl und Iztaccíhuatl gemessen hatte. (Abb. 20)

Reiseschilderungen selbst sind hier vergleichsweise knapp und unvollkommen. Den Hauptanteil nehmen Humboldts astronomische Messungen ein, d. h. die mit verschiedenen Instrumenten vorgenommenen Höhen- und Ortsbestimmungen. Daneben gibt es erste Berechnungen aus diesen Messungen und Bemerkungen zur Qualität der Messungen bzw. Fehlerkorrektur. So konnte hier zum ersten Mal gezeigt werden, wie Humboldt seine Instrumente benutzt hat, und wie daraus die Daten berechnet wurden, die in seine „Astronomie“[16] bzw. in die Kartenwerke einflossen. Andere Notizen zeigen Humboldts Beteiligung

15 Das zeigt Humboldts eigene Notiz zu einer Tabelle mit Ortsbestimmungen im Tagebuch VIII: „Extrait du MSS. separé: Voyage du Mexique à Veracruz.“ SBB-PK, Nachlass Alexander von Humboldt (Tagebücher) VIII, 43r.

16 Vgl. Humboldt und Oltmanns, *Recueil d’observations astronomiques*.

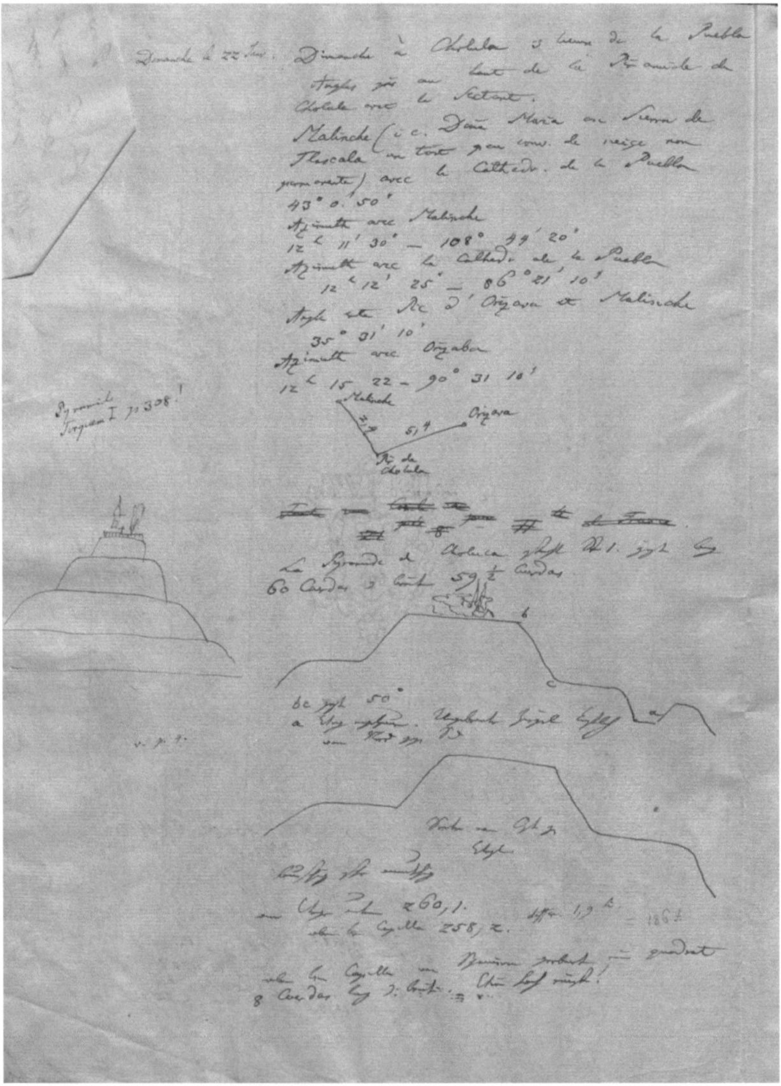

Abb. 20: Kraków, Biblioteka Jagiellońska, Nachlass Alexander von Humboldt, Bd. 1/1, Bl. 59v „Journal du Mexique a Veracruz“

an wissenschaftlich aktuellen Debatten, wie z. B. die zwischen Neptunisten und Vulkanisten. Bei dieser Auseinandersetzung (in die auch Goethe verwickelt war) ging es um den Ursprung und die Entstehung von Gesteinen (insbesondere Basalt, Bimsstein, Obsidian). Humboldt interessierten deshalb während seiner Amerikareise folgende Fragen: Was gab es für Gesteine in der Nähe von Vulkanen? Wie sind sie dorthin gelangt? Wie sind sie entstanden, als Ergebnis eines Ablagerungs- (neptunistisch) oder Schmelzprozesses (vulkanistisch)? Seine Beschreibung nahe dem Cofre de Perote 1804, noch als konsequenter Vertreter des Neptunismus, kommentierte er knapp 50 Jahre später in einer Randbemerkung im Tagebuch mit „Anciennes folies neptunennes!“[17]

Für diese Publikation wurden die neuen Editionsrichtlinien nochmals überarbeitet und Faksimile und diplomatische Umschrift einander gegenübergestellt. Randbemerkungen sind dadurch nicht, wie sonst üblich, in die Fußnoten verdrängt, sondern sie konnten an Ort und Stelle verbleiben. Anmerkungen des späteren Mitarbeiters Jabbo Oltmanns, die dieser vermutlich während der Arbeit an der „Astronomie“[18] direkt in das Humboldt'sche Manuskript notiert hat, sind in anderem Schrifttyp wiedergegeben. Sie widerspiegeln den fachlichen Dialog zwischen Humboldt und seinem Koautor. Außerdem wurden alle Schreibeigentümlichkeiten Humboldts bewahrt. Abkürzungen bzw. fehlerhafte Namensschreibungen wurden belassen und lediglich im Abkürzungsverzeichnis bzw. in den Registern aufgelöst.

Edition in Phase III (seit 2015)[19]

Seit dem Erwerb der Tagebücher durch die SBB-PK 2013 ist das öffentliche Interesse an Humboldt enorm gewachsen. In einem Erschließungs- und Forschungsprojekt der Universität Potsdam und der Staatsbibliothek wurde neben der Erforschung vor allem die Digitalisierung in Angriff genommen. Im Verbundkatalog Kalliope ist nun der gesamte Nachlass digital veröffentlicht. Der ungehinderte Zugang zu den Digitalisaten der Tagebücher bietet der Forschung weltweit völlig neue Möglichkeiten.

---

17 Vgl. Leitner, *Alexander von Humboldt. Von Mexiko-Stadt nach Veracruz. Tagebuch*, S. 118.

18 Vgl. Humboldt und Oltmanns, *Recueil d'observations astronomiques*.

19 Vgl. Tobias Kraft, „Die Berliner Edition Humboldt digital“, *HiN – Humboldt im Netz*, Bd. 18, Nr. 34 (2017), http://dx.doi.org/10.18443/256 (29.5.2018), sowie Stefan Dumont, „Digitale Methodik“, in: Ottmar Ette (Hrsg.), *edition humboldt digital*, (Berlin Version 2 vom 14.09.2017) https://edition-humboldt.de/v2/H0016212 (29.5.2018).

In dem neuen Vorhaben „Alexander von Humboldt auf Reisen – Wissenschaft aus der Bewegung“ der BBAW wurde 2014 mit der vollständigen und ungekürzten Edition der Tagebücher zur Amerika- und zur Russlandreise begonnen, ergänzt durch Themenschwerpunkte wie z. B. Biowissenschaften und Pflanzengeographie, in denen Manuskripte aus dem Nachlass und ausgewählte Briefwechsel ediert werden.

Grundlage sind die existierenden Ersttranskriptionen, die zuerst digitalisiert wurden. Alle weiterführenden editorischen Arbeiten werden nun ausschließlich in XML durchgeführt. Das Schema wurde in enger Zusammenarbeit mit dem Deutschen Textarchiv an der BBAW konzipiert, die mit einem speziellen Format auf der Basis von TEI (Text Encoding Initiative) arbeitet. Es entsteht in dieser Arbeitsphase ein im Code semantisch angereichertes Textdatenkonvolut. Die Editionsrichtlinien[20] wurden nochmals erheblich verschärft. Die Textmerkmale werden strukturiert erfasst und ausgezeichnet: Seitenwechsel, Absätze, Zeilenumbrüche, Textlücken, schadhafte Textstellen, Zeichnungen und Skizzen, Unterstreichungen, Addenda oder Corrigenda, Nebenrechnungen, Zitate, Unterstreichungen und Anstreichungen am Rand, Hochstellungen, Streichungen, als „erledigt“ markierte Textstellen, Korrekturen, Ergänzungen usw. In dieser Phase entsteht das eigentliche digitale Objekt, das in den Folgeschritten um zahlreiche Texteigenschaften und Kommentierungen angereichert wird. Es wird so die gesamte Textstruktur präzise wiedergegeben. Hinzu kommen die Ergänzungen und Korrekturen durch den Herausgeber sowie Normalisierungen. Hier werden folgende Fälle unterschieden:

- Schreibeigenheiten Humboldts werden als Stilelement respektiert und auf keiner Ebene normalisiert.
- Diakritische Zeichen werden stillschweigend ergänzt.
- Behutsame Anpassung an orthographische Konvention, um die Lesbarkeit im Lesetext zu verbessern (explizite Normalisierung).
- Offensichtliche Fehler werden explizit korrigiert, aber als Korrekturen kenntlich gemacht.

Der Leser der Online-Edition kann zwischen kritischem Text und Leseansicht hin- und herschalten, zudem wird ein Faksimile der Handschrift beigefügt. Explizit ausgezeichnete Normalisierungen werden in der Webansicht nur in der Leseansicht dargestellt, im kritischen Text wird dagegen weiterhin die originale

20 „Richtlinien“ in: Ottmar Ette (Hrsg.) *edition humboldt digital* https://edition-humboldt.de/richtlinien/index.html (29.5.2018).

Schreibweise angezeigt. Stillschweigende Normalisierungen werden in allen Anzeigevarianten ohne weiteren Hinweis angezeigt.

Neu gegenüber herkömmlicher Edition ist auch die Verbindung mit existierenden Datenbanken, die gleichzeitig mit der Arbeit am Tagebuch laufend aktualisiert werden:

- Register der Personen, Institutionen und Orte
- Chronologie der Lebensdaten Humboldts
- Literaturdatenbank
- Index der Maßeinheiten, durch den diese automatisch erklärt und umgerechnet werden
- Verbindung zu anderen Briefwechseln oder Themenkomplexen.

Die digitale Edition zielt so auf eine möglichst umfassende textorientierte Transkription und Kommentierung der Handschriften sowie auf eine intelligente Nutzung normdatenbasierter Webdienste und Informationsangebote.

In dieser „edition humboldt digital“ sind bereits zwei Tagebüchereditionen „Isle de Cube. Antilles en général“ und „Tagebücher der Amerikanischen Reise I“[21] sowie der Themenschwerpunkt „Pflanzengeographie und Biowissenschaften“[22] (Dokumente und Korrespondenzen) erschienen. Das bisher unbekannte Kuba-Fragment widerspiegelt die Situation während Humboldts Aufenthalt von 1804, durch spätere Ergänzungen bis mindestens 1814 weitergeführt, geschrieben „[…] unter dem empirischen und medialen Eindruck der siegreichen Revolution auf Saint-Domingue/Haiti (1791–1803) […] Das Motto des ‚Tagebuchs Havanna 1804‘ könnte lauten – Analyse und Darlegung der langfristigen gesellschaftlichen ‚Kosten‘ der Sklaverei unter dem Damoklesschwert von ‚blutiger Katastrophe‘ einer Sklavenrevolution und die Kontrastierung dieser ‚Kosten‘ mit den kurz- und mittelfristigen finanziellen Wert- und Kostenkalkulationen der Sklavenhalter.“[23] Der Hauptinhalt ist der Thematik Sklaverei gewidmet, aber auch Wirtschaft, Technik und Export von Zucker-, Kaffee- und Tabakproduktion und Bevölkerungsstatistik

21 Humboldt, *Isle de Cube* und *Voyage d'Espagne aux Canaries et à Cumaná*.

22 Ulrich Päßler (Hrsg.), „Themenbereich Pflanzengeographie und Biowissenschaften“, in: Ottmar Ette (Hrsg.), *edition humboldt digital*, http://edition-humboldt.de/X0000002 (6.6.2018).

23 Michael Zeuske, „Alexander von Humboldt, die Sklavereien in den Amerikas und das ‚Tagebuch Havanna 1804‘“, in: Ottmar Ette (Hrsg.), *edition humboldt digital* (Berlin. Version 2 vom 14.9.2017), https://edition-humboldt.de/v2/H0012105 (29.5.2018). Vgl. auch Ottmar Ette, „Insel-Text und archipelisches Schreiben: Alexander von Humboldts ‚Isle de Cube, Antilles en général‘ “ in diesem Band..

und vereinzelt Landschaft und Natur werden beschrieben. Es handelt sich also um die Vorstufe einer sozialökonomischen Studie, die dann – wesentlich erweitert durch aktuelle Literatur – zum „Essai politique sur l'île de Cuba"[24] führte. Die Arbeit an diesem vergleichsweise überschaubaren Text von nur 47 Seiten bot sich als passender Prototyp zur Entwicklung und Erprobung der Arbeitsumgebung an. Vieles, wie z. B. Darstellung der Nebenrechnungen, Umrechnung der verwendeten Maßeinheiten, Einbau der Zeichnungen, Verbindung mit den wachsenden Datenbanken usw. wurde hier erstmalig in völlig neuer Form behandelt.

Die Printedition der Tagebücher konzentriert sich dagegen auf eine Rekonstruktion des originären Reiseverlaufs und ist als Lesefassung konzipiert. In der so geplanten Hybridedition sollen sich digitale Publikation und gedrucktes Buch zukünftig ergänzen.[25]

Bibliographie

Berlin, Staatsbibliothek zu Berlin – Preussischer Kulturbesitz (SBB-PK)

Nachlass Alexander von Humboldt (Tagebücher) V

Nachlass Alexander von Humboldt (Tagebücher) VIII

Kraków, Biblioteka Jagiellońska (BJ), Nachlass Alexander von Humboldt Bd. 3/1 Bl. 127–149.

Cannon, Susan Faye, *Science in Culture: The Early Victorian Period* (New York. 1978).

Dumont, Stefan, „Digitale Methodik", in: Ette, Ottmar (Hrsg.), *edition humboldt digital*, (Berlin Version 2 vom 14.09.2017) https://edition-humboldt.de/v2/H0016212. (29.5.2018).

Erdmann, Dominik, Thomas, Christian et al. (Hrsg.), „Humboldt, Alexander von: Reise. 1790. England. [= Alexander von Humboldts Englisches Reisejournal], [ca. 1790]", in: Ette, Ottmar (Hrsg.), *edition humboldt digital* (Berlin. Version 3 vom 14.9.2018) https://edition-humboldt.de/v3/H0017682 (23.4.2019).

---

24 Alexander von Humboldt, *Essai politique sur l'île de Cuba. Avec une carte et un supplément qui renferme des considérations sur la population, la richesse territoriale et le commerce de l'archipel des Antilles et de Colombia* (Paris, 1826).

25 Der Text beruht auf dem gleichnamigen Vortrag im Rahmen der Tagung *Bestände der ehemaligen Preußischen Staatsbibliothek zu Berlin in der Jagiellonen-Bibliothek* (1.6.–3.6.2017).

Ette, Ottmar, „Eine ‚Gemütsverfassung moralischer Unruhe'. Humboldtian Writing: Alexander von Humboldt und das Schreiben in der Moderne", in: Ette, Ottmar, Hermann, Ulrike et al. (Hrsg.), *Alexander von Humboldt – Aufbruch in die Moderne* (Berlin, 2001), S. 33–56.

Ette, Ottmar, *Literatur in Bewegung. Raum und Dynamik grenzüberschreitenden Schreibens in Europa und Amerika* (Weilerswist, 2001).

Ette, Ottmar, „Wissen aus der Bewegung. Alexander von Humboldts Amerikanische Reisetagebücher kommen in die Staatsbibliothek zu Berlin", *Arsprototo. Das Magazin der Kulturstiftung der Länder*, 1 (2014).

Ette, Ottmar (Hrsg.), „Richtlinien", in: ders., *edition humboldt digital* (Berlin 2018). https://edition-humboldt.de/richtlinien/index.html (29.5.2018).

Ette, Ottmar, „Insel-Text und archipelisches Schreiben: Alexander von Humboldts *Isle de Cube, Antilles en général*" im vorliegenden Band.

Faak, Margot, (Hrsg.), *Alexander von Humboldt. Reise durch Venezuela. Auswahl aus den amerikanischen Reisetagebüchern* (Berlin, 2000).

Faak, Margot (Hrsg.), *Alexander von Humboldt. Reise auf dem Río Magdalena, durch die Anden und Mexiko*, Teil I: Texte (Berlin 2003 [1986]).

Faak, Margot (Hrsg.), *Alexander von Humboldt. Reise auf dem Río Magdalena, durch die Anden und Mexiko*, Teil II: Übersetzung, Erläuterungen, Register (Berlin 2003 [1990]).

Faak, Margot, (Hrsg.), *Lateinamerika am Vorabend der Unabhängigkeitsrevolution. Eine Anthologie von Impressionen und Urteilen aus seinen Reisetagebüchern* (Berlin, 2003 [1982]).

Fiedler, Horst und Leitner, Ulrike, *Alexander von Humboldts Schriften. Bibliographie der selbständig erschienenen Werke* (Berlin, 2000).

Humboldt, Alexander von, *Essai politique sur l'île de Cuba. Avec une carte et un supplément qui renferme des considérations sur la population, la richesse territoriale et le commerce de l'archipel des Antilles et de Colombia* (Paris, 1826).

Humboldt, Alexandre de, *Relation Historique. Voyage aux régions équinoxiales du Nouveau Continent, fait en 1799, 1800, 1801, 1802, 1803, et 1804*, T. 1–3, (Paris, 1814–1831), (Voyage de Humboldt et Bonpland. Partie 1, Section 1).

Humboldt, Alexandre de und Oltmanns, Jabbo, *Recueil d'observations astronomiques, d'opérations trigonométriques et des mesures barométriques, faites pendant le cours d'un voyage aux régions équinoxiales du Nouveau Continent, depuis 1799 jusqu'en 1803; rédigées et calculées, d'après les tables les plus exactes*, T. II–I, (Paris, 1808–1811).

Kraft, Tobias, „Die Berliner Edition Humboldt digital", *HiN - Humboldt im Netz*, Bd. 18, Nr. 34 (2017), http://dx.doi.org/10.18443/256. (29.5.2018).

Kraft, Tobias, „Humboldts Hefte. Geschichte und Gegenwart von Tagebuch-Forschung und –Rezeption", *HiN – Humboldt im Netz*, Bd. 16, Nr. 31 (2015), DOI: http://dx.doi.org/10.18443/222 (29.5.2018).

Kraft, Tobias, „Hybride Edition und analoges Erbe. Editionsphilologie und Alexander von Humboldt-Forschung in der digitalen Sattelzeit". In: *Informatik Spektrum* 41 (2018), S. 385–397. DOI: 10.1007/s00287-018-01130-5.

Leitner, Ulrike (Hrsg.), *Alexander von Humboldt. Von Mexiko-Stadt nach Veracruz. Tagebuch* (Berlin, 2005).

Leitner, Ulrike, Tylus, Piotr et al. (Hrsg.), „Humboldt, Alexander von: Isle de Cube. Antilles en général", in: Ette, Ottmar (Hrsg.), *edition humboldt digital* (Berlin. Version 2 vom 14.9.2017), https://edition-humboldt.de/v2/H0002922 (29.5.2018).

Leitner, Ulrike et al. (Hrsg.), „Humboldt, Alexander von, Voyage d'Espagne aux Canaries et à Cumaná Obs. astron. de Juin à Oct. 1799 [= Tagebücher der Amerikanischen Reise I]", in: Ette, Ottmar (Hrsg.), *edition humboldt digital* (Berlin. Version 3 vom 14.9.2018) https://edition-humboldt.de/v3/H0016412 (23.4.2019).

Päßler, Ulrich (Hrsg.), „Themenbereich Pflanzengeographie und Biowissenschaften", in: Ette, Ottmar (Hrsg.), *edition humboldt digital*, (Berlin, 2017). http://edition-humboldt.de/X0000002 (6.6.2018).

Schwarz, Ingo, „Zur Geschichte der Alexander-von-Humboldt-Forschung an der Berlin-Brandenburgischen Akademie der Wissenschaften", in: Wolf, Gregor (Hrsg.), *Die Berliner und Brandenburger Lateinamerikaforschung in Geschichte und Gegenwart – Personen und Institutionen* (Berlin, 2001), S. 107–127.

Weber, Jutta und Erdmann, Dominik, „Nachlassgeschichten – Bemerkungen zu Humboldts nachgelassenen Papieren in der Berliner Staatsbibliothek und der Biblioteka Jagiellońska Krakau", *HiN – Humboldt im Netz* Bd. 16, Nr. 31 (2015). http://www.hin-online.de/index.php/hin/article/view/223 (29.5.2018).

Zeuske, Michael, „Alexander von Humboldt, die Sklavereien in den Amerikas und das ‚Tagebuch Havanna 1804' ", in: Ette, Ottmar (Hrsg.), *edition humboldt digital* (Berlin. Version 2 vom 14.9.2017), https://edition-humboldt.de/v2/H0012105 (29.5.2018).

Julia Madajczak
Uniwersytet Warszawski

A manuscript jigsaw puzzle: the sixteenth-century Nahuatl census[1]

Abstract: The manuscripts cataloged in the Jagiellonian Library/Biblioteka Jagiellońska (BJ) as Ms. Amer. 3, Ms. Amer. 8 and Ms. Amer. 10 are written in Nahuatl—the language of the Aztecs. They form part of a large sixteenth-century census, of which four other fragments still survive in the libraries of Paris—Bibliothèque nationale de France (BnF), Ms. Mexicain 393 and Mexico City—Archivo Histórico del Museo Nacional de México, Colección Antigua, Mss. 550, 551 and 552. My paper aims at characterizing the fragments held in the Jagiellonian Library in Cracow, Poland, focusing mainly on their origin, contents, and structure.

Keywords: Jagiellonian Library, manuscripts, Aztecs, Nahuatl, Ms. Amer. 3, Ms. Amer. 8, Ms. Amer. 10

The manuscripts cataloged in the Jagiellonian Library/Biblioteka Jagiellońska (BJ) as Ms. Amer. 3 (Fig. 21/Abb. 21), Ms. Amer. 8 and Ms. Amer. 10 came a long way to Cracow. Housed in Berlin before World War II, they arrived there in the nineteenth century, after spending three hundred years in Mexico, or—to be historically accurate for the most of this period—in the Spanish colony of New Spain. They formed part of an extensive census of at least several hundred folios that recorded indigenous population living in a territory granted to don Hernando Cortés by the Spanish crown. A group of scribes wrote the document in Nahuatl—the language of the Aztecs—on the traditional Mesoamerican bark paper called *amatl*, in the mid-sixteenth century. Four other items that belong to this corpus still survive in the libraries of Paris—Bibliothèque nationale de France (BnF), Ms. Mexicain 393 and Mexico City—Archivo Histórico del Museo Nacional de México, Colección Antigua, Mss. 550, 551 and 552.[2] This chapter

1 This research has received funding from the National Science Center of Poland, research project No 2016/21/D/HS3/02897. I would like to express my gratitude to Agnieszka Brylak, Katarzyna Granicka, Szymon Gruda, Monika Jaglarz, José Luis de Rojas, and John Sullivan for discussing with me issues addressed in this paper. I also thank Sarah Cline and Robert Haskett for generously sharing with me unpublished results of their work.

2 The Archivo has recently re-organized the manuscripts, changing call numbers. The scholarly literature gives the numbers: 549, 550 and 551, respectively. I thank José Luis de Rojas for this information.

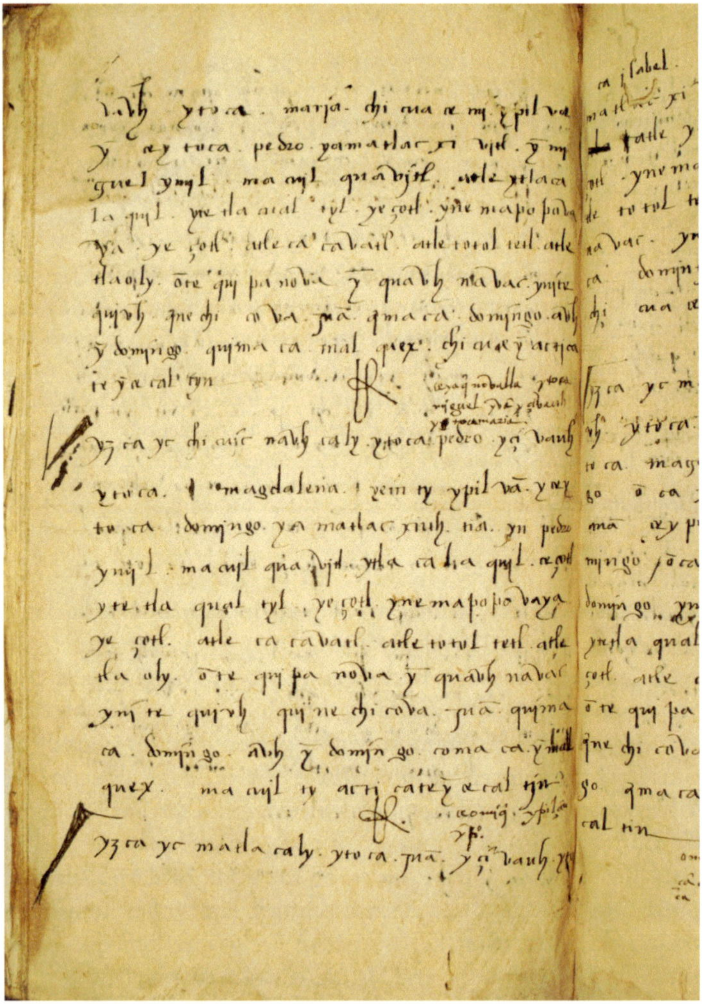

Abb. 21/Fig. 21: Kraków, Biblioteka Jagiellońska, Ms. Amer. 3

aims at characterizing the fragments held in the Jagiellonian Library in Cracow, Poland, focusing mainly on their origin, contents, and structure.

Don Hernando Cortés and the Marquesado del Valle

Don Hernando Cortés victoriously entered the capital city of the Aztecs, Tenochtitlan (today's Mexico City), on August 13, 1521, followed by relatively few Spaniards and an ethnically diversified mass of native warriors. The latter came from numerous city-states, conquered by Tenochtitlan over the course of the previous century and they hoped that by allying with the newcomers, they would secure a favorable position under changing political circumstances. They were wrong. Cortés did not seek to build a partnership with his allies. He needed a workforce, both to establish the colonial order, with resources shipped to Spain on a regular basis, and to reward his fellow conquistadors, granting them land and income. The Spaniards set up their *encomienda* (land grant) system using administrative structures of the "Aztec empire," which was, in fact, a federation of numerous city-states joined by conquest, diplomacy or matrimonial bonds to the Triple Alliance of Tenochtitlan, Texcoco, and Tlacopan. These three were themselves city-states, inhabited by the ethnic groups of the Mexica, Acolhua, and Tepaneca respectively, all of them speaking Nahuatl. As a result of both political and cultural expansion of the Triple Alliance, Nahuatl became the language of official communication throughout the territory of the "empire" and continued in this role after the Spanish conquest, both in spoken and written form. The present-day historians owe the abundance of Nahuatl alphabetic sources to friars, who adapted the Roman characters to this Mesoamerican language. But the tradition of writing had been known in Central Mexico for centuries before. The Nahuas and other linguistic groups of the region developed a complex system of graphic communication, distinct from the well-known glyphic writing of the Mayas. They employed it to create books that tackled various topics: calendar, history, genealogy, economy and others, and they continued to do this after the Spanish conquest. Don Hernando Cortés famously relied on some of these records, when he first assessed the amount of tribute he could draw from the subjugated provinces. [3]

3 For further reading on the Aztecs before and after the Spanish conquest, see: Frances Berdan et al., *Aztec Imperial Strategies*, (Washington, 1996); Michael Smith, *The Aztecs*, (Oxford, 1998); Charles Gibson, *The Aztecs under Spanish Rule*, (Stanford, 1964); James Lockhart, *The Nahuas after the Conquest. A Social and Cultural History of the Indians of Central Mexico, Sixteenth through Eighteenth Centuries* (Stanford, 1992); Katarzyna Mikulska, *Tejiendo destinos. Un acercamiento al sistema de comunicación gráfica en los códices adivinatorios* (Zinacantepec/Warszawa, 2015).

As the conqueror of the Aztec state, Cortés could establish his *encomiendas* on any territory, and he picked the best lands there were in New Spain of the time. Within just a few years after the fall of Tenochtitlan, he assigned to himself multiple landholdings that encompassed potential ports and mines. The heart of his dominion was the region of Cuauhnahuac, called by the Spaniards Cuernavaca. When Cortés first entered Cuauhnahuac during the war with Tenochtitlan, it was, similarly to many other future Marquesado towns, a city-state conquered by the Triple Alliance. Such city-states (*altepetl*) most often had their ruling dynasties with the head of the state called *tlahtoani* ("he who speaks"), responsible for both material and metaphysical well-being of his people. These dynasties continued under the Aztec rule, and some of them still held power after the absorption of their states into the landholding of Cortés.[4]

The Spanish crown officially confirmed only some of the grants awarded by Cortés to himself. On July 6, 1529, the conquistador received from the king the hereditary title of the Marqués del Valle de Oaxaca, along with 22 towns and 23 000 "Indians": much less than what he first took as a reward for his achievements. This grant did not arise from peaceful circumstances, but was both preceded and followed by the struggle for power and influence between Cortés, his rivals in New Spain and the crown. Much to the conquistador's trouble, the Marquesado grant overlooked the fact that in 22 towns, which it carefully named, lived a total of more than the assigned 23 000 people. Very soon, by order of the crown, the Royal Audiencia of New Spain, which was, at the time, the highest political and judicial authority in the colony, established a commission for taking the census in the territory of the Marquesado. Eventually, between 1531 and 1560, several population counts may have been made. Pedro Carrasco mentions a 1534 record and a 1537 order of the viceroy don Antonio de Mendoza to take a census in the Cortés's dominion. In the 1550s, the colonial authorities again ordered a population count in response to complaints of the natives about excessive tribute payments. It is possible that the Nahuatl manuscripts presently held by the Jagiellonian Library, form a vestige of one of these attempts to count the vassals of Cortés. The logical *terminus ante quem* for these documents would be the year 1560, when, after the appeal of don Martín Cortés, don Hernando's son, the king Phillip II canceled the limit of the number of vassals from the Marquesado grant, assigning to the conquistador's heirs all the native people of the towns it

4 Robert Haskett, *Visions of Paradise. Primordial Titles and Mesoamerican History in Cuernavaca*, (Norman, 2005), pp. 77–88.

listed.[5] The majority of the scholars who studied the Mexican fragments agree, however, that the corpus originated in the 1530s or early 1540s.[6]

The manuscripts: physical traits and content

The Nahuatl documents of the Jagiellonian Library, first described by Brigida von Mentz,[7] are cataloged as three separate items. Ms. Amer. 3 consists of 75 folios written on *amatl*, which makes it the third largest piece of the censuses held in Cracow, Paris, and Mexico (the largest is vol. 552 of the Mexican set: 122 folios[8]). It is presently bound together with a handwritten description in German, as well as with fragments of transcription and notes, all made in Berlin before World War II. Ms. Amer. 8 is a tiny piece of two folios, while Ms. Amer. 10 consists of four folios. All three items are in many ways (both physically and content-wise) similar to the Parisian and Mexican censuses, so there can be no doubt that they must have once formed a single corpus of documentation.

Although the format of a census is usually quite clear and schematic, the Jagiellonian Library manuscripts are by no means easy to study, as they were apparently made in several stages and by a large number of people. They feature many different hands and inks, in which they are no different from the pieces held in Paris and Mexico City.[9] The text shows numerous corrections, some of them made with the same hand and ink as the main text, and some by different people (and perhaps also in a different time). The former kind of emendations strongly points to a conclusion that the manuscripts are, in fact, a copy made by

5 Pedro Carrasco, "Tres libros de tributos del Museo Nacional de México y su importancia para los estudios demográficos", in: *XXXV Congreso Internacional de Americanistas, México 1962, Actas y Memorias*, vol. 3, p. 373; G. Michael Riley, *Fernando Cortés and the Marquesado in Morelos, 1522–1547. A Case Study in the Socioeconomic Development of Sixteenth-Century Mexico*, (Albuquerque, 1973), pp. 29–34, 90.

6 Cf. Carrasco, "Tres libros de tributos", p. 373; Eike Hinz, Claudine Hartau et al., *Aztekischer Zensus. Zur indianischen Wirtschaft und Gesellschaft im Marquesado um 1540*, (Hannover, 1983), p. xii; Sarah L. Cline, *The Book of Tributes. Early Sixteenth-Century Nahuatl Censuses from Morelos*, (Los Angeles, 1993), pp. 3, 8; Brigida von Mentz, *Cuauhnáhuac 1450–1675. Su historia indígena y documentos en "mexicano"*, (Mexico City, 2008), p. 12.

7 Brigida von Mentz, "Documentos en náhuatl en Cracovia", *Desacatos*, 12 (2003), pp. 163–170.

8 Cf. Cline, *The Book of Tributes*, p. 7.

9 Cf. Cline, *The Book of Tributes*, p. 15; Brigida von Mentz, "Manuscrito 393: Censo de población", amoxcalli.org.mx (14.3.2018).

the scribes from either an earlier version of the census or extensive notes taken on field.

The majority of the entries that constitute the Jagiellonian Library census conclude with a rubric, which somewhat resembles the letter "R." In the transcription of the Parisian manuscript, where the rubric also occurs, Brigida von Mentz interprets it as *R[egistrado]*, "registered," that is, "this family has been registered or counted in another document." A second possibility is that the rubric stands for "reviewed," since its color often resembles very much the ink of the annotation made below the entry by a reviewer.[10] These annotations, also present in the Parisian manuscript and the Mexican vol. 551, but absent from two other volumes of Mexico City, provide information on changes that occurred within particular households during several years. According to Sarah Cline, this kind of "updates" is known from some non-alphabetic censuses and it may indicate that the communities in which the documents originated, kept them for some time.[11] The annotations to the Jagiellonian Library manuscripts also feature numerous hands and inks, different from those found in the main entries. While the reviewers did not update information on all the tributary units, in the case of some households we come across two annotations, each in a different hand.[12]

The primary organizational unit of the Marquesado census is a "house." The scheme of describing households differs across the corpus: vols. 550 and 552 of the Museo Nacional in Mexico City provide a more extensive range of data than vol. 551 and the manuscripts held in Europe. The latter use virtually the same model for an entry. In the Jagiellonian Library documents, it begins with a number, followed by the name of the household head (usually a male) and his wife, if he is married (a few householders have more than one wife, which shows that the Church did not manage to gain full control of the Marquesado at the time of elaborating these documents). Then the scribe notes how many children of the householder still live with him, gives the name of the "first" (presumably, the oldest) and if he or she is not married, he notes their age. Then follow all the other members of the household: both relatives and servants or slaves of the householder. Many people have Christian names, and if they do not, the census usually indicates that they are unbaptized. Once all the people are listed, the scribe proceeds to economic matters. He first informs us about the size of the field that belongs to the household, using either native units or not specifying

10 E.g., Kraków, Biblioteka Jagiellońska (BJ), Ms. Amer. 3, f. 23v.

11 Cf. Cline, *The Book of Tributes*, p. 6; cf. von Mentz, "Manuscrito 393".

12 E.g., BJ, Ms. Amer. 3, f. 1r.

them at all. Further, we learn whether the householder delivers any of the five kinds of tribute and how much he is paying.

The final section of each entry lists the entire chain of tribute collectors, involved in passing cloth and food to the Marquis and concludes with summing up the total of household members. As I have already mentioned, what follows is usually a rubric and, often, one or more "updates," which make this otherwise schematic and formal document a fascinating testimony of individual stories of the Marquesado people. The most frequent types of information recorded in this section include deaths, births, and marriages of household members, their migrations to and from other towns and occasional separations of a part of the family to form a new household. In some cases, however, the annotations allow us a glimpse into more unusual aspects of life. We owe a particularly vivid scene to Tecapan, an unbaptized widow of Comoliuhcan. At the time of making the bulk of the census, Tecapan lived with her two children (the elder, Vicente, was ten years old), an eight-year-old niece, María, and three female slaves. Two of them were teenagers, but one was a widow, just like Tecapan, and she had a two-year-old daughter named Anica. In the years that passed before the reviewers of the census showed up in Comoliuhcan, María got married and moved out, which they carefully noted below the main entry. But one of the scribes also felt an urge to specify that the three female slaves recorded by his predecessor were not slaves at all. His further note suggests that he received this information from Tecapan: "the woman (i.e., Tecapan) said: no one is a slave." At this point, the annotators would have concluded the case lest the widowed mother of Anica had not, as we can imagine, rushed out of the house, protesting angrily: "I am a slave!" which they also meticulously wrote down.[13]

The annotations to Tecapan's household also give us some idea as to how many years passed between the elaboration of the original document and its updating. The lapse of time was probably not considerable, as the scribes, upon coming back, still find all of the household members alive. However, little María has managed to get married in the meantime. Throughout the Jagiellonian Library census, this is not an isolated case. In another Comoliuhcan household, a six-year-old girl appears as married in an annotation.[14] Upon examining the parts of the census held in Mexico, Robert McCaa concluded that native women of the Marquesado tended to marry at a much earlier age than European women of the same era. He estimated the average marriage age at 13, compared to 18 for men.

13 BJ, Ms. Amer. 3, ff. 32v–33r.

14 BJ, Ms. Amer. 3, ff. 47v.

However, even little girls are reported to have husbands in the censuses: Cline notes a girl who married at 8 and another one, reportedly getting a husband as a four-year-old, although this may be a scribal error.[15] If women typically got married as teenagers or even earlier, the updating of the census must have been done less than ten years after taking it. This number may be even smaller if we take into account the information about births found in the annotations. While multiple-children families are not uncommon in the Jagiellonian Library manuscripts, the maximum number of children born after taking the census is two, and in the majority of cases, the updates record only one new child. Therefore, I believe that the Marquesado document was reviewed ca. 5 years after its elaboration.

Assembling the jigsaw puzzle

The pieces of the Marquesado census held in Cracow include numerous toponyms, which serve as headlines for the households that follow and designate settlements of various size and status. Some of these settlements are reported to have leaders who seem to be directly involved in gathering taxes from their communities. For example, in Comoliuhcan, governed by Juan, "Juan collects the tribute, gives it to Domingo and Domingo gives it to Marqués."[16] In the small village of Xiuhcomolco, headed by an unbaptized man named Zacancatl, Zacancatl passes the tribute to Pablo who, in turn, delivers it to the Marquis.[17] Thus, these hierarchies describe the way tribute travels from the lowest ranking local native official to Cortés. The middle person, charged with directly delivering the goods to the palace in Cuernavaca is probably a high ranking official appointed by the Marquis and responsible for a broader region. Frederic Hicks also notes such hierarchies of tribute collectors in other areas of the Aztec state.[18]

The hierarchies of tribute collectors provide us with a key to establish the reading order of the existing fragments of the census. While there are three call numbers for the Jagiellonian Library holdings, these items, in fact, consist of eight separate pieces: five in Ms. Amer. 3 (ff. 1–24, ff. 25–31, ff. 32–73, f. 74, and

---

15 Cf. Cline, *The Book of Tributes*, pp. 31–32; Robert McCaa, "Matrimonio infantil, *cemithualtin* (familias complejas) y el antiguo pueblo nahua", *Historia mexicana*, 46 (1996), pp. 18–31.

16 BJ, Ms. Amer. 3, ff. 32–73.

17 BJ, Ms. Amer. 3, ff. 15v–20r.

18 Frederic Hicks, "Tetzcoco in the early 16th century: the state, the city, and the *calpolli*", *American Ethnologist*, 9 (1982), p. 241.

f. 75), two in Ms. Amer. 8 (f. 1 and f. 2), and one in Ms. Amer. 10. Only one of them, ff. 32–73 of Ms. Amer. 3, constitutes a complete record of a town (Comoliuhcan), while the remaining seven are bits and pieces separated from the original sections of the corpus. How we may try to connect them with each other is through the hierarchies of tribute collectors, carefully described in each of the census entries. This method is like assembling a manuscript jigsaw puzzle. In a typical game, we would first try to group pieces belonging to distinct sections of the image (sky, grass, clothing, etc.). In our case, these sections are formed by fragments that display the same chain of tribute collectors, suggesting that they belong to the same administrative unit.

The most exciting results, by far, arise from comparing the hierarchies of the Jagiellonian Library pieces to those in the Parisian Ms. Mexicain 393. The French volume begins with the headline that announces the town of Ixtlahuacan, governed by Toribio. As we may expect, Toribio is the person responsible for gathering tribute there, further passing it to don Pablo, who then gives it to Domingo and Domingo delivers the goods to Cortés.[19] The same arrangement is described in the entries that constitute the record of the Jagiellonian Library Ms. Amer. 10. Moreover, on f. 2 of the Ms. Mexicain 393, which is not a continuation of f. 1, but instead forms another separate fragment, an additional person named Francisco is added to the chain of tribute collectors, making it: Francisco to Toribio to don Pablo to Domingo to Marqués. This addition probably means that we are missing a headline for the settlement subject to Ixtlahuacan and governed by a Francisco. This long and unique hierarchy of tribute collectors repeats in fragments 2 (ff. 25–31) and 4 (f. 74) of the Jagiellonian Library Ms. Amer. 3.

The type of analysis presented here provides us with a lot of new data. We learn that two previously unidentified fragments of Ms. Amer. 3, as well as the entire Ms. Amer. 10, belong to the record of Ixtlahuacan. The person who bound the volume of Ms. Amer. 3 in Berlin, apparently did not recognize the affinity of the fragments 2 and 4, because between them he inserted the record of Comoliuhcan. A surprising conclusion is that the two initial folios of the Parisian manuscript and several pieces of the Jagiellonian Library items form part of the same section—the town of Ixtlahuacan—which, at the same time, still lacks some of its pages. It suggests that this section of the corpus got divided in Mexico and its pieces reached Europe through several different routes. It also confirms a close relationship between the Polish and French fragments of the Marquesado census.

19 Paris, Bibliothèque nationale de France (BnF), Ms. Mexicain 393, f. 1, amoxcalli.org.mx (13.3.2018).

The only original colonial Nahuatl text held in Poland—the sixteenth-century census—remained unstudied for more than 70 years. Only recently scholars undertook the task abandoned, because of historical circumstances, by Walter Lehmann and other German Mesoamericanists, who analyzed these manuscripts in Berlin before World War II. At that time, Nahuatl experts were familiar with neither the Mexican nor the Parisian fragments of the census. Today, many parts of the corpus are still missing. Its history, however, allows us to optimistically anticipate the surfacing of more pieces in, perhaps, unexpected places of the world.

Bibliography

Kraków, Biblioteka Jagiellońska (BJ), Ms. Amer. 3

Mexico City, Archivo Histórico del Museo Nacional de México, Colección Antigua, Mss. 550, 551 and 552

Paris, Bibliothèque nationale de France (BnF), Ms. Mexicain 393

Berdan, Frances et al., *Aztec Imperial Strategies*, (Washington, 1996).

Carrasco, Pedro, "Tres libros de tributos del Museo Nacional de México y su importancia para los estudios demográficos", in: *XXXV Congreso Internacional de Americanistas, México 1962, Actas y Memorias*, vol. 3.

Cline, Sarah L., *The Book of Tributes. Early Sixteenth-Century Nahuatl Censuses from Morelos*, (Los Angeles, 1993).

Gibson, Charles, *The Aztecs under Spanish Rule*, (Stanford, 1964).

Haskett, Robert, *Visions of Paradise. Primordial Titles and Mesoamerican History in Cuernavaca*, (Norman, 2005), pp. 77–88.

Hicks, Frederic, "Tetzcoco in the early 16th century: the state, the city, and the *calpolli*", *American Ethnologist*, 9 (1982), pp. 230–249.

Hinz. Eike, Hartau, Claudine et al., *Aztekischer Zensus. Zur indianischen Wirtschaft und Gesellschaft im Marquesado um 1540*, (Hannover, 1983).

Lockhart, James, *The Nahuas after the Conquest. A Social and Cultural History of the Indians of Central Mexico, Sixteenth through Eighteenth Centuries* (Stanford, 1992).

McCaa, Robert, "Matrimonio infantil, *cemithualtin* (familias complejas) y el antiguo pueblo nahua", *Historia mexicana*, 46 (1996), pp. 18–31.

Mentz, Brigida von, "Documentos en náhuatl en Cracovia", *Desacatos*, 12 (2003), pp. 163–170.

Mentz, Brigida von, *Cuauhnáhuac 1450–1675. Su historia indígena y documentos en "mexicano"*, (Mexico City, 2008).

Mikulska, Katarzyna, *Tejiendo destinos. Un acercamiento al sistema de comunicación gráfica en los códices adivinatorios* (Zinacantepec/ Warszawa, 2015).

Riley, G. Michael, *Fernando Cortés and the Marquesado in Morelos, 1522–1547. A Case Study in the Socioeconomic Development of Sixteenth-Century Mexico*, (Albuquerque, 1973).

Smith, Michael, *The Aztecs*, (Oxford, 1998).

Jadwiga Kita-Huber
Uniwersytet Jagielloński

Die Briefwechsel Helmina von Chézys: Erschließung und (Teil)edition

Abstract: Der Beitrag präsentiert ein Forschungsprojekt zu Korrespondenzen Helmina von Chézys, einer exemplarisch ausgewählten weiblichen Intellektuellen aus der Epoche der Romantik und des Vormärz, deren Briefe bislang weder inventarisiert noch ediert wurden und die als Handschriften nur schwer zugänglich sind. Das Ziel des Projekts ist eine quantitative und qualitative Analyse des Quellenmaterials sowie dessen Edition. Dabei soll insbesondere das in der Jagiellonen-Bibliothek in Kraków aufbewahrte Material erschlossen werden. Durch die Edition soll eine wichtige deutschsprachige Quelle zum politisch-kulturellen Leben in Europa der ersten Hälfte des 19. Jahrhunderts, insbesondere zur kulturellen und literarischen Emanzipation von Frauen, zu sich entwickelnden Autorschaftsmodellen und Mechanismen des Literaturmarktes, zugänglich gemacht werden.

Keywords: Jagiellonen-Bibliothek, Helmina von Chézy, Handschriften, Quellen zum politischen und kulturellen Leben in Europa in der ersten Hälfte des 19. Jhs., kulturelle und literarische Emanzipation

1. Einführung: Vergessene Briefe

Mehrere Briefwechsel von Autorinnen und Autoren, die zu ihrer Zeit großes Ansehen genossen, warten erstaunlicherweise immer noch auf Entdeckung und wissenschaftliche Aufarbeitung. Ein solches unentdecktes und unerforschtes Feld sind Korrespondenzen bislang nicht kanonisierter, heute meist vergessener Schriftstellerinnen, deren Wirkungszeit auf die erste Hälfte des 19. Jahrhunderts fällt. Nicht allein als kulturwissenschaftlich aufschlussreiches Dokument sind ihre Briefe wichtige literatursoziologische Quellen, sondern auch deshalb, weil sich in ihnen das Selbstverständnis von Autorinnen artikuliert. Die Briefkorrespondenz erweitert die Wirkungskreise für schreibende Frauen; hier werden ihre Rollen in der Literatur und in der Publizistik verhandelt, Schreibweisen und Erzähltechniken ausprobiert. Die Briefe gewähren überdies Einblicke in die Entstehungsprozesse von Netzwerken von literarisch tätigen Frauen, die sich beruflich und privat unterstützten, kontrollierten und/oder zusammenarbeiteten. Auch die Herausbildung von bestimmten Strategien und Techniken, die schreibenden Frauen nach 1800 ermöglichten, in das weitgehend von männlichen Akteuren bestimmte Gebiet der Literatur eigens einzutreten, wird an diesen Textkorpora nachvollziehbar.[1] In den Briefen werden solche epochenspezifischen Fragen verhandelt wie: Was zeichnet das Schreiben von Frauen aus und wo liegen seine Grenzen? Wie stehen die Chancen für eine Frau, zu dieser Zeit eine Berufsschriftstellerin zu werden und wo eröffnen sich für sie Gestaltungsgebiete? Welche Rolle spielen dabei die sich wandelnden Marktbedingungen und -erwartungen?

Das hier präsentierte Forschungsprojekt befasst sich mit Korrespondenzen Helmina von Chézys, einer exemplarisch ausgewählten weiblichen Intellektuellen aus der Epoche der Romantik und des Vormärz, deren Briefe bislang weder inventarisiert noch ediert wurden und die als Handschriften nur schwer zugänglich sind. Das Ziel ist eine quantitative und qualitative Analyse des Quellenmaterials sowie dessen Edition. Dabei soll insbesondere das in der Jagiellonen-Bibliothek in Kraków aufbewahrte Material erschlossen werden. Das Ziel des Editionsprojekts ist es, eine wichtige deutschsprachige Quelle zum politisch-kulturellen Leben in Europa der ersten Hälfte des 19. Jahrhunderts, insbesondere zur kulturellen und literarischen Emanzipation von Frauen, zu sich entwickelnden Autorschaftsmodellen und Mechanismen des Literaturmarktes, zugänglich zu machen. Die Perspektive einer heute kaum bekannten, aber in ihrer Zeit bedeutenden und gut vernetzten Schriftstellerin kann als Ergänzung und – wie zu vermuten ist – als ein realistisches Korrektiv zu den bereits zum Teil

---

1 Vgl. hierzu die einschlägige Studie von Lorely French, *German Women as Letter Writers: 1750–1850* (London, 1996), die immer noch eine Basis für weiterführende Fragestellungen bildet. Zum Thema (weiblicher) Briefkulturen um 1800 im Zusammenhang mit dem Thema Autorschaft vgl. auch Barbara Becker-Cantarino, „Leben als Text. Briefe als Ausdrucks- und Verständigungsmittel in der Briefkultur und Literatur des 18. Jahrhunderts“, in: Hiltrud Gnüg und Renate Möhrmann (Hrsg.), *Frauen – Literatur – Geschichte. Schreibende Frauen vom Mittelalter bis zur Gegenwart* (Stuttgart, 1985), S. 83–103; Barbara Hahn, „‚Weiber verstehen à la lettre‘. Briefkultur im beginnenden 19. Jahrhundert“, in: Gisela Brinker-Gabler (Hrsg.), *Deutsche Literatur von Frauen* (München, 1988); Barbara Hahn, „Brief und Werk. Zur Konstitution von Autorschaft um 1800“, in: Ina Schabert und Barbara Schaff (Hrsg.), *Autorschaft. Genus und Genie in der Zeit um 1800* (Berlin, 1994), S. 145–156; Karin Tebbe, *Beruf: Schriftstellerin. Schreibende Frauen im 18. und 19. Jahrhundert* (Göttingen, 1998); Corinna Heipcke, *Autorhetorik. Zur Konstruktion weiblicher Autorschaft im ausgehenden 18. Jahrhundert* (Frankfurt, 2002); Christa Hämmerle und Edith Sauer (Hrsg.), *Briefkulturen und ihr Geschlecht. Zur Geschichte privater Korrespondenz vom 16. Jahrhundert bis heute* (Wien, 2003) sowie den Sammelband von Renata Dampc-Jarosz und Pawel Zarychta, *„... nur Frauen können Briefe schreiben“. Facetten weiblicher Briefkultur nach 1750* (im Erscheinen).

edierten Briefwerken solcher zeitgenössischen Schriftstellerinnen wie Bettina von Arnim, Rahel von Varnhagen, Therese Huber oder Karoline Pichler, gelten.

2. Helmina von Chézy und ihre Korrespondenzen

Als Tochter Caroline von Klenckes und Enkelin der Anna Louisa Karsch steht Helmina von Chézy (1783–1856) in einer Autorinnendynastie und gilt zeitlebens als „eine der berühmtesten Schriftstellerinnen Deutschlands."[2] Schon als 15-Jährige schreibt sie auf Anregung ihrer Mutter Briefe und versucht sich früh in der weiblichen Kunst des natürlichen Briefgesprächs. Ein parallel geführtes Tagebuch erlaubt ihr zudem, sich in freier Artikulation eigener Gedanken und Beobachtungen sowie in Selbstdarstellung zu üben.[3] Seit ihrem 19. Lebensjahr ist Helmina auch in der Publizistik tätig, veröffentlicht Texte u. a. für Friedrich Schlegels *Europa*, Friedrich J. Bertuchs *Journal des Luxus und der Moden* sowie Cottas neues Journal *Französische Miscellen*, dessen Redaktion sie ab 1803 übernimmt. Auch wenn sie sich nach ihrer Rückkehr aus Paris (1810) auf die Veröffentlichung von Gedichten und Novellen beschränkt, publiziert sie immer wieder Artikel über politische und soziale Themen, wofür sie meist scharf kritisiert wird. Die 1816 im *Rheinischen Merkur* verfassten Artikel über die Missstände in deutschen Spitälern (Darmstadt, Köln, Mainz, Niederrhein), wo sie 1813–1816 caritativ tätig war, ziehen ihr gar eine Anklage vor dem Militärgericht in Köln zu.[4] Da sie sich nicht öffentlich verteidigen und auch anderweitig nicht in das Tagesgeschehen einmischen darf, kann sie nur vermittelt im Medium ihrer Buch-Werke darauf Bezug nehmen. So gestalten sich diese Werke häufig, wie die als Reaktion auf die Kölner Anklage verfassten *Neue auserlesene Schriften der Enkelin der Karschin* (1817), als ein Genre-Mix von literarischen Stücken und Gedichten, echten und fingierten Briefen, Memoiren und Projektvorschlägen.[5] In der Literaturgeschichte wird Helmina von Chézy hauptsächlich als exzentrische Autorin von Opernlibretti, Texten zu musikalischen Schauspielen und Romanzen, Poemen, Reisebüchern und Erinnerungen sowie als Korrespondentin berühmter Männer

2 So in Irina Hundt, „‚Wäre ich besonnen, wäre ich nicht Helmina.' Helmina von Chézy (1783–1856) – Porträt einer Dichterin und Publizistin", in: Helga Brandes und Detlev Kopp (Hrsg.), *Forum Vormärz Forschung, Jahrbuch 1996 Autorinnen des Vormärz* (Bielefeld, 1997), S. 43–79, hier S. 43, zitiert nach einem Brief von Therese Huber an Helmina von Chézy vom 9.11.1821.

3 Vgl. Hundt, „‚Wäre ich besonnen, wäre ich nicht Helmina.'", S. 55.

4 Vgl. ebd., S. 66 f.

5 Vgl. ebd., S. 68.

wahrgenommen.[6] Als intellektuelle Netzwerkerin *par excellence* korrespondierte sie mit den einflussreichsten zeitgenössischen Literaten, Künstlern und Politikern und arbeitete auch mit mehreren führenden Zeitschriften und Verlagen zusammen, wovon ihre Briefe ein beredtes Zeugnis ablegen. Ihr 1805/07 in Weimar erschienenes zweibändiges Werk *Leben und Kunst in Paris seit Napoleon I*, das sie nach der durch äußere Kritik erzwungenen Niederlegung der Redaktion von *Französische Miscellen* (1804) zusammenstellte, gilt heute als die wichtigste deutschsprachige Quelle zum kulturellen Leben in Paris um 1800.[7]

2. 1 Stand der Forschung

Obwohl Chézy ihre Werke unter ihrem eigenen Namen veröffentlichte, was ungewöhnlich für diese Zeit war, bleiben ihre Spuren weitgehend verwischt – zahlreiche ihrer Werke, insbesondere publizistische Arbeiten, wurden vergessen oder nie gedruckt.[8] Die meisten ihrer veröffentlichten Texte wurden in der ersten Hälfte des 19. Jahrhunderts in verschiedenen Publikationsorganen oder Einzelpublikationen herausgegeben und sind teilweise in Spezialarchiven auffindbar. Hier sind insbesondere ihre zwei autobiografischen Schriften hervorzuheben, die wegen ihrer innovativen Form und dem emanzipatorischen Potential von der Forschung zum Teil beachtet werden: *Erinnerungen aus meinem Leben, bis 1811* (Berlin, 1818) und *Unvergessenes. Denkwürdigkeiten aus dem Leben von Helmina von Chézy. Von ihr selbst erzählt* (zwei Bände, bei Brockhaus 1858). Diese Ausgaben wurden 2013 in einem wissenschaftlich unbedeutenden Verlag nachgedruckt, was symptomatisch für das Werk von Autorinnen aus dieser Zeit ist.[9] Die kommentarlosen Nachdrucke dienen in erster Linie der Popularisierung dieser Texte.

Eine Ausnahme im Hinblick auf die Publikationsgeschichte der Werke Chézys bildet der von Bénédicte Savoy neu herausgegebene Band *Leben und Kunst in Paris seit Napoleon I.*[10] In dieser mit Einleitung und kritischen Kommentaren

---

6 Vgl. Jessica Kewitz, *Der Briefwechsel zwischen Therese Huber und Helmina von Chézy. Zum Selbstverständnis deutscher Schriftstellerinnen um 1800*, Magisterarbeit im Fachbereich Sprach- und Literaturwissenschaft der Universität Osnabrück, 2001, S. 5 [Manuskript].

7 Vgl. Hundt, „Wäre ich besonnen, wäre ich nicht Helmina.'", S. 64 f.

8 Zur Forschungslage vgl. Kewitz, *Der Briefwechsel zwischen Therese Huber und Helmina von Chézy*, S. 5 f.

9 Edition Holzinger. Taschenbuch (Berlin, 2013), vollständiger, durchgesehener Neusatz bearbeitet und eingerichtet von Michael Holzinger.

10 Vgl. Helmina von Chézy, *Leben und Kunst in Paris seit Napoleon I*, hrsg. v. Bénédicte Savoy (Berlin, 2009).

versehenen Textausgabe kann das 1805/07 in Weimar erschienene zweibändige Werk, „das einzigartige Porträt einer neuen Hauptstadt des öffentlichen Wissens und der freien Kunstwahrnehmung“[11], auch zu Forschungszwecken genutzt werden. Die große Beachtung, die diese Neuedition genießt, lässt vermuten, dass auch andere Schriften Chézys – sowohl die bislang ausschließlich in Text(erst) ausgaben aus dem 19. Jahrhundert vorliegenden, als auch die unveröffentlicht gebliebenen Textkorpora (Briefe, Werkfragmente, Textcollagen etc.) – ein vergleichbares kulturpolitisches Potential besäßen. Dass zuverlässige Textausgaben sowie andere Quellen-Editionen zum Leben und Werk Chézys ausbleiben, hat zur Folge, dass ihr Werk bislang „nur rudimentär“ untersucht werden kann.[12]

2.2 Über den Nachlass

Der Nachlass Helmina von Chézys ist über mehrere europäische Bibliotheken und Archive verstreut, wobei die meisten Handschriften – samt den umfangreichen Briefkorrespondenzen – zwischen der Jagiellonen-Bibliothek in Kraków sowie der Staatsbibliothek zu Berlin und dem Archiv der Berlin-Brandenburgischen Akademie der Wissenschaften aufgeteilt sind.

Der Kalliope-Verbund-Katalog nennt vier Orte, in denen der Nachlass aufbewahrt wird:

---

11 „Dieses Werk [...] erzählt aus der Perspektive und mit dem jugendlichen Ernst einer gerade zwanzigjährigen Deutschen eine aufregende Geschichte von ästhetischem Suchen und Finden in den gigantischen, aus ganz Europa nach Paris zusammengebrachten Sammlungen im Louvre, der Nationalbibliothek und den kaiserlichen Schlössern. [...] Chézy's jugendliches Werk ist die bedeutendste Quelle in deutscher Sprache über das kulturelle Leben in Paris um 1800 [...]. Nach zweihundert Jahren wird dieses gewaltige Buch nun mit ausführlichen Kommentaren dem Leser und der Forschung wieder zugänglich gemacht.“ http://www.kuk.tu-berlin.de/menue/lehre/projektseminare/chezy/ (16.5.2017).

12 In den letzten Jahren werden Versuche unternommen, ihre vergessene, auch ungedruckte, Publizistik schrittweise digital zu veröffentlichen. Bei der Deutschen Digitalen Bibliothek wurden bislang 73 Objekte erfasst. Vgl. https://www.deutsche-digitale-bibliothek.de/entity/119360659 (20.5.2017). Allerdings fehlt neben einer wissenschaftlich brauchbaren Chézy-Werkausgabe bzw. einer Auswahl an Werken auch eine vollständige Bibliographie ihrer Schriften und der Forschungsliteratur. Mehr verspricht das angekündigte Dissertationsprojekt von Selma Jahnke zu Schriftstellernetzwerken um 1800 am Beispiel Helmina von Chézys. Vgl. http://www.anne-baillot.eu/home-deutsch/forschung-de/intellektuellen/mitarbeiter--collaborateurs/selma-jahnke (20.5.2017).

- Staatsbibliothek zu Berlin. Handschriftenabteilung; Nachlaß Helmina von Chézy; Signatur: Sammlung Autographa, [1 Mappe, enthält: 7 Briefe 1811–1853]
- Staatsbibliothek zu Berlin. Handschriftenabteilung; Nachlaß Helmina von Chézy; Signatur: Nachlaß Loeben [1 Mappe, enthält: 21 Briefe und Gedichte 1815–1820 und ohne Jahr]
- Fürstlich-Leiningische Bibliothek und Fürstlich-Leiningisches Archiv <Amorbach>; Nachlaß Helmina von Chézy [ca. 30 Nummern – Nachlass, enthält: Briefe, Gedichtmanuskripte]
- Archiv der Berlin-Brandenburgischen Akademie der Wissenschaften; Nachlaß Wilhelmine von Chézy [27 Kästen. Enthält: Manuskripte, Gedichte, Briefe, angereichert durch Briefe von Chézy, Arbeitsmaterial, Korrespondenz, Teilnachlaß von Antoine Leonard de Chézy, Familienpapiere].[13]

Darüber hinaus werden im Kalliope-Verbund-Katalog mehrere Einzelbriefe von und an Chézy erfasst, die über verschiedene, sich meist im deutschen Sprachraum befindlichen Bibliotheken verstreut sind, etwa das Deutsche Literaturarchiv/Schiller Nationalmuseum in Marbach, die Sächsische Landesbibliothek, die Staats- und Universitätsbibliothek Dresden, das Goethe- und Schiller-Archiv/Klassik Stiftung Weimar, die Universitätsbibliothek Leipzig und die Nationalbibliothek in Wien sowie verschiedene Landes- und Universitätsbibliotheken.

In der Jagiellonen-Bibliothek in Kraków werden Briefe von und an Chézy in der Autographensammlung und in der Sammlung Varnhagen aufbewahrt. In der Sammlung Autographa werden insgesamt 39 Briefe und 16 Gedichte an verschiedene Personen,[14] in der Sammlung Varnhagen mehrere Werkmanuskripte (u.a. die Handschrift des Librettos zu Carl Maria von Webers Oper *Euryanthe*, Gedichte, Werk- und Aufsatzentwürfe, z. B. über Madame de Staël, Madame de Genlis oder George Sand) und vor allem Briefkorrespondenzen aufgehoben. Chézys eigenhändige Briefe befinden sich im Kasten mit der Signatur V 47, die zahlreichen Briefe an sie – von rund 260 Korrespondentinnen – in mehreren anderen Kästen. Der erste Wegführer zu dieser Sammlung ist nach wie vor der Katalog Ludwig Sterns, dessen Verzeichnisse mit der tatsächlichen Quellenlage jedoch jeweils abgeglichen werden müssen. Dass er lückenhaft ist, zeigen Stichproben. So werden z. B. im Katalog fünf Briefe Chézys an Madame de Genlis

---

13 Vgl. http://kalliope-verbund.info/de/query?q=ead.origination.gnd%3D%3D%22119360659%22%20AND%20ead.class%3Dcollection (20.5.2017).

14 Die Adressaten sind u. a. Herzogin Amalie von Anhalt-Dessau, A. Arnim, Gräfin K. von Berg, R. Horn, Th. Huber, Jean Paul, Th. Körner und L. Tieck.

verzeichnet, während die Sammlung in der Tat sieben Briefe enthält.[15] Überdies finden sich im Kasten V 47 Briefe an Personen, die bei Stern nicht aufgelistet sind (z. B. an Julius Eduard Hitzig). In der Sammlung Varnhagen konnte ich bisher über 120 Briefe von Chézy an verschiedene Personen nachweisen. Ihre exakte Anzahl kann jedoch erst nach der Überprüfung aller Kästen ihrer Korrespondenten festgestellt werden.

Hinzuzufügen ist, dass einzelne Briefe von und an Chézy sowie einige wenige Briefwechsel bereits veröffentlicht wurden, sollen aber im Projekt ebenso berücksichtigt werden. Sie sind in zwei Gruppen von Publikationen zu finden:

- Briefwechsel Helmina von Chézys mit anderen Schriftstellern. Es wurden bislang nur drei solche Briefwechsel herausgegeben: mit Graf Otto von Loeben (1900)[16], mit Adelbert von Chamisso (1923)[17] und mit Therese Huber (2004).[18]
- Briefe von und an Chézy in verschiedenen größeren Werk-Ausgaben, insbesondere in Briefwechseln berühmter zeitgenössischer Autoren (sowohl in älteren als auch neueren Editionen), z. B. der Weber-Gesamtausgabe,[19] Briefen von und an August Wilhelm Schlegel,[20] der Weimarer Ausgabe der Werke Achim von Arnims,[21] Briefen an Friedrich de la Motte Fouqué.[22]

---

15 Vgl. *Die Varnhagen von Ensesche Sammlung in der Königlichen Bibliothek zu Berlin*, geordnet und verzeichnet von Ludwig Stern (Berlin, 1911), S. 142.

16 Helmina von Chézy und Otto von Loeben, „Aus dem Briefwechsel Helmina Chezys und Graf Loebens 1814“, in: *Mitteilungen aus dem Literaturarchive in Berlin*, Bd. 2: 1898–1900 (Berlin, 1900), S. 33–86.

17 Helmina von Chézy und Adelbert von Chamisso, *Adelbert v. Chamisso und Helmina v. Chezy. Bruchstücke ihres Briefwechsels*, hrsg. von Julius Petersen und Helmuth Rogge (Berlin, 1923).

18 Helmina von Chézy und Therese Huber, *„Kommen Sie, wir wollen 'mal Hausmutterles spielen.“ Der Briefwechsel zwischen den Schriftstellerinnen Therese Huber (1764–1829) und Helmina von Chézy (1783–1856)*, hrsg. von Jessica Kewitz (Marburg, 2004).

19 http://www.weber-gesamtausgabe.de/de/A000288.html#correspondence (28.2.2018).

20 http://www.august-wilhelm-schlegel.de/briefedigital/ (28.2.2018).

21 Achim von Arnim, *Werke und Briefwechsel.* Historisch-kritische Ausgabe (Weimarer Arnim-Ausgabe), Bd. 31: Briefwechsel 1802–1804, hrsg. v. Heinz Härtl und Roswitha Burwick (Berlin, 2004).

22 Albertine de la Motte Fouqué (Hrsg.), *Briefe an Friedrich Baron de la Motte Fouqué. Mit einer Biographie Fouqué's von Jul. Ed. Hitzig und einem Vorwort und biographischen Notizen von Dr. H. Kletke* (Berlin, 1848).

3. Exemplarischer Briefwechsel: Helmina von Chézy und Amalia Schoppe

Unter den bislang unveröffentlichten Texten verdienen vor allem Chézys Korrespondenzen mit anderen – mehr oder weniger bekannten – Schriftstellerinnen der ersten Hälfte des 19. Jahrhunderts besondere Beachtung. Sie dokumentieren u. a. ihre Teilnahme an diversen Anthologie- und Zeitschriftenprojekten, ihre publizistisch-essayistischen Arbeiten sowie ihr soziales und politisches Engagement, insbesondere im Hinblick auf die Frauenemanzipation.

Ein gutes Beispiel hierzu ist der Briefwechsel Helmina von Chézys mit der etwa zehn Jahre jüngeren Autorin Amalia Schoppe. Die heute fast komplett vergessene Schoppe (1791–1858) gehört zu den produktivsten und meist gelesenen Schriftstellerinnen ihrer Zeit. In ihrer Bibliographie, die meist Unterhaltungsliteratur umfasst, werden mehr als 200 Bände aufgelistet, darunter historische Romane, Erzählungen, Novellen, Kindergeschichten, Jugend- und Sachbücher, belletristische Übersetzungen aus dem Französischen, Englischen und Spanischen sowie Beiträge für Periodika und Anthologien.[23] Schoppe publizierte für ca. vierzig Journale, u. a. *Morgenblatt für gebildete Stände*, *Dresdner Abendzeitung* und *Zeitschrift für die elegante Welt*,[24] und war Redakteurin von vier Zeitschriften und Taschenbüchern.[25]

In der Sammlung Varnhagen in der Jagiellonen Bibliothek werden drei Briefe Chézys an Schoppe, neben einem zur Veröffentlichung gedachten Portrait der jüngeren Schriftstellerin, und 45 Briefe von Schoppe an Chézy aus einem Vierteljahrhundert (1820–1844) aufbewahrt.[26] Die ersten in Kraków verwahrten

---

23 Lorely French und Forest Grove, „Amalia Schoppe (1791–1858). ‚Die Arbeit ist aber Freude und Gewohnheit für mich'", in: Irina Hundt (Hrsg.), *Vom Salon zur Barrikade. Frauen der Heinezeit* (Stuttgart, 2002), S. 129–142, hier S. 129.

24 Nikolaus Gatter, „Schoppe", in: *Neue deutsche Biographie*, hrsg. v. Otto zu Stolberg-Wernigerode, Bd. 23 (Berlin, 2007), S. 474–475.

25 „Neue Pariser Modeblätter" (1827–45), „Iduna" (1831–1839) und „Album für Theater und Theater-Costüme" (1841) sowie das Taschenbuch „Cornelia" (1843–1851). Vgl. Gatter, *Schoppe*, S. 475. Zu dieser Tätigkeit Schoppes vgl. auch Ester Saletta, *Friedrich Hebbels und Hermann Brochs Frauengestalten in einer Gender-Studies Richtung* (Berlin, 2007), S. 72 f.

26 Zu dem Briefwechsel vgl. den Aufsatz von Johanna Bohley und Jadwiga Kita-Huber, „‚Viel lieber schweige ich'. Briefe als Medien einer Gegenöffentlichkeit am Beispiel von Helmina von Chézy und Amalia Schoppe", in: Dampc-Jarosz und Zarychta (Hrsg.), „*… nur Frauen können Briefe schreiben*". Zahlreiche Briefe Schoppes wurden von Hargen Thomsen veröffentlicht, der anhand dieser Briefe die Lebensstationen der Schriftstellerin rekonstruierte. Vgl. Hargen Thomsen, *Amalia Schoppe. „… das wunderbarste*

Briefe an Helmina von Chézy sind auf Sommer 1820 datiert, wenn sich Schoppe am Wendepunkt ihres Lebens befindet und nach dem Scheitern des gemeinsamen Projekts mit der Schriftstellerin Fanny Tarnow unsichere berufliche Zukunftsaussichten hat.[27] Chézys Motivation für die Aufnahme der Korrespondenz ist hingegen das frauenemanzipatorische Interesse, das auch in ihren Briefen an Therese Huber deutlich zum Ausdruck kommt.[28] Wie sich anhand ihrer Briefe rekonstruieren lässt, verbindet Helmina von Chézy mit Amalia Schoppe zunächst eine Schülerin-Meisterin-Relation, die sich im Laufe der Zeit zu einer Freundschaft beruflich-professioneller Art entwickelt.

Exemplarisch möchte ich einen bislang unveröffentlichten Brief Chézys an Schoppe als Grundlage der Analyse wählen, der über das Selbstverständnis der Korrespondentinnen als Schriftstellerinnen sowie über ihre Relation zu Beginn der epistolaren Bekanntschaft Aufschlüsse geben kann. In ihm wird auch die Frage nach der Stellung schreibender Frauen in der Publizistik verhandelt – ein für Chézy brisantes Thema, berücksichtigt man ihre publizistischen Erfahrungen aus dieser Zeit, die ihre bewusste Zurückziehung aus der Öffentlichkeit ab 1820 bewirkten.

Der Brief wird mit keinem Datum versehen, lässt sich jedoch aufgrund der Bezüge zum Tagesgeschehen und zu zwei im *Morgenblatt für gebildete Stände* publizierten Artikeln auf Oktober 1821 datieren.[29] Hier weist Chézy, die sich nicht einmal der konventionellen Anrede „Liebe Amalie" bedient, die jüngere Autorin mit klaren, stark emotionalisierten Worten in die Schranken. Der Anlass ist, dass Schoppe in einem Korrespondenzartikel im *Morgenblatt* die Behauptung aufgestellt hat,[30] dass es in Hamburg einen Hass auf diejenigen gäbe, die den Feldzug gegen Napoleon mitgemacht hatten. Diese Einschätzung rief Empörung hervor und brachte Schoppe öffentliche Maßregelung, auch in Form eines kategorischen Widerspruchs mit einer Gegenerklärung seitens mehrerer namentlich genannter Hamburger Bürger.[31]

Wesen, so ich je sah". Eine Schriftstellerin des Biedermeier (1791–1858) in Schriften und Briefen (Bielefeld, 2008).

27 Sie behandeln u. a. ihr Zerwürfnis mit Fanny Tarnow. Zu den Hintergründen vgl. auch French, *German Women as Letter Writers: 1750–1850*, S. 75–111.

28 Vgl. Kewitz, *Der Briefwechsel zwischen Therese Huber und Helmina von Chézy*, S. 99.

29 Der Anfang dieses Briefes wurde in dem bereits erwähnten Aufsatz von Johanna Bohley und mir analysiert und paradigmatisch als eine wichtige Gründungsszene für die äußerlichen und selbst auferlegten Reglementierungen weiblichen Schreibens zu Beginn des 19. Jahrhunderts gedeutet. Vgl. Bohley und Kita-Huber, S. 1.

30 Morgenblatt für gebildete Stände Nr. 213 vom 7. September 1821, S. 862.

31 Morgenblatt für gebildete Stände Nr. 255 vom 24. Oktober 1821, S. 1020.

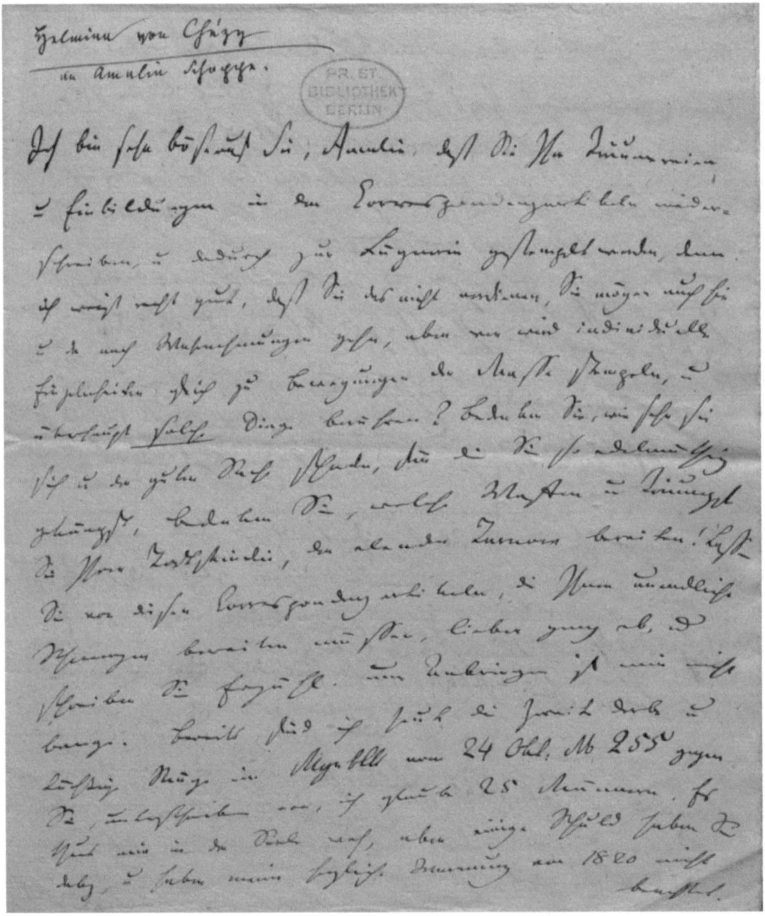

Abb. 22: Kraków, Biblioteka Jagiellońska, Sammlung Varnhagen 47, Chezy. Brief Helmina von Chezys an Amalia Schoppe [Oktober 1821]

Der Brief Chézys, der solche Besonderheiten wie emotionale Rhetorik, epistolare Rollenprosa mit inszenatorischem Potential etc., aufweist, dokumentiert die äußerlichen Zwänge und vor allem die Selbstzurechtweisung und -einschränkung publizistisch bzw. literarisch tätiger Frauen zu Beginn des 19. Jahrhunderts. Ich zitiere *in extenso* (Abb. 22):

„Ich bin sehr böse auf Sie, Amalie, daß Sie Ihre Träumereien und Einbildungen in den Correspondenzartikeln niederschreiben u enthält dadurch zur Lügnerin gestempelt werden,

> denn ich weiß recht gut, daß Sie das nicht verdienen, Sie mögen auch hie u da nach Wahrnehmungen gehen, aber wer wird individuelle Einzelheiten gleich zu Bewegungen der Maße stempeln, u überhaupt solche Dinge berühren? Bedenken Sie, wie sehr sie sich u der guten Sache schaden, für die Sie so edelmüthig gekämpft, bedenken Sie, welche Waffen u Triumph Sie Ihrer Todtfeindin, der elenden Tarnow bereiten! Lassen Sie von diesen Correspondenzartikeln, die ihnen unendliche Schmerzen bereiten müssen, lieber ganz ab, u schreiben Sie Erzähl.[ungen]. Um Anbringen ist mir nicht bange. Bereits find ich heute die zweite derbe u tüchtige [Rüge] im Mgnbltt vom 24. Oct. Nr. 255 gegen Sie, unterschrieben von, ich glaube 25 Männern. Es thut mir in der Seele weh, aber einige Schuld haben Sie dabey, u haben meine herzliche Warnung am 1820 nicht beachtet.
> Mich werden Sie in keiner Zeitschrift antreffen. Was soll mir Verfolgung, Haß u Manille? Viel lieber schweige ich […]"[32]

Nicht nur, dass Chézy die von Schoppe angestoßene politische Debatte kritisiert, formuliert ihr Brief mit der Forderung, publizistische Tätigkeiten ganz zu vermeiden, zentrale Vorstellungen einer Autorschaft, die nicht alle literarischen, sondern nur spezifische Felder besetzt. Frauen hätten sich von der Publizistik und Öffentlichkeit fernzuhalten und dürften im literarischen Feld risikofreiere Gattungen wie Erzählungen beanspruchen. Chézy, eine einst sich selbst politisch stark einmischende Autorin, begründet ihre radikal-unerbittliche Haltung damit, dass Schoppe durch diese Umorientierung den Anfeindungen, Verfolgungen sowie dem Hass entgehen könnte, die eine derartige öffentliche Rolle für Frauen zwangsläufig zur Folge haben würde – und in Form der heftigen männlichen Gegenerklärung, wie oben bemerkt, tatsächlich hatte.

Chézys erneut formulierte Warnung an die jüngere Autorin, die an einen klaren positiven Gegenvorschlag gebunden ist, enthüllt aber noch Weiteres: Der Kritikpunkt ist nicht nur die aufgestellte Behauptung als solche, sondern die „Träumereien und Einbildungen" der Korrespondentin, d. h. ihre subjektive Perspektive bzw. Wahrnehmung der äußeren Ereignisse, die sich mit der dominierenden männlichen nicht vereinbaren lässt. Schließlich aber auch die

---

32 Helmina von Chézy, Brief an Amalia Schoppe [Oktober 1821], Kraków, Biblioteka Jagiellońska, Sammlung Varnhagen (SV) 47, Chézy. [Hervorhebung im Manuskript]. „Manille" bedeutet hier Trumpf. In dem im 18. Jahrhundert beliebten Spiel Manille, das bereits Mitte des 19. Jahrhunderts nicht mehr gespielt wurde, stellt die Manille den Trumpf oder auch den Joker dar. Vgl. Artikel „Manille", in: *Encyclopädie der Spiele enthaltend alle bekannten Karten-, Bret-, Kegel-, Billard-, Ball-, Würfel-Spiele und Schach. Gründliche Anweisung zur Erlernung dieser Spiele, nebst Angabe ihres historischen Ursprungs, ihrer Regeln, Gesetze, Feinheiten und üblichen Kunstausdrücke* (Leipzig, 1855), S. 316–317.

Unerfahrenheit und ein mangelndes Urteilsvermögen, die für eine Anfängerin im literarischen Feld nichts Ungewöhnliches sind. Auch in diesem Sinne stellt Chézy der Publizistik die Fiktion bzw. die fiktiven Gattungen als ein unverfänglicheres Terrain gegenüber. In ihren späteren Briefen geht Schoppe tatsächlich auf diese Abmahnung mehrfach ein, betont aber gleichzeitig, dass ihr die Korrespondenzartikel, das ‚unweibliche' Medium der Publizistik,[33] gerade in der ersten Produktionsphase die materielle Existenz sicherten. So schreibt sie z. B. im Brief vom 6. Juni 1823: „bald […] hoffe ich, mich von den Correspondenz-Arbeiten ganz frei gemacht zu haben; sie ekeln mich an, aber noch muß ich das Joch tragen. Wenn mein Roman Glück macht, schreibe ich nichts anderes mehr."[34]

Im oben angeführten Brief fügt Chézy ihrem auf negative Erfahrungen zurückgehenden Bekenntnis „Mich werden sie in keiner Zeitschrift antreffen […] viel lieber schweige ich" eine Reihe an praktischen Anweisungen hinzu, wie sich die angehende Autorin Schoppe auf dem literarischen Markt bewegen, d. h. wen, in welchem Stil und mit welcher Angelegenheit sie anschreiben sollte. Chézy nutzt das Medium Brief als eine Kommunikationsplattform einer Berufsschriftstellerin, die über das Schreiben und Publikationsmodi für Frauen reflektiert, dabei aber die Praxis – die konkreten Bedingungen des Literaturmarktes, den Geschmack des Publikums und die individuelle Adressatin mit ihren konkreten Bedürfnissen und Begabungen – nicht aus den Augen verliert. So rät sie Schoppe in dem zitierten Brief, lieber in Taschenbüchern als Journalen zu publizieren, da diese „sehr gut honoriert" und „mehr unter die Leute"[35] kommen.

Dabei sind ihre Postulate an eine idealtypische Vorstellung von einer Autorin als einer ethischen bzw. frommen Persönlichkeit (mit ‚Gott in der Seele') gekoppelt: eine Verbindung, die für das Schreiben und die spätere Anerkennung überhaupt erst eine Möglichkeitsbedingung darstellt. Chézy schließt ihren Brief anders, als sie ihn eröffnet. Die Empörung weicht der Ermutigung zum Schreiben aus, denn dem ‚Schönen' und ‚Ergreifenden' sollen keine, auch keine selbst auferlegten Grenzen gesetzt werden:

> Gott sey mit Ihnen, verbannen Sie nie mein herzlichstes Teilnehmen und meinen Glauben an den Gott in Ihrer Brust, aber hüten Sie sich von neuer Trübsal, die sie sich selbst

33 Ein Jahr später schreibt sie: „Ich schreibe sehr viel, aber meist Dinge, die ich ungern schreibe, als Correspondenz = Nachrichten und Kritiken, die nicht für uns Frauen sind." Amalia Schoppe, Brief an Helmina von Chézy vom 5. März 1822, SV 230, Schoppe.

34 SV 230, Schoppe.

35 SV 47, Chézy.

bereiten, Sie möchten sonst – verzeihen Sie mir das harte, daß liebendgemeinte Warnungsworte zu Grunde gehn! Reinigen Sie sich davon, es ist noch Zeit:
Sollten Sie Stimmung u Eingebung zu etwas Einfach Schönem u Ergreifendem haben, so schreiben sie es nieder, u schicken es an Friedrich Rückert, mit einigen begleitenden Zeilen, daß ich Sie dazu aufgemuntert habe [...]
Fassen Sie Muth, und wachen Sie streng, u mit diesem Willen nach klaren Verhältnissen in und außer sich zu strebn, über sich selbst. Von Herzen Ihre Hel.[36]

4. Fazit: Briefe als eigentliches Werk

Bei dem Briefwechsel zwischen Helmina von Chézy und Amalia Schoppe, der nur ein Bastelstein in Chézys epistolarem Universum ist, handelt sich um eine wichtige literatursoziologische Quelle, in der sich ihr schriftstellerisches Selbstverständnis artikuliert, sowie Schreibbedingungen und -strategien verhandelt werden. Der Brief vom Oktober 1821 dokumentiert vor allem die brieflich geführte Debatte über die Rolle schreibender Frauen in der Publizistik und folgerichtig ihre Chancen im Bereich des Fiktionalen vor dem Hintergrund politischer und gesellschaftlich-kultureller Umwälzungen. Dabei kann die Perspektive auf die Funktionsweisen des literarischen Marktes in der ersten Hälfte des 19. Jahrhunderts insgesamt erweitert werden, zumal es sich um Standpunkte ausgegrenzter bzw. nur bedingt zugelassener Akteure handelt. Überdies kann auch der Blick auf das Medium Brief selbst erweitert werden – wie der analysierte Text zeigt, bot sich gerade im Brief die Möglichkeit, kulturelle und literarische Übereinkünfte klarer als in anderen Medien zu formulieren. Dabei werden für Chézy nach 1820 gerade Briefe mehr und mehr zu ihrem eigentlichen Werk, auch ihr Lebensbericht *Unvergessenes* basiert im großen Teil auf ihren Briefen, die hier allmählich die Werkfunktion übernehmen. Dass auch die Korrespondenz mit der jüngeren Autorin Schoppe für Chézy einen literarisch-dokumentarischen Wert hatte, zeigt die Tatsache, dass sie in den 40er Jahren ein Porträt der Schriftstellerin in Form einer Collage von Zitaten aus den von ihr erhaltenen Briefen vorbereitete.[37] Das fünfzehnseitige Manuskript blieb bislang unveröffentlicht, wie mehrere andere Artikel über Frauen, an denen Chézy in der zweiten Lebenshälfte kontinuierlich arbeitete. Es ist ein Dokument, dessen Erschließung, Beschreibung und Kommentierung im Hinblick auf das Selbstbewusstsein der Schriftstellerinnen in den ersten Dezennien des 19. Jahrhunderts bzw. ihren eigenen Beitrag zur Literaturgeschichtsschreibung einer separaten Untersuchung benötigte.

36 Ebd.
37 Helmina von Chézy, „Über Amalia Schoppe geborene Weise u Stellen aus ihren Briefen seit 1819 von Helmina von Chézy geb. v. Klencke, 18. Junius 1844". SV 230 Schoppe.

Bibliographie

Kraków, Biblioteka Jagiellońska (BJ)

Sammlung Varnhagen (SV) 47, Chézy

Sammlung Varnhagen (SV) 230, Schoppe

Arnim, Achim von, *Werke und Briefwechsel. Historisch-kritische Ausgabe (Weimarer Arnim-Ausgabe)*, Bd. 31: Briefwechsel 1802 – 1804, hrsg. v. Härtl, Heinz und Burwick, Roswitha (Berlin, 2004).

Becker-Cantarino, Barbara, „Leben als Text. Briefe als Ausdrucks- und Verständigungsmittel in der Briefkultur und Literatur des 18. Jahrhunderts", in: Gnüg, Hiltrud und Möhrmann, Renate (Hrsg.), *Frauen – Literatur – Geschichte. Schreibende Frauen vom Mittelalter bis zur Gegenwart* (Stuttgart, 1985), S. 83–103.

Bohley, Johanna und Kita-Huber, Jadwiga, „‚Viel lieber schweige ich'. Briefe als Medien einer Gegenöffentlichkeit am Beispiel von Helmina von Chézy und Amalia Schoppe", in: Dampc-Jarosz, Renata und Zarychta, Paweł (Hrsg.), *„nur Frauen können Briefe schreiben". Facetten weiblicher Briefkultur nach 1750* (im Erscheinen).

Chézy, Helmina von, *Leben und Kunst in Paris seit Napoleon I*, hrsg. v. Savoy, Bénédicte (Berlin, 2009).

Chézy, Helmina von, *Erinnerungen aus meinem Leben bis 1811*, hrsg. v. Michael Holzinger (Berlin, 2013).

Chézy, Helmina von, *Unvergessenes. Denkwürdigkeiten aus dem Leben*, hrsg. v, Michael Holzinger (Berlin, 2013).

Chézy, Helmina von und Chamisso, Adelbert von, *Adelbert v. Chamisso und Helmina v. Chezy. Bruchstücke ihres Briefwechsels*, hrsg. v. Petersen, Julius und Rogge, Helmuth (Berlin, 1923).

Chézy, Helmina von und Huber, Therese, *„Kommen Sie, wir wollen 'mal Hausmutterles spielen." Der Briefwechsel zwischen den Schriftstellerinnen Therese Huber (1764–1829) und Helmina von Chézy (1783–1856)*, hrsg. v. Kewitz, Jessica (Marburg, 2004).

Chézy, Helmina von und Loeben, Otto von, „Aus dem Briefwechsel Helmina Chezys und Graf Loebens 1814", in: *Mitteilungen aus dem Literaturarchive in Berlin*, Bd. 2: 1898–1900 (Berlin, 1900), S. 33–86.

Fouqué, Albertine de la Motte (Hrsg.), *Briefe an Friedrich Baron de la Motte Fouqué. Mit einer Biographie Fouqué's von Jul. Ed. Hitzig und einem Vorwort und biographischen Notizen von Dr. H. Kletke* (Berlin, 1848).

French, Lorely, *German Women as Letter Writers: 1750–1850* (London, 1996).

French, Lorely und Forest Grove, „Amalia Schoppe (1791–1858). ‚Die Arbeit ist aber Freude und Gewohnheit für mich'", in: Hundt, Irina (Hrsg.), *Vom Salon zur Barrikade. Frauen der Heinezeit* (Stuttgart, 2002), S. 129–142.

Gatter, Nikolaus, „Schoppe", in: *Neue deutsche Biographie*, hrsg. v. Stolberg-Wernigerode, Otto zu, Bd. 23 (Berlin, 2007), S. 474–475.

Hahn, Barbara, „‚Weiber verstehen à la lettre'. Briefkultur im beginnenden 19. Jahrhundert", in: Brinker-Gabler, Gisela (Hrsg.), *Deutsche Literatur von Frauen* (München, 1988).

Hahn, Barbara, „Brief und Werk. Zur Konstitution von Autorschaft um 1800", in: Schabert, Ina und Schaff, Barbara (Hrsg.), *Autorschaft. Genus und Genie in der Zeit um 1800* (Berlin, 1994), S. 145–156.

Hämmerle, Christa und Sauer, Edith (Hrsg.), *Briefkulturen und ihr Geschlecht. Zur Geschichte privater Korrespondenz vom 16. Jahrhundert bis heute* (Wien, 2003).

Heipcke, Corinna, *Autorhetorik. Zur Konstruktion weiblicher Autorschaft im ausgehenden 18. Jahrhundert* (Frankfurt, 2002).

Hundt, Irina, „‚Wäre ich besonnen, wäre ich nicht Helmina.' Helmina von Chézy (1783–1856) – Porträt einer Dichterin und Publizistin", in: Brandes, Helga und Kopp, Detlev (Hrsg.), *Forum Vormärz Forschung, Jahrbuch 1996 Autorinnen des Vormärz* (Bielefeld, 1997), S. 43–79.

Kewitz, Jessica, *Der Briefwechsel zwischen Therese Huber und Helmina von Chézy. Zum Selbstverständnis deutscher Schriftstellerinnen um 1800*, Magisterarbeit im Fachbereich Sprach- und Literaturwissenschaft der Universität Osnabrück, 2001 (Manuskript).

„Manille", in: *Encyclopädie der Spiele enthaltend alle bekannten Karten-, Bret-, Kegel-, Billard-, Ball-, Würfel-Spiele und Schach. Gründliche Anweisung zur Erlernung dieser Spiele, nebst Angabe ihres historischen Ursprungs, ihrer Regeln, Gesetze, Feinheiten und üblichen Kunstausdrücke* (Leipzig, 1855), S. 316–317.

Morgenblatt für gebildete Stände Nr. 213 vom 7. September 1821.

Morgenblatt für gebildete Stände Nr. 255 vom 24. Oktober 1821.

Saletta, Ester, *Friedrich Hebbels und Hermann Brochs Frauengestalten in einer Gender-Studies Richtung* (Berlin, 2007).

Stern, Ludwig, *Die Varnhagen von Ensesche Sammlung in der Königlichen Bibliothek zu Berlin* (Berlin, 1911).

Tebbe, Karin, *Beruf: Schriftstellerin. Schreibende Frauen im 18. und 19. Jahrhundert* (Göttingen, 1998).

Thomsen, Hargen, *Amalia Schoppe. „… das wunderbarste Wesen, so ich je sah". Eine Schriftstellerin des Biedermeier (1791–1858) in Schriften und Briefen* (Bielefeld, 2008).

http://www.anne-baillot.eu/home-deutsch/forschung-de/intellektuellen/mitarbeiter--collaborateurs/selma-jahnke (20.5.2017)

http://www.august-wilhelm-schlegel.de/briefedigital/ (28.2.2018)

https://www.deutsche-digitale-bibliothek.de/entity/119360659 (20.5.2017)

http://kalliope-verbund.info/de/query?q=ead.origination.gnd%3D%3D%22119360659%22%20AND%20ead.class%3Dcollection (20.5.2017)

http://www.kuk.tu-berlin.de/menue/lehre/projektseminare/chezy/ (16.5.2017)

http://www.weber-gesamtausgabe.de/de/A000288.html#correspondence (28.2.2018)

Izabela Surynt
Uniwersytet Wrocławski

Familiendokumente Gustav Freytags in den Beständen der ehemaligen Preußischen Staatsbibliothek zu Berlin in der Jagiellonen-Bibliothek

Abstract: Der Beitrag reflektiert die Rolle der in den sog. „Berliner Beständen" aufgefundenen Dokumente aus dem Nachlass von Gustav Freytag für die Durchführung des wissenschaftlichen Projekts der Autorin, das sich die Analyse der Polenimaginationen im Werk dieses deutschen Schriftstellers zum Ziel setzte. Familiendokumente, darunter u.a. der Stammbaum der Familie Freytag, Lebensbeschreibungen der Vorfahren, Taufscheine, etc., gestatteten es, sich mit verschiedenen Spekulationen bezüglich der Herkunft des Dichters auseinanderzusetzen, die in der umfangreichen Sekundärliteratur und Publizistik zu seinem Schaffen verbreitet sind. Dank dieses Fundes wurde es u.a. möglich, die Verbindungen der Familie Freytag zum Land Polen, zur polnischen Bevölkerung und den polnischsprachigen Oberschlesiern, die das Geschick dieses Geschlechts seit Jahrhunderten geprägt hatten, zu erforschen.

Keywords: Bestände der ehemaligen Preußischen Staatsbibliothek zu Berlin in der Jagiellonen-Bibliothek, Gustav Freytag, handschriftliche Familiendokumente, Verbindungen Gustav Freytags zu Polen

Gustav Freytags Polen: Zur Vorgeschichte des Projekts

Als im Jahre 1999 die Entscheidung gefallen war, ein Buch über Gustav Freytag und sein Verhältnis zu Polen und den Polen zu schreiben,[1] wusste ich noch lange nicht, wie spannungsvoll sich die von mir anvisierte Aufgabe erweisen wird. Angesichts der umfangreichen Sekundärliteratur zu Freytag (insbesondere aus den 1970. und 1980. Jahren im Kontext der Diskussionen über Freytags Antisemitismus[2]) schien mir eine gründliche Recherche über Details aus dem Leben des Schriftstellers unnötig. Eine umfangreiche Biographie Freytags von

1 Izabela Surynt, *Das „ferne", „unheimliche" Land. Gustav Freytags Polen* (Dresden, 2004). Gustav Freytag (1816–1895) – deutscher Schriftsteller, geboren in Kreuzburg in Oberschlesien, Autor von zahlreichen Romanen, Dramen und kulturgeschichtlichen Schriften, Publizist und Politiker.

2 Vgl. dazu: *Surynt, Das „ferne", „unheimliche" Land.*

Hans Lindau[3] lag ja seit mehreren Jahrzehnten vor, auch Publikationen jüngeren Datums stellten Informationen über sein Leben sowie seine Herkunft in den Vordergrund ihrer Erörterungen oder setzten sich zumindest mit ihnen auseinander.[4] Und Gustav Freytag präsentierte sich auch selbst seinem Lebepublikum in den *Erinnerungen aus meinem Leben* (1886–1887)[5], die die Ausgabe seiner gesammelten Werke eröffneten. Wozu da noch forschen? Eine gründliche Analyse der Sekundärliteratur musste jedoch verwirren, wenn nicht gar verunsichern, stellten einige Autoren Freytag als einen zweifelsohne deutschen, d. h. deutsch gesinnten und deutschstämmigen, Schriftsteller vor, der trotz seiner Heimat im multiethnischen Oberschlesien von polnischen Einflüssen jeglicher Art unberührt geblieben wäre (vgl. dazu hauptsächlich Aussagen der aus (Ober)Schlesien stammenden Publizisten, z. B. in der Zeitschrift „Der Oberschlesier", oder nach 1945 im Umkreis der sog. Vertriebenen und der mit dem Bund zusammenhängenden Institutionen und Zeitschriften). Oder ganz im Gegenteil – gerade weil Freytag aus Oberschlesien stammte, wäre er selbst ein ‚Halbslawe' bzw. ‚Halbpole' mit angeblich slawischen Gesichtszügen und slawischem Temperament, wie andere behaupteten (vgl. z. B. die herablassenden Äußerungen Gutzkows oder die von dem polnischen Ethnographen Lucjan Malinowski im 19. Jahrhundert sowie Meinungen aus späterer Zeit im Zuge der Antisemitismus-Debatte). Freytag servierte seinem Publikum dagegen ein abgerundetes Bild seines Lebens, in dem jede Einzelheit sein Image als Preuße, Protestant und Deutscher stützen sollte. Obwohl Freytags ethnische Herkunft für meine Erörterungen nicht so zentral war, hatte sie dennoch eine Rolle in meinem Projekt gespielt, berief sich der Schriftsteller doch auf seine grenzländische (oberschlesische) Abstammung als eine solide Quelle seiner Kenntnis des polnischen ‚Nationalcharakters' und der polnischen Nation im Allgemeinen und beteuerte, seine nationale Identität in Abgrenzung zum Polen- und Judentum gestaltet zu haben. Eine Einsicht in Familiendokumente Freytags schien mir also als lohnenswert. In den Beständen der Staatsbibliothek zu Berlin[6] galten aber Teile des Freytag-Nachlasses als

3 Hans Lindau, *Gustav Freytag. Mit einem Bildnis Freytags nach Karl Stauffer und einem Faksimiledruck* (Leipzig, 1907).

4 Vgl. die Bibliographie in Surynt, *Das „ferne", „unheimliche" Land*, S. 361–386.

5 Gustav Freytag, *Gesammelte Werke* (Leipzig, 1886), Bd. 1. In folgenden Ausführungen werden Passagen aus Freytags *Erinnerungen* zitiert und im Haupttext als EL mit Seitenangabe kenntlich gemacht.

6 Ein umfangreicher Gustav Freytag-Nachlaß befindet sich auch im Weimarer Goethe- und Schiller-Archiv, wo ich im Jahre 2000 im Rahmen eines Stipendiums der Klassik Stiftung in Weimar recherchierte.

Kriegsverlust und darunter gerade auch die in den *Erinnerungen aus meinem Leben* erwähnte Ahnentafel, die Lebensgeschichten seiner Großväter sowie andere Urkunden der Familienangehörigen.

Daher erfreute mich die Information, die mir im Studienjahr 1999/2000 zugegangen war, als Herr Prof. Dr. Hans Hennig Hahn mit einem Gastvortrag im Institut für Germanistik der Universität Opole/Oppeln (Polen) aufgetreten war, dass in den Beständen der ehemaligen Preußischen Staatsbibliothek zu Berlin in der Jagiellonen-Bibliothek, also in der sog. Berlinka, Teile des Gustav Freytag-Nachlasses aufbewahrt würden. Mein erster Besuch in der Handschriftenabteilung der Jagiellonen-Bibliothek fand im Jahr 1999 statt, um die Information von Prof. Hahn zu bestätigen und den ersten Einblick in die dort vorhandenen Dokumente zu gewinnen.

In den Jahren 2000–2001 recherchierte ich in der Staatsbibliothek zu Berlin und in der Jagiellonen-Bibliothek in Krakau am Freytag-Nachlass. Zu dieser Zeit waren seine Teile nur vorläufig katalogisiert und nicht ausreichend geordnet. Die Bestände der beiden Sammlungen befanden sich gerade in einer systematischen Bearbeitung durch einen Angestellten der Staatsbibliothek zu Berlin, Herrn Hans-Jörg Lieder, der mich bei der Erschließung des in Berlin und Krakau aufbewahrten Nachlasses durch seinen fachlichen Rat und seine ausgezeichnete Orientierung in der Materialfülle unterstützte. In der Jagiellonen-Bibliothek half mir bei der Sichtung des dort vorliegenden Materials auch Frau Dr. Monika Jaglarz, der ich eine mehrmonatige fachliche Betreuung meiner Recherchen verdanke. In Krakau wurde ich findig. Ich entdeckte unter den damals noch nicht erfassten Dokumenten aus Freytags Nachlass die von mir gesuchten Materialien: neben zahlreichen und wertvollen Zeugnissen zur Familiengeschichte des Schriftstellers auch viele Briefe, Notizen und Manuskripte u.a.m. Von besonderer Wichtigkeit erschienen mir damals diese Dokumente, die Freytag in seiner Autobiographie selbst nannte und – wie er beschwor – in den Passagen über seine Vorfahren aufrichtig referierte. Mich interessierte, wie er mit seiner Familiengeschichte umging und wie er sie dann in seinem Lebensbild darstellte.

Freytags Selbstentwurf in den *Erinnerungen aus meinem Leben* (1886/87)

Freytags Lebensentwurf ist in ein festes und scheinbar klar definiertes Koordinatensystem eingebunden: Die Konstellation von Preußentum, Protestantismus und Schlesiertum wird von ihm als die glückliche „Fügung“ gepriesen, der er zu verdanken habe, sein Leben lang immer auf der Seite der Sieger der Geschichte gestanden zu haben:

> Daß es für mich leicht wurde, in den Kämpfen meiner Zeit auf der Seite zu stehen, welcher die größten Erfolge zufielen, das verdanke ich nicht mir selbst, sondern der Fügung, daß ich als Preuße, als Protestant und als Schlesier unweit der polnischen Grenze geboren bin. Als Kind der Grenze lernte ich früh mein deutsches Wesen im Gegensatz zu fremdem Volksthum lieben, als Protestant gewann ich schneller und ohne leidvolles Ringen den Zugang zu freier Wissenschaft, als Preuße wuchs ich in einem Staat auf, in dem die Hingabe des Einzelnen an das Vaterland selbstverständlich war. (EL, S. 4)

Mit der Hervorhebung der ‚richtigen' Herkunft, die das Individuum nahezu im Voraus mit einem entsprechenden Kapital an ethischen und nationalen Wertvorstellungen ausstattet, lässt Freytag das Erbe – „die Habe von den Eltern" (EL, S. 4) – das Milieu und erst dann die sozialen Interaktionen als konstituierende Bestandteile seines anthropologischen Entwurfs in den Vordergrund treten. Die erzählte Herkunft des Schriftstellers sowie die narrative Figur des „deutschen Wesens" standen also zunächst im Vordergrund meines Interesses.

Dass Freytag seine Alteritätsentwürfe eben auf Polen (und Judentum) projizierte, lag zweifelsohne in der sozial-politischen Situation (Ober)Schlesiens begründet, wo die deutsche Sprache und Kultur als äußere Kennzeichen der Zugehörigkeit zu politisch, wirtschaftlich und gesellschaftlich privilegierten Schichten galten. Die polnischsprachige Bevölkerung, die den größten Teil der besitzlosen Klassen Oberschlesiens ausmachte, galt im 19. Jahrhundert als ‚rückständig' und damit auch als minderwertig, da sie zudem noch kaum am kulturellen und politischen Leben Preußens teilnahm. Bei der Darstellung seiner Kindheit in Oberschlesien räumt Freytag der Schilderung der deutsch-polnischen Beziehungen relativ viel Platz ein. Dabei fällt sein unaufhörliches Bestreben auf, seiner Heimat ein ‚rein' deutsches Gepräge zu verleihen. Doch trotz all seiner Bemühungen, den deutschen Charakter seiner Geburtsstadt Kreuzburg und ihrer Umgebung im Kontrast zu den sprachlich und mental noch ‚polnisch' (womit vorrangig auf die kulturelle Rückständigkeit rekurriert wird) gebliebenen Randzonen hervorzuheben, lässt Freytag – ganz gegen seine Absicht – gerade doch die ethnische und kulturelle Uneinheitlichkeit dieser Region zum Vorschein kommen.[7]

In einer streng protestantischen Familie, deren sozialer Standort in Oberschlesien durch die Tätigkeit von Freytags Großvätern (Georg Freytag und Ernst

---

7 Vgl. Izabela Surynt, „Unterstellter Regionalismus. Gustav Freytag und (Ober)Schlesien", in: Jürgen Joachimsthaler und Maria K. Lasatowicz (Hrsg.), *Regionalität als Kategorie der Literatur- und Sprachwissenschaft* (Frankfurt am Main, 2002), S. 473–487; Surynt, *Das „ferne", „unheimliche" Land.*

Christoph Zebe) als Pastoren[8] und durch den preußischen Staatsdienst[9] seines Vaters definiert war, zur Welt gekommen, wurde Freytag in eine konfessionell-gesellschaftliche Konstellation hineingeboren, in der konkrete religiös-ethische Identifikationsmodelle stark verortet waren. Es scheint die nachträgliche Bemühung Freytags um die eigene (nationale) Identitätskonstruktion gewesen zu sein, die seine Feder bei der Darstellung und Deutung der Familiengeschichte führte, als er auf das Leben seiner Vorfahren die von ihm selbst gewünschten Inhalte projizierte, um damit sein Selbstbild zu stützen und zu legitimieren. Davon mögen exemplarisch Freytags nahezu penetrant wirkende Beschwörungen zeugen, seine Vorfahren hätten es mit ihrem Lebensstil schon immer (ununterbrochen seit dem 16. Jahrhundert, d. h. seit der Zeit ihrer Einwanderung in Schlesien) „auf die deutsche Art" (EL, S. 6) innerhalb des slawischen Elements gehalten, die dem Leser seiner *Erinnerungen* immer wieder aufgedrängt werden. Aber gerade diese Beteuerungen sind es ja, die die Frage provozieren, ob es denn überhaupt möglich gewesen war, als eine sprachliche und kulturelle Minderheit in einer durch die anderssprachige Majorität stark dominierten Umgebung von deren Einflüssen völlig unangetastet zu bleiben? Für Freytag jedoch, der dem ‚Deutschtum' unter Berufung auf seine kulturelle Suprematie übermächtige zivilisationsfördernde Wunderkräfte in seinen Nations- und Staatsentwürfen zusprach, stellte sich die Frage von Grund auf anders. Da er von der axiomatischen Annahme ausging, dass das zivilisatorisch schwächere, wenn auch quantitativ überwiegende, ‚Slawentum' der deutschen ‚Volkskraft' und ‚Bildung' bei einer Konfrontation wie z. B. in Schlesien ‚zwangsläufig' unterliegen müsse, konnte er nun in seinen autobiographischen und literarischen Texten die Siedlung der deutschen Kolonisten bei Kreuzburg, in der sich seine Ahnen niedergelassen haben sollten, zu einer Kultur und zivilisatorischen Fortschritt ausstrahlenden Oase stilisieren, von der aus die barbarischen ‚Wilden' zivilisiert und erst damit zu ‚richtigen' (deutschen) Menschen gemacht werden konnten. In dieser Konstellation erscheint seine eigene Tätigkeit als Förderer der preußischen Gesinnung und der deutschen Kultur im Osten Europas, als welcher er sich verstanden wissen wollte, als Fortsetzung der Familientradition, als ein Stück des Ahnenerbes, zu dessen Statthalter und Verwalter er sich somit selbst ernannte.

---

8 Zur Relation zwischen dem evangelischen Pfarramt und dem Bildungsbürgertum in Preußen vgl. Oliver Janz, „Zwischen Amt und Profession: Die evangelische Pfarrerschaft im 19. Jahrhundert", in: Hannes Siegrist (Hrsg.), *Bürgerliche Berufe* (Göttingen, 1988), S. 174–199.

9 Vgl. Hans Hattenhauer, *Geschichte des Beamtentums* (Köln/Berlin et al., 1980), insbesondere das Kapitel: Das Jahrhundert des Bürgers, S. 205–293.

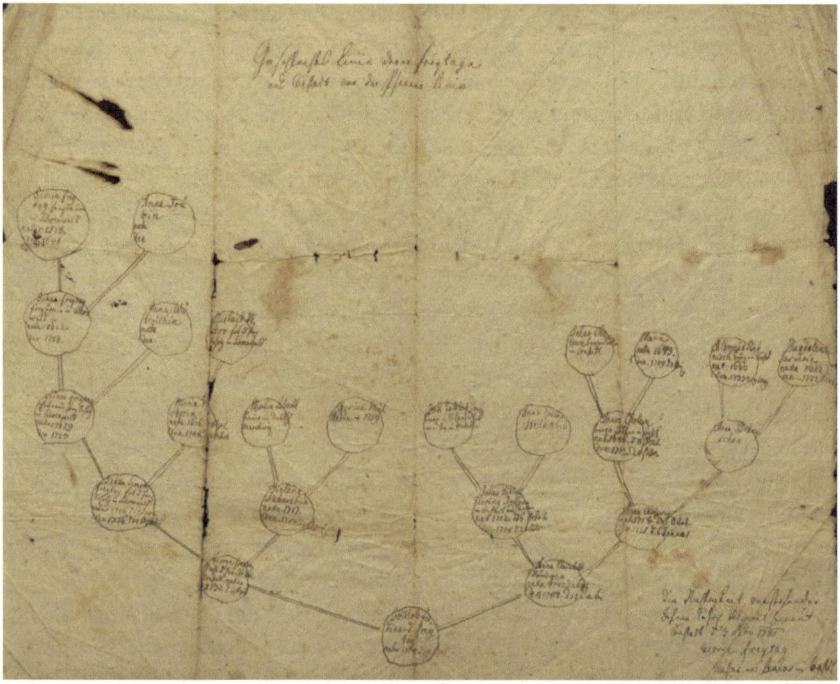

Abb. 23: Kraków, Biblioteka Jagiellońska, Nachlass Gustav Freytag, 84. Geschlechtstafel

Aus den Familiendokumenten, die mit Freytags literarischem Nachlass mitüberliefert worden sind,[10] geht im Gegensatz dazu unzweifelhaft hervor, dass seine Vorfahren sehr wohl mit der einheimischen slawischen Bevölkerung in Beziehungen traten, was u. a. an den in ihnen erhaltenen Familiennamen deutlich zutage tritt. Denn ganz entgegen der Freytagschen Behauptung: „Die Vorfahren hielten es unter slavischem Volk auf die deutsche Art, wie man aus den Namen ihrer Frauen schließen darf, die bis zu dem meiner Mutter sämtlich deutsch sind" (EL, S. 6), lassen sich im Stammbaum der Familien Freytag und Zebe nicht wenige offensichtlich slawische Namen (Zasad, später Sassadius, Kosza, später Kosen, Cholewa, Szydlo) feststellen.[11] (Abb. 23)

10 In der Handschriftenabteilung der Jagiellonen-Bibliothek (BJ) in Krakau, im Goethe-Schiller-Archiv (GSA) in Weimar, in der Staatsbibliothek zu Berlin.

11 Vgl. dazu den Stammbaum der Familien Freytag und Zebe, in: BJ, Nachlass Gustav Freytag.

Ähnliche Praktiken, Unerwünschtes einfach zu verdrängen und dem Publikum vertuschend vorzuenthalten und im Ausgleich dazu den Erfindungen der eignen Phantasie Erzählräume zu öffnen, werden u. a. auch dann sichtbar, wenn man Freytags Wissen über Schönwald bei Kreuzburg, den Ort der Niederlassung seiner Vorfahren, mit seiner Darstellung in der Autobiographie vergleicht. In den *Erinnerungen* heißt es: „Denn auch der Grenzwald [in Schlesien – I.S.] wurde gelichtet und durch *deutsche* Dörfer besetzt. Nahe Konstadt entstand Schönfeld, mitten im Walde Schönwald, in gleicher Entfernung von den drei Städten. Es wurde ein ansehnliches Dorf mit zwei Scholtiseien." (EL, S. 6, Hervorhebung von I.S.) Demgegenüber geht aus dem Briefwechsel Freytags mit Colmar Grünhagen,[12] dem Breslauer Archivar und Historiker, eindeutig hervor, dass dem Schriftsteller die Tatsache wohl bekannt war, dass Schönwald aller Wahrscheinlichkeit nach als eine slawische Siedlung (urkundlich 1409 bezeugt) mit dem Namen Krziwicz/Krziwiczin entstanden war. Aus Grünhagens wiederholten Versicherungen, in den Archiven „nichts Besseres" finden zu können, und dem etwas irritierten Ton kann man auf Freytags Unzufriedenheit mit den Suchergebnissen des Historikers schließen,[13] die seinen Briefpartner schließlich zu einer eher ironisch gemeinten Bemerkung brachte: „Ich bedaure, nichts Besseres herausgebracht zu haben, muß aber doch einräumen, daß es eine unbillige lokale Bevorzugung wäre, wenn Ihr Geburtsort[14] auch noch den Ruhm uralt historischer Traditionen aufzuweisen hätte."[15]

Korrigierende Abrundungen bei der Darstellung der Familiengeschichte, die Freytag auch in den weiteren Passagen seiner Lebenserinnerungen, die sich nicht mehr allein auf die Vorfahren, sondern nun auf seine eigene Entwicklung beziehen, mehrmals unternahm, fallen auch da auf, wo die Sprachenfrage in Schlesien zu jener Zeit und im familiären Kreise seiner Vorfahren berührt wird. So heißt es über die Ausbildung seines Großvaters Freytag in den *Erinnerungen aus meinem Leben*: „In dieser Weise gab der Urgroßvater, Johann Simon Freytag, Erb- und Gerichtsscholz in Schönwald, seinen ältesten Sohn Georg (geb. 1737), als dieser acht Jahre alt war, zu Verwandten nach Namslau, damit er dort deutschen Stil und etwas Latein erwerbe […]". (EL, S. 7) In der überlieferten

12 Norbert Conrads, „Bilder aus der schlesischen Vergangenheit. Der Briefwechsel Colmar Grünhagens mit Gustav Freytag", in: Eckhard Grunewald (Hrsg.), *Berichte und Forschungen. Jahrbuch des Bundesinstituts für ostdeutsche Kultur und Geschichte* (München, 1996), S. 7–38.

13 Es sind keine Antworten von Freytag an Grünhagen erhalten geblieben.

14 In der Tat war Freytags Geburtsort Kreuzburg.

15 Conrads, *Bilder*, S. 10.

Handschrift Georg Freytags, die in der Jagiellonen-Bibliothek einzusehen ist, steht bezüglich seiner Lehre dagegen: „1745 im April ward ich nach Namslau zu meiner Mutter Bruder in die Kost gegeben, woselbst ich deutsch gelernet und die Anfangsgründe der lateinischen Sprache unter dem Rector Chlebus gefasset habe.“[16] Ob Gustav Freytags Bezeichnung „deutscher Stil“ mit Georg Freytags „deutsch lernen“ auch wirklich identisch ist, wird heute wohl nicht mehr eindeutig entschieden werden können. Allerdings spricht vieles dafür, dass Freytag an der Ausdrucksweise seines Großvaters Anstoß genommen haben mag, weil er doch die Wendung in dessen Lebensbeschreibung seinen auf die Vergangenheit gerichteten Erwartungen anpasste. Offensichtlich musste ihm schon allein der Gedanke, sein Ahne hätte bei seinen städtischen Verwandten Deutsch erst lernen müssen, weil er sich sonst des ‚Wasserpolnischen‘ bediente, als mit seinem – auf die Geschichte verlängerten – Selbstentwurf unvereinbar erscheinen.

Die bis heute überlieferten Familiendokumente Freytags, vor allem die beiden in der Jagiellonen-Bibliothek aufbewahrten Lebensbeschreibungen aus der Feder von Freytags Großvätern, bringen darüber hinaus aufschlussreiche Informationen über die im 18. Jh. in Schlesien gegebenen Bildungsmöglichkeiten und üblichen Bildungswege, über sprachliche Besonderheiten und berufliche Perspektiven, da sie in erster Linie ihren Bildungsgang und Berufstätigkeit als Pastoren zum Inhalt haben. Sie enthalten aber zudem noch zusätzliche Angaben zur Familiengeschichte, so z. B. informieren sie über die in der Familie üblichen Berufe, was auf den sozialen Standort seiner Vorfahren und das wahrscheinliche soziale Bewusstsein innerhalb von Freytags Verwandtschaft schließen lässt. An den beiden Lebensläufen können erwartungsgemäß einige Parallelen entdeckt werden, da es sich hier um zwei Personen handelt, die im sprachlich gemischten Schlesien geboren und aufgewachsen, in Königsberg zu evangelischen Geistlichen ausgebildet und schließlich als Pastoren in ihrer Heimat tätig gewesen waren.

Für die beiden künftigen Pastoren begann die Ausbildung wie damals üblich zuerst im Familienkreis. Freytags Großvater Ernst Christoph Zebe wurde zuerst von seinem Vater, ebenfalls Pastor (zu Kaulwitz im Namslauer Kreise), unterrichtet; Georg Freytag, Sohn eines Erb- und Gerichtsscholzes in Schönwald, genoss seinen ersten Unterricht bei den Verwandten seiner Mutter (auch in Namslau). Nach dem Abschluss des Gymnasiums in Brieg begab sich dieser nach Königsberg, um dort Theologie zu studieren. Zebe, nach dem Abschluss des Herzoglichen Seminariums in Oels, nahm auch in Königsberg sein Theologiestudium

16 Nachlass Gustav Freytag, aufbewahrt in BJ.

auf. Dass die deutsche Sprache nun zur Sprache ihrer (Aus)Bildung geworden war, wird daraus ersichtlich. Übrigens studierte auch der Vater des Schriftstellers, Gottlob Ferdinand Freytag, an einer deutschen Universität (Halle/S) Medizin. Beide Großväter Gustav Freytags waren während ihres Studiums Hörer und Bewunderer von Immanuel Kant.

Obwohl aus unterschiedlichen sozialen Zusammenhängen stammend, wurden beide von ihren Vätern dazu aufgefordert, die geistliche Berufsbahn einzuschlagen, was im Falle von Georg Freytag sich als schwieriger erwies, da er noch das väterliche Bauerngut zu besorgen hatte. Für beide waren die Polnischkenntnisse grundlegende Prämissen dafür, da sie ihre berufliche Zukunft mit einer sprachlich gemischten Region verbanden. Ernst Christoph Zebe wurde von seinem Vater in der polnischen Sprache unterrichtet, Georg Freytag scheint diese Kenntnisse (den polnischen Dialekt – das sog. Wasserpolnische) von Zuhause mitgebracht zu haben. Zebe nahm, bevor er sich als Pastor in Schlesien (Wusterbriese bei Ohlau) endgültig niederließ, für einige Jahre die Stelle des Seelsorgers in Adelnau, „in einer dem Fürsten Alexander v. Sulkowsky […] gehörigen Starostey an der Schlesischen Grenze ohnweit Medzibor",[17] also auf der ehemals polnischen Seite, an. Georg Freytag wurde Pastor in Konstadt.

Aus der ausführlichen Darstellung der Familienverzweigung, die in Zebes Handschrift einen zentralen Platz einnimmt, geht in aller Deutlichkeit hervor, dass die meisten Familienmitglieder innerhalb des (für das 18. Jh.) mittleren bzw. gehobenen (ober- und nieder)schlesischen Bürgertums und Beamtentums etabliert waren. Darauf weisen die ausgeübten Berufe und bekleideten Ämter (Apotheker, Arzt, Konditor, Cafetier, Stadtdirektor, Steuereinnehmer, Katechet, Pastor, Forstinspektor, Schulrat, Regierungsrat) hin. Auch Ehen mit Adeligen wurden darin festgehalten. Für den sozialen Status der Vorfahren Gustav Freytags väterlicher- wie mütterlicherseits ist demnach die durch Privateigentum oder Bildung gewährleistete höhere gesellschaftliche Position bestimmend, da sie – in der Stadt oder auf dem Lande ansässig – zweifelsohne zur Gruppe der Privatbesitzer gehörten. Ob nun als Handwerker, Gebildete und Beamte in den Städten oder als Freibauern in den Dörfern – der lebenspraktische Unterschied zwischen Stadt und Land war zu dieser Zeit noch nicht so deutlich ausgeprägt wie später, hauptsächlich infolge der Industrialisierung – befanden sie sich in einer rechtlich, materiell und dem Prestige nach grundverschiedenen Situation

17 Ebd. In Medzibor wirkte im 19. Jahrhundert der Pastor Robert Fiedler, der als erster den dort noch gesprochenen polnischen Dialekt aufzeichnete. Vgl. Robert Fiedler, *„Tam jeszcze kęs Polactwa". Wybór pism pastora z Międzyborza* (Opole, 1987), bearb. v. Stanisław Gajda.

als der Großteil der oberschlesischen (dazu auch meist polnischsprachigen) besitzlosen Bevölkerung. Dies hatte zwangsläufig die Herausbildung eines besonderen Sozialbewusstseins zur Folge, für das wohl die Abgrenzungspraxis gegenüber den sozial Tieferstehenden und Ungebildeten konstituierend gewesen war. Diese soziale Identität konnte auch von Freytags Eltern bruchlos gelebt und weiter tradiert werden, stieg doch der Vater des Schriftstellers, Arzt von Beruf, zum Bürgermeister der Kreisstadt Kreuzburg auf. Sollte sein Amt auch finanzieller Attraktivität entbehrt haben, wie in seinem Entlassungsgesuch[18] geklagt wird, so glich doch das hohe Ansehen des Bürgermeisteramtes diesen unerfreulichen Umstand weitgehend aus. Selbst aus Freytags *Erinnerungen aus meinem Leben* geht hervor, dass die Familie finanziell gut genug abgesichert gewesen war, um z. B. den beiden Söhnen die Universitätsausbildung als eine selbstverständliche Vorbereitung auf das Leben zu garantieren. Das Prestige des Vaters, die Achtung, die ihm – in der Erinnerung Freytags – ausnahmslos die ganze Umgebung entgegenbrachte, werden von dem reifen Schriftsteller mit auffallender Selbstgefälligkeit geschildert, die dem Leser seiner Autobiographie zu suggerieren scheint: Davon habe sich Freytags eigene soziale Identität im beträchtlichen Grade gespeist. Aber nicht nur der Stolz auf den Vater als preußischen Beamten, der die Stadt in „fester Ordnung" hielt und ihr „väterlich" (EL, S. 40) vorstand, spricht aus Freytags Darstellung, sondern ein nicht minder stark ausgeprägter Stolz auf dessen Bildung und bildungsbürgerlichen Lebensstil, der sich u. a. im geselligen Treiben der „kleinen Regenten ihrer Umgebung: Pastoren, Gymnasiallehrer, Juristen und Ärzte" (EL, S. 14) äußerte.

Die Lebensbeschreibungen von Freytags Großvätern beleuchten aber auch einen weiteren Aspekt, der für mögliche Identifikationsmodelle in der Familie Freytag von konstituierender Bedeutung sein konnte: nämlich die von ihr gelebte protestantische Ethik[19] mit der sich auferlegten Pflicht zur ständigen Selbstkontrolle durch Selbstdisziplinierung. Die Schlussgedanken in der Handschrift von Georg Freytag sind gänzlich seiner Tätigkeit als Prediger gewidmet, die – nach dem Wert zu beurteilen, der ihr hier zugesprochen wird – den Mittelpunkt seiner Lebenspraxis bildete. Sein Geständnis, dass er allein auf die Bibel (wie in den strengprotestantischen Kreisen üblich) als die einzige Inspirationsquelle vertraute und sich selbst einen Freiraum für Improvisationen ließ, um zum Sprachrohr Gottes werden zu können, verstärkt die Vermutung, dass sich Georg Freytag für einen Erwählten (Begnadeten) hielt, der in einer besonderen

18 Vgl. Nachlass Gustav Freytag, in BJ.

19 Max Weber, *Die protestantische Ethik I. Eine Aufsatzsammlung* (Gütersloh, 2000).

Beziehung zu Gott stehe. Diesen Eindruck bekräftigen die ausführlichen Erzählungen von seiner wunderbaren Rettung, die er als göttliche Fügung, als Zeichen seiner Erwähltheit auslegte. Die vom Pietismus stark geprägte Lebensweise seines Großvaters[20] musste Gustav Freytag jedoch, der dessen Bekenntnisse in seinen *Erinnerungen* nur in stark gekürzten Auszügen zitiert, als eine gewisse Abweichung von seinem autobiographischen Projekt vorkommen, weil er sich offensichtlich dazu genötigt sah, die Haltung seines Vorfahren wieder in die gewünschte Ordnung[21] zu rücken: „In der Stille rang auch er [Freytags Großvater – I.S.] zuweilen gegen die Zweifel, welche am Ende des vorigen Jahrhunderts ein Gottesgelehrter nicht ganz von sich abzuhalten vermochte. Aber im Ganzen stand er fest in der alten Rechtgläubigkeit." (EL, S. 11) Die somit aufgebaute Distanz zu den inneren dramatischen Zerwürfnissen seines Großvaters, die dieser in seiner Lebensbeschreibung detailliert darstellte, legt nahe, dass es Freytag sehr daran gelegen war, zu beweisen, dass seiner ‚realistisch' denkenden Generation solche oder ähnliche „Zweifel" fremd waren, bzw. wie der politisch handlungsunfähige Pietismus[22] als bereits überwunden galten. Überwunden – so lässt sich mit Bezug auf die Akzentuierung von bestimmten Inhalten in der Selbstbiographie Freytags schließen – durch die stete Perfektionierung der

---

20 Das folgende Zitat wirft ein bezeichnendes Licht auf die Selbstdisziplinierungspraktiken von Georg Freytag: „Hollaz hat mir das erste Licht im Jahre 1766 gegeben, ins thätige Christenthum und seit der Zeit ward ich in dem Theoretischen Lehrsatz [?] sparsam und suchte jeden Vortrag dahin einzuleiten, daß Christ in seiner Herrlichkeit der Gemeinde recht anbiethenswerth, dagegen das natürliche [?] Verderben des Menschen recht bejam[m]ernswerth würde, ferner ging es mit meinen Predigten so wie die Verfassung meiner Seele war, ließ ich mich Gottes Gnade in meinem Bibellesen und in meinem Betragen leiten, so konnte ich kaum den Sonntag erwarten sondern glühete vor Begierde zu meiner Gemeinde zu reden, und eine dergleichen Predigt rührete während dem Hersagen derselben so meine ganze Seele als ob es alles neue Worte wären, die ich gesprochen, und ich habe manchmal mich nach einigen Tagen, nachdem sie gehalten war, daran erbauet.

War ich aber nicht wachsam auf mich, daß mir eine Leidenschaft ihre Fesseln anlegte, oder ward ich träge im Lesen der heiligen Schrift, so stand ich 1000 fache Angst in meiner Seele aus […] und ich schämte mich da ich von der Kanzel war, vor mir selber, klagte mit Thränen Gott, daß ich mich vor einigen Tagen zu einer Leidenschaft geneiget gehabt, gab Gott recht, daß er mich verlassen." – Aufbewahrt in BJ, Nachlass Gustav Freytag.

21 Vgl. dazu auch Freytags starke Kritik am deutschen Pietismus in seinen *Bildern aus der deutschen Vergangenheit*. Gustav Freytag, *Bilder aus der deutschen Vergangenheit*, in: Gustav Freytag, *Gesammelte Werke* (Leipzig, 1886–1887), Bd. 21, S. 9–69.

22 Vgl. Freytags Haltung dem deutschen Pietismus gegenüber, ebd.

Selbstdisziplinierungsmaßnahmen, die wahrscheinlich in seinem Fall schon seinen Eltern – beide waren ja Pastorenkinder – von frühester Kindheit an eingeprägt und eingeübt wurden. Es ist daher anzunehmen, dass die Systematik und Methodik der protestantischen Lebensführung, die unaufhörliche Selbstperfektionierung durch Förderung des Erwünschten und Ausgliederung des Irrationalen als Bedrohliches[23] auch die Selbstentwürfe Freytags maßgeblich strukturierten, die von ihm dann innerhalb seiner realen Lebenswelt nachgelebt werden sollten. Die protestantische Erziehung, die Freytag in seinem Elternhaus genoss, vermittelte ihm also ein bestimmtes Identifikationsangebot, in dem der Selbstbeherrschung, der Hochschätzung des Berufes und der allgemeinen Rationalität der Lebenskunst ein zentraler Platz eingeräumt wurde, das ihn aber auch gleichzeitig mit vorgeformten festen Alteritätskonzeptualisierungen ausstattete.

Freytags Identitätskonstituenten sind in mehreren Dimensionen zugleich verortet. Es ist nicht nur die familiäre Konstellation, die den ‚typisch' bildungsbürgerlichen Familienmustern folgt (die Figur der Mutter als einer guten und geistreichen Hausfrau mit etwas künstlerischer Begabung und das Bild des Vaters als eines ernsten, bildungs- und pflichtbewussten Bürgers), nicht nur der protestantische (und bürgerliche) Tugendkatalog, der die reale Lebenspraxis bis in die intimsten Sphären hinein prägt, die sozialen Interaktionen auf dem Lebensweg oder die Vergangenheit der Vorfahren. Freytags Selbstbilder sind an konkreten geographischen (Pitschen, Konstadt und Kreuzburg in Oberschlesien) und historischen Orten (deutsche Expansion im Osten Europas) angesiedelt, die die Imagination des symbolischen Raumes des ‚Eigenen' und ‚Anderen' unentwegt mitformen, in welchem sich sein Ich immer aufs neue bespiegeln und selbst vergewissern kann. Was seinem Selbstentwurf widerlief bzw. eine unerwünschte Interpretation des Erzählten zulassen konnte, musste daher getilgt, umgedeutet bzw. verharmlost werden, was der Umgang Freytags mit seinen Familiendokumenten, insbesondere mit den Lebensgeschichten seiner Großväter, überaus deutlich beweist. Das in der Jagiellonen-Bibliothek befindliche Material aus den Berliner Beständen machte die Bloßstellung dieser Praxis möglich.

Bibliographie

Berlin, Staatsbibliothek zu Berlin (SBB), Nachlass Gustav Freytag

Kraków, Biblioteka Jagiellońska (BJ), Nachlass Gustav Freytag

Weimar, Goethe-Schiller-Archiv (GSA), Nachlass Gustav Freytag

23 Vgl. Weber, *Die protestantische Ethik*, S. 33 ff. und 179 ff.

Conrads, Norbert, „Bilder aus der schlesischen Vergangenheit. Der Briefwechsel Colmar Grünhagens mit Gustav Freytag", in: Grunewald, Eckhard (Hrsg.), *Berichte und Forschungen. Jahrbuch des Bundesinstituts für ostdeutsche Kultur und Geschichte*, Bd. 4 (München, 1996), S. 7–38.

Fiedler, Robert, *„Tam jeszcze kęs Polactwa". Wybór pism pastora z Międzyborza* (Opole, 1987).

Freytag, Gustav, *Gesammelte Werke* (Leipzig, 1886), Bd. 1.

Freytag, Gustav, *Bilder aus der deutschen Vergangenheit*, in: Freytag, Gustav, *Gesammelte Werke* (Leipzig, 1886–1887), Bd. 21, S. 9–69.

Hattenhauer, Hans, *Geschichte des Beamtentums* (Köln/Berlin et al., 1980).

Janz, Oliver, „Zwischen Amt und Profession: Die evangelische Pfarrerschaft im 19. Jahrhundert", in: Siegrist, Hannes (Hrsg.), *Bürgerliche Berufe* (Göttingen, 1988), S. 174–199.

Lindau, Hans, *Gustav Freytag. Mit einem Bildnis Freytags nach Karl Stauffer und einem Faksimiledruck* (Leipzig, 1907).

Surynt, Izabela „Unterstellter Regionalismus. Gustav Freytag und (Ober) Schlesien", in: Joachimsthaler, Jürgen und Lasatowicz, Maria K. (Hrsg.), *Regionalität als Kategorie der Literatur- und Sprachwissenschaft* (Frankfurt am Main, 2002), S. 473–487.

Surynt, Izabela, *Das „ferne", „unheimliche" Land. Gustav Freytags Polen* (Dresden, 2004).

Weber, Max, *Die protestantische Ethik I. Eine Aufsatzsammlung* (Gütersloh, 2000).

Paweł Zarychta
Uniwersytet Jagielloński w Krakowie

„Kultus der Erinnerung und künstlerische Geselligkeit" Der Nachlass Rosa Maria und David Assings in der Sammlung Varnhagen: Ein vorläufiger Projektbericht

Abstract: Der Beitrag präsentiert das seit 2015 realisierte, vom polnischen Nationalen Zentrum für Wissenschaft (Narodowe Centrum Nauki) unterstützte Projekt, dessen Gegenstand die Erforschung des in der Krakauer Biblioteka Jagiellońska aufbewahrten Nachlasses Rosa Maria und David Assings bildet. Im Fokus des Textes steht die Hauptaufgabe des Projektes, mit dem vor allem den brieflichen Teil dieses Nachlasses erfasst und wissenschaftlich untersucht werden soll.

Keywords: Biblioteka Jagiellońska, Nachlass, Briefkultur, Karl August Varnhagen von Ense, Rosa Maria Assing, David Assing, wissenschaftliches Projekt

Jutta Weber hält in ihrem Beitrag über die Sammlung Varnhagen treffend fest: „Bibliotheken und Archive verwahren [...] das kulturelle Gedächtnis Europas. Nachlässe, d.h. Materialien wie Manuskripte, Korrespondenzen, Lebensdokumente und Sammlungen nehmen ihren Ursprung bei bedeutenden Personen."[1] Die von Weber thematisierte Sammlung von Karl August Varnhagen von Enses umfasst ein monumentales Ausmaß und beinhaltet Manuskripte und Dokumente zu ca. 9.000 Personen[2], womit sie als eine der „großen Schatzkammern der Kultur des 19. Jahrhunderts"[3] betrachtet werden kann, die tiefe Einblicke in das geistige Leben der intellektuellen Elite Deutschlands und Europas, vor allem in der ersten Hälfte des vorletzten Säkulums erlaubt. Ludwig Stern und Nikolaus Gatter betrachten als einen der Grundpfosten dieser Sammlung den Nachlass der älteren Schwester des Namengebers der Sammlung, Rosa Maria,

1 Jutta Weber, „Die Sammlung Varnhagen", in: Jana Kittelmann (Hrsg.): *Briefnetzwerke um Hermann von Pückler-Muskau* (Dresden, 2015), S. 196.

2 Vgl. den umfangreichen Katalog von Ludwig Stern, *Die Varnhagen von Ensesche Sammlung in der Königlichen Bibliothek zu Berlin* (Berlin, 1911).

3 Vgl. Weber, „Die Sammlung Varnhagen", S. 188.

Abb. 24: Kraków, Biblioteka Jagiellońska, Sammlung Varnhagen 18. Zeichnung von der Hand Ludmilla Assings wahrscheinlich mit einem Porträt der Eltern, David und Rosa Maria Assings, um 1836

geb. Varnhagen, und dessen Ehemanns David (Assur) Assing (Abb. 24) sowie deren Kinder, in erster Linie Ludmilla Assings[4].

Ähnlich wie ihr Bruder war Rosa Maria (1783–1840) stets bemüht, Handschriften, Zeitungsausschnitte, biographische Zeugnisse und verschiedenste Artefakte zu sammeln, um das Gedächtnis über die eigene Zeit und die darin lebenden Menschen zu bewahren. Mit ihrem Mann David Assing (1787–1842) hinterließen sie ein umfangreiches Archiv, das nun in dem Teil der Sammlung Varnhagen überliefert ist, der sich infolge der Kriegswirren größtenteils in der Biblioteka Jagiellońska in Krakau befindet. Dieser Nachlass wurde bislang wenig erforscht und stellt den Gegenstand meines Forschungsprojekts dar, der mit diesem Beitrag kursorisch beschrieben werden soll.

Das von mir seit 2015 realisierte Projekt wird vom polnischen Nationalen Zentrum für Wissenschaft (Narodowe Centrum Nauki) unterstützt und unter der Nr. 2014/15/B/HS2/01086 geführt. Dessen Gegenstand ist die Erforschung des in der Krakauer Biblioteka Jagiellońska aufbewahrten Nachlasses Rosa Maria und David Assings. Die Hauptaufgabe besteht dabei darin, vor allem den

4 Vgl. Stern, *Die Varnhagen von Ensesche Sammlung*, S. VII, sowie Nikolaus Gatter, „‚… sie ist vor allem die meine …‘ Die Sammlung Varnhagen bis zu ihrer Katalogisierung“, in: ders. (Hrsg.), *Wenn die Geschichte um eine Ecke geht* (=*Almanach der Varnhagen Gesellschaft 1*) (Berlin, 2000), S. 239.

brieflichen Teil dieses Nachlasses zu erfassen, wissenschaftlich zu untersuchen und in einer für 2019 geplanten Monographie über die Vermittlung und Verarbeitung kultureller Diskurse zu beschreiben.

Aus Platzgründen wird hier auf die Darstellung von Biographien des uns interessierenden Dichterpaars verzichtet[5]. Es soll jedoch angemerkt werden, dass wir es in beiden Fällen mit Persönlichkeiten zu tun haben, die sich literarisch betätigten und in Hamburg eine Zeitlang einen literarischen Salon führten, in dem u.a. Adelbert von Chamisso, Justinus Kerner, Ludwig Uhland, Gustav Schwab, Amalie Schoppe, Theodor Mundt, Karl Gutzkow und Ludolf Wienbarg, aber auch Heinrich Heine und Friedrich Hebbel verkehrten. Das Ende ihrer gemeinsamen Tätigkeit markierte das Jahr 1840, in dem Rosa Maria Assing verstarb. Nicht lange danach, 1842, schied aus dem Leben auch der in Trauer versetzte David Assing. Den Großteil ihres Lebens teilte Rosa Maria mit ihrem Bruder die leidenschaftliche Lust am Sammeln von Handschriften, was Karl Gutzkow in seinem Nachruf auf die Freundin Rosa Maria mit den Worten kommentierte: sie „las aus […] Handschriften gern Charaktere und Stimmungen heraus. Briefe zu sammeln und aufzubewahren, hatte für sie den Reiz, als sollte sie jedem ihrer Freunde Biograph sein.“[6] Die Hamburgerin schrieb wiederum zu den von ihr gesammelten und selbst verfassten Schriften, dass

> man nicht allein seinen Kindern ein theures und schätzbares Andenken in solchen Nachrichten hinterlaße, sondern weil die Abfaßung derselben auch für uns selbst eine angenehme und befriedigende Beschäftigung sey. Ich fühle dieß oft recht lebhaft wenn ich an diesen Blättern schreibe, und denke daß vielleicht nicht nach meinem Tode meine geliebten Kinder sie lesen werden, und ihnen darin ein Zeugniß von dem Leben und Wirken, den Leiden und Freuden und der Sinnesart ihrer Eltern zu Theil wird.[7]

Dieser Zielsetzung gemäß führte die Hamburgerin ähnlich wie ihr Bruder ein Stammbuch, fast 20 Jahre lang ein Tagebuch, sammelte konsequent und

5 Für biographische Details sei hingewiesen auf die sehr informativen Beiträge von Nikolaus Gatter, „Rosa Maria Assing (1783–1840): ‚Was doch der Assing und der August für vortreffliche Frauen haben!‘ Heines Freundin Rosa Maria“, in: Irina Hundt (Hrsg.), *Vom Salon zur Barrikade. Frauen der Heinezeit* (Stuttgart/Weimar 2002), S. 91–110, sowie: „»Ihr edles, stilles konsequentes Wesen und Leben bewundre ich immer«. Heines Freundinnen Rosa Maria und Rahel Varnhagen“, in: Beate Borowka-Clausberg (Hrsg.), *Salonfähig. Frauen in der Heine-Zeit*, (Heidelberg, 2016), S. 25–39.

6 Karl Gutzkow, „Rosa Maria und J. D. Assing“, in: ders. *Gesammelte Werke in zwölf Bänden*, [o. Hrsg.] (Frankfurt am Main, 1845), Bd. 6, S. 299.

7 Rosa Maria Assing, *Tagebuch*, Eintrag vom 22.7.1825, Handschrift, Kraków, Biblioteka Jagiellońska (BJ), Sammlung Varnhagen (SV), Kasten 17.

systematisch die an sie gesandten Briefe, hortete Notizen, Scherenschnitte, Gedichte, Zeitungssauschnitte, Pflanzen, Haarlocken, Souvenirs, Visitenkarten, Billets, amtliche Dokumente, Wörterlisten und vieles mehr. Nach ihrer 1816 erfolgten Verehelichung teilte diese Leidenschaft auch ihr Ehemann David Assing, wenn auch weniger intensiv. Bis 1840/1842 entstand auf diese Weise ein umfangreiches Konvolut, das nach dem Tode des Dichterpaars und nach dem Großen Brand von Hamburg nach Berlin gebracht wurde, wo die beiden Assings Töchter Ottilie und Ludmilla sich in der Wohnung des verwitweten Onkels Karl August Varnhagen von Ense niederließen. Hier wurde der Nachlass nach und nach in die eben entstehende Sammlung des Berliner Diplomaten und Schriftstellers integriert. Die Überführung des größten Teils erfolgte erst kurz vor dem Tode Varnhagens 1858. Zwischen diesem Datum und 1880 machte es sich Ludmilla Assing, die als Universalerbin des Onkels eingesetzt wurde, zur Aufgabe, nicht nur die Sammlung weiterhin zu verwalten und Teile davon herauszugeben, sondern auch diese zu erweitern und schrittweise zu ordnen. Der Kollektion des Onkels wurden mit der Zeit nicht nur die Nachlässe des Fürsten Hermann von Pückler-Muskau, des Dichters Apollonius von Maltitz, sondern und vor allem auch ihre eigene Handschriften- und Dokumentensammlung hinzugefügt, die eines der Kernstücke der Varnhagen von Enseschen Sammlung, wie wir sie heute kennen, darstellt.[8] Ein wichtiger Bestandteil dieses persönlichen Archivs sind wiederum die Archivalien der Eltern, deren restliche Teile erst durch Ludmilla selbst (endgültig) in die Sammlung integriert wurden. Darunter fallen vor allem einige Briefschaften Rosa Maria und David Assings, persönliche Papiere, Drucke, Miszellen, aber auch einige Dokumente zur Geschichte der Familie Varnhagen usw. gemeint, die zwar im wahrsten Sinne des Wortes über die ganze Sammlung zerstreut sind, aber trotzdem leicht an dem blauen Stempel „Assing" bzw. den eigenständigen Zuschriften Ludmillas zu erkennen sind. Durch ihren Tod 1880 wurde der Plan der umfassenden Systematisierung der Sammlung nie verwirklicht.[9] Aus demselben Grund blieb der Assing'sche Nachlass als Ganzes nicht nur größtenteils ungeordnet, sondern auch durch die geschichtlichen Umwälzungen grundsätzlich unerschlossen – abgesehen von vereinzelten Beiträgen bzw. kurzen Erwähnungen in größeren Monographien,

---

8 Mehr zur Geschichte der Sammlung vgl. Gatter, „‚… sie ist vor allem die meine …' ".

9 Ausführlicher dazu vgl. Paweł Zarychta, „Zum Nachlass Rosa Maria und David Assings in Krakau oder warum die Sammlung Varnhagen neukatalogisiert werden sollte", *Internationales Jahrbuch der Bettina von Arnim- Gesellschaft*, Nr. 28/29 (2016/2017), S. 31–52.

vor allem aus dem Umkreis der Varnhagen- bzw. Rahel-Forschung, allen voran Ludwig Geigers, Nikolaus Gatters und Renate Schipkes[10].

Wie sieht nun das in unserem Forschungsinteresse stehende Konvolut konkret aus? Die einschlägigen Textzeugen und Materialien aus dem Nachlass der beiden Assings sind bis heute in der Handschriftenabteilung der Biblioteka Jagiellońska größtenteils über 6 Kasten mit den Signaturen von V 12 bis V 17 verteilt.[11] Die einzelnen der oben genannten Kasten enthalten u. a. die als Fragment gebliebene Biographie der Assings von der Hand Ludmillas, die von den und an die beiden Eheleute verfassten Briefe, einschließlich zahlreicher Reisebriefe, Auszüge und Abschriften, amtliche Dokumente, Urkunden, Notizhefte und sonstige handschriftliche Dokumente, wie z.B. Verträge und Gerichtsurteile. Einen großen Teil der überlieferten Dokumente stellen außerdem Gedichte und deren Abschriften, Zeitungsausschnitte, Tagebücher, ein Stammbuch Rosa Marias, ein Pflanzenbuch David Assings, Übersetzungen Rosa Marias, Exzerpte, Notizen und Vermerke, mehrere Scherenschnitte, abgeschriebene Gedanken und Zitate, aber auch getrocknete Blumen, einige Zeichnungen und mehrere Papierbündel mit Haarlocken dar. Die weniger umfangreichen Korrespondenzen der beiden Eheleute werden überdies unter ca. weiteren 130 Namen aufbewahrt, darunter: Birkenstock, Chamisso, Gutzkow, Hebbel, Hitzig, Mundt, Schoppe, Schwab, Kerner, Heine, Gutzkow, Tarnow u. a. Die Masse der Materialien wird durch Abschriften, Notizen und sonstige ungeordnete Papiere Ludmillas abgerundet, die an dem Nachlass gearbeitet hat.

Anhand dieses in sich geschlossenen aber vielfältigen Konvoluts ist es uns möglich, einerseits relevante Aussagen über das Leben und kulturelle Wirken des Hamburger Literatenpaars zu machen; andererseits können die überlieferten Tagebücher und Berichte in Form von Briefen als eine wichtige, ergänzende Quelle zum Wirken Chamissos, Heines, Kerners, Schoppes oder Rahel und Karl August Varnhagens herangezogen werden. Das soziale und pädagogische

10 Vgl. Bibliographie zu dieser Arbeit.

11 In dieser und folgenden Passagen stütze ich mich zum Teil auf eigene Ausführungen in den bereits veröffentlichten Beiträgen: Paweł Zarychta, „‚Fremde Hände werden es nicht beachten.' Der Nachlass Rosa Maria und David Assings in der Sammlung Varnhagen in den Beständen der Biblioteka Jagiellońska in Krakau – Ergebnisse einer ersten Bestandsaufnahme", in: Jana Kittelmann (Hrsg.), *Briefnetzwerke um Hermann von Pückler-Muskau*, (Dresden, 2015), S. 225–236, sowie ders., „Zum Nachlass Rosa Maria und David Assings in Krakau oder warum die Sammlung Varnhagen neukatalogisiert werden sollte", *Internationales Jahrbuch der Bettina von Arnim- Gesellschaft*, Nr. 28/29 (2016/2017), S. 31–52.

Engagement Rosa Maria Assings, das vor allem in ihren Briefen thematisiert wird, erlaubt Einblicke in die Geschichte der Bildung und Emanzipation von Frauen in der ersten Hälfte des 19. Jahrhunderts. Die Salontätigkeit der Assings, ihre Besuche von Kulturveranstaltungen wie Konzerte, Theatervorstellungen und vor allem Ausstellungen, über die oft detailliert, z. B. mit genauen Beschreibungen von gesehenen Bildern, in diversen Schriftstücken berichtet wird, erlauben wiederum, genauere Aussagen über die kulturelle Landschaft und das geistige Leben vor allem in der Hansestadt des frühen 19. Jahrhunderts zu machen. Der Meinungsaustausch im Briefwechsel zwischen den Assings und ihren literarischen Freunden verbildlicht die Wege der Rezeption und Kanonisierung der zeitgenössischen Literatur. Darüber hinaus spielte im Briefwechsel zwischen David Assing und Varnhagen die Politik eine nicht unwesentliche Rolle, z. B. das Problem des Saint-Simonismus, die einen weiteren zu erforschenden Aspekt darstellt. Die Vielfältigkeit und der Überlieferungszustand des Archivs, das verschiedenste Textsorten und Artefakte umfasst, machen es außerdem möglich, Forschungen über die Kultur des Sammelns und Archivierens und deren Erscheinungsformen in der ersten Hälfte des 19. Jahrhunderts zu machen.

Im Rahmen meines Projekts, das sich mit diesem vielfältigen Nachlass beschäftigt, wurden in den früheren Arbeitsstufen bislang u.a. folgende Maßnahmen durchgeführt: 2016 wurde die Sichtung mit zeitgleicher Digitalisierung und Systematisierung, kurzum eine wissenschaftliche Bestandsaufnahme des vorhandenen Materials, zwecks Bildung einer Grundlage in Form von Metadaten für die späteren Analysen abgeschlossen. Im Zuge dieser fast zwei Jahre dauernden Arbeitsstufe mussten nicht nur die genannten Assing-Kästen, sondern auch weitere große Teile der Sammlung Varnhagen durchgesehen werden, was u.a. dazu geführt hat, dass ca. 150 Briefe Rosa Maria Assings an Karl August Varnhagen, die als verschollen betrachtet werden mussten, wieder geortet werden konnten und zur weiteren Erforschung dienen können. Auch konnten z.B. teilweise unbekannte Teile des Tagebuchs derselben Autorin und zahlreiche weitere Briefe identifiziert werden, die im Katalog Ludwig Sterns nicht erwähnt werden. Zusammenfassend lässt sich feststellen, dass im Falle Rosa Marias Briefe und Briefkonzepte im Zusammenhang mit über 90 und im Falle David Assings mit über 40 namentlich bekannten und anonymen Personen überliefert sind. Allein das Briefarchiv als Ganzes umfasst schätzungsweise an 6.000 Seiten. Bei dieser Zahl stütze ich mich auf die Anzahl der Aufnahmen, die im Laufe der Arbeitsdigitalisierung des Assing'schen Nachlasses von mir gemacht wurden.

Neben den Digitalisaten entsteht auch sukzessiv eine Exceldatenbank mit entsprechenden Eckdaten, die sich auf erschlossene Handschriften bezieht und die für Nachfolgeprojekte benutzt werden kann. In Zukunft kann diese Datenbank in andere Bibliotheksdatenbanken oder in einen digitalen bzw. traditionellen Katalog überführt werden.

Die geplante Publikation, an der ich zurzeit arbeite, soll nicht nur einen Versuch darstellen, den handschriftlichen Nachlass Rosa Maria Assings, vor allem deren Briefe, erstmals komplex zu untersuchen, sondern ihn auch vor einem breiteren kulturgeschichtlichen Kontext zu lesen. Im Laufe des Projekts und während meines Forschungsaufenthaltes an der Julius-Maximilian Universität Würzburg im Rahmen der Studienbörse Germanistik (WS 2017/18) konnte ich, wie es mir scheint, das Arbeitsthema endgültig einschränken. Es lautet: „Verarbeitungen kultureller Diskurse in den Korrespondenzen Rosa Maria Assings in dem Krakauer Teil der Sammlung Varnhagen“. Damit wurde auch das Korpus auf Briefe und autobiographische Dokumente eingeschränkt, was wiederum die methodologischen Schwierigkeiten im Umgang mit dem Nachlass vermeiden lässt. Der genannte Arbeitstitel der geplanten Studie weist unweigerlich auf den begrifflichen und zugleich methodischen Schwerpunkt hin, der die Ausführungen zu ordnen hat. Es steht also eine Analyse von kulturellen Diskursen in dem Medium Brief im Mittelpunkt. Wenn vom Diskurs und von der Diskursanalyse die Rede ist, dann wird unumgänglich auf das Foucault'sche Verständnis rekurriert, der Diskurse „als Praktiken [versteht], die systematisch die Gegenstände bilden, von denen sie sprechen“,[12] aber auch auf die begrifflichen Bestimmungen Norman Faircloughs, für den Diskurse als Komplexe von Relationen zu verstehen sind, einschließlich kommunikativer Relationen zwischen Menschen, die sprechen, schreiben oder auf eine andere Art und Weise mit anderen kommunizieren.[13] Eine Diskursanalyse in der Lesart Faircloughs, die er zusätzlich als kritisch (*critical discourse analysis* – CDA) bezeichnet, bestrebt daher ‚relational‘ zu sein und macht es sich zur Aufgabe, Beziehungen zwischen Diskursen und anderen Elementen des sozialen Prozesses zu hinterfragen und nicht nur einen einfachen Kommentar dazu zu liefern, sondern eine Form der systematischen Textanalyse mit einzuschließen. Die oben genannten Aspekte im Sinne Foucaults und Faircloughs sollen in meiner Arbeit zusätzlich mit dem neohistoristischen Ansatz kombiniert werden. Dem New Historicism geht es bekanntlich nicht nur um das Zusammentragen von Informationen, sondern auch um eine Beschreibung von Repräsentationsformen eines Diskurses, seiner spezifischen Gestaltung und seiner Funktionen, die ihm in den jeweiligen Medien zukommen. Der einzelne

12 Michel Foucault, *Archäologie des Wissens*, übers. von Ulrich Köppen (Frankfurt am Main, 2013), S. 74.

13 Vgl. Norman Fairclough, *Critical Discourse Analysis. The Critical Study of Language* (London/New York 2013), S. 3.

Text wird dabei als ein Gewebe aus diversen Diskursfäden verstanden, die in ihn hineinführen, ihn konstituieren[14]. Die Aufgabe liegt nun darin, die Einzelverbindungen dieser Diskursfäden „in verschiedene Regionen des historisch-kulturellen Gewebes" zu verfolgen.[15] In Bezug auf das betreffende Textkorpus scheint diese vom New Historicism postulierte Grundeinstellung einerseits vielversprechend zu sein, andererseits auch den methodologischen Rahmen nicht allzu sehr zu formalisieren und einzuschränken, was wiederum dazu führen würde, dass Teile der relevanten Handschriften unberücksichtigt bleiben würden.

Unter der Berücksichtigung der oben skizzierten theoretischen Prämissen werden die Korrespondenzen Rosa Maria Assings im Hinblick auf die Verarbeitungen kulturellerer Diskurse vor dem Hintergrund sozialer und ideengeschichtlicher Kontexte, wie der Briefkultur, Erziehung, Autorschaft, Freundschaftskult, Geschlecht, Geselligkeit, Vertrauen, Gedächtnisbildung usw. hinterfragt. Diese einzelnen Aspekte werden jeweils mithilfe der einschlägigen Sekundärliteratur beleuchtet, womit diese Arbeit einen kultur- und ideengeschichtlichen Schwerpunkt erhalten soll. Zu den Fragestellungen, die zu erörtern sind, gehören u.a.:

- Konstruktion der Briefwelt
- Kommunikative Praktiken
- Kommunikationsnetzwerke, Freundschaftskommunikation
- Ich- und Autorschaftsinszenierungen
- Identitätsaufbau und -behauptung
- Rollencharakter des Briefs und Schreibverhalten der Akteure
- der kulturhistorische Diskurs, den die Ego-Dokumente widerspiegeln
- die Dynamik von intellektuellen Beziehungen, die durch den Brief konstituiert, aufrechterhalten bzw. modifiziert werden, u.a.

Im Laufe des Projekts konnten bislang nicht nur Teile der zum Nachlass Assing gehörenden Handschriften geortet und entsprechend erfasst werden, sondern auch genauere Aussagen über die Geschichte und Überlieferung des untersuchten Nachlasses sowie den jetzigen Zustand der größeren, in Krakau aufbewahrten Teile der Sammlung Varnhagen, gemacht werden[16]. Als große Herausforderungen erwiesen sich dabei die lückenhaften und oft pauschalen Beschreibungen des handschriftlichen Materials in dem schon über 100 Jahre alten Katalog der Sammlung Varnhagen von Ludwig Stern, was gerade im Falle von größeren Nachlässen dazu führt, dass die Suche nach den relevanten Handschriften oft auf gut Glück

14 Vgl. ebd., S. 14.
15 Vgl. ebd., S. 19.
16 Mehr dazu vgl. Zarychta, „Zum Nachlass", S. 31–52.

geschieht. Darüber hinaus ist es die Zerstreuung des zusammengehörigen Materials über mehrere Kästen aber auch Orte (Krakau, Berlin), was besonders bei der Arbeit mit den größeren Nachlässen wie die von Rahel, Pückler, Varnhagen oder den Assings die Suche erschwert. Deswegen scheint an dieser Stelle die Wiederholung des Postulats nach einer Intensivierung von wissenschaftlichen Bemühungen gerechtfertigt zu sein, da die Sammlung Varnhagen dann als Ganzes im Auge behalten werden kann. Nach Dezennien der politisch und historisch bedingten Unsicherheit wäre zum Beispiel heute ernsthaft zu erwägen, ob etwa eine umfassende Neukatalogisierung der Sammlung nicht vorgenommen werden sollte. Ob man dabei das Aufbewahrungs- und Katalogisierungsmodell im Sinne des Berliner Katalogs Helga Döhns[17] übernimmt oder eine neue Systematik findet, die vor allem das Potenzial und die Möglichkeiten der digitalen Datenverarbeitung[18] nutzt, müsste im Rahmen einer umfassenden Fachdiskussion entschieden werden. Es böte sich dabei an, dass Erfahrungen und Erkenntnisse von Forscherinnen und Forschern berücksichtigt werden, die bislang mit dem Archivmaterial aus Teilen der Sammlung Varnhagen in Krakau und in Berlin gearbeitet haben. Es müsste eventuell auch eine Neukatalogisierung und Digitalisierung von einem größeren Forschungsteam durchgeführt werden, damit entsprechende Kompetenzen gebündelt werden können. Inzwischen ist vieles schon erforscht worden und man soll bekanntlich nicht durch die offene Tür laufen. Diesem Anliegen ist auch mein Projekt untergeordnet, das zwar zu neuen Erkenntnissen in den oben genannten Bereichen und zur Ergänzung des jetzigen Forschungsstands führen soll, sich aber auch in eine Reihe von anderen Projekten einschreiben möchte, deren Ziel es wäre, das europäische Kulturgut, das ohne Zweifel die Sammlung Varnhagen darstellt, als Ganzes sukzessiv zu erfassen und die darin wartenden und womöglich bisher unentdeckten Schätze einem breiteren Publikum zu präsentieren.

Bibliographie

Kraków, Biblioteka Jagiellońska (BJ), Sammlung Varnhagen (SV), 17.

Baster, Joanna und Zarychta, Paweł, *„… pisać listy potrafią tylko kobiety." Kultura epistolarna kobiet po 1750 r./„… nur Frauen können Briefe schreiben". Weibliche Briefkultur nach 1750"* [Ausstellungskatalog] (Kraków, 2017).

17 Helga Döhn, „Sammlung Varnhagen. Zeitungen und Zeitungsausschnitte aus den alten Kästen 300 und 302 bis 307", (Berlin, o. J.), (Typoskript in der Handschriftenabteilung der Staatsbibliothek zu Berlin).

18 Z.B. wie im Falle des Kalliope-Verbunds, s. http://kalliope.staatsbibliothek-berlin.de/de/index.html, (30.4.2018).

Döhn, Helga, *Sammlung Varnhagen. Zeitungen und Zeitungsausschnitte aus den alten Kästen 300 und 302 bis 307*, (Berlin, o. J.), (Typoskript in der Handschriftenabteilung der Staatsbibliothek zu Berlin).

Geiger, Ludwig, *Dichter und Frauen. Abhandlungen und Skizzen* (Berlin, 1899).

Gatter, Nikolaus, „‚… sie ist vor allem die meine …' Die Sammlung Varnhagen bis zu ihrer Katalogisierung", in: Gatter, Nikolaus (Hrsg.), *Wenn die Geschichte um eine Ecke geht* (= *Almanach der Varnhagen Gesellschaft 1*) (Berlin, 2000), S. 239–260.

Gatter, Nikolaus, „Rosa Maria Assing (1783–1840): ‚Was doch der Assing und der August für vortreffliche Frauen haben! ' Heines Freundin Rosa Maria", in: Irina Hundt (Hrsg.), *Vom Salon zur Barrikade. Frauen der Heinezeit* (Stuttgart/Weimar, 2002), S. 91–110.

Gatter, Nikolaus, *„Lebensbilder, die Zukunft zu bevölkern". Von Rahel Levins Salon zur Sammlung Varnhagen* (Köln, 2006).

Gatter, Nikolaus, „‚Scheren-Plastik' – ‚Landschäftchen' – ‚Spielkunst'. Das Geschwisterpaar Varnhagen-Assing uns sein Einfluss auf Arthur Millers Scherenschnitte", in: Fassl, Peter (Hrsg.), *„Wer den Schatten hat, der hat die Gegenwart des Körpers". Arthur Maximilian Millers Scherenschnitte und Schattentheater im Kontext der Geschichte des Scherenschnitts, seiner Biographie und Dichtung* (Augsburg, 2014), S. 67–103.

Gatter, Nikolaus, „‚Ihr edles, stilles konsequentes Wesen und Leben bewundre ich immer'. Heines Freundinnen Rosa Maria und Rahel Varnhagen", in: Borowka-Clausberg, Beate (Hrsg.), *Salonfähig. Frauen in der Heine-Zeit*, (Heidelberg, 2016), S. 25–39.

Geiger, Ludwig, „Rosa Maria Assing", in: Geiger, Ludwig (Hrsg.), *Dichter und Frauen. Abhandlungen und Mitteilungen. Neue Sammlung* (Berlin, 1899), S. 203–225.

Geiger, Ludwig: „Rosa Maria und ihr Hamburger Kreis", *Zeitung für Literatur, Kunst und Wissenschaft. Beilage des Hamburgischen Correspondenten*, Nr. 17 vom 19.8.1917, S. 1–2.

Gutzkow, Karl, „Rosa Maria und J. [!] D. Assing", in: Gutzkow, Karl *Gesammelte Werke in zwölf Bänden*, [o. Hrsg.] (Frankfurt am Main, 1845), Bd. 6, S. 291–316.

H[amm], [Wilhelm], „Hamburger Abende", *Neue Freie Presse*, Nr. 3500 vom 24.5.1874, S. 3–5.

Houben, Heinrich Hubert (Hrsg.), *Gespräche mit Heine* (Potsdam, 1948).

Jaglarz, Monika, „Die Autographen Heinrich von Kleists in der Jagiellonen-Bibliothek in Krakau", in: Ingo Breuer, Katarzyna Jaśtal und Paweł Zarychta

(Hrsg.), *Gesprächsspiele & Ideenmagazine. Heinrich von Kleist und die Briefkultur um 1800* (Köln/Weimar et al., 2013), S. 49–54.

Jaglarz, Monika und Jaśtal, Katarzyna, *Zbiory z byłej Pruskiej Biblioteki Państwowej w Berlinie przechowywane w Bibliotece Jagiellońskiej – stan i perspektywy badań/Bestände der ehemaligen Preußischen-Staatsbibliothek zu Berlin in der Jagiellonen-Bibliothek stan i perspektywy badań. Katalog wystawy, 2–30 czerwca 2017/Forschungsstand und –perspektiven. Ausstellungskatalog, 2.–30. Juni 2017* (Kraków, 2017).

Jaśtal, Katarzyna, „‚Dass es hohe Zeit ist, Proben des Frühergewesenen zu erhalten, denn bald wird dieses gänzlich fehlen [...]‘. Karl August Varnhagen von Ense und seine Autographensammlung” in: Kittelmann, Jana (Hrsg.), *Briefnetzwerke um Hermann von Pückler-Muskau* (Dresden, 2015), S. 197–206.

Kerner, Theobald (Hrsg.), *Justinus Kerners Briefwechsel mit seinen Freunden*, Bd. 1–2 (Stuttgart/Leipzig 1897).

Kirchner, Joachim, *Silhouetten aus dem Nachlass von Varnhagen von Ense nach den in der Preußischen Staatsbibliothek befindlichen Originalen* (Berlin, 1925).

Schipke, Renate, „Eine Künstlerin des Berliner Biedermeier. Scherenschnitte von Rosa Maria Assing, geb. Varnhagen (1783–1840)“, *Berlinische Monatsschrift*, Nr. 10 (1996), S. 8–14.

Schipke, Renate, „Die Geschwister Varnhagen als Scherenschneider“, in: Freunde und Förderer Schloß Britz (Hrsg.), *Zwischen Schwarz und Weiß. Scherenschnittkunst in Berlin von der Aufklärung bis zur Moderne getuscht, gerissen, geschnitten, gestanzt, gedruckt* (Berlin, 2004), S. 4–8.

Schipke, Renate, „Eine anmutig zarte Welt aus Papier. Scherenschnitte in den Sammlungen der Berliner Staatsbibliothek“, in: Vanja, Konrad, Lorenz, Detlef et al. (Hrsg.), *Arbeitskreis Bild Druck Papier. Tagungsband Bergamo 2014* (Münster/New York, 2015), S. 169–180.

Schnurmann, Claudia, *Brücken aus Papier. Atlantischer Wissenstransfer in dem Briefnetzwerk des deutsch-amerikanischen Ehepaars Francis und Mathilde Lieber, 1827–1872* (Berlin, 2014).

Stern, Ludwig, *Die Varnhagen von Ensesche Sammlung in der Königlichen Bibliothek zu Berlin* (Berlin, 1911).

Thomsen, Hargen: *„... das wunderbarste Wesen, so ich je sah“. Amalie Schoppe. Eine Schriftstellerin des Biedermeier (1791–1858) in Briefen und Schriften* (Bielefeld, 2008).

Weber, Jutta, „Die Sammlung Varnhagen“, in: Kittelmann, Jana (Hrsg.): *Briefnetzwerke um Hermann von Pückler-Muskau* (Dresden, 2015), S. 185–196.

Zarychta, Paweł, „‚Fremde Hände werden es nicht beachten.‘ Der Nachlass Rosa Maria und David Assings in der Sammlung Varnhagen in den Beständen der Biblioteka Jagiellońska in Krakau – Ergebnisse einer ersten Bestandsaufnahme“, in: Kittelmann, Jana (Hrsg.), *Briefnetzwerke um Hermann von Pückler-Muskau*, (Dresden, 2015), S. 225–236.

Zarychta, Paweł, „Zum Nachlass Rosa Maria und David Assings in Krakau oder warum die Sammlung Varnhagen neukatalogisiert werden sollte“, *Internationales Jahrbuch der Bettina von Arnim- Gesellschaft*, Nr. 28/29 (2016/2017), S. 31–52.

Ursula Isselstein
Università degli Studi di Genova

Ein Dank mit Geheimblättern

Abstract In einem der beiden Kästen der Sammlung Varnhagen, in dem Rahels lose Blätter und Konvolute aufbewahrt sind, hat sich ein geheimnisvolles Blatt gefunden (SV 203). Es ist graphisch als Titelblatt gestaltet: *Von Rahel! Geheimblätter zur eignen Schilderung.* Mit einem Rekurs auf dieses Blatt zeichnet der Beitrag eine Archivrecherche nach, in deren Rahmen es zu belegen gelang, dass sich Rahel Varnhagen auch nach ihrer am 27. September 1814 erfolgten Heirat ganz persönliche innere und äußere Räume vorbehalten hat, die ihr Mann respektierte.

Keywords: Biblioteka Jagiellońska, Sammlung Varnhagen, Karl August Varnhagen von Ense, Rahel Varnhagen, Handschriften, Edition

Ohne gut bearbeiteten Boden keine Ernte. Mein Dank an die Biblioteka Jagiellońska muss daher mit unserer bisherigen Ernte beginnen, die wir in langen Jahren mit der Hilfe ihrer Mitarbeiter produzieren konnten. Folgende Früchte hat sie gebracht:

Von der geplanten sechsbändigen, textkritischen und kommentierten *Edition Rahel Levin Varnhagen* sind vier Bände erschienen:

- *Briefwechsel mit Pauline Wiesel*, hrsg. von Barbara Hahn unter Mitarbeit von Birgit Bosold, München 1997.
- *Briefwechsel mit Ludwig Robert,* hrsg. von Consolina Vigliero, München 2001.
- *Familienbriefe*, hrsg. von Renata Buzzo Màrgari Barovero, München 2009.
- *Tagebücher und Aufzeichnungen,* hrsg. von Ursula Isselstein, Göttingen 2018.

Zwei weitere Bände – Briefwechsel mit Freundinnen –, die Barbara Hahn betreut, sind in fortgeschrittener Vorbereitung.

Dazu kommen:

- *Pauline Wiesels Liebesgeschichten. Briefwechsel mit Karl Gustav von Brinckmann, Prinz Louis Ferdinand von Preußen, Friedrich Gentz und anderen*, hrsg. von B. Hahn, B. Bosold und U. Isselstein, München 1998.
- *Rahel. Ein Buch des Andenkens für ihre Freunde*, hrsg. von Barbara Hahn, 6 Bde., Göttingen 2011. Die ersten fünf Bde. enthalten die in den Kästen SV 207, 208 und 209 aufbewahrte sogenannte „Druckvorlage“ für Varnhagens geplante Erweiterung des *Buchs des Andenkens*; der 6. Band einen umfassenden Apparat, unter anderem mit *inedita* aus der Bibliothek.

Soweit die Endprodukte.[1]

Nun soll aber noch ein anderer zu Wort kommen, ohne den dieser Schatz nie in solchem Umfang entstanden, aufbewahrt und publiziert worden wäre: Rahels Mann Karl August Varnhagen von Ense, Schriftsteller, Diplomat, Sammler und Publizist. Varnhagen hat zahlreiche Anleitungen zur späteren Edition von Rahels Schriften hinterlassen, von denen die folgende die umfassendste und früheste ist, geschrieben drei Monate nach Rahels Tod, als er dabei war, den Privatdruck des *BdA 1833* zu verteilen:

> Ich muß rechtfertigen, daß manche Stellen aus Rahels Briefen und Denkblättern im Gedruckten nicht ganz so lauten, wie in ihrer Handschrift. Vieles habe ich schon in früher Zeit abgeschrieben, theils um es sofort in Druck zu geben […], theils um es vorräthig aufzubewahren. Zu diesem Behufe las ich die Sachen gewöhnlich mit Rahel durch, und sie selbst gab meistens die Änderungen an, die geschehen müßten, sowohl der Deutlichkeit wegen, als auch um manchen Anstoß zu vermeiden; zuweilen überließ sie es auch mir, die nöthige Änderung zu machen oder ihre mündlichen Äußerungen aus später Zeit hinzuzufügen. In jedem Fall ist jede kleine Änderung oder neue Redaktion als ein Ergebniß unsrer Besprechung, der Einwilligung oder Gestattung von Rahel anzusehen, und hauptsächlich genau in ihrem eignen, bestimmten Sinne vorgenommen.
> Namentlich zum Weglassen müßiger Stellen, oder zur Milderung allzu hart Klingender in gewißen Beziehungen, gab sie mir völligen Auftrag und bestimmte Anweisung, […].
> Die Eigenthümlichkeit ihres Ausdrucks ist aber im Ganzen treu bewahrt, und das Merkwürdigste und Ursprünglichste dieser Gattung gewiß nicht verloren worden, wie der kritische Prüfer und Vergleicher sich bald überzeugen wird.
> Es ist immer Rahel, die wahrhafte und selbstständige Rahel, die da spricht, und ihr Ausdruck ist nur in manchen Fällen leicht verändert, durch mündlichen Zusatz vervollständigt, oder durch Verbindung von anfänglich getrennten Stellen in rechten Zusammenhang gebracht worden.
> Dies zur Erläuterung; falls jemand eine gedruckte Stelle mit der Handschrift zusammenhielte, und diese mit jener nicht ganz übereinstimmend fände; was jedoch in den allermeisten Fällen genau statt Statt haben wird. […]

---

1 Hier die wichtigsten Abkürzungen in diesem Text: BdA *1833*: *Rahel. Ein Buch des Andenkens für ihre Freunde*, Berlin 1833, einbändige Ausgabe. BdA *1834*: derselbe Titel, aber 3 Bde., Berlin 1834. DV: Die sogenannte „Druckvorlage", die Varnhagen für spätere Editoren hinterlassen hat. BDA: Barbara Hahn hat diese ediert unter dem Titel „Rahel Levin Varnhagen, *Rahel. Ein Buch des Andenkens für ihre Freunde*", (Göttingen, 2011), 6 Bde., wovon fünf die Texte Rahels und der sechste einen umfangreichen Apparat mit dem Gesamtregister enthalten. SV: Sammlung Varnhagen in der Jagiellonen-Bibliothek Krakau/Kraków, Biblioteka Jagiellońska. GW: Rahel Varnhagen, *Gesammelte Werke*, hrsg. v. Konrad Feilchenfeld, Uwe Schweikert et al., (München, 1983), 10 Bde., wovon neun Texte Rahels und der zehnte den Apparat und das Register enthält.

Genug, diese Schriften sind die Schriften Rahels, durchaus Rahels; nur besorgt und wahrgenommen von ihrem treuen Freunde und beauftragten Diener, nach bestem Sinn und Gewißen!

Berlin, im Juni 1833

Varnhagen[2]

Ein merkwürdiges und seltsam kompliziertes Beispiel für die Zusammenarbeit Rahels mit Varnhagen bei der Vorbereitung ihres Nachlasses für den Druck soll hier kritisch untersucht werden: eine philologische Detektivarbeit. Dabei habe ich mit den Scans gearbeitet, die mir die Jagiellonen-Bibliothek mustergültig angefertigt hat. Sie sind manchmal besser lesbar als die Originale, weil man sie vergrößern und auch verblassten Lapis erkennen kann.

In einem der beiden Kästen der Sammlung Varnhagen, in dem Rahels lose Blätter und Konvolute aufbewahrt sind, hat sich ein geheimnisvolles Blatt Varnhagens gefunden (SV 203). Es ist graphisch als Titelblatt gestaltet und zeigt zwei offenbar spätere Eingriffe Varnhagens:

Von Rahel!
Geheimblätter zur eignen Schilderung.
In Prag 1814. geschrieben, in Teplitz 1814. mir geschenkt.
([20.] 20.=28. März 1814.)
(Bei meinem Briefwechsel mit Rahel).[3]

Im ersten Fall korrigiert Varnhagen das Datum: Aus „20." wird „20.=28."; irgendwann fügt er die Umlegung des Geschenks in seinen Briefwechsel mit Rahel in Bleistift hinzu. Das Blatt liegt also sozusagen stellvertretend für eben diese *Geheimblätter,* denen es überdies einen bedeutungsschweren Namen gibt, während letztere nicht mehr zwischen den losen Blättern, sondern im Briefwechsel liegen. Offenbar will es eine Geschichte erzählen, denn dem geübten Kalligraphen Varnhagen hätten wenige Minuten genügt, um es neu zu schreiben.

Der Zusatz zum Titel – *zur eignen Schilderung* – besteht zu Recht. Die *Blätter* sind *geheim*, weil sie die wohl *rücksichtsloseste der zahlreichen Selbstdarstellungen Rahels enthalten*, die beeindruckend umfangreichen Prager Aufzeichnungen vom 20.–21. und 28. März 1814 und ihre Überlieferung. Rahel hat sie kurz vor dem letzten Rückfall in eine schwere, zweieinhalbmonatige und einige Male lebensgefährliche rheumatische Erkrankung niedergeschrieben, und Varnhagen publizierte fast alle kurz nach Rahels Tod schon im *BdA* 1833, ganz sicher

2 Vgl. Ursula Isselstein, *Studien zu Rahel Levin Varnhagen*, (Torino, 1993), S. 199 f.; wieder abgedruckt in *BDA* VI, S. 45 f.

3 Diese Zeile hat Varnhagen irgendwann mit Bleistift hinzugefügt.

mit Rahels Zustimmung. Denn man darf anzweifeln, dass es sich – mit wenigen Ausnahmen – um die ursprünglichen Handschriften dieser noch während der Krankheit notierten flüchtigen Gedanken handelt. Rahel dürfte die meisten dieser Blätter schon selbst sauber abgeschrieben und dann mit Varnhagen redigiert haben. Kurz: Es muss sich um Reinschriften mit Blick auf eine künftige Veröffentlichung handeln. Das zeigt ein weiteres Indiz: Rahel spricht in einigen dieser Texte, aber längst nicht in allen, von sich als „T:". Wie die beiden später mit diesen Geheimblättern umgegangen sind, kann man weitgehend aus den Handschriften und deren Überlieferung erschließen.

Varnhagen legte das siebzehn Seiten umfassende Konvolut in der Tat in seinen Briefwechsel mit Rahel. Ludmilla Assing publizierte es 1847 in dessen Edition in genau der Reihenfolge, die sie dort vorfand.

Die ersten zwei Seiten sind an Varnhagen adressiert und „Sonntag den 20ten Merz 1814. Morgens 9 im Bette." datiert; eine Schlussformel fehlt. Alle übrigen Texte stehen sowohl in *BdA 1833*, *BdA 1834*, in der DV wie im Briefwechsel unter dem Datum des 28. März. Unter diesem Datum sind außerdem noch zwei weitere Texte überliefert. Der erste, von dem keine Handschrift bekannt ist, zitiert und kommentiert Texte von Diderot und Goethe, die mit den *Geheimblättern* in inhaltlichem Zusammenhang stehen. Er ist in beiden Ausgaben des *BdA* und in der DV gleich hinter diesen eingeordnet. Dieser Text war schon 1816 im *Schweizerischen Museum*[4] als Nr. 40 zu lesen. „Montag den 28ten Merz" datiert Rahel auch drei dicht beschriebene Quartseiten, die mit dem Brief an Varnhagen vom 20.3.1814 papiergleich sind. Sie haben aber ein ganz anderes Thema und sind nicht in den *Geheimblättern*, sondern unter den losen Blättern in SV 203 überliefert.[5] Auch dieser Text ist im *Museum*, Nr. 41, publiziert, gehört also ebenfalls zu denen, die Rahel, wie wir wissen, selbst *der Presse übergab* und dessen Datum sie dadurch autorisiert hat. Rahel hätte also am 20. März 1814 zwei Seiten, am 21. weitere zwei und am 28. März ca. siebzehn Seiten gefüllt.

Wenn man die gedruckten Texte genau liest und sie mit den Handschriften vergleicht, wie Varnhagen es vorhergesehen hat, ist man verwirrt: Die Datierung von insgesamt zwei Quart- und elf Oktavseiten auf den 28. März 1814 kann in keinem der Drucke stimmen, die Varnhagen publiziert oder zum Druck vorbereitet hat.

---

4 *Schweizerisches Museum: Bruchstücke aus Briefen und Denkblättern*. Mitgetheilt von K.A. Varnhagen von Ense, Jahrgang 1. Hier abgekürzt als *Museum*.

5 Es handelt sich um einen kritischen Text zu Karl August Böttigers Charakteristik Klopstocks, der im Taschenbuch *Minerva* erschienen war.

Carta canta sagen die Italiener in der Tradition eines lateinischen Sprichworts,[6] wenn sie einem Sachverhalt Gültigkeit zusprechen wollen. In diesem Sinn würde auch ich den Handschriften rechtgeben. Um das Ergebnis vorwegzunehmen: Nach dem Papierbefund und nach inhaltlichen Indizien gehört der größte Teil der Blätter, die Varnhagen auf den 28. März datiert, mit Sicherheit zu dem Brief an ihn vom 20. März. Diesen leitet Rahel mit einer Art Prämisse ein:

> Mein Brief von Gestern an Dich war wieder so gut, als gelogen; obgleich er mit der höchsten wahrhaftigkeit geschrieben war. Weil er das Ende bestimmter Stimmungen und Gedanken ausdrükte die mir seit einer sehr kurzen Zeit schon alt geworden waren, weil ich aus Schwäche nicht ausführlich werden konnte, mir jetzt häufige und helle Gedanken kommen, aber noch schneller als sonst verschwinden, und mir nur wie ein Wetter ihre Resultate als Frucht zurüklaßen.[7]

Und dann: „Ich bin so geplagt von Gedanken, Vorstellungen und Einfällen, daß ich mir Blätter bereitet habe, um sie wo möglich gleich hinzuschreiben; für Dich und mich: dies hier als Ergänzung des Gestrigen Briefes." Diese Blätter hatte Rahel in Tinte in der rechten oberen Ecke von 1.–9. vornummeriert. Auf den Blättern 1. und 2. steht der Brief an Varnhagen vom 20. März, auf Blatt 10. und 11. folgt der nur in die DV, aber nicht in den Briefwechsel aufgenommene, auf den 21. März datierte Text über ihren Prager Arzt Dr. Krombholz.[8]

In einer zweiten Serie von drei Texten spricht Rahel von sich als „T:", weshalb ich sie hier T-Texte nenne. Sie hat alle selbst auf den 28. März 1814 datiert. Geschrieben wurden sie auf das gleiche Papier wie die obigen, aber nur für den ersten benutzt Rahel die bereits vornummerierten Blätter. Im Gegensatz zu den vorigen handelt es sich nicht um eine Reinschrift; die Korrekturen darauf stammen von Varnhagen und Rahel selbst.[9] In diesem nach Rahels Nummerierung ersten T-Text hat Rahel zwei ihrer mündlichen Äußerungen notiert, die erste in Form eines Bonmots, die zweite in Form einer launisch erzählten, leidenschaftlich-komischen Szene am Krankenbett von Auguste Brede. Die erste Seite des Eintrags steht auf der Rückseite des oben genannten Krombholz-Texts vom 21. März.

Nach diesem beginnt eine gewisse Unordnung. Denn Rahel streicht dort die „12." in der oberen Ecke durch und setzt den Eintrag auf einem neuen Blatt

6 Verba Volant, Scripta Manent – oder umgekehrt.
7 GWV/1, S. 308 f.
8 Vgl. *BDA III, S. 90.*
9 Diesen Eintrag hat Varnhagen nicht zusammen mit den andern T-Texten in seinen Ausgaben des *Buch des Andenkens* publiziert und ihn auch nicht in seine „Druckvorlage" aufgenommen. Er erschien erst 1874 im Briefwechsel. Vgl. *GW* V/1, S. 313 f.

fort. Auch dieses ist vornummeriert, aber sie dreht es um, sodass nun die Seitenzahlen kopfüber links unten stehen. Außerdem hatte sie vermutlich ein Blatt anderweitig gebraucht und dieses folglich „15." und „16." nummeriert, aber die „16." wieder durchgestrichen. Für die zwei darauf folgenden T-Texte hat Rahel zwar das gleiche Papier benutzt, jedoch gehörte es nicht zu der vorigen Serie, die ihr offenbar im Moment nicht zur Hand war. Denn sie nummeriert diese Seiten wieder von vorn mit „1.", „2." und „3.", woraus man auf deren chronologische Reihenfolge schließen kann. Aber sie muss die erste Serie später wiedergefunden haben, denn zwischen den losen Blättern in SV 203 liegt die schon erwähnte Charakteristik Klopstocks von Böttiger, die ebenfalls auf den 28. März 1814 datiert ist. Rahel hatte sie auf zwei mit dem Brief vom 20. März papiergleiche Blätter der Serie geschrieben, mit den Seitenzahlen „23.", „24." und „25.". Es würden also drei Blätter mit den Seitenzahlen „17." bis „22." fehlen – so wie auch eine Handschrift der ebenfalls auf den 28. März 1814 datierten Nr. 40 im Museum nicht in der SV zu finden ist.

Es gibt auf diesen Blättern aber noch eine andere, flüchtige, kaum noch lesbare Nummerierung in Bleistift und diesmal in Varnhagens Schrift. Dieser folgt die Anordnung der Geheimblätter in Varnhagens Ausgaben, wo der zweite T-Text mit der Datierung auf den 28. März den Brief unterbricht und schon damit die unzweifelhafte Zugehörigkeit zu ihm auflöst. Allerdings ohne auch nur ein einziges der zahlreichen inhaltlichen Indizien zu unterdrücken, wie z.B. den Wechsel von der ersten zur dritten Person in den eingeschobenen T-Texten. Wir werden nie erfahren, ob auch dies ein „Ergebniß unsrer Besprechung, der Einwilligung oder Gestattung" war.

Kommen wir nun zu den inhaltlichen Indizien. Wenn man im BdA 1833 den T-Text nach dem Brief an Varnhagen ausklammert, würde man keine Unterbrechung wahrnehmen, denn an den letzten Satz des Briefs schließt sich sinngemäß direkt der erste nach dem T-Text an: „Dir konnt' ich die Wahrheit sagen: Einmal war es möglich; und daraus entstand unsere Freundschaft. – Freundschaft, welch ein Wort! –"[10] Etwas Unaussprechliches hatte sie aber auch Varnhagen nicht sagen können: „Zwey unaussprechliche Fehler hab' ich aber; und die kennt Niemand. O! könnt ich sie darstellen wie ich sie kenne!"[11] Auffälliger sind aber andere Indizien: Der Brief an Varnhagen bezieht sich auf einen anderen vom voraufgehenden Tag, der weder überliefert ist noch abgesandt wurde. Aus diesem Brief zitiert Rahel einen Satz in den von Varnhagen unter dem 28. März

10 GW V/1, S. 309.
11 Ebd., S. 310.

publizierten Seiten: „Und denk Dir, Freund, dies war der Sinn, in dem ich Dir Gestern schrieb: ‚Die Gesellschaft könne mich für ein Müllerweib ansehen, nur um Deinentwillen hätte ich noch für mich ambition.'"[12] Solche direkten Anreden finden sich auch auf den anderen Blättern, besonders deutlich auf dem letzten, das sehr wohl der Schluss dieses langen „Briefs" gewesen sein könnte. Rahel hatte über Gesellschaft und die große Welt in ihrer Armut und Zerstörung gesprochen und fährt fort:

> Und zu dem ennui, welches mir nur der Ergeitz – Mittel zu einem Zweke – erträglich machen kann, und sein Spiel und seine Spannungen, zu denen sollt' ich mich noch ohne Zweke hinarbeiten wollen? Das kann ich nicht mehr August. [...] Dies wollt' ich Dir Gestern sagen. Und wie hab' ich Dir ganz was anders Gestern ausgedrükt! Adieu! Nun kann ich nicht mehr.[13]

Zwei Fragen bleiben offen. Sollten – wie in manchen Briefen – auch in den *Geheimblättern* Rahels „Gedanken, ihre Einfälle [...] durch Verbindung von anfänglich getrennten Stellen in rechten Zusammenhang gebracht" werden, wie Varnhagen in seiner Rechtfertigung erklärt hatte? Aber warum hat er dann die Spuren dieser Operation nicht verwischt? Noch eine weitere Frage stellt sich: Warum nannte Varnhagen diese Blätter *Geheimblätter*? Und Rahel schenkte sie ihm, als die beiden sich endlich im Juli und August in Töplitz von den Strapazen des Krieges und schweren Krankheiten erholen und die gemeinsame Zukunft in greifbarer Nähe war?

Offenbar hat Rahel sich auch nach der Heirat mit Varnhagen am 27. September 1814 weiter ganz persönliche innere und äußere Räume vorbehalten, die Varnhagen respektierte. Und es scheint, dass er auch nur das gelesen oder abgeschrieben hat, was Rahel ihm in die Hand gab. Denn es ist auffallend, dass ihre letzte Veröffentlichung zu Lebzeiten, *Aus den Denkblättern einer Berlinerin*, praktisch nur aus den Büchern *A*, *D* und vor allem *F* schöpft, außer zwei Nummern aus *Buch K*, einer aus *Buch L* und drei aus *Buch M*. Vor allem die Bücher *B* und *I*, in denen Rahel in langen „Journalen" – oft sehr bitter und heftig – Konflikte mit Varnhagen aufgeschrieben hatte, fehlen ganz: Vermutlich konnte Varnhagen sie erst nach Rahels Tod einsehen.

---

12 Ebd., S. 311.
13 Ebd., S. 312.

Bibliographie

Isselstein, Ursula *Studien zu Rahel Levin Varnhagen*, (Torino, 1993).

Pauline Wiesels Liebesgeschichten. Briefwechsel mit Karl Gustav von Brinckmann, Prinz Louis Ferdinand von Preußen, Friedrich Gentz und anderen, hrsg. v. Hahn, Barbara, Isselstein, Ursula et al., (München, 1998).

Rahel. Ein Buch des Andenkens für ihre Freunde, hrsg. von Barbara Hahn, (Göttingen, 2011).

Schweizerisches Museum: Bruchstücke aus Briefen und Denkblättern. Mitgetheilt von K.A. Varnhagen von Ense. Jahrgang 1. 1816.

Varnhagen, Rahel, *Gesammelte Werke*, hrsg. v. Feilchenfeld, Konrad, Schweikert, Uwe et al., (München, 1983).

Varnhagen, Rahel, *Briefwechsel mit Pauline Wiesel*, hrsg. v. Hahn, Barbara unter Mitarbeit v. Bosold, Birgit, (München, 1997).

Varnhagen, Rahel, *Briefwechsel mit Ludwig Robert*, hrsg. v. Vigliero, Consolina (München, 2001).

Varnhagen, Rahel, *Familienbriefe*, hrsg. v. Buzzo Renata und Barovero, Màrgari, (München, 2009).

Varnhagen, Rahel, *Tagebücher und Aufzeichnungen*, hrsg. v. Isselstein, Ursula (Göttingen, 2019).

Nikolaus Gatter
Vorsitzender der Varnhagen Gesellschaft

Wohin meine Landsleute jederzeit leicht anreisen können: Ludmilla Assings Vermächtnis – die Varnhagensammlung

Abstract: Der Beitrag geht auf die Entstehung der Varnhagensammlung und ihre Geschichte ein, indem er zunächst die Rolle und testamentarischen Verfügungen von Karl August Varnhagen von Ense und seiner Nichte und Alleinerbin Ludmilla Assing reflektiert. Die darauffolgende Erörterung des Schicksals der Sammlung nach ihrer Übergabe an die Königliche Bibliothek schließt mit einer Liste von Gegenwartsaufgaben, die zu leisten sind, bevor die Zukunft der Varnhagen von Enseschen Sammlung ausgerufen wird.

Keywords: Geschichte der Sammlung Varnhagen, Karl August Varnhagen von Ense, Ludmilla Assing, Königliche Bibliothek zu Berlin, Biblioteka Jagiellońska

Geht es um das Archiv, das nach Karl August Varnhagen von Ense (1785–1858) benannt, von ihm aber nicht allein zusammengetragen und geordnet wurde,[1] ist oft von seinem Testament die Rede. Über dessen Inhalt (nur ein Kodizill vom 10. Mai 1856 kam im Januar 1862 in die Schlagzeilen) wird seit 160 Jahren spekuliert.[2]

Der Sommer 1834, als Varnhagen so euphorisch war, der Großherzogin von Sachsen-Weimar die Gründung einer Goethe-Gesellschaft vorzuschlagen, lag weit zurück, als er in einer Notiz formulierte: „Ich weiß sehr wohl, daß die jetzige Sinneswendung, worin die nächsten Zeiten, wie es scheint, nur stärker fortschreiten werden, dem Zwecke, den ich bei Niederlegung meiner Papiere in Weimar beabsichtige, nur wenig Gunst verspricht."[3]

---

1 Vgl. Ludwig Stern, *Die Varnhagen von Ensesche Sammlung in der Königlichen Bibliothek zu Berlin, geordnet und verzeichnet* (Berlin, 1911); Erich Biehahn, *Kunstwerke der Deutschen Staatsbibliothek. Im Auftrage der Hauptdirektion der Deutschen Staatsbibliothek bearbeitet* (Berlin, 1961).

2 Vgl. Nikolaus Gatter, *„Gift, geradezu Gift für das unwissende Publicum". Der diaristische Nachlaß von Karl August Varnhagen und die Polemik gegen Ludmilla Assings Editionen (1860–1880)* (Bielefeld, 1996), S. 304 f.

3 Karl August Varnhagen von Ense, undatierte Notiz, vermutlich um 1845, in der Mappe ‚Persönliches', Kraków, Biblioteka Jagiellońska (BJ), Sammlung Varnhagen, Kasten 250 (SV 250), vgl. die Weglassung in Ludmilla Assing (Hrsg.), *Briefwechsel zwischen Varnhagen und Rahel* (Leipzig, 1874–1875), hier Bd. 1 (1874), S. x.

Abb. 25: Kraków, Biblioteka Jagiellońska, Sammlung Varnhagen 19. Ludmilla Assing

Mit seiner Todesnachricht verbreitete sich das Gerücht, er habe „seine bedeutende höchst interessante Autographen-Sammlung der Weimarschen Bibliothek vermacht".[4]

Hatte er mit anderen, etwa mit dem in Goethes Haus residierenden Diplomaten Apollonius von Maltitz den Plan erörtert? Von „der bekannten Schriftstellerin Ludmilla Assing" (Abb. 25) wurde jedenfalls richtiggestellt, dass „der Verstorbene seine berühmte klassische Autographensammlung, die ihres Gleichen in Deutschland sucht, ganz und ungetheilt dieser seiner Nichte vermacht hat".[5]

Ganz und ungeteilt? Ein Blick in die Literatur zum Thema stiftet Verwirrung. Wie viele Nachlässe sind im Spiel? Barbara Hahn, Herausgeberin der Briefedition ‚Rahel Levin Varnhagen', spricht im Hinblick auf diese von „ihrem Nachlaß, der Sammlung Varnhagen", in welcher „die unterschiedlichsten Menschen [...]: von der Gräfin bis zur Köchin, vom einflußreichen Politiker bis zum erfolglosen Schriftsteller" mit Autographen vertreten seien.[6] Gemeint ist die empfangene

4 „Berlin, 17. October", *Berlinische Nachrichten von Staats- und gelehrten Sachen (Spenersche)*, Nr. 243, 17.10.1858.

5 „Unser Fa.-Korrespondent ...", *Wiener Zeitung*, Nr. 245, 24.10.1858, S. 4065.

6 Barbara Hahn, „Varnhagen von Ense, Rahel", in: Walther Killy und Rudolf Vierhaus (Hrsg.), *Deutsche Biographische Enzyklopädie* (München/Leipzig, 1995–2003), Bd. 10 (1999) S. 183 f., hier S. 183.

Korrespondenz, die Rahel Varnhagen (1771–1833) aufbewahrte und mit ihren Briefen vereinigt wissen wollte. Sie setzte Karl August am 4. Juni 1831 zum Universalerben mit ausdrücklichem Publikationsauftrag ein.

Ein Vierteljahrhundert widmete sich der Witwer dem Einsammeln der am Ende rund 6000 Rahel-Briefe. Er führte selbst eine internationale Korrespondenz, schuf ein reiches literarisches Œuvre und übersetzte aus dem Russischen. Seit Sommer 1841 akquirierte er auch Autographen ohne persönlichen Bezug:[7] Funde in aufgegebenen Sammlungen; durch Tausch oder Kauf Erworbenes; Geschenke von vielen Seiten, auch von Bettina von Arnim oder Alexander von Humboldt. Das von Rahels Überlieferungswunsch und seiner Trauerarbeit[8] motivierte, für Biographien und Editionen genutzte Archiv wird durch Bücher des Ehepaars (‚Bibliothek Varnhagen'), Anekdotenzettel, Kunstwerke, Zeitungsartikel und anderes ergänzt.

Dass der „Nachlass Varnhagen […] durch eine testamentarische Verfügung und angereichert durch den Nachlass seiner Nichte Ludmilla Assing 1880 in die Königliche Bibliothek gelangte", glaubt Renate Schipke.[9] Bei Jutta Weber, die neben weiteren Nachlässen noch „Kryptonachlässe" ausmacht, heißt es über Assing: „Gut belegt ist, dass sie den literarischen Nachlass ihres Onkels Varnhagen entsprechend seinem Testament der Königlichen Bibliothek zu Berlin vermacht hat."[10] Als ehemalige Referatsleiterinnen der Staatsbibliothek zu Berlin – Preußischer Kulturbesitz sollten beide präziser formulieren: Jene multiplen Nachlässe bezeichnen einige (auf Anhieb identifizierbare) Provenienzen der Varnhagensammlung, die als Ganzes erst in Berlin zusammenkam und dort erst dreißig Jahre später geordnet und verzeichnet vorlag. Varnhagens letzter

7 Vgl. Ludmilla Assing (Hrsg.), *Aus dem Nachlaß Varnhagen's von Ense. Tagebücher von K. A. Varnhagen von Ense* (Leipzig/Zürich et al., 1861–1870), hier Bd. 1 (1861), S. 317.

8 Vgl. Nikolaus Gatter, „‚Nichts, Nichts vergesse ich. Auch Sterben hilft nichts …' Vermächtnis und Erinnerung in der Sammlung Varnhagen", in: Selma Jahnke und Sylvie Le Moël (Hrsg.), *Briefe um 1800. Zur Medialität von Generation* (Berlin, 2015, Berliner Intellektuelle um 1800, Bd. 4), S. 313–348.

9 Renate Schipke, „Eine anmutig zarte Welt aus Papier. Scherenschnitte in den Sammlungen der Berliner Staatsbibliothek", in: Konrad Vanja, Detlef Lorenz et al. (Hrsg.): *Arbeitskreis Bild Druck Papier. Tagungsband Bergamo 2014* (Münster/New York, 2015), S. 169–180, hier S. 171.

10 Jutta Weber, „Die Sammlung Varnhagen", in: Jana Kittelmann (Hrsg.), *Briefnetzwerke um Hermann von Pückler-Muskau* (Dresden, 2015), S. 185–196, hier S. 190 und 194. Zum Begriff ‚Nachlass' vgl. Eva Ziesche, *Verzeichnis der Nachlässe und Sammlungen der Handschriftenabteilung der Staatsbibliothek zu Berlin Preußischer Kulturbesitz* (Wiesbaden, 2002), S. xiii.

Wille (den, wie gesagt, niemand im Wortlaut kennt) spielte dabei gar keine Rolle. Maßgeblich ist allein das Testament, das Ludmilla Assing (1821–1880) am 15. Juli 1876 in Florenz eigenhändig in italienischer Sprache aufsetzte.[11]

Der Name ‚Varnhagen von Ensesche Sammlung', den sie bescheiden formuliert und verfügt hat, darf nicht darüber hinwegtäuschen, dass es Assings Nachlass war, ihr Eigentum, das sie unbekümmert anderswohin geben konnte. An der Archivpraxis (Akquise, Sichten, Ordnen, Transkribieren) war sie zu Lebzeiten Varnhagens beteiligt gewesen, hatte im Februar 1857 den Nachlass ihrer Eltern eingebracht,[12] die Autographen im Exil vermehrt: durch Schenkungen von Johannes Schulze, das Erbe des erwähnten Maltitz und jenes von Hermann von Pückler-Muskau, das ihr dessen Angehörige nur unvollständig übergaben.[13]

Hatte Varnhagen ihr vorgeschrieben, bis zur Überführung in die Bibliothek seine Hinterlassenschaft zu magazinieren? Hat die Nichte ihre eigene, mit weiteren Nachlässen, nur noch draufgepackt? Eine absurde Idee, überdies wenig praktikabel. Die Beletage in der Mauerstraße 36 musste bald aufgegeben werden. Assing zog mit dem Autographenschrank[14] in eine kleinere Wohnung und ließ ca. 2500 Bücher ihres Onkels versteigern, darunter „eine Anzahl mit

11 Hier relevante Texte dokumentiert und übersetzt in Nikolaus Gatter, „‚… sie ist vor allen die *meine* …' Die Sammlung Varnhagen bis zu ihrer Katalogisierung", in: Nikolaus Gatter, Eva Feldheim et al. (Hrsg.), *Wenn die Geschichte um eine Ecke geht* (Berlin, 2000), S. 239–271, darin „Anhang. Die Sammlung Varnhagen in Testamenten und Verfügungen", S. 261–271, hier S. 268 ff. Jutta Weber, damals immerhin zuständig für Assings Teilnachlass in Berlin, führt diesen Aufsatz an (ebd., S. 189 f.) und hätte ihm korrekte Daten entnehmen können: Die Sammlung kam 1881, nicht, wie auch im Internetauftritt der Staatsbibliothek zu Berlin – Preußischer Kulturbesitz angegeben, 1880 nach Berlin. Ludmilla Assing heiratete nicht 1874, sondern 1873; sie verstarb nicht 1876, sondern 1880, womit Spekulationen über jahrelanges Hinauszögern der Annahme entfallen. Ferner hat sie sich nicht „strafbar gemacht, indem sie, unterstütz [!] durch den Fürsten Pückler, den Briefwechsel zwischen Varnhagen und Alexander von Humboldt veröffentlichte", und Pückler hat sie niemals „als ‚busenlose Nichte des großen Onkels' " bezeichnet (ebd., S. 190); das herabwürdigende Sekundärzitat entlehnt Weber mitsamt falscher Zuschreibung einer unzuverlässigen Populärbiographie.

12 Vgl. den Beitrag von Paweł Zarychta, „‚Kultus der Erinnerung und künstlerische Geselligkeit' Der Nachlass Rosa Maria und David Assings in der Sammlung Varnhagen: Ein vorläufiger Projektbericht" im vorliegenden Band.

13 Vgl. Nikolaus Gatter, „‚Könnte man alles vollständig haben, wäre auch mein Ideal'. Ludmilla Assing und die Briefwechsel von und mit (dem) Verstorbenen", in: Kittelmann (Hrsg.), *Briefnetzwerke*, S. 207–226, hier S. 217.

14 Er stand noch in der Potsdamer Straße 131, als die Schwester Ferdinand Lassalles einzog; vgl. Friederike Friedland an Ludmilla Assing, 6.11.1862, BJ, SV 62, Friedland.

Randbemerkungen von seiner Hand [...], sogar ein paar russische, mit der eigenhändigen Zueignungsbemerkung der resp. Verfasser versehen, also doppelt interessant".[15]

Die Königliche Bibliothek, der Assing die rund 65 russischsprachigen Titel[16] zuvor angeboten hatte, wollte nicht mehr als einen Schätzpreis von 40 Reichstalern zahlen (zum Vergleich: für neun Bände *Denkwürdigkeiten und vermischte Schriften* Varnhagens berechnete der Verleger 22 Reichstaler),[17] „da ein Theil der Bücher bereits hier vorhanden, mehrere Werke in sich doppelt oder unvollständig sind, und die Erwerbung durch die nothwendig noch aufzuwendenden Kosten des Einbands theuer gemacht wird".[18] So ging dieser Sammelschwerpunkt – Widmungsexemplare russischer Autoren, die in Varnhagen den Freund, Förderer und Übersetzer schätzten –, über den Auktionstisch und unwiederbringlich verloren.

Im folgenden Jahr wäre ein Ankauf indiskutabel gewesen, hatte doch der Skandal, der mit fast jeder Varnhagen-Veröffentlichung neu entflammte,[19] selbst Alexander von Humboldts Bibliothek für das preußische Herrscherhaus unannehmbar gemacht. Im März 1860 trat Meyer Isler, Direktor der Hamburger Stadtbibliothek, mit der Behauptung auf, Varnhagen habe seiner Institution den literarischen Nachlass versprochen; für dies und eine vereinbarte Sperrfrist gebe es mehrere Ohrenzeugen. Wenige Wochen vor seinem Tod habe ihm Isler versichert, die Papiere könnten fünfzig Jahre für die Benutzung gesperrt bleiben, was Varnhagen begrüßt haben soll: „„Nun das freut mich ungemein. Doch fünfzig

15 „Kunstnotizen", *Blätter für Musik, Theater und Kunst*, Jg. 5, Nr. 65, 17.8.1859, S. 259.

16 Vgl. 1821 bis 1876 (z. T. mehrbändige Titel und Konvolute von Kleinschriften unter einer Nummer) in *Verzeichniss der hinterlassenene Bibliotheken des Herrn K. A. Varnhagen von Ense sowie des Herrn Dr. Ernst Heinr. Friedrich Meyer, welche nebst anderen Büchersammlungen am 3. October 1859 im T. O. Weigelschen Auktionshause ...* (Leipzig, 1859), S. 57 ff.

17 Vgl. Ludmilla Assing an F. A. Brockhaus, 25.4.1860 (Entwurf), BJ, SV 39, Brockhaus.

18 Königliche Bibliothek zu Berlin an Ludmilla Assing, 9.3.1859, Fonds 183, Lassalle, Ferdinand, Opis I, 203, Russisches Zentrum für die Aufbewahrung und Erforschung von Dokumenten der Neuesten Geschichte, Moskau; Mikroverfilmung in der Friedrich-Ebert-Stiftung, Bonn.

19 Vgl. Nikolaus Gatter, „‚... mit kompromettanten Äußerungen über den König und alle lebenden Zeitgenossen.' Wie Alexander von Humboldt und Karl August Varnhagen Skandalautoren wurden", in: Andrea Bartl, Martin Kraus et al. (Hrsg.), *Skandalautoren. Zu repräsentativen Mustern literarischer Provokation und Aufsehen erregender Autorinszenierung* (Würzburg, 2014), Bd. 1, S. 257–281.

Jahre! auf eine so lange Zeit würde ich nicht bestehen, mir genügen zwanzig Jahre. Ich will mir das merken, und meine Verfügungen treffen.'"[20]

Auf die Erinnerung, der Nachlass sei einmal für Hamburg bestimmt, sie möge diesem Wunsch auch ohne schriftliche Verfügung entsprechen, habe die Erbin eingewandt, ihr Onkel könne „dabei nur im Sinn gehabt haben daß vielleicht nach *meinem* Tod sein litterarischer Nachlaß dort aufbewahrt werden könnte, was jedoch auch noch von Umständen abhängt, die für jetzt noch nicht zu bestimmen sind".[21] Für diese ferne Zeit hätte er wohl keine Sperrfrist benötigt, argumentierte Isler. Seinem Angriff, einem von überaus zahlreichen,[22] hielt Assing einen schriftlichen Schenkungsakt entgegen. Varnhagen hatte ihr am 7. Dezember 1856 „alle meine Bücher und Schriften, alle literarischen Papiere und Sammlungen zum Geschenk gemacht, und diese sämmtlichen Geschenke ihr mit warmer Hand überliefert, *damit sie schon jetzt nach Gutbefinden schalten und walten könne*".[23] Der hervorgehobene Satzteil schließt, was kaum betont werden müsste, das Recht zur Publikation ein. Tatsächlich glaubte Varnhagen von seinen „Tagebuch- und Reiseblättern, hauptsächlich seit 1834", sie könnten im Druck „ganz interessant und willkommen sein. [...] Die Welt sieht bis jetzt nur mein Censurleben; es wäre doch billig, daß sie auch mein censurfreies kennen lernte!".[24]

Und wie steht es mit dem Nachlass der Nichte? Seit den 1840er-Jahren hatte Assing journalistisch gearbeitet und ihre Manuskripte und Belege zur weiteren Nutzung und autobiographischen Selbstvergewisserung wohl unter ‚eigenen' Papieren aufbewahrt.[25] Sie besaß auch historische Handschriften (u. a. geschenkt von Alexander von Humboldt),[26] die sie in Varnhagens Autographenkästen

20 M[eyer] Isler, „Erklärung zu den Briefen von Alexander v. Humboldt an Varnhagen v. Ense", *Allgemeine Zeitung*, Nr. 85, 25.3.1860 (Beilage), S. 1410 f., hier S. 1410.

21 Ludmilla Assing an Meyer Isler, 29.10.1858, ebd. (Kursives im Original gesperrt).

22 Vgl. die Bibliographie in Gatter, *„Gift"*, S. 395–471.

23 Ludmilla Assing, „Erklärung", National-Zeitung (Morgen-Ausgabe), Jg. 13, Nr. 155, 31.3.1860 (Beiblatt); vgl. Varnhagen, *Tagebücher*, Bd. 13, S. 248.

24 Karl August Varnhagen von Ense, „An Rosa Maria. Jetzt für Ludmilla!", zitiert nach Gatter, „‚... sie ist ...', S. 262 f., hier S. 262.

25 Vgl. Nikolaus Gatter, „‚Letztes Stück des Telegraphen. Wir alle haben ihn begraben helfen ...' Ludmilla Assings journalistische Anfänge im Revolutionsjahr", *Internationales Jahrbuch der Bettina-von-Arnim-Gesellschaft*, Bd. 11/12 (1999/2000), S. 101–120; Manuskripte z. B. im Konvolut Feodor Wehl, BJ, SV 274, Wehl.

26 Vgl. Ludmilla Assing (Hrsg.), *Briefe von Alexander von Humboldt an Varnhagen von Ense aus den Jahren 1827 bis 1858, Nebst Auszügen aus Varnhagen's Tagebüchern, und Briefen von Varnhagen und Andern an Humboldt* (Leipzig, 1860), S. 376.

sortiert haben dürfte. Ein Schmähartikel, der Humboldt zu einer Richtigstellung in der *Kreuzzeitung* veranlasste, karikierte sie sogar als sammelwütige ‚Nichte' eines ungenannten ‚Onkels'.[27] Erst im Sommer 1881 kam ihre Schwester Ottilie Assing, die Handschriften von Vertretern der Abolitionistenbewegung beigesteuert hatte, aus den USA nach Florenz. Ihre Briefe an Onkel und Schwester gehörten mit Ludmillas Lebenszeugnissen („tutte le mie carte") zu den Berliner Beständen, die öffentlich zugänglich sein sollten („riuniti sotto il nome di ‚Varnhagen von Ense'sche Sammlung' […] e siano lasciati all'uso pubblico"); gleiches galt für das ungeordnet hinterlassene Schriftgut von Pückler und Maltitz („aggiungerle alla collezione di Varnhagen von Ense, e lasciarle pure all'uso pubblico").[28]

Dieses Vermächtnis hatte die Stifterin 1872 der Königlichen Bibliothek angeboten, die ihre schon damals formulierten Konditionen zu erfüllen versprach. Ihr Nachlassverwalter Salvatore Battaglia, der nach Gutdünken Bücher und italienische Handschriften behalten durfte (deshalb fehlen z. B. Briefe Giuseppe Mazzinis), sichtete den Nachlass mit einem Vertreter der Bibliothek, die den Bonner Juristen Hermann Brassert entsandt hatte. Eine Erlaubnis des preußischen Landesherrn, Kaiser Wilhelm I., wurde am 26. August 1880 erteilt. So kamen Papiere, Bücher und Objekte, die später die Varnhagensammlung bildeten, im Frühjahr 1881, zu zehn Gruppen geordnet, in 13 versiegelten Kisten nach Berlin. Ob deren Anordnung noch der zu Varnhagens Lebzeiten entsprach, ist eine müßige Überlegung; die alphabetische Sortierung der Handschriften war vermutlich authentisch, ebenso die getrennte Aufbewahrung von Anekdotenzetteln, die Ferdinand Lassalle seinem Freund Marx „als Anhang zu dieser Sammlung" beschrieben hatte.[29]

Das eingangs erwähnte Kodizill von 1856, das als Nachtrag zu Varnhagens eigentlichem Testament die Erbin zu nichts verpflichtete, nennt Berlin als Destination für den Fall, dass die Begünstigte gleichzeitig mit oder kurz nach ihrem

27 Vgl. „Berliner Zuschauer", *Neue Preußische Zeitung*, Nr. 204, 2.9.1853 und Nr. 228, 30.9.1853; Alexander von Humboldt an die Redaktion, 27.9.1853, Leihgabe aus Privatbesitz im Archiv der Varnhagen Gesellschaft e. V., Köln.

28 „Testamento di Rosa Ludmilla Assing", 15.7.1876, Archivio di Stato di Firenze, zitiert ebd., S. 269.

29 Ferdinand Lassalle an Karl Marx (Poststempel 16.4.1860), in: Gustav Mayer (Hrsg.), *Der Briefwechsel zwischen Lassalle und Marx nebst Briefen von Friedrich Engels und Jenny Marx an Lassalle und von Karl Marx an Gräfin Sophie Hatzfeld* (Stuttgart/Berlin, 1922) (Nachgelassene Briefe und Schriften, Bd. 3, Deutsche Geschichtsquellen des 19. Jahrhunderts, Bd. 6), S. 293–299, hier S. 297.

Onkel stürbe, ohne selbst einen Erben bestimmt zu haben. In diesem Fall sollten ihre Schwester zwar in das sonstige Erbe eintreten, die Bücher und Papiere aber der Königlichen Bibliothek anheimfallen, „mit der Bedingung, die Tagebücher und Personalien *auf zwanzig Jahre zu sekretieren*, nach Ablauf dieser Zeit aber gleich den übrigen Papieren dem allgemeinen Gebrauche zu eröffnen".[30]

Dieser Zusatz wurde 1862 auf dem Höhepunkt der Polemik publik, nicht aber die Hauptverfügung. Trotzdem wiederholte Hans Lülfing, Leiter der Handschriftenabteilung der Deutschen Staatsbibliothek, hundert Jahre später den Vorwurf, Assing habe sich eine Testamentswidrigkeit zuschulden kommen lassen, und zwar durch ihr eigenes Testament, das seiner Meinung nach unzulässig von dem ihres Onkels abwich: „In einem Punkte überschritt sie, kaum ohne literarische Absichten und tendenziös, die Verfügung Varnhagens: in Berlin sollte der Nachlaß sogleich öffentlich benutzbar werden."[31]

Welche „literarische Absichten" hatte Assing wohl über ihren Tod hinaus im Sinn? Tendenziös schrieben doch vielmehr jene, die zu ihren Lebzeiten Publikationen wie die *Tagebücher* Varnhagens als Pflichtverletzung diskreditierten wie der Kommentator des *Magazins für die Literatur des Auslands*: „Sollte, was für Fräulein Ottilie Assing maßgebend war, nicht auch dem Fräulein Ludmilla *aus dem Munde des Oheims* bekannt gewesen sein?"[32] Da der Fall, für den das Kodizill geschrieben wurde, nicht eingetreten war, fabulierte der Anonymus von zusätzlichen mündlichen Abreden. Falls ihm das originale Testament bekannt war, enthielt es keinerlei Beschränkungen. Ludmilla Assing tat recht daran, diesmal auf eine Erwiderung zu verzichten:[33]

> Jeder Unpartheiische muß ja von selbst daraus ersehen, daß mein Onkel *mir allein* in vollem Vertrauen die Veröffentlichung und Bewahrung seines Nachlasses [...] überließ, denn wäre eine einfache zwanzigjährige Sekretirung desselben sein Wille gewesen, so hätte er ja alles gleich mit diesem Beding der Bibliothek übergeben [...].

30 „Vermischtes", aus der *Spenerschen Zeitung*, Nr. 4, 5.1.1862, zitiert nach Gatter, „‚... sie ist ...'", S. 266 (Kursives im Druck gesperrt).

31 Hans Lülfing, „Die Handschriftenabteilung", in: Horst Kunze (Redaktion, unter Mitarbeit von Renate Gollmitz), *Dreihundert Jahre Deutsche Staatsbibliothek 1661–1961* (Leipzig, 1961), Bd. 1, S. 319–390, hier S. 351.

32 „Aus Varnhagen's Testament", *Magazin für die Literatur des Auslands*, Jg. 31, Nr. 3, 15.1.1862, S. 35 (Kursives im Original gesperrt). Der Herausgeber der Zeitschrift behauptete, das Testament seit 1858 zu kennen; vgl. J[oseph] L[ehmann], „Baltische Monatsschrift. Humboldt, Varnhagen und Sivers", ebd., Jg. 29, Nr. 15, 11.4.1860, S. 168 f., hier S. 168.

33 Ludmilla Assing an F. A. Brockhaus, 23.1.1862, Sächsisches Staatsarchiv, Leipzig, Verlag F. A. Brockhaus, Nr. 153 (Kursives im Original unterstrichen).

Indem er in der Jubiläumsschrift der Deutschen Staatsbibliothek eine von Varnhagen angeblich verfügte Sperrfrist von 1856 als über das Jahr 1881 hinaus geltend darstellte, camouflierte Lülfing das testamentswidrige Verhalten der Vorgängerinstitution. Der damalige Direktor der Königlichen Bibliothek Lepsius war entschlossen (oder gehalten?), sich über die seit 1872 bekannten, im Testament wiederholten Konditionen hinwegzusetzen. Wohl deshalb wird suggeriert, die Bibliothek habe Varnhagen beerbt, im Umweg über eine interimistische, zu eigenen Verfügungen nicht autorisierte Vorbesitzerin ‚seinen' Nachlass erhalten. Dem preußischen Kultusministerium versicherte Richard Lepsius, und zwar vor jeder Beschwerde von eventuell Betroffenen, die Bestände sollten nur „bekannten und zuverlässigen Personen, nach zuvor getroffener Durchsicht der gewünschten Papiere, [...] vorgelegt", ansonsten aber unter Verschluss gehalten werden.[34]

Von streng limitierten Ausnahmen abgesehen, hielt die Zugangssperre volle 25 Jahre an. Noch 1906 musste Heinrich Hubert Houben gegen Einschränkungen protestieren.[35] Dass „nicht jeder darüber froh war, Briefe seiner Verwandten hier der Öffentlichkeit frei zugänglich gemacht zu sehen", und „es schon immer schwierig war, Forscherinteressen und Familieninteressen ganz in Übereinstimmung zu bringen",[36] sind blumige Euphemismen für einen Rechts- und Vertrauensbruch. Die Bedingungen der Annahme, deren Erfüllung die Stifterin nicht mehr einklagen konnte, waren ‚ganz' zu respektieren, nicht die Interessen Berliner Prominentenfamilien. Erbschaft verpflichtet, und zwar auch zu sorgfältiger Überlegung. Falls die Bedenken überwogen, hätte man das Erbe gemäß § 3 des Testaments[37] der Stadtbibliothek in Zürich überlassen sollen – „dove sarebbe sempre facile pei miei compatriotti di recarsi" (wohin meine Landsleute jederzeit leicht anreisen können), wie es in einem älteren Testament hieß.[38] Für die Reise von Sachverständigen nach Florenz und für die Kosten des Transfers nach Berlin oder Zürich hatte Assing ein Legat von 4000 Lire (rund 3000 Reichsmark)

---

34 Richard Lepsius an Robert Viktor von Puttkamer, 25.2.1881, zitiert nach Gatter, „‚... sie ist ...'", S. 254.

35 Heinrich Hubert Houben (Hrsg.), *Zeitschriften des Jungen Deutschlands* (Berlin, 1906), Teil 1, S. vii.

36 Weber, „Sammlung", S. 193 f.

37 Gatter, „‚... sie ist ...'", S. 269.

38 „Testamento olografo di Rosa Ludmilla Assing", 29.11.1873, Atti del Notaro Niccoli Pellegrino di Raffaelo di Firenze, Fasc. 1949, Archivio di Stato di Firenze, XXVIII 6021, 712.

ausgesetzt; übrigens ordnete sie ausdrücklich an, dass nach Auslaufen der Verlagsverträge alle ihre Schriften gemeinfrei sein sollten.

Auch der Zusammenhalt der Bestände, die der *Goedeke* „als unteilbare bibliotheca Varnhagen" beschrieb,[39] wurde fahrlässig aufs Spiel gesetzt. Briefe von Maltitz verblieben aus unerfindlichen Gründen in Italien, sie lagen 1926 unter Bakunin-Briefen an Assing in der Biblioteca Estense in Modena.[40] Vom Leipziger Verleger Brockhaus für die Biographie seines Großvaters entliehenes Material wurde auch zwanzig Jahre nach Assings Tod nicht zurückverlangt: „So behalten wir die Briefe noch ruhig, bis Jemand danach fragt."[41] Ganze Konvolute von Clemens Brentano gab die Königliche Bibliothek testamentswidrig 1911 den mit haltlosen Anschuldigungen und politischen Drohungen auftretenden Nachfahren heraus.[42] Der Großneffe Lujo Brentano erhielt die Briefe zur Sichtung und Auswahl zugesandt.[43] Direktor von Harnack tauschte für sie ein Brentano-sches Dramen-Manuskript mitsamt Verlagsrechten ein, das seine Tochter Agnes edieren,[44] und damit – gewissermaßen auf Varnhagens und Ludmilla Assings Kosten, die mit 1500 Reichsmark beziffert wurden[45] –, promovieren durfte. Wie bei den heute strittigen Beständen ethnologischer Museen war man wohl froh, brisantes Gefahrengut loszuwerden.

---

39 „§ 292. Karl August Varnhagen von Ense", in: Karl Goedeke und Eduard Goetze (Hrsg.), *Grundrisz zur Geschichte der deutschen Dichtung aus den Quellen. Nach dem Tode des Verfassers in Verbindung mit Fachgelehrten fortgeführt*, 2. Aufl., (Leipzig/Dresden et al., 1884–1998), Bd. 6 (1898), S. 176–183 und 805; hier S. 176.

40 Vgl. Errico Malatesta, „Tre lettere inedite di Michele Bakunin", *Pensiero e Volontà. Rivista quindicinale di studii sociali e coltura generale*, Jg. 3, Nr. 11, 1.7.1926, S. 248–251, hier S. 251. – Der Verfasser dankt Wolfgang Eckardt in Berlin für den Hinweis auf eine Liste der Maltitz-Briefe, die Luigi Fabbri an Max Nettlau sandte, 19.5.1926, Nettlau papers, 399 (Fabbri, Luigi), Internationaal Instituut voor Sociale Geschiedenis, Amsterdam; https://search.socialhistory.org/Record/ARCH01001/ArchiveContentList#3020 (21.5.2018).

41 Notiz von Eduard Brockhaus vom 15.3.1899, zitiert nach Gatter, „‚… sie ist …'", S. 252; vgl. die Briefe im Verlagsarchiv von F. A. Brockhaus, Nr. 163, Sächsisches Staatsarchiv, Leipzig.

42 Vgl. Ulrike Landfester, *Selbstsorge als Staatskunst. Bettine von Arnims politisches Werk* (Würzburg, 2000), S. 45–48.

43 Vgl. Lujo Brentano, *Mein Leben im Kampf um die soziale Entwicklung Deutschlands* (Jena, 1931), S. 267–270; Gatter, „‚… sie ist …'", S. 256 f.

44 Vgl. Clemens Brentano, *Aloys und Imelde*, hrsg. v. Agnes von Zahn-Harnack (München/Leipzig, 1912), die Einleitung zugleich Dissertation (Greifswald, 1912).

45 Vgl. Weber, „Sammlung", S. 194.

Handschriften, die für die Kleist-Forschung von Interesse sind, wurden in den 1920er-Jahren ausgeliehen und verblieben bis 1950 bei Georg Minde-Pouet, aus dessen Nachlass sie in die Amerika-Gedenkbibliothek gelangten.[46] Noch heute werden Bestände vermisst, die nicht im Krieg nach Schlesien und später nach Krakau gerettet wurden: z. B. große Teile der Bildnissammlung (Lithographien, Gedrucktes, Daguerreotypien) oder Bücher wie die annotierten Memoiren von Henriette Herz oder das Widmungsexemplar von *Die religiöse Poesie der Juden in Spanien* von Michael Sachs.[47] Reste des auch solche Verluste dokumentierenden Kataloges, die zwei Weltkriege, Gewaltherrschaft, Völkermord und Teilung überdauert hatten, kaufte 1998 die Varnhagen Gesellschaft auf, gewissermaßen als Gründungsurkunde des Vereins.

Es war ein historischer Glücksfall, dass ein unvoreingenommener Ägyptologe und Orientalist Abteilungsdirektor wurde, der die Integration der Bestände zu einer Varnhagen von Enseschen Sammlung vorantrieb und sie 1911 sichtbar machte. Ludwig Sterns Vorgänger hatten das Vermächtnis, das auch ein anderes, demokratisch-liberales Preußen repräsentiert, als Quelle politischen Ärgernisses betrachtet, die es ein für alle Mal zu verstopfen gelte. Desinteresse und Marginalisierung wirkten sich aber womöglich noch segensreich aus in Zeiten, deren ‚Sinneswendung', wie Varnhagen ahnte, seinen Papieren in Deutschland immer ungünstiger wurde.

Abschließend seien drei Gegenwartsaufgaben genannt, die zu leisten sind, bevor die Zukunft der Varnhagen von Enseschen Sammlung ausgerufen wird:

- Erstens sollte nach über hundert Jahren Sterns Beitrag zum *work in progress* revidiert, wo nötig berichtigt, fortgesetzt und mit detaillierteren Angaben ergänzt werden. Katalogisieren ist das Allervordringlichste und gehört doch zum Kerngeschäft für Bibliotheken in Ost und West. Geschieht dies nicht, wäre es ehrlicher, die Varnhagen-Signatur wegzulassen, und das Vorhandene zerfiele in Nachlässe oder Kryptonachlässe, in mehr oder minder erhaltenswerte, beliebig zu sortierende Handschriften, Bücher, Kunstwerke und Objekte.
- Zweitens müssen die wichtigsten Standorte – Krakau und Berlin – die jeweils dort aufbewahrten Bestände ohne oder mit möglichst geringen Restriktionen der Öffentlichkeit materiell zugänglich machen. Den Nutzern sollten vorhandene Editionen sowie Hilfsmittel (zum großen Teil noch Desiderata), wie Bibliographien, Standortverzeichnisse, Bestandslisten, Register, als Handapparat bereitstehen.
- Drittens ist die Mammutaufgabe der Inventarisierung, Datierung, Indexierung und Integration der Dokumente, die sich untereinander ergänzend kommentieren, nur in

46 Vgl. Peter Staengle, „Kleist bei Varnhagen in Kraków. Eine Bestandsaufnahme mit Anhang", *Brandenburger Kleist-Blätter*, Bd. 7 (1994), S. 53–103, hier S. 53 f.

47 Auskunft der Katalogabteilung Staatsbibliothek zu Berlin – Preußischer Kulturbesitz.

respektvoller gegenseitiger Kooperation zu bewältigen, am besten in einem zu schaffenden Verbund aller relevanten Institutionen.

Wenn diese Agenda abgearbeitet ist, könnte – vielleicht – eine virtuelle Rekontextualisierung von Digitalisaten und ihre Präsentation im Internet der jetzt drohenden Desintegration der Varnhagensammlung, die als Ganzes mehr ist als die Summe ihrer Teile, entgegenwirken. Was noch kaum gründlich erforscht und selten verstanden wurde, dürfte selbst am Bildschirm niemand lesen wollen.

Bibliographie

Amsterdam, Internationaal Instituut voor Sociale Geschiedenis, Nettlau papers, 399 (Fabbri, Luigi).

Liste der Maltitz-Briefe, die Luigi Fabbri an Max Nettlau sandte, 19.5.1926 https://search.socialhistory.org/Record/ARCH01001/ArchiveContentList#3020 (21.5.2018).

Firenze, Archivio di Stato di Firenze

„Testamento olografo di Rosa Ludmilla Assing", 29.11.1873, XXVIII 6021, 712, Atti del Notaro Niccoli Pellegrino di Raffaelo di Firenze, Fasc. 1949, „Testamento di Rosa Ludmilla Assing", 15.7.1876.

Köln, Archiv der Varnhagen Gesellschaft e. V.

Alexander von Humboldt an die Redaktion, 27.9.1853, Leihgabe aus Privatbesitz im Archiv der Varnhagen Gesellschaft e. V.

Kraków, Biblioteka Jagiellońska (BJ), Samlung Varnhagen (SV)

Ludmilla Assing an F. A. Brockhaus, 25.4.1860 (Entwurf), SV 39, Brockhaus

Friederike Friedland an Ludmilla Assing, 6.11.1862, SV 62, Friedland.

Karl August Varnhagen von Ense, undatierte Notiz, vermutlich um 1845, in der Mappe ‚Persönliches', SV 250.

Konvolut Feodor Wehl, SV 274, Wehl.

Leipzig, Sächsisches Staatsarchiv

Ludmilla Assing an F. A. Brockhaus, 23.1.1862, Verlag F. A. Brockhaus, Nr. 153

Briefe im Verlagsarchiv von F. A. Brockhaus, Nr. 163.

Moskau, Russisches Zentrum für die Aufbewahrung und Erforschung von Dokumenten der Neuesten Geschichte Königliche Bibliothek zu Berlin an Ludmilla Assing, 9.3.1859, Fonds 183, Lassalle, Ferdinand, Opis I, 203.

Mikroverfilmung in der Friedrich-Ebert-Stiftung, Bonn.

„§ 292. Karl August Varnhagen von Ense“, in: Goedeke, Karl und Goetze, Eduard (Hrsg.), *Grundrisz zur Geschichte der deutschen Dichtung aus den Quellen. Nach dem Tode des Verfassers in Verbindung mit Fachgelehrten fortgeführt*, 2. Aufl. (Leipzig/Dresden et al., 1884–1998), Bd. 6 (1898), S. 176–183 und 805.

Assing, Ludmilla an Meyer Isler, 29.10.1858, *Allgemeine Zeitung*, Nr. 85, 25.3.1860 (Beilage).

Assing, Ludmilla (Hrsg.), *Briefe von Alexander von Humboldt an Varnhagen von Ense aus den Jahren 1827 bis 1858, Nebst Auszügen aus Varnhagen's Tagebüchern, und Briefen von Varnhagen und Andern an Humboldt* (Leipzig, 1860).

Assing, Ludmilla, „Erklärung“, *National-Zeitung (Morgen-Ausgabe)*, Jg. 13, Nr. 155, 31.3.1860 (Beiblatt).

Assing, Ludmilla (Hrsg.), *Aus dem Nachlaß Varnhagen's von Ense. Tagebücher von K. A. Varnhagen von Ense* (Leipzig/Zürich et al., 1861–1870), Bd. 1 (1861).

Assing, Ludmilla (Hrsg.), *Briefwechsel zwischen Varnhagen und Rahel* (Leipzig, 1874–1875), Bd. 1 (1874).

„Aus Varnhagen's Testament“, *Magazin für die Literatur des Auslands*, Jg. 31, Nr. 3, 15.1.1862.

„Berlin, 17. October“, *Berlinische Nachrichten von Staats- und gelehrten Sachen (Spenersche)*, Nr. 243, 17.10.1858.

„Berliner Zuschauer“, *Neue Preußische Zeitung*, Nr. 204, 2.9.1853 und Nr. 228, 30.9.1853.

Biehahn, Erich, *Kunstwerke der Deutschen Staatsbibliothek. Im Auftrage der Hauptdirektion der Deutschen Staatsbibliothek bearbeitet* (Berlin, 1961).

Brentano, Clemens, *Aloys und Imelde*, hrsg. v. Zahn-Harnack, Agnes (München/Leipzig, 1912).

Brentano, Lujo, *Mein Leben im Kampf um die soziale Entwicklung Deutschlands* (Jena, 1931).

Gatter, Nikolaus, *„Gift, geradezu Gift für das unwissende Publicum.“ Der diaristische Nachlaß von Karl August Varnhagen und die Polemik gegen Ludmilla Assings Editionen (1860–1880)* (Bielefeld, 1996).

Gatter, Nikolaus, „‚Letztes Stück des Telegraphen. Wir alle haben ihn begraben helfen …‘ Ludmilla Assings journalistische Anfänge im Revolutionsjahr“, *Internationales Jahrbuch der Bettina-von-Arnim-Gesellschaft*, Bd. 11/12 (1999/2000), S. 101–120.

Gatter, Nikolaus, „‚… sie ist vor allen die *meine* …‘ Die Sammlung Varnhagen bis zu ihrer Katalogisierung“, in: Gatter, Nikolaus, Feldheim, Eva et al. (Hrsg.) *Wenn die Geschichte um eine Ecke geht* (Berlin, 2000), S. 239–271.

Gatter, Nikolaus, „‚… mit komprometTanten Äußerungen über den König und alle lebenden Zeitgenossen.‘ Wie Alexander von Humboldt und Karl August Varnhagen Skandalautoren wurden“, in: Bartl, Andrea, Kraus, Martin et al. (Hrsg.), *Skandalautoren. Zu repräsentativen Mustern literarischer Provokation und Aufsehen erregender Autorinszenierung* (Würzburg, 2014), Bd. 1, S. 257–281.

Gatter, Nikolaus, „‚Könnte man alles vollständig haben, wäre auch mein Ideal‘. Ludmilla Assing und die Briefwechsel von und mit (dem) Verstorbenen“, in: Kittelmann, Jana (Hrsg.), *Briefnetzwerke um Hermann von Pückler-Muskau* (Dresden, 2015), S. 207–226.

Gatter, Nikolaus, „‚Nichts, Nichts vergesse ich. Auch Sterben hilft nichts …‘ Vermächtnis und Erinnerung in der Sammlung Varnhagen“, in: Jahnke, Selma und Le Moël, Sylvie (Hrsg.), *Briefe um 1800. Zur Medialität von Generation* (Berlin, 2015, Berliner Intellektuelle um 1800, Bd. 4), S. 313–348.

Hahn, Barbara, „Varnhagen von Ense, Rahel“, in: Killy, Walther und Vierhaus, Rudolf (Hrsg.), *Deutsche Biographische Enzyklopädie* (München/Leipzig, 1995–2003), Bd. 10 (1999) S. 183.

Houben, Heinrich Hubert (Hrsg.), *Zeitschriften des Jungen Deutschlands* (Berlin, 1906), Teil 1.

Isler, [M]eyer, „Erklärung zu den Briefen von Alexander v. Humboldt an Varnhagen v. Ense“, *Allgemeine Zeitung*, Nr. 85, 25.3.1860 (Beilage).

„Kunstnotizen“, *Blätter für Musik, Theater und Kunst*, Jg. 5, Nr. 65, 17.8.1859.

Landfester, Ulrike, *Selbstsorge als Staatskunst. Bettine von Arnims politisches Werk* (Würzburg, 2000).

Lassalle, Ferdinand an Karl Marx (Poststempel 16.4.1860), in: Mayer, Gustav (Hrsg.), *Der Briefwechsel zwischen Lassalle und Marx nebst Briefen von Friedrich Engels und Jenny Marx an Lassalle und von Karl Marx an Gräfin Sophie Hatzfeld* (Stuttgart/Berlin, 1922) (Nachgelassene Briefe und Schriften, Bd. 3, Deutsche Geschichtsquellen des 19. Jahrhunderts, Bd. 6), S. 293–299.

L[ehmann], J[oseph], „Baltische Monatsschrift. Humboldt, Varnhagen und Sivers“, *Magazin für die Literatur des Auslands*, Jg. 29, Nr. 15, 11.4.1860.

Lülfing, Hans, „Die Handschriftenabteilung“, in: Kunze, Horst (Redaktion, unter Mitarbeit von Renate Gollmitz), *Dreihundert Jahre Deutsche Staatsbibliothek 1661–1961* (Leipzig, 1961), Bd. 1, S. 319–390.

Malatesta, Errico, „Tre lettere inedite di Michele Bakunin", *Pensiero e Volontà. Rivista quindicinale di studii sociali e coltura generale*, Jg. 3, Nr. 11, 1.7.1926, S. 248–251.

Schipke, Renate, „Eine anmutig zarte Welt aus Papier. Scherenschnitte in den Sammlungen der Berliner Staatsbibliothek", in: Vanja, Konrad, Lorenz, Detlef et al. (Hrsg.): *Arbeitskreis Bild Druck Papier. Tagungsband Bergamo 2014* (Münster/New York, 2015), S. 169–180.

Staengle, Peter, „Kleist bei Varnhagen in Kraków. Eine Bestandsaufnahme mit Anhang", *Brandenburger Kleist-Blätter*, Bd. 7 (1994), S. 53–103.

Stern, Ludwig, *Die Varnhagen von Ensesche Sammlung in der Königlichen Bibliothek zu Berlin, geordnet und verzeichnet* (Berlin, 1911).

„Unser Fa.-Korrespondent …", *Wiener Zeitung*, Nr. 245, 24.10.1858.

Verzeichniss der hinterlassenene Bibliotheken des Herrn K. A. Varnhagen von Ense sowie des Herrn Dr. Ernst Heinr. Friedrich Meyer, welche nebst anderen Büchersammlungen am 3. October 1859 im T. O. Weigelschen Auktionshause … (Leipzig, 1859).

Weber, Jutta, „Die Sammlung Varnhagen", in: Kittelmann, Jana (Hrsg.), *Briefnetzwerke um Hermann von Pückler-Muskau* (Dresden, 2015), S. 185–196.

Zahn-Harnack, Agnes von, *Einleitung zu Brentanos Trauerspiel „Aloys und Imelde"* (München/Leipzig; Diss. Greifswald, 1912).

Zarychta, Paweł, „‚Kultus der Erinnerung und künstlerische Geselligkeit'". Der Nachlass Rosa Maria und David Assings in der Sammlung Varnhagen: Ein vorläufiger Projektbericht" in diesem Band.

Ziesche, Eva, *Verzeichnis der Nachlässe und Sammlungen der Handschriftenabteilung der Staatsbibliothek zu Berlin Preußischer Kulturbesitz* (Wiesbaden, 2002).

Andrea Hübener
Technische Universität Carolo-Wilhelmina Braunschweig

Herbarium und Schrein
Materialität und Medialität von Briefautographen und ihren Beigaben

Abstract: Gegenstand des vorliegenden Beitrags ist das heute in Kraków aufbewahrte Autograph des Briefs Hermann von Pückler-Muskaus an seine ehemalige Frau, Lucie von Pückler-Muskau, aus der Varnhagen-Sammlung der ehemaligen Preußischen Staatsbibliothek zu Berlin. Das Manuskript wird im Folgenden mit Blick auf seine Materialität und Medialität näher betrachtet. Neben der gestalterischen Einfügung seiner Beigaben und deren Funktion im Kommunikationszusammenhang geht es dabei auch um die Spuren sukzessiver Bearbeitungsprozesse, die neben Schreib- und Leseszenen weitere mit dem Brief als materialem Objekt verbundene Ereignisse zu rekonstruieren erlauben.

Keywords: Biblioteka Jagiellońska, Autographen, Briefkultur, Hermann von Pückler-Muskau, Lucie von Pückler-Muskau, Materialität und Medialität des Briefes

1

Gegenstand dieses Beitrags ist ein Briefautograph vom Beginn des 19. Jahrhunderts aus der Varnhagen-Sammlung der ehemaligen Preußischen Staatsbibliothek zu Berlin, das uns durch seine Objekteigenschaften, seine Seitengestaltung samt skripturalen und pikturalen Zeichen etwas sagt und vor allem zeigt.[1] Das genannte Manuskript wird im Folgenden mit Blick auf seine Materialität und Medialität näher betrachtet.[2] Neben der gestalterischen Einfügung seiner

1 Das Autograph ist auch Gegenstand meines Forschungsprojekts zur Materialität und Medialität von Briefautographen aus vier verschiedenen Korrespondenzen des 19. Jahrhunderts, von denen zwei in umfangreichen Konvoluten in der Biblioteka Jagiellońska liegen: derjenige zwischen Lucie und Hermann von Pückler-Muskau und der von Bettine von Arnim und Hermann von Pückler-Muskau.

2 Zu der in den letzten Jahren verstärkt disziplinspezifisch und -übergreifend diskutierten Materialität, zu den daran geknüpften Praktiken und epistemologischen Fragen vgl. aus der Fülle vorliegender Veröffentlichungen stellvertretend bereits Ulrich Gumbrecht und K. Ludwig Pfeiffer (Hrsg.), *Materialität der Kommunikation* (Frankfurt am Main, 1988); Sigrid G. Köhler, Christian Metzler et al. (Hrsg.), *Prima Materia. Beiträge zur transdisziplinären Materialitätsdebatte* (Königstein/Ts., 2004); Martin Schubert (Hrsg.),

Beigaben und deren Funktion im Kommunikationszusammenhang geht es dabei auch um die Spuren sukzessiver Bearbeitungsprozesse, die neben Schreib- und Leseszenen weitere mit dem Brief als materialem Objekt verbundene Ereignisse zu rekonstruieren erlauben.[3] Dass Briefmanuskripte, die lange ausschließlich oder vorrangig als schriftsprachliche Texte ediert und wahrgenommen wurden, nicht in ihrer Schriftsprachlichkeit aufgehen und die materiellen Eigenschaften der Briefe ein wichtiger Teil der von ihnen übermittelten Botschaften sind, ist weitgehend unstrittig.[4] Zur Veranschaulichung herangezogene Abbildungen von originalen Briefen können den gedruckten und einheitlich formatierten Drucktext um den visuellen Eindruck der handschriftlichen Zeichen und die Gestaltung der Briefseite ergänzen, die grundsätzliche „Nichtabbildbarkeit von Materialität" in Bezug auf Briefmanuskripte jedoch nicht aufheben, deren Wahrnehmung zudem von unterschiedlichen Formen der editorischen, musealen oder sonstigen Rahmung bestimmt wird.[5]

Briefe sind als Artefakte das Objekt gestaffelter Beschriftungs-, Lese- und Bearbeitungsprozesse, in die außer dem Briefschreiber weitere Akteure wie die Post, die Adressaten, Empfänger, Erben, Sammler und Archivare eingebunden sind.

Materialität in der Editionswissenschaft. (Berlin/New York, 2010); Marcel Finke und Mark A. Halawa (Hrsg.), *Materialität und Bildlichkeit. Visuelle Artefakte zwischen Aisthesis und Semiosis* (Berlin, 2012); Cornelia Ortlieb, „Materialität", in: Roland Borgards, Harald Neumeyer et al. (Hrsg.), *Literatur und Wissen. Ein interdisziplinäres Handbuch* (Darmstadt, 2013), S. 41–45; Susanne Witzgall und Kerstin Stakemeier (Hrsg.), *Macht des Materials/Politik der Materialität* (Zürich/Berlin, 2014); Thomas Maier, Michael R. Ott et al. (Hrsg.), *Materiale Textkulturen. Konzepte – Materialien – Praktiken* (Berlin/München et al., 2015).

3 Für eine eindrucksvolle Veranschaulichung des Zusammenhangs zwischen Ereignis und Objekthaftigkeit des Briefs von seiner Entstehung bis zu seiner Archivierung siehe Anne Bohnenkamp und Waltraud Wiethölter (Hrsg.), *Der Brief – Ereignis & Objekt. Katalog der Ausstellung im Freien Deutschen Hochstift* (Frankfurt am Main/Basel, 2008) sowie Anne Bohnenkamp und Waltraud Wiethölter (Hrsg.), *Der Brief – Ereignis & Objekt. Frankfurter Tagung* (Frankfurt am Main/Basel, 2010); zur Relevanz materieller Aspekte aus Perspektive der Schreibforschung vgl. Martin Stingelin (Hrsg.), *„Mir ekelt vor diesem tintenklecksenden Säkulum". Schreibszenen im Zeitalter der Manuskripte* (München, 2004) sowie die von demselben u.a. herausgegebene Reihe *Zur Genealogie des Schreibens* (München, 2004 ff.).

4 Vgl. hierzu pointiert etwa Bohnenkamp und Wiethölter (Hrsg.), *Der Brief. Katalog,* S. IX: „Sobald Briefe Texte sind, sind Briefe keine Briefe mehr."

5 Zur Nichtabbildbarkeit visueller Artefakte vgl. Finke und Halawa, *Materialität und Bildlichkeit,* S. 10, zur Frage der Rahmung materieller Objekte vgl. Cornelia Ortlieb, „Materialität und Paratext. Goethes ‚Backwerk aus Kasan' und seine Rahmungen",

Durch diese Prozesse sind Briefe – ob intendiert oder nicht – auch in handwerkliche und künstlerische Praktiken eingebunden. Sie lassen sich damit nicht allein als schriftsprachliche Ego-Dokumente, sondern als Objekte betrachten, in denen unterschiedliche Diskurse und Praktiken zusammentreffen. Je nach Perspektive bilden sie andere Konstellationen, in denen sich das ästhetische Potential dieser Praktiken selbst reflektiert. Die damit sowohl zweckgebundene und zugleich von pragmatischen Zwecken absehende Briefpraxis verdient besondere Aufmerksamkeit. Angesichts der hier diskutierten Briefseiten wird daher nach den pragmatischen und ästhetischen Implikationen ihrer besonderen Gestaltung sowohl für die dazugehörige Korrespondenz als auch die Selbstreflexion des Briefs als literarische Gattung, bildsprachliches Medium und metaphorische Bühne von Schreib- und Bearbeitungsprozessen gefragt. Die Seiten der Autographen werden dabei vorrangig als Bilder betrachtet, in denen sich eine spezifische Dramaturgie des Zeigens und Sagens zu erkennen gibt.[6] Die Betonung der Ikonizität der Briefseiten berücksichtigt damit einen traditionell eher vernachlässigten Aspekt. Vor allem aber versprechen einige der gegenwärtig in den Bildwissenschaften diskutierten Fragen auch eine methodische Perspektiverweiterung in Hinblick auf zu untersuchende Briefe.[7]

Die Betrachtung einer Briefseite als Bild hat unterschiedliche Aspekte zu berücksichtigen, von denen im Folgenden drei berücksichtigt werden sollen: die Eigenschaften des materiellen Schriftträgers; die Gestalt der darauf befindlichen skripturalen Zeichen, Grapheme und Beigaben in ihrer topologischen Ordnung;[8] und der damit in Teilen rekonstruierbare Beschriftungsprozess. Der

---

in: Philip Ajouri, Ursula Kundert et al. (Hrsg.), *Rahmungen. Präsentationsformen und Kanoneffekte* (Berlin, 2017), S. 37–56 sowie weitere Beiträge desselben Bandes.

6 Vgl. hierzu auch meinen Aufsatz „Epistolar-Dramaturgien. Zeigen und Sagen im Brief als Bild", in: Jennifer Clare, Rita Rieger et al. (Hrsg.), *Schreibprozesse im Zwischenraum. Zur Ästhetik von Textbewegungen* (Heidelberg, 2018), S. 129–153; zu Sagen und Zeigen der Schrift vgl. Sybille Krämer, *Sagen und Zeigen. Sechs Perspektiven, in denen das Diskursive und das Ikonische in der Sprache konvergieren*, in: *Zeitschrift für Germanistik. Neue Folge* 13 (3/2003), S. 509–519; zur Frage der Deixis von Bildern vgl. Steffen Siegel, „Die Kunst der Ostentatio. Zur frühneuzeitlichen Bildgeschichte des Selbstverweises", in: Heike Gfrereis und Marcel Lepper (Hrsg.), *Deixis. Vom Denken mit dem Zeigefinger* (Göttingen, 2007), S. 38–61.

7 Zu transdisziplinären Perspektiven auf das Bild vgl. Gottfried Boehm (Hrsg.), *Was ist ein Bild?* (München, 2006); zum Verhältnis von Bild und Wort vgl. Gottfried Boehm, „Bildbeschreibung. Über die Grenzen von Bild und Sprache", in: Gottfried Boehm und Helmut Pfotenhauer (Hrsg.), *Beschreibungskunst – Kunstbeschreibung* (München, 1995), S. 23–40.

8 Zur Frage der Topologie in Briefen vgl. Heinz Drügh, „Topologie", in: Bohnenkamp und Wiethölter, *Der Brief. Katalog*, S. 99–116.

Begriff der Dramaturgie bezieht sich dabei auf die Inszenierung von schreibendem Ich und Du in realen oder imaginären Szenen durch Brief und Briefseite.[9] Er stellt einen epistemischen Bezug her zu Schriftereignissen, die sich aus dem überlieferten Briefobjekt und den darauf hinterlassenen Spuren ablesen lassen, ohne dass diese Schriftereignisse ihrerseits notwendig auf reale Ereignisse jenseits von Schreib- und Bearbeitungsszenen referieren müssen.[10]

Das Zugleich von Zeigen *und* Sagen der Briefseiten ist bereits auf ihre skripturalen Zeichen zu beziehen, die sowohl phonographisch als auch ikonisch lesbar sind und damit eine zweidimensionale Ordnung im Raum her- und darstellen.[11] Diese Verschränkung gilt erst recht für die Gestaltung der Briefseiten als ganze, die außer skripturalen Zeichen auch Grapheme, „die sich nicht unbedingt eindeutig dem Zeichnen oder dem Schreiben zuordnen lassen",[12] und besondere Beigaben enthalten können, deren Dreidimensionalität die Zweidimensionalität der mit Schrift bedeckten Seiten punktuell durchbricht. Die Betrachtung der Briefseiten als Bilder möchte die durch verwendete Materialien und Bearbeitungsspuren überlieferten komplexen Botschaften samt impliziten Handlungsimpulsen nachvollziehen, die sich auch als Experimente mit dem Brief als Medium verstehen lassen, die ihn aus der Objekt- in eine Subjektposition rücken.[13]

9 Vgl. hierzu Hübener, *Epistolar-Dramaturgien*, S. 131 f.

10 Dies haben Briefe mit Bildern gemeinsam, deren Referenten neben Dingen und Personen auch Handlungen oder Allgemeinbegriffe sein können, vgl. Wolfram Pichler und Ralph Ubl, *Bildtheorie zur Einführung* (Hamburg, 2014), S. 45.

11 Vgl. Sybille Krämer, „‚Schriftbildlichkeit' oder: Über eine (fast) vergessene Dimension der Schrift", in: Sybille Krämer und Horst Bredekamp (Hrsg.), *Bild, Schrift, Zahl* (München, 2003), S. 157–176, hier S. 159. Zur Relevanz einer solchen Schriftbildlichkeit für die von Stefan George geschriebenen Briefe, namentlich derjenigen aus der Korrespondenz mit Ida Koblenz vergl. neuerdings Renate Stauf, „‚Ich gehe immer und immer an den äussersten Rändern'. Stefan Georges Briefkommunikation", *George-Jahrbuch 12 (2018/19)*, S. 1–26.

12 Ortlieb, *Materialität*, S. 41.

13 Zu dieser Frage in Bezug auf Bilder vgl. Siegel, *Kunst der Ostentatio*, v.a. S. 41, im Rückbezug auf Wolfgang Kemp, „Kunstwissenschaft und Rezeptionsästhetik", in: Wolfgang Kemp (Hrsg.), *Der Betrachter ist im Bild. Kunstwissenschaft und Rezeptionsästhetik* (Köln, 1985), S. 7–27; Georges Didi-Hubermann, *Ce que nous voyons, ce qui nous regarde* (Paris, 1992) und John Elkins, *The Object Stares Back. On the Nature of Seeing* (New York, 1996), vgl. hierzu auch anhand weiterer Briefbeispiele Hübener, *Epistolar-Dramaturgien*, v.a. S. 142, 145 u. 152 f.

Die Abbildung einer Briefseite steht im Folgenden in unmittelbarer Nachbarschaft zur gedruckten Transkription ihrer Schriftzeichen. Bei letzterer geht es um eine möglichst sinnfällige Darstellung der Schriftzeilen und sonstigen Zeichen, die den Briefadressaten in dieser Form vorgelegen haben dürften. Angestrebt ist das Integral von Beschriftungsstufen samt Sofort- und Spätkorrekturen auf einer überlieferten Briefseite, ergänzt um notwendige Erläuterungen in den Fußnoten zu schwer oder nicht annähernd abzubildenden Varianten. Dieses Vorgehen schließt Lese- und Interpretationsfehler nicht aus, zielt aber im Nachvollzug der erkennbaren Beschriftungsstrategien auf die Offenlegung der eigenen Lektüre samt möglichen Alternativen.

2

2.1 Flora – Verblichene Blüten und farbiger Text. Verlust und Restitution

[*7v*] 18^t 1861

Für einen Louis d'or habe ich nun beynahe wieder geschrieben, im | umgekehrten Verhältniß mit andern mittelmäßigen Schrift | stellern die einen Louis für den Druckbogen erhalten | während ich ihn bezahlen muß. Mais je suis amplement | pagé par le plaisir que Schnucke trouve à me lire, au moins je m'en flatte.[14]

[*drei nebeneinander eingeklebte, gepresste Blüten von unterschiedlichem Braun; folgende fünf Zeilen, gleiche Tinte, kleinere Schrift, engerer Abstand, erste zwei direkt unter mittlerer Blüte, zwischen den zwei anderen*]

Hier sind auch die Gebürgs- | Blumen die ich in meinem lezten | Briefe ankündigte, und deren außerordentliche ~~Menge~~[15] | jenen Theil desselben im Thale von Glangollen so sehr ziert. Die aufge- | klebten Proben haben aber die Farbe sehr verändert.^x

Abends

Ich war vom gestrigen Tage doch ein wenig angegriffen und besah | heute blos die schönen Ruinen des Schlossen von Carnarvon | in dem[16] Eduard II der erste Printz von Vales gebohren ward | und das Cromwell zerstörte. Ein großer Theil mit 7^t | Thürmen der drei Morgen einim̄t steht noch, u. der von | Gebäuden eingeschlossene Platz ist beinahe 1000 Fuß lang. | Die Aussicht vom Hptthurme[17] auf Meer u. Berge ist prächtig, | einen seltsamen Contrast gegen das Erhabene der Scene | bildete ein Mann der im Hofe ein

---

14 (‚Aber ich bin reichlich belohnt durch das Vergnügen, das Schnucke [= Lucie] darin findet, mich zu lesen, wenigstens schmeichle ich mir dessen.') (übers. v. AH).

15 Vermeintliche Streichung ist Abdruck eines nachgezogenen Unterstrichs von „f" in „färben" von der gegenüberliegenden Seite 8r.

16 Verbesserung aus bislang nicht entziffertem Wort.

17 Lies: „Hauptthurme".

Abb. 26: Kraków, Biblioteka Jagiellońska, Sammlung Varnhagen, 164. Hermann von Pückler-Muskau an Lucie von Pückler-Muskau, Caernarvon, 17.–21. [Juli 1828].

kleines Pferd Kunst- | stücke machen ließ denen eine zerlumpte Menge eifrig zusahen. Die Weiber der niedern Classen tragen hier alte Männer- | hüte u. Männer Mäntel was ihnen ein originelles u. gar | nicht übel lassendes Aussehen giebt, besonders da viele der | Jüngren sehr hübsch sind. Auf dem Rückweg besah ich die | von Lord Anglesea neuerlich angelegten Bäder die durch eine | Dampfmaschine besorgt werden. Ich fand hier ein äußerst | accurates Billard mit der Platte statt von Holz aus | Metall gefertigt. Es ist eine sehr hübsche Wirthstochter | hier die alle Augenblick sich etwas in meiner Stube[18] |

x die Linke ist im Freyen rosenroth, die Erica hochroth u. die Glockenblume violett[19]

18 Fortsetzung 8r: „zu schaffen macht, aber außer einem Kuß sich zu nichts ver- | stehen will."

19 Kraków, Biblioteka Jagiellońska, Sammlung Varnhagen (SV) 164, Pückler: Hermann von Pückler-Muskau an Lucie von Pückler-Muskau, Caernarvon, 17.–21. [Juli 1828]. 5 Dbl. 40,2/20,1 x 25,2; Papier fest, gelblich-beige; Wz „SMITH & ALLNUTT | 1826"; 20 S. (1r-10v) beschriftet, mittelbraune Tinte; zusätzlich 1 x quer u. hoch gefaltet; Paginierung der Doppelblätter, jeweils auf 1. Seite in derselben Tinte wie Brief aoRmi: 1–5; spätere Paginierung jede Seite aoRre, br.rote Tinte (i.Druck: fett): 1848–1867 (Korrektur: 1867 aus 1877); Beigaben, eingeklebt: 3v/1853: Büschel Schafwolle;

Die abgebildete Seite stammt aus einem Brief Hermann von Pückler-Muskaus an Lucie von Pückler-Muskau, die hier wie in den meisten Briefen liebevoll mit „Schnucke“ vom Schreiber angeredet wird, der seinerseits mit „Lou“ unterschreibt.[20] Der Brief entsteht in Caernarvon in Wales, auf einer Reise durch Großbritannien in den Jahren 1826–1828 und erstreckt sich über mehrere Tage, den 17.–21. Juli 1828. Er umfasst zwanzig vollständig beschriftete Seiten, die sich auf fünf aufeinanderfolgende, zu Doppelblättern gefaltete, beigefarbene Papierbögen mit je vier Seiten im Hochformat verteilen. Die obige Abbildung zeigt die vierzehnte Seite, die Rückseite des siebten Blattes (7v), das zum vorletzten Doppelblatt des Briefes gehört. Die Seite ist auf den 18. (Juli) datiert. Die Zahl in braunroter Tinte „1861“ rechts davon ist Teil einer nachträglichen Paginierung, die alle an Lucie gerichteten Briefe dieser Reise (bis zu Pücklers Rückkehr nach Muskau am 11.2.1829) zusammenfasst und sich auf nahezu jeder Seite dieser Briefe findet.[21] Die schnell aufs Papier geworfenen Schriftzeilen weisen Sofort- oder zeitlich naheliegende Korrekturen auf, bei denen das zuvor Geschriebene oft noch lesbar bleibt und damit auch komplexe Botschaften vermittelt.[22]

Auffälligstes Merkmal der Seite 7v sind drei eingeklebte gepresste Blüten, von denen die rechte sich zwischenzeitlich weitgehend vom Blatt gelöst hatte, wie die Drehung im Urzeigersinn um ca. 45° gegenüber ihrer ursprünglichen Position andeutet. Diese Position ist noch aus dem Abdruck, den alle Blüten auf der Seite und den benachbarten Blättern hinterlassen haben, zu erkennen. Die erste Blüte ist in sogenannter Aufsicht, die andere in Seitenansicht gepresst worden. Ihre Nebeneinanderstellung erinnert an botanische Abbildungen. Die dazugehörigen Namen werden hier in der Fußnote, doch nur für die beiden letzten Blumen

---

7v/1861: 3 gepresste Blüten. Zeichnungen, selbe Tinte wie Schriftzeichen der jeweiligen Seite: 5v/1875: Wolkenhimmel u. 8v/1863, auRre: Eisenbrücke, mit nur links ausgeführter Verzierung. Papierverfärbungen auf entsprechenden Stellen der Seiten, die der Wolle oder den Blüten benachbart liegen. Schriftl. Korrekturen in schw.br. Tinte vermutlich spätere Bearbeitungsstufe für Publikation, dabei vermutlich auch korr. Datum 1r: 17. aus 16. [Juli 1828]; hier 18. [Juli 1828], S. 7v.

Wiedergabe im Druck für diese und folgende Briefpassagen: das Ende einer Zeile: „ | “; dt. Kurrentschrift: Times New Roman, lat. Kurrentschrift: Calibri; Einfügungen von „\“ und „/“ eingefasst.

20 „Adieu HerzensSchnucke, ich | muß nun schließen. | Dein treuer Lou.“ (10v).

21 Deren letzte Ziffer lautet „2367“.

22 Vgl. bspw. in „~~gelt~~ alte Nucke (3r)“ die noch lesbare dialektale Frageform „gelt“ vor „alte Nucke“ [= liebevoll-kindliche Verkürzung von „Schnucke“], wobei das „gelt“ an dem als ‚altvertraut‘ lesbaren ‚alt‘ zunächst spaßhaft seinen buchstäblichen Sinn hervorhebt – und möglicherweise gerade deshalb wieder gestrichen wird.

genannt. Die fünf Zeilen direkt unter bzw. zwischen den Blüten fügt der Schreiber aber erst ein, nachdem er diese in gepresster Form eingeklebt hat. Davor schreibt er zunächst während des Tages die ersten fünfeinhalb Zeilen der Seite unter das Tagesdatum, bevor er am selben Abend nach einer Lücke für die noch einzuklebenden Blüten die restliche Seite und das obere Drittel der folgenden (8r) mit weiteren Zeilen füllt. Die Schriftzeichen der unter den Blüten eingefügten Zeilen sind im Vergleich zu den übrigen der Seite kleiner und enger, da der Platz beschränkt ist. Die Fußnote stellt eine Ergänzung zu diesen Zeilen dar, unter denen kein Raum für weitere Beschriftungen übrig ist. Sie entsteht, wie die etwas dunklere Tinte zeigt, offenbar in einer späteren Schreib- und Korrekturszene,[23] bevor der Brief vermutlich am 22. Juli 1828, abgesandt wird.

Alle drei Blüten weisen heute nur noch unterschiedlich starke Nuancen eines Brauntons auf. Die ursprünglich mit Klebstoff auf der Seite fixierte Blüte rechts, die sich bereits vom Papier zu lösen begonnen hat, illustriert eine grundsätzliche Gefahr im Zusammenhang von Briefbeigaben – ihre Neigung zu verschwinden, wofür v.a. die überwiegende Trennung von Beigaben und Brief bei seinem Eintreffen verantwortlich ist.[24] Wenngleich der Schreiber mit dem Ankleben der Blüten dieser Gefahr vorbeugt, kann er den Verlust ihrer Farben nicht verhindern – und zwar umso weniger, als er die Blüten offenbar möglichst rasch an die Adressatin schicken möchte und damit den Brief selbst indirekt zu einer Pflanzenpresse macht, wie die nach dem Absenden des Briefs an die benachbarten Blätter abgegebene Flüssigkeit samt Farbe erkennen lässt. Die ursprünglichen Farben der getrockneten Blüten werden jedoch in der Fußnote festgehalten. Angesichts von ersten Farbveränderungen, die bereits zum Zeitpunkt des fünfzeiligen Kommentars bemerkbar sind, stellt sie sicher, dass die Adressatin sich vorstellen kann, wie die Blüten in der freien Natur aussahen. Die

23 Eine weitere Korrektur (s. Anm. 15) in ähnlicher Tinte könnte in diesem Zusammenhang entstanden sein.

24 Zu Formen und Funktionen von Briefbeigaben und unterschiedlichen Gründen für ihr späteres Verschwinden, das v.a. auf ihre überwiegende Trennung bei Eintreffen des Briefs zurückzuführen ist, vgl. Renate Moering, „Briefbeigaben", in: Bohnenkamp und Wiethölter (Hrsg.), *Der Brief. Katalog*, S. 191–214. Zur Verortung von Briefbeigaben im Rahmen von Texteditionen und ihrer komplexen Semantik, vgl. Wolfgang Lukas, „Die Briefbeigabe: Aspekte einer Pragmasemiotik des Briefes", in: Bohnenkamp und Wiethölter (Hrsg.), *Der Brief. Tagung*, S. 255–267, v.a. S. 262–267. Zu den mit der Überlieferung, Aufbewahrung und Ausstellung von Brief und Beigaben verbundenen Fragen ihrer Rahmung vgl. auch Ortlieb, *Materialität und Paratext*.

Fußnote restituiert damit gewissermaßen den Zustand, in dem die Blüten noch ihre Farben besitzen und zu einem Strauß taugen, der Lucie hier metonymisch überreicht wird.

Im vorliegenden Brief an die liebevoll angeredete „Schnucke“ dienen die Blüten nicht vorrangig einem botanischen Interesse, sondern lösen, wie die Erklärung verdeutlicht, ein zuvor gegebenes Versprechen ein. Sie sind zugleich der Dank an Lucie als erste Leserin der Briefe Pücklers. Deren spätere Überarbeitung und anonyme Veröffentlichung unter dem Titel *Briefe eines Verstorbenen* (1830/1) wird zu diesem Zeitpunkt vermutlich schon in Betracht gezogen, auch wenn sich explizite Hinweise darauf erst in Briefen ab September 1828 finden lassen.[25] Der Schreiber stellt das von ihm Geschriebene aber bereits in den Kontext von Autorschaft, wie der hyperbolische Hinweis auf die ihm entstehenden (Porto-)Kosten („einen Louis d'or“) andeutet, mit dem er sich ironisch von anderen Schriftstellern absetzt. Der Kontrast zwischen dem adligen Dilettanten, der sich Lucies Lese- und das eigene Schreibvergnügen etwas kosten lässt, und „andern mittelmäßigen Schriftstellern“, die nach Druckbogen bezahlt werden, verrät die Überzeugung, sich von ihnen durch seine keinesfalls nur mittelmäßige Form des Schreibens abzuheben.

Das Angegriffensein, von dem der Schreiber anschließend spricht, ist die Folge eines Erlebnisses vom Vortag, die im selben Brief reinszeniert und mit einer weiteren, als Beweisstück fungierenden Briefbeigabe versehen wird.

2.2 Fauna – Snowdon als Tabor. Der Brief als Schrein

Die Wiedergabe im Druck beschränkt sich aus Platzgründen auf die zur oberen Hälfte der abgebildeten Seite gehörenden Schriftzeilen und schließt zum

25 Vgl. Jana Kittelmann, *Von der Reisenotiz zum Buch. Zur Literarisierung und Publikation privater Reisebriefe Hermann von Pückler-Muskaus und Fanny Lewalds*. Mit unveröffentlichten Nachlassdokumenten (Dresden, 2010), S. 39–44, die bereits davor liegende Briefe anführt, die zeigen, dass Pückler sich der literarischen Qualitäten seiner Briefe bewusst ist, so auch diejenigen vom 11. April 1828 u. 24. August 1828 (ebd., S. 40 f.). Sie weist überzeugend nach, dass – entgegen anderslautenden unbewiesenen Behauptungen – für die Überarbeitung der Briefe nur Pückler infrage kommt; dieser Eindruck wird durch die von mir bislang autopsierten Briefautographen der Reise bestätigt, die z. T. umfangreiche Änderungen v. Pücklers Hand in schwarzbrauner Tinte enthalten.

Verständnis der Szene die vorangehenden Zeilen, die zur unteren Hälfte der hier nicht abgebildeten Vorderseite des Blattes (3r/1852) gehören, mit ein:

> [*3r*] 1852
>
> [...] Auf/ dem Gipfel angelangt, \u./ sehr heiß und | rehaussirt ohngeachtet der Kälte, kühlte ich mich erst ein wenig ab | indem ich mit dem Messer meinen werthen Namen auf | einen Stein krizzelte, u. dann ergriff ich das Kuhhorn | welches mir vom Gasthof aus als Becher mitgegeben worden war, ~~füllte~~ u. befahl meinem Führer die Ch den Stöpsel der Champ. | flasche zu lösen. Sie mußte ungewöhnlich viel fixe Luft enthalten | denn der Pfropf flog fast so hoch als die Säule an deren | Fuß wir standen, und du kannst daher (da wir schon 4000 | Fuß hoch standen) ohne Münchhausen ins Handwerk zu grei- | fen, mit gutem Gewissen, den Muskauer erstaunten | Offizianten erzählen daß ich am 17t July deine Gesundheit | getrunken wobey der Champagner Stöpsel 4010 Fuß | hoch über die Meeresfläche geflogen sey. So wie das | Kuhhorn überschäumend gefüllt war, schrie ich zum | \Schreck/ ~~Erstaunen~~ des Führers der zurückfuhr, mit Stentor Stim̄e: | Hoch lebe Schnucke, u. abermals hoch und nochmals hoch mit | dreymal drey (die englische Manir) u. dreymahl leerte | ich hierauf das Kuhhorn, und in der That, durstig und | erschöpft als ich war, nie hat mir in meinem Leben | Champagner so gut geschmeckt. Dann meine ~~gelt~~ alte | Nucke, betete ich (als eine gute Haut von Philosophen) daß | es der liebe Gott vor Allem Dir solle gut ergehen lassen, | und dann auch mir if possible – und siehe ein | HaidSchnückchen kam aus dem Nebel herangeklettert | u. sah mich aufmerksam an. Es hielt ein Bein in die | Höhe u. ging nur auf dreyen, wahrscheinlich eine Anspielung | que nous ne battons plus que d'une aile,[26] aber |
>
> [*3v*] 1853
>
> nur desto mehr nahm ich es als Deine Erscheinung auf Schnückchen | \das/ ~~die~~ schnell von Muskau aus einen geistigen Abstecher | machte, um hergebrachtermaßen die Gesundheit zu erwidern | mit: Mich gehorsamst zu bedanken. Es war zwischen | 4 u. 5 Uhr nachmittags daß dies sich zutrug, u. als das | dreybeinige Schnückchen verschwand, theilte sich \auf/ die Wolke | die uns umgab mehrmals auf Augenblicke, uns wie Blitze eine~~n~~ ~~Augenblick~~ \Sekunde lang/ die von der Sonne vergol- | dete Erde \unter uns/ zeigend – ein Bild meines Schicksals! Das Schöne | u. Wünschenswerthe, die vergoldete Erde sehe ich nun zu- | weilen wie Irrlichter vor mir, wenn ich sie ergreifen | will verschwinden sie! Bey Gelegenheit dieser Beleuchtungen | bemerkte ich indeß daß das HaidSchnückchen welches mich so | eben besucht, bey dem Anblicks des Wolfs einige Wolle | zurückgelassen hatte. Ich hob sie auf et voilà.
>
> Ein Büschel Wolle welches Schnucke am 17t July Abends
> um 5 Uhr auf dem Snowdon verlor u. dadurch ihre
> Erscheinung \daselbst/ [*Büschel Schafwolle*] verrieth. | [...][27]

---

26 ‚dass wir nur noch mit einem Flügel schlagen' bzw. ‚dass es Dir nicht gut geht' (Übers. AH).

27 SV 164, Pückler: Hermann an Lucie, Caernavon, den 17.-21. [Juli 1828]. (Anm. 19), hier S. 3r/1852–3v/1853; doppelte Durchstreichungen für mehr als einfache, ggf. durchkringelte Streichungen.

Abb. 27: Kraków, Biblioteka Jagiellońska, Sammlung Varnhagen, 164, Bl. 3.

Was im Bild von Seite sechs (3v) auf den ersten Blick wie ein Fleck aussieht, ist eine Briefbeigabe besonderer Art. Sie setzt den effektvollen Schlusspunkt unter eine zuvor geschilderte Szene, in der Schreiber und Adressatin aufs Engste miteinander verbunden erscheinen. Ausgangssituation ist der Bericht von der Besteigung des höchsten Berges von Wales, des Snowdon, am 17. Juli[28] 1828, auf dessen Gipfel der Schreiber mit seinem Bergführer ein dreifaches Hoch auf Schnucke ausbringt, worauf diese in Gestalt einer ihrer Namensvetterinnen aus dem Nebel erschienen sei.

Dem eingeklebten Büschel Wolle kommt im vorliegenden Brief die Rolle eines komischen Beweisstücks für dieses Erscheinen der Haidschnucke auf dem Snowdon zu, die beim Nahen des Wolfs (frz. *loup*, dem Homophon von Lou)[29]

28 Das Datum fällt nicht mit Geburts- oder Namenstagen von Lou oder Schnucke zusammen, wie das „hergebrachtermaßen" in Bezug auf den ‚Dank' der Bergschnucke für das ausgebrachte Hoch nahelegen könnte.

29 Zu ähnlichen Wortspielen mit beiden Namen und dessen ikonischer Visualisierung im Rahmen einer Bildseite des dort mit „filou" unterschreibenden Hermann vgl. auch Andrea Hübener, „‚Mondschein' – ‚Wolken' – ‚Ende'. Zur Inszenierung von Briefereignissen und deren Materialität in der Korrespondenz zwischen Lucie und Hermann von Pückler-Muskau", in: Jana Kittelmann (Hrsg.), *Briefnetzwerke um Hermann von Pückler-Muskau* (Dresden, 2015), S. 61–80, hier S. 66 f.

einen Teil ihres Fells zurückgelassen habe. Der mittels Schrift erzählte Ablauf von Anrufung, Gebet, Erscheinung und Erleuchtung folgt dem Muster religiöser Offenbarungen. Die dreifache biblische Erzählung von Christi Verklärung[30] erfährt dabei im Brief ihre heidnisch-komische Modifikation durch das dreimalige Hoch nach englischer Sitte,[31] die Allusion auf Münchhausen und das Gebet für Lucies Gesundheit aus dem Mund eines Philosophen und Skeptikers. Die dreifaltige Wirksamkeit muss dann die herankletternde Haidschnucke belegen, die wie die Adressatin körperlich angeschlagen ist und der zugleich ‚hergebrachte' Worte des Dankes als Teil der Szene ganz buchstäblich zugeschrieben werden („Mich gehorsamst zu bedanken").

Die mittige Position des Wollbüschels unterhalb des vorangehenden Textes entspricht derjenigen eines Siegels unter Edikten und Urkunden. Es übernimmt mit dieser Positionierung auch einen Teil der rhetorisch-visuellen Macht der Beglaubigung für das im Brief Erzählte. Die Zeitangabe „zwischen 4 u. 5 Uhr nachmittags" schließlich scheint das Ereignis durch empirisch messbare Daten zusätzlich bekräftigen zu können und bezieht sich dabei wie in vergleichbaren Passagen aus dem Briefwechsel zugleich auf mögliche übersinnliche Korrespondenzphänomene, an die Lou ebenso wie Schnucke entweder glaubt, oder zu glauben vorgibt.

3

Im Falle der Briefseite mit den eingeklebten Blüten lassen sich über den Prozess einer zeitlich gestuften Beschriftung und Bearbeitung des Blattes hinaus verschiedene Handlungsabfolgen und Ereignisse aus dem Autograph ablesen, die auch über die Intentionen des Schreibers hinausgehen, wie die vermeintliche Streichung durch den Tintenabdruck eines nicht getrockneten Unterstrichs der folgenden Seite oder die Selbstdrucke der Blüten auf den benachbarten Seiten zeigen können. Die eingeklebten Blumen sind im Brief zugleich Belege der Erfahrungen des Schreibers, der sie weitergibt und die Adressatin zum Nachvollzug befähigt. Sie sind darüber hinaus der metonymische Dank an die Adressatin, ohne die es diese Briefe nicht gäbe. Die eingeklebten Blumen illustrieren zugleich zwei Charakteristika brieflicher Kommunikation: zum einen ihre Phasenverschiebung, die an der schwindenden Farbe der Blüten wie in einer Art

30 Mt 17, Luk 9, Mk 9.

31 „Three times three" für das heutige „Three cheers for [sb.]", vgl. eine zeitgenössische anonyme Quelle: „Bacchanalian". In: *Fraser's Magazine for Town and Country* 9, Nr. 52 (April 1834), S. 410.

umgekehrtem Lackmustest ablesbar ist, jedoch im imaginären Nachvollzug der ursprünglichen Farben, die die Fußnote festhält, punktuell kompensierbar erscheint, und zum anderen den für Briefbeigaben typischen Verlust, der sich im Bild durch eine ehemals verrutschte Blüte andeutet.[32] Mit Blick auf weitgehend zweidimensional lesbare Briefseiten stellen die Blüten insofern einen Sonderfall dar, als das vorausgehende Pressen sie dieser Zweidimensionalität annähert, ohne ihnen doch ihre Dreidimensionalität oder sämtliche ihrer ursprünglichen Objekteigenschaften tatsächlich zu nehmen.

Das auf die andere Briefseite geklebte Wollbüschel dagegen inszeniert sich mittels Schrift und Material als effektvoller Schlusspunkt des zuvor Erzählten, das er in mehrfacher Hinsicht auf nonverbale – visuelle, haptische und sogar olfaktorische – Weise beglaubigt. Die Dramaturgie der vorausgehenden Szene greift dabei auf Prätexte unterschiedlichster Provenienz ebenso wie auf religiöse Praktiken und materielle Präsentationsformen zurück, die den Brief spielerisch in einen Schrein verwandeln.

Im und mit dem Brief konstituiert sich so ein medialer Raum, der sich trotz der auch ihn bestimmenden postalischen Bedingungen als Raum eigener Ordnung begreift, in dem das Zeigen und Sagen der skripturalen Zeichen, Grapheme und Beigaben die Aufmerksamkeit der Adressatin fesseln – Elemente, die im gedruckten Text der zu einer literarischen Reise umfunktionierten *Briefe eines Verstorbenen* bis auf die Schrift fehlen müssen und dürfen, die im Brief aber, wenn sie fehlen, einen ungleich stärkeren Verlust bedeuten. Und dies nicht allein in Hinblick auf die damit nachvollziehbaren Stufen seiner sukzessiven Beschriftung und Bearbeitung, sondern auch in Hinblick auf die damit ermöglichte Selbstinszenierung des Briefs und der damit verbundenen Eroberung medialer und gedanklicher Handlungsräume, die nicht notwendig nach Realisierung außerhalb der Papierwände des Briefs ruft.

Als materielle Probebühne medialer Experimente stellt der Brief, stellen vor allem Briefautographen ein kaum zu überschätzendes materielles Reservoir dar, dessen Vielfalt die Vielfalt der wissenschaftlichen Auseinandersetzung mit ihnen herausfordert.

32 Ein ehemals drohender Verlust, der im vorliegenden Falle dankenswerterweise durch die Handschriftenabteilung der Bibliothek abgewendet wurde.

Bibliographie

Kraków, Biblioteka Jagiellońska (BJ), Sammlung Varnhagen (SV) 164, Pückler-Muskau, Hermann von, Brief an Lucie von Pückler-Muskau, Caernarvon, 17.–21. [Juli 1828].

„Bacchanalian", in: *Fraser's Magazine for Town and Country* 9, Nr. 52 (April 1834), S. 410.

Boehm, Gottfried Boehm (Hrsg.), *Was ist ein Bild?* (München, 2006).

Bohnenkamp, Anne und Wiethölter, Waltraud (Hrsg.), *Der Brief – Ereignis & Objekt. Katalog der Ausstellung im Freien Deutschen Hochstift* (Frankfurt am Main/Basel, 2008).

Bohnenkamp, Anne und Wiethölter, Waltraud (Hrsg.), *Der Brief – Ereignis & Objekt. Frankfurter Tagung* (Frankfurt am Main/Basel, 2010).

Didi-Hubermann, Georges, *Ce que nous voyons, ce qui nous regarde* (Paris, 1992).

Drügh, Heinz, „Topologie", in: Bohnenkamp, Anne und Wiethölter, Waltraud (Hrsg.), *Der Brief – Ereignis & Objekt. Katalog der Ausstellung im Freien Deutschen Hochstift* (Frankfurt am Main/Basel, 2008), S. 99–116.

Elkins, John, *The Object Stares Back. On the Nature of Seeing* (New York, 1996).

Finke, Marcel und Halawa, Mark A. (Hrsg.), *Materialität und Bildlichkeit. Visuelle Artefakte zwischen Aisthesis und Semiosis* (Berlin, 2012).

Gumbrecht, Ulrich und Pfeiffer, K. Ludwig (Hrsg.), *Materialität der Kommunikation* (Frankfurt am Main, 1988).

Hübener, Andrea, „Epistolar-Dramaturgien. Zeigen und Sagen im Brief als Bild", in: Clare, Jennifer, Knaller, Susanne et al. (Hrsg.), Schreibprozesse im Zwischenraum. Zur Ästhetik von Textbewegungen (Heidelberg, 2018), S. 129– 153.

Hübener, Andrea, „‚Mondschein' – ‚Wolken' – ‚Ende'. Zur Inszenierung von Briefereignissen und deren Materialität in der Korrespondenz zwischen Lucie und Hermann von Pückler-Muskau", in: Kittelmann, Jana (Hrsg.), *Briefnetzwerke um Hermann von Pückler-Muskau* (Dresden 2015), S. 61–80.

Kemp, Wolfgang, „Kunstwissenschaft und Rezeptionsästhetik", in: Kemp, Wolfgang. (Hrsg.), *Der Betrachter ist im Bild. Kunstwissenschaft und Rezeptionsästhetik* (Köln, 1985), S. 7–27.

Kittelmann, Jana, *Von der Reisenotiz zum Buch. Zur Literarisierung und Publikation privater Reisebriefe Hermann von Pückler-Muskaus und Fanny Lewalds* (Dresden, 2010).

Köhler, Sigrid G., Metzler, Christian et al. (Hrsg.), *Prima Materia. Beiträge zur transdisziplinären Materialitätsdebatte* (Königstein/Ts., 2004).

Krämer, Sybille, „‚Schriftbildlichkeit‘ oder: Über eine (fast) vergessene Dimension der Schrift“, in: Krämer, Sybille und Bredekamp, Horst (Hrsg.), *Bild, Schrift, Zahl* (München, 2003), S. 157–176.

Krämer, Sybille, *Sagen und Zeigen. Sechs Perspektiven, in denen das Diskursive und das Ikonische in der Sprache konvergieren*, in: *Zeitschrift für Germanistik. Neue Folge* 13 (3/2003), S. 509–519.

Lukas, Wolfgang, „Die Briefbeigabe: Aspekte einer Pragmasemiotik des Briefes“, in: Bohnenkamp, Anne und Wiethölter, Waltraud (Hrsg.), *Der Brief – Ereignis & Objekt. Frankfurter Tagung* (Frankfurt am Main/Basel, 2010), S. 255–267.

Maier, Thomas, Ott, Michael R. et al. (Hrsg.), *Materiale Textkulturen. Konzepte – Materialien – Praktiken* (Berlin/München et al., 2015).

Moering, Renate, „Briefbeigaben“, in: Bohnenkamp, Anne und Wiethölter, Waltraud (Hrsg.), *Der Brief – Ereignis & Objekt. Katalog der Ausstellung im Freien Deutschen Hochstift* (Frankfurt am Main/Basel, 2008), S. 191–214.

Ortlieb, Cornelia, „Materialität“, in: Borgards, Roland, Neumeyer, Harald et al. (Hrsg.), *Literatur und Wissen. Ein interdisziplinäres Handbuch* (Darmstadt, 2013), S. 41–45.

Ortlieb, Cornelia, „Materialität und Paratext. Goethes ‚Backwerk aus Kasan‘ und seine Rahmungen“, in: Ajouri, Philip, Kundert, Ursula et al. (Hrsg.), *Rahmungen. Präsentationsformen und Kanoneffekte* (Berlin, 2017).

Pichler, Wolfram und Ubl, Ralph, *Bildtheorie zur Einführung* (Hamburg, 2014).

Schubert, Martin (Hrsg.), *Materialität in der Editionswissenschaft* (Berlin/New York 2010).

Siegel, Steffen, „Die Kunst der Ostentatio. Zur frühneuzeitlichen Bildgeschichte des Selbstverweises“, in: Gfrereis, Heike und Lepper, Marcel (Hrsg.), *Deixis. Vom Denken mit dem Zeigefinger* (Göttingen, 2007), S. 38–61.

Stauf, Renate, „‚Ich gehe immer und immer an den äussersten Rändern‘. Stefan Georges Briefkommunikation“, *George-Jahrbuch* 12 (2018/19), S. 1–26.

Stingelin, Martin (Hrsg.), *„Mir ekelt vor diesem tintenklecksenden Säkulum“. Schreibszenen im Zeitalter der Manuskripte* (München, 2004).

Wiethölter, Waltraud und Bohnenkamp, Anne (Hrsg.), *Der Brief – Ereignis & Objekt. Frankfurter Tagung* (Frankfurt am Main/Basel, 2010).

Witzgal, Susanne und Stakemeier, Kerstin (Hrsg.), *Macht des Materials/Politik der Materialität* (Zürich/Berlin, 2014).

Marek Mejor
Uniwersytet Warszawski

"Sammlung Pander" and *Tibetica* kept at the Jagiellonian Library in Kraków

Abstract: The present paper contains a brief description of the contents of the so-called "Sammlung Pander", from the former Oriental Department (Orientalische Abteilung) of the Berlin State Library (Staatsbibliothek zu Berlin), collected by Eugen Pander during his stay in Beijing (ca. 1881–1889). *Tibetica*, i.e. manuscripts and xylographs (Blockdrücke) form the substantial part of the collection. Among these there have been identified xylograph volumes of a unique, though fragmentary, set of the Tibetan Buddhist Canon from 1606 A.D. – the Kanjur of the Wanli edition.

Keywords: Staatsbibliothek zu Berlin, Biblioteka Jagiellońska, "Sammlung Pander", *Tibetica*, xylographs, Tibetan Buddhist Canon, the Kanjur of the Wanli edition

The Berlin State Library (Staatsbibliothek zu Berlin), the property of the Prussian Cultural Heritage Foundation (Stiftung Preußischer Kulturbesitz), is the most important German academic library and one of the largest in Europe. It was founded in 1661 by Friedrich Wilhelm, Elector of Brandenburg, as the *Churfürstliche Bibliothek zu Cölln an der Spree*, to be renamed in 1701 as *Königliche Bibliothek* by Friedrich I, the king of Prussia. During the 18th and 19th centuries the Library underwent substantial developments and expansion and its collections have been constantly augmented by a flow of accessions of different materials, to attain its climax in the first quarter of the 20th century. Since 1918 the Library was named Preußische Staatsbibliothek. Besides the precious monuments of German culture the Library possessed also a significant collection of *Orientalia* – manuscripts, blockprints, prints, drawings, etc. which were assembled in the Oriental Department (Orientalische Abteilung).[1]

During the World War II in consequence of the military operations of the allied forces the Library authorities decided to locate the endangered valuable collections in selected safe places on the then territory of the Reich. [2] The whole

1 The Orientalische Abteilung was established as an independent unit in 1919. For the information about the history, resources, etc., see http://staatsbibliothek-berlin.de/en/about-the-library/departments/orient/ (6.04.2018).

2 For a detailed description, based on the meticulous research of the archive materials, of the complex action of the relocation and safeguarding of the valuable deposits

operation was carefully planned and the precious collections were packed in specially designed chests. Parts of the collection – over five hundred chests of manuscripts, prints and books, including *Orientalia* – were deposited in the castle Fürstenstein (now Książ) in Lower Silesia (Niederschlesien) in 1941 and later (July 1944) moved to the nearby Cistercian Abbey Grüssau (now Krzeszów), and placed in the St. Joseph church.

The Orientalische Abteilung which was deposited at Fürstenstein in 1941 in 98 chests consisted of the following collections[3]:

- Sammlung Wetzstein
- Sammlung Sprenger
- Libri sinici
- Pekinger Sammlung
  - Pekinger Tripitaka
- Sammlung Hirth
- Sammlung Moellendorf
- Sammlung Pander

Luckily, the precious deposit survived (almost) intact the military operations. In 1945 it was discovered and safeguarded by a committee of Polish scholars and librarians who were entrusted with the mission of protecting the cultural goods. In 1946–1947 the whole collection was moved to Kraków and deposited in the Jagiellonian Library (labelled 'Berlinka').

Sammlung Pander

The 'Sammlung Pander', i.e. the collection of (mostly) Tibetan manuscripts and blockprints from the former Oriental Department of the Prussian State Library is now kept at the Department of Manuscripts of the Jagiellonian Library in Kraków. It has been preserved in a very good condition.[4]

---

see: Werner Schochow, *Bücherschicksale. Die Verlagerungsgeschichte der Preußischen Staatsbibliothek. Auslagerung – Zerstörung – Entfremdung – Rückführung. Dargestellt aus den Quellen*. Mit einem Geleitwort von Werner Knopp (Berlin/New York, 2003), esp. pp. 36, 37, 50.

3 Schochow, *ibid*., p. 50.

4 Brief description in: Monika Jaglarz, "Zbiór rękopisów i druków orientalnych z byłej Pruskiej Biblioteki Państwowej w Berlinie przechowywanych w Bibliotece Jagiellońskiej", ["Collection of xylographic prints and manuscripts from the former Prussian State Library in Berlin kept in the Jagiellonian Library in Kraków"], *Toruńskie Studia o Sztuce Orientu*, vol. III, (Toruń, 2008), pp. 49–52.

The collection was acquired by Eugen Pander (2.01.1854–1894)[5], a professor of economics and lecturer in Russian and German at the "College of foreign sciences" (? Tongwenguan) in Beijing from 1881. During his stay in Beijing (ca. 1881–1889) Pander thanks to his good relations with Master T'u kuang Hutukhtu (Janggiu-a qutuy-tu, 章嘉) of the Yung-ho-kung Temple (雍和宫 Yōnghégōng, *"Palace of Peace & Harmony"*; the so-called 'Lama Temple') gathered a large collection of Tibetan religious objects (a.o. bronze figures), as well as some hundreds of Tibetan, Chinese and Mongolian manuscripts and blockprints, including a fragmentary Wanli Kanjur set, a complete manuscript Kanjur and a printed Tanjur.[6] The whole collection was sent (accession date 1889) to the Museum of Etnography in Berlin (Kgl. Museum für Völkerkunde zu Berlin), and later deposited at the Staatsbibliothek where it was kept until the Second World War.[7] In July 1944 the Pander Collection together with other materials was deposited at the Grüssau Abbey.

The present Pander Collection (Sammlung Pander) consists of the following parts (with references to the *Verzeichnis der Panderschen Sammlung* from 1890 in the possession of the Staatsbibliothek zu Berlin):

---

5 On Eugen Pander see: Helmut Eimer, "Spurensicherung: Das verschollene Berliner Fragment des Wanli-Kanjur", *Zentralasiatische Studien* 30, 2000, pp. 27–51.

6 Bibliography of Pander's works:

1. "Geschichte des Lamaismus", *Verhandlungen der Berliner Gesellschaft für Anthropologie, Ethnologie und Urgeschichte*, Jahrgang 1889. Sitzung vom 16. Februar 1889, pp. 199–210 [in: *Zeitschrift für Ethnologie* 21, 1889].
2. "Das Lamaische Pantheon", *Zeitschrift für Ethnologie* 21, 1889, pp. 44–78.
3. *Das Pantheon des Tschangtscha Hutuktu. Ein Beitrag zur Iconographie des Lamaismus*, von Professor Eugen Pander. Herausgegeben und mit Inhaltsverzeichnissen versehen von Albert Grünwedel. Sonderabzug der Veröffentlichungen aus dem Königlichen Museum für Völkerkunde I. 2/3, (Berlin, 1890).

Nos. 2 & 3 translated into English and reproduced in: Sushama Lohia, *Lalitavajra's Manual of Buddhist Iconography* (New Delhi, 1994), pp. 33–61; 62–270.

7 In the Berlin State Library has been preserved a copy of manuscript catalogue of the Pander Collection from 1890 (Signatur: Or. HB C15): *Verzeichnis der Panderschen Sammlung*, pp. 187. It contains a register of mostly Tibetan manuscripts and blockprints (acc. nos. 336–1120b), as well as some Mongolian (acc. nos. 1121–1132) and Chinese (acc. nos. 1133–1201). At the end of the *Verzeichnis* there is a note (introduced by a different hand) about the manuscript Kanjur obtained from the Yōnghégōng Temple in Beijing (acc. ms. 1889. 308), provided with a list of volumes (1–108), and a separate brief list of a printed Tanjur in 225 vols. ("Litographie in 225 Bände") (acc. ms. 1889.309); below there is a Library stamp with the date "11. Jun. 1906". See infra § 2.

- Pander A = nos. 1–87 (vols. 1–370), Tibetica (manuscripts + xylographs) = *SBB Verzeichnis*, part A: "Drucken und Handschriften tibetischen Ursprungs" (acc. nos. 336–706);
- Pander B = nos. 88–117 (vols. 1–315), Tibetica (manuscripts + xylographs) = *SBB Verzeichnis*, part B: "Handschriften und Drucke aus Peking stammend" (acc. nos. 707–1021);
- Pander C = nos. 118–136 (vols. 1–40), Tibeto-Chinese xylographs = *SBB Verzeichnis*, part C: "Auf kaiserlichen Befehl ausgefertigte Drucke" (acc. nos. 1022–1061);
- Pander E = nos. 137–141 (vols. 1–12), Mongolica + 1 Chinese booklet = *SBB Verzeichnis*, part E: "Mongolische Handschriften und Drucke" ("sowie 1 Handschr.") (acc. nos. 1121–1132);
- Pander F = nos. 142–162 (vols. 600–668), Peking Tripitaka (in Chinese) = *SBB Verzeichnis*, part F: "Chinesische Drucke und Handschriften" (acc. nos. 1133–1201);
- Pander 'Pantheon' = nos. 163–222 (vols. 1–60):[8]
  - Supplement vols. of the Tibetan Wanli Kanjur = *SBB Verzeichnis*, part D: "Auf kaiserl. Befehl gedruckte Ausgaben" (acc. nos. 1062–1083);
  - 37 + 1 vols. of the Tibetan Wanli Kanjur = *SBB Verzeichnis*, part D: "37. Bände des bKa'-'gyur (Kandjur)", „Auf kaiserlichen Befehl gedruckte Bände des bKa'-'gyur (tibetisch)" (acc. nos. 1084–1120a).

In 2007–2009 in the Jagiellonian Library was carried out a research project entitled *The lost fragment of Wanli bka' 'gyur in the Jagiellonian Library? The value of authenticity of Tibetan books from Pander Collection in Poland.*[9] The principal aim of the project was identification of the volumes belonging to the Wanli Kanjur and a general description of the Pander Collection. The results of the investigations were published in a book *A Preliminary Report on the Wanli Kanjur From 1606 A.D. Kept at the Jagiellonian Library, Kraków.*[10] Below are presented in brief some of the main results of our researches.

---

8 For the description of that part based on the catalogue entries only, see Eimer, "Spurensicherung ...", pp. 37–47.

9 The project, initiated by Agnieszka Helman-Ważny, was financed from the funds of National Science Center of Poland, (project No N N103 1906 33) realized by a team of scholars: Prof. Dr. Marek Mejor (University of Warsaw), Dr. Agnieszka Helman-Ważny (Nikolai Copernicus University, Toruń) and Dr. Thupten Kunga Chashab (University of Warsaw).

10 Edited by Marek Mejor, Agnieszka Helman-Ważny, Thupten Kunga Chashab. *Studia Buddhica 1*. Research Centre of Buddhist Studies, Faculty of Oriental Studies, University of Warsaw, (Warsaw, 2010). The digital version of the book is available from the web-page of academia.edu. Cf. also Agnieszka Helman-Ważny, "Recovering a Lost

Wanli Kanjur: The Fragmentary Tibetan Buddhist Canon from 1606 A.D.

The part of the collection which is now labelled 'Pander Pantheon' deserves special attention since it contains a unique, though fragmentary, set of the Tibetan Buddhist Canon from 1606 A.D. – the Kanjur of the Wanli edition.

The block printed edition of the Kanjur (*Bka' 'gyur*, lit. 'Translation of the word [of the Buddha]') was prepared by order of the Emperor Wanli (Zhū Yijun 朱翊鈞, 1563–1620 A.D.; Wanli Era 万历.) of Ming (明) dynasty in Beijing in 1606 A.D. In fact, it was made from the same wooden blocks as the first printed edition prepared by Emperor's Yongle (Chengzu 成祖, 1360–1424 A.D.; Yongle Era 永樂) command in 1410 A.D.[11] The copies of the Yongle edition of the Tibetan Kanjur were offered as a gift to Tibetan hierarchs who visited the Ming emperor's court. From the preserved sources it is possible to trace the history of a few copies of Yongle Kanjur. At present we know the whereabouts of two (almost complete) copies – they are preserved in Lhasa, in Potala Palace, and in Se ra monastery, however, they are not available for research. Therefore the remaining volumes of the unique set of Wanli Kanjur, which are in fact a reprint from the Yongle edition from 1410 A.D., are of utmost importance for the history of development of the Tibetan Buddhist canon.[12]

The difference between these editions lies in the fact that the Yongle edition was printed in red ink while the Wanli in black ink and it was provided with the updated Emperor's "Laud" and "Postface". The Wanli edition contained 105 volumes plus one index volume (*dkar chag*). The Chinese text of Emperor's "Laud" gives the precise date of the printing: "Reprinted in the 33rd year of Wanli, 12th month, 1st day (= 9 January, 1606)."[13]

Moreover, the Wanli Kanjur edition was extended by the addition of forty-two volumes of the so-called 'Supplement' (*Xutianzang*). An Index to the Supplement in 5 folios in Chinese and in 15 folios in Tibetan has not been preserved with the

---

Literary Heritage: Preliminary Research on the Wanli Bka' 'gyur from Berlin," *Journal of the International Association of Tibetan Studies*, No. 5, (2009), pp. 1–14.

11 Jonathan A. Silk, "Notes on the History of the Yongle Kanjur", in: *Suhṛllekhāḥ: Festgabe fur Helmut Eimer*, edited by Michael Hahn, Jens-Uwe Hartmann et al., (Swisttal-Odendorf: Indica et Tibetica, 1996), pp. 153–200.

12 Another incomplete set of the Wanli Kanjur consisting probably of 35 volumes and kept at the Tokyo University was destroyed during the tragic Edo earthquake on 1 September 1923; cf. Silk, "Yongle Kanjur", pp. 189–190.

13 Cf. Silk, "Yongle Kanjur", p. 178 n. 77.

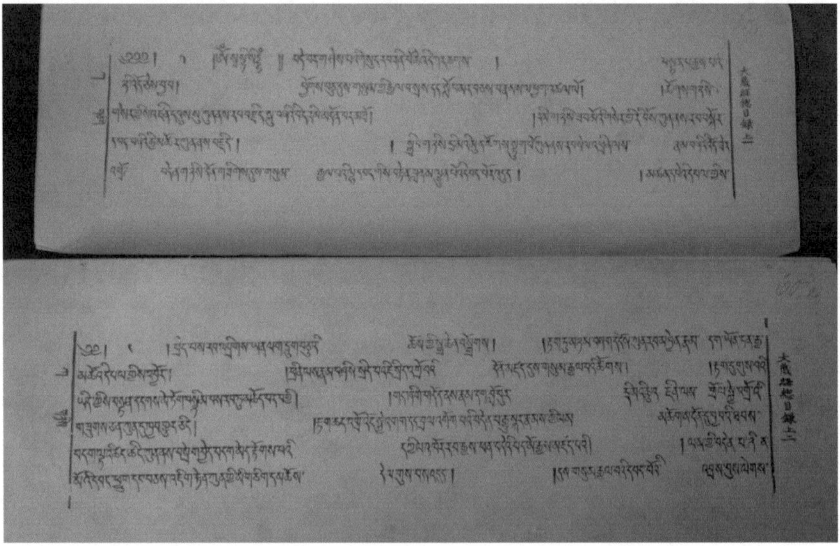

Abb. 28/Fig. 28: Kraków, Biblioteka Jagiellońska, Pander Pantheon, vol. 60 Index-volume (*dkar chag*), fol. 1b–2a

present set. Emperor's edict (*Yuzhi zangjing chiyu*, 2 fols.) which was appended to the Supplement bears the date: "2nd day of the 8th month of the 34th year of the Wanli era" (= 2 December, 1606 A.D.),[14] however, several colophons of the Supplement volumes indicate the 34th or 35th year of Wanli era as the printing date (1605–1606 A.D.).

According to Jonathan Silk,[15] the Yongle Kanjur in 106 volumes consisted of the following parts: 1. rgyud (*tantra*) – 24 vols.; 2. sher phyin (*prajñā-pāramitā*) – 24 vols.; 3. phal po che (*avataṃsaka*) – 6 vols.; 4. dkon brtsegs (*ratnakūṭa*) – 6 vols.; 5. mdo sde (*sūtra*) – 32 vols.; 6. 'dul ba (*vinaya*) – 13 vols.; 7. index (*dkar chag*) – 1 vol.

Among the sixty volumes of the 'Pander Pantheon', twenty eight Kanjur volumes (27 + 1 index) belong to the Wanli Kanjur edition from 1606 A.D., viz. vols. 23–28 (*rgyud*), vols. 38–57 (38–55 = *rgyud*; 56 = *mdo*; 57 = *rgyud*), vol. 59 (*rgyud*), vol. 60 (index – *dkar chag*). (Fig. 28/Abb. 28) Ten Kanjur volumes belong to a different from Wanli edition(s) (not yet identified), viz. vols. 29–37

14 Cf. Silk, "Yongle Kanjur", p. 186.

15 Silk, "Yongle Kanjur", pp. 181–185.

and 58 (*sher phyin*). Finally, twenty two volumes make the so-called Supplement of the Wanli Kanjur, viz. vols. 1–22.[16]

The reconstruction of the original form and contents of the Wanli Kanjur will be possible after the publication of the edition of the index-volume (*dkar chag*) which fortunately has been preserved (in course of preparation by the present writer).

A comparison with the catalogue of the so-called Berlin Manuscript Kanjur from 1680 A.D. compiled by H. Beckh[17] shows a close relationship between the Wanli block print Kanjur and the Berlin manuscript.

Also the other parts of the Pander Collection are subject of investigation. Thupten Kunga Chashab (University of Warsaw) has been working on the catalogue of manuscripts and prints from the Pander A and Pander B,[18] *Mongolica* from the Pander E set have been initially studied by Prof. Osamu Inoue (University of Shimane) together with Dr. habil. Agata Bareja-Starzyńska (University of Warsaw). Prof. Darui Long (University of the West, Los Angeles) has prepared "A Preliminary Report on the Chinese Buddhist Literature Kept at Jagiellonian Library in Poland" based on the study of Pander F.[19] Still much work remains to be done and the Sammlung Pander with its unique collection of manuscripts and printed books is a very important source of research on Tibetan, Chinese and Mongolian history of literature, history of the Buddhist Canon, and history of Tibetan books in general.[20]

Bibliography

Beckh, Hermann, *Verzeichnis der tibetischen Handschriften der Königlichen Bibliothek zu Berlin. Erste Abteilung: Kanjur* (Berlin, 1914).

16 See for the details *Preliminary Report…*, pp. 87. Cf. also Helmut Eimer, "Fragmente eines Supplementbandes zum Wanli-Kanjur in der Staatsbibliothek zu Berlin", in: *Historical and Philological Studies of China's Western Regions*, No. 6, ed. by Karénina Kollmar-Paulenz and Shen Weirong. (Beijing, 2013), pp. 111–127.

17 Hermann Beckh, *Verzeichnis der tibetischen Handschriften der Königlichen Bibliothek zu Berlin. Erste Abteilung: Kanjur* (Berlin, 1914).

18 Thupten Kunga Chashab and Filip Majkowski, *Catalogue of the Tibetan Texts in the Pander Collection: Part A (Complete) and Part B (Partial), Held by the Jagiellonian Library, Cracow*, (Warsaw, 2015).

19 I am much obliged to Prof. Darui Long for making the unpublished version of his report available to me.

20 Cf. a recent book by Agnieszka Helman-Ważny, *The Archaeology of Tibetan Books*, (Leiden, 2014).

Chashab, Thupten Kunga and Majkowski, Filip, *Catalogue of the Tibetan Texts in the Pander Collection: Part A (Complete) and Part B (Partial), Held by the Jagiellonian Library, Cracow* (Warsaw, 2015).

Eimer, Helmut, "Spurensicherung: Das verschollene Berliner Fragment des Wanli-Kanjur", *Zentralasiatische Studien* 30 (2000), pp. 27–51.

Eimer, Helmut, "Fragmente eines Supplementbandes zum Wanli-Kanjur in der Staatsbibliothek zu Berlin", in: Kollmar-Paulenz, Karénina and Weirong, Shen, *Historical and Philological Studies of China's Western Regions*, No. 6 (Beijing, 2013), pp. 111–127.

Helman-Ważny, Agnieszka, "Recovering a Lost Literary Heritage: Preliminary Research on the Wanli Bka' 'gyur from Berlin," *Journal of the International Association of Tibetan Studies*, No. 5 (2009), pp. 1–14.

Helman-Ważny, Agnieszka, *The Archaeology of Tibetan Books* (Leiden, 2014).

Jaglarz, Monika, "Zbiór rękopisów i druków orientalnych z byłej Pruskiej Biblioteki Państwowej w Berlinie przechowywanych w Bibliotece Jagiellońskiej" ["Collection of xylographic prints and manuscripts from the former Prussian State Library in Berlin kept in the Jagiellonian Library in Kraków"], *Toruńskie Studia o Sztuce Orientu*, vol. III (Toruń 2008), pp. 49–52.

Lohia, Sushama, *Lalitavajra's Manual of Buddhist Iconography*, (New Delhi, 1994), pp. 33–61; 62–270.

Mejor, Marek, Helman-Ważny, Agnieszka and Chashab, Thupten Kunga, *A Preliminary Report on the Wanli Kanjur From 1606 A.D. Kept at the Jagiellonian Library Kraków*, (Warsaw, 2010).

Pander, Eugen, "Geschichte des Lamaismus", *Verhandlungen der Berliner Gesellschaft für Anthropologie, Ethnologie und Urgeschichte*, Jg. 1889. Sitzung vom 16. Februar 1889, pp. 199–210.

Pander, Eugen, „Das Lamaische Pantheon", *Zeitschrift für Ethnologie* 21, 1889, pp. 44–78.

Pander, Eugen, *Das Pantheon des Tschangtscha Hutuktu. Ein Beitrag zur Iconographie des Lamaismus*, von Professor Eugen Pander, herausgegeben und mit Inhaltsverzeichnissen versehen von Albert Grünwedel, (Berlin, 1890).

Schochow, Werner, *Bücherschicksale. Die Verlagerungsgeschichte der Preußischen Staatsbibliothek. Auslagerung – Zerstörung – Entfremdung – Rückführung. Dargestellt aus den Quellen*. Mit einem Geleitwort von Werner Knopp, (Berlin/New York, 2003).

Silk, Jonathan A., "Notes on the History of the Yongle Kanjur.", in: Hahn, Michael, Hartmann, Jens-Uwe et al., *Suhṛllekhāḥ: Festgabe für Helmut Eimer*, (Swisttal-Odendorf, 1996), pp. 153–200.

http://staatsbibliothek-berlin.de/en/about-the-library/departments/orient/ (6.4.2018).

Thupten Kunga Chashab
Uniwersytet Warszawski

Survey of the Pander Tibetan Collection at the Jagiellonian Library, Cracow and Overview on the Literary Genre of *Rig pa 'dzin pa'i pho nya*, "Messenger of a Yogi"

Abstract: Pander Tibetan collection was brought to Europe by the German scholar Eugen Pander from China at the end of the 19th century. The biggest portion of the Tibetan collection is found in Pander A and B. Several Tibetan texts are also included in Pander C and Pander Pantheon as part of Wanli Kanjur. After the Second World War it remained untouched in the Jagiellonian Library, Cracow. The first study on this collection was carried out in 2007 and the second project began in 2011. The study based on a selected text, *Rin pa 'dzin pa'i pho nya* is an individual initiative. Chronological studies of this text have already been published in two articles.Present paper is the third article related to this text. The author, Ngag dbang 'jig grags was one of the earliest Tibetan commentators on the Sanskrit treatise on poetry Kāvyādarśa [*Snyan ngag me long*]

Keywords: Jagiellonian Library, Eugen Pander, Tibetan collection, "Pander Collection", Ngag dbang 'jig grags, *Rin pa 'dzin pa'i pho nya*

Projects on the Pander Tibetan collection

A general survey on completed projects and ongoing works on the Pander Tibetan collection, including the analysis of the literary genre of *Rig pa 'dzin pa'i pho ya*, or "Messenger of a Yogi," will be presented in this paper. In my presentation at the conference "Present Status and Future Perspectives of the Collection of the Prussian State Library in Berlin, kept at Jagiellonian Library", held in 2017 in Cracow I described on the subject of the catalogue of the part of Pander Tibetan collection description prepared by me and my colleague Filip Majkowski. Before explaining in detail those projects and the results of those projects it is good to say a few words on the collector of the texts. At the end of the 19th century Eugen Pander, a German scholar, brought a large number of Tibetan, Chinese and Mongolian texts from Beijing to Berlin. At first they were kept at the State Library in Berlin and later upon the outbreak of the Second World War the collection found its way to Poland and was finally kept in the storage rooms of the Jagiellonian Library. More details about Eugen Pander and the faith of his collection can be found in *A Preliminary Report on the Wanli Kanjur Kept in the Jagiellonian Library, Krakow*.[1]

First Project

In 2003, while Agnieszka Helman-Ważny was searching for Tibetan texts in Polish libraries, she found a vast untouched Tibetan, Chinese and Mongolian collection at the Jagiellonian Library and later affirmed that it was the collection called Sammlung Pander/Pander Collection.

Thus, in 2007–2009 a first project on the Pander Tibetan collection was conducted by Mejor,[2] Helman-Ważny[3] and Thupten Kunga Chashab.[4] The goal of the project was to prepare a preliminary report on the contents of the collection. The project lasted for two years and was funded by the Polish Ministry of Science and Higher Education. As a result of the project, *A Preliminary Report on the Wanli Kanjur Kept in the Jagiellonian Library, Krakow* was published. The book consists of three parts, each by one participant of that project: Part One: Pander Collection, Part Two: Pander Pantheon and Part Three: Pander A Collection by Helman-Ważny, Mejor and Chashab respectively. In part one we may find information about the collector, a general physical description of Pander A through F with the number of volumes contained in each group, with the exception of Pander D which cannot be found in the collection as well as the physical description of Pander Pantheon. The second part includes a very detailed linguistic description and three text specimens along with chapter division of two of them in Wanli Kanjur. In the third part there is a general description of Pander A Tibetan collection and an exemplary text found in that part of the collection. While my colleagues focused on studying the part with Wanli Kanjur I concentrated on listing the Pander A collection texts in order to have an overview of the whole collection, I was able to make a list of texts up to Pander A 300, acc.

1 Marek, Mejor, Agnieszka Helman-Ważny and Thupten Kunga Chashab, *A Preliminary Report on the Wanli Kanjur From 1606 A.D. Kept at the Jagiellonian Library Kraków* (Warsaw, 2010).

2 Professor Marek Mejor is the head of Research Center for Buddhist Studies and a Professor at South Asian Studies, University of Warsaw, Poland.

3 Dr. hab. Agnieszka Helman-Ważny works at Katedra Książki i Historii Mediów, Wydział Dziennikarstwa, Informacji i Bibliologii, Uniwersytet Warszawski, Poland and University of Hamburg/Asia and Africa Institute Centre for the Study of Manuscript Cultures, Germany.

4 Dr. Thupten Chashab, lecturer at Mongolian and Tibetan Studies in the Turkish Studies and Inner Asian Peoples, University of Warsaw, Poland.

1889, 636. Besides the aforementioned publication, Helman-Ważny published two articles, "Recovering a Lost Literary Heritage: Preliminary Research on the Wanli Kanjur from Berlin" in *Journal of the International Association of Tibetan Studies* 5 (2009), and "The Tibetan Kanjur: Regional patterns and preliminary paper typology of manuscripts and xylographs," in *Manuscript Cultures* 5, Centre for the Study of Manuscript Cultures, University of Hamburg, 2012/13. As well as she relates with Pander Tibetan collection in her book *Archaeology of Tibetan Books*, 2014.

Second Project

As a continuation of the first project, in 2011 me and my colleague Dr. Filip Majkowki initiated a second project aimed at preparing a standard catalogue of Pander A and B Tibetan collection. Duration of the project was three years (2011–2014) and it was funded by the Polish National Centre of Science. As a result of this project we published an article in *Rocznik Orientalistyczny*, called "Preliminary Findings of the Research Project on Pander A and B Tibetan Collection Kept in the Jagiellonian Library in Cracow" in 2014.[5] The article was a pre-publication of the catalogue: "Catalogue of the Tibetan Texts in the Pander Collection, Part A (Complete) and Part B (Partial) Held by the Jagiellonian Library, Cracow" which at that time was under revision and correcting[6] It was published in 2015 by Publishing House Elipsa. A review on the catalogue by Professor Per Kvaerne[7] is published in *Acta Orientalia*, 2016, vol. LXXVII, pp. 193–195" and a second review by Professor Stanisław Godziński[8] is in print in upcoming *Przegląd Orientalistyczny*. The catalogue was compared with nine different catalogues, both in European and Tibetan languages.[9] First part of

5 Thupten Kunga Chashab and Filip Majkowski, "Preliminary Findings of the Research Project on Pander A and B Tibetan Collection Kept in the Jagiellonian Library in Cracow", *Rocznik Orientalistyczny*, vol. LXVII, 1, pp. 76-91; "Exploring Languages and Culture of Asia Prof. W. Kotwicz in Memoriam", Agata Bareja-Starzyńska and Marek Mejor (eds.) (Warszawa, 2014), pp. 76–91.

6 Thupten Kunga Chashab and Filip Majkowski, *Catalogue of the Tibetan Texts in the Pander Collection, Part A (Complete) and Part B (Partial) Held by Jagiellonian Library, Cracow* (Warszawa, 2015).

7 Per Kvaerne, "Book Reviews", *Acta Orientalia*, vol. LXXVII (Oslo, 2016), pp. 193–195.

8 Professor Stanisław Godziński is a professor at Mongolian and Tibetan Studies at the Department of Turkish Studies and Inner Asian Peoples, University of Warsaw, Poland.

9 Chashab and Majkowski, *Catalogue of the Tibetan Texts in the Pander Collection*, pp. 8–9.

the book describes the methodology of the catalogue preparation; second part is the catalogue itself with detailed descriptions of texts including colophons, if found and references to the compared catalogues. It is very possible that we may have missed to give reference of compared catalogues for some of the texts and also there may be many incorrect renderings in the colophon because of the poor condition of the print or the manuscript of original texts. To facilitate the use of the catalogue two indexes were prepared: an index of the texts according to the subject matter and an index of authors. Because of an ongoing conservation works on Pander B 32–50 we were unable to include them in this catalogue.

Third Project

This is a project based on the text *Chos kyi rgyal po ngag dbang rnam par rgyal ba la zhu 'phrin du bya ba rig pa 'dzin pa'i pho nya zhes pa shambha la'i lam gyi yi ge dang bcas pa* (A Letter to the Father, Dharma King Ngag dbang rnam rgyal, called "Messenger of a Yogi, Including a Guide Letter to Śambhala"), found in the Pander A collection with accession number, Pander A 199: acc. 1889. 535, Tib. Man. 36 l. Project is a self-initiative of the author of the present paper who has been working on it for the last few years. The reasons for choosing this particular text were its author, contents and poetic nature of the text. In the first part of the text its author, last Rin spungs ruler Ngag dbang 'jig rten dbang phyug grags pa provides a guide to Śambhala where he believed his late father was reborn and in the second part he describes his life and the political situation in his kingdom. In the published article, in the title by mistake I wrote the name Ngag dbang 'jig grags instead of Ngag dbang rnam rgyal. Because of the sophisticated nature of its poetic language often information in the text is not precise. So far two articles, "Unique Manuscript of the Guide to Śambhala by the Sixteenth Century Tibetan Ruler of Rin spungs (Extract from his letter to his father Ngag dbang rnam rgyal)" and "The Life of Ngag dbang 'jig grags, the Last Ruler of Rin spungs, based on the Text *Rig pa 'dzin pa'i pho nya*, or 'Messenger of a Yogi'" were published in *Rocznik Orientalistyczny*, in 2015 and 2017.[10] The third article related to this text, "Metrical system of *Rig pa 'dzin pa'i pho nya* (Messenger of a Yogi) is presented later in this paper. The ultimate goal of the project is to compile a book containing the English translation, text analysis with glossary and revised and enhanced version of the articles published so far. Its first draft is almost

---

10 *Rocznik Orientalistyczny*, vol. LXVIII, No 2, 2015, pp. 47–64; vol. LXVV, No 2, 2017, pp. 97–127.

completed, but it requires lots of work. It is my hope that in near future the rest of the uncatalogued texts in the Pander Tibetan collection will be studies and catalogued. I do not have any information if there are other people who worked or working on Pander Tibetan collection.

Metrical system of the text *Rig pa 'dzin pa'i pho nya* (A Messenger of a Yogi)

The author of the text, Ngag dbang 'jig grags, made several valuable contributions to Tibetan literary culture, mainly in the field of Tibetan poetry. The four works attributed to him are, according to the book *Gangs ljongs mkhas dbang rim byon gyi rtsom yig gser gyi sbram bu* (GKLS)[11]: a biography of Sakya Paṇḍita, called "*Bskal bzang legs lam*, An Excellent Path of the Fortunate One,"[12] written in the Earth Rabbit year, 1519; commentary on synonyms, called "*Mngon brjod mkhas pa'i rna rgyan,*[13] An Ear Ornament of a Scholar," written in Khyu mchog, the Iron Snake year, 1521; commentary on Daṇḍi's Kāvyādarśa [*Snyang ngag me long*], called "*Mi 'jigs seng ge'i nga ro*, Fearless Roar of a Lion", written in the Fire Dog year, 1526, and the letter to his father, "*Chos kyi rgyal po ngag dbang rnam par rgyal ba la zhu 'phrin du bya ba rig pa 'dzin pa'i pho nya zhes pa shambha la'i lam gyi yi ge dang bcas pa*, A Letter to the Father, Dharma King Ngag dbang rnam rgyal, called Messenger of a Yogi, Including a Guide Letter to Shambhala," written in the Fire Snake year, 1557. Most of the Tibetan history books do not mention his work on synonyms nor the letter to his father.

Since Ngag dbang 'jig grags was one of the earliest commentators on Daṇḍi's Kāvyādarśa in Tibetan history, therefore I need to recall the history and the development of this text in Tibetan literature. It is explained by Tse ten zhabs drung (1910–1985) in his book *Snyan ngag gi spyi don* that by the order of 'Gro mgon chos rgyal 'phags pa, in the 13th century, Shong ston rdo rje rgyal mtshan with the help of Paṇḍita Lakśmīkara translated Daṇḍi's Kāvyādarśa and later

11 Blo bzang chos grags, Bsod nams rtse mo (eds.), *Gangs ljongs mkhas dbang rim byon gyi rtsom yig gser gyi sbram bu*, Mtsho sngon mi rigs dpe skrun khang, Zi ling (Xining), vol. 1, 1988.

12 GKLS: This work consists of 12 chapters, but in the mentioned book we have only nine chapters. The last three chapters are missing.

13 We can find this text in the Cracow Pander collection under the serial number Pander A 332, acc 1889. 668. We must apologize that by mistake in the catalogue of Pander collection instead of "mkhas pa'i rna rgyan" it is written "mkhas pa'i kha rgyan".

Shong ston wrote an outline commentary on it.[14] Later Pang lo tsa ba blo gros brtan pa (1276–1342), revised what has been done by Shong ston and wrote a word commentary on Ratna Shri's commentary on Kāvyādarśa. Zha lu lo tsa ba chos skyong bzang po (1441–1527) also corrected and revised what was done by Shong ston. Besides mentioned scholars the author of the article "Tibetan Belles-Lettres: The Influence of Daṇdin and Kṣemendra" added three more Tibetan Sanskritists, Snar than lo tsa ba dge 'dun 'phel, Snye thang lo tsa ba blo gros brtan pa and Si tu Panchen bstan pa'i nyin byed, who revised the earlier translation of *Snyan ngag me long*.[15] The above mentioned Tibetan scholars are well-known among Tibetologists and reiterated in the book *Bod kyi rtsom rig byung 'phel gyi lo rgyus skal bzang mig gi sgron me* as well.[16] According to the above mentioned book Paṇchen Shakya mchog ldan (1428–1507) was the first Tibetan who wrote a detailed commentary on *Snyan ngag me long*, called "*Snyan ngag me long gi 'grel ba dbyangs can rol mtsho*, A Commentary on Mirror of Poems, An Ocean Enjoyed by Sarasvatī."[17] Therefore, according to the source materials I have at my disposal, it seems that Ngag dbang 'jig grags was the second earliest Tibetan author who wrote a detailed commentary on Daṇdi's Kāvyādarśa. He not only commented on it but also revised its earlier translations. Hence, in the introduction and the conclusion part of *Mi 'jigs seng ge'i nga ro*, a commentary of *Snyan ngag me long* by Ngag dbang 'jig grags, it is said;

སྒྲ་དང་དོན་ཀུན་གསལ་བའི་མེ་ལོང་ལ།།
བྱི་དོར་མཛད་པ་མང་མོད་ད་དུང་ཡང་།།
དྲི་མ་སྦྱོད་པ་རྡུང་ནས་འབྱིན་པའི་ལམ།།
བགོ་སྐལ་བཞིན་དུ་བདག་གིར་ཐོབ་པར་བྱས།།[18]

Though the mirror, explicitly reflecting the grammar and all the
meanings is wiped many times, (I) still took a path to clean
the root of (those who) use dirt, as part of my luck and opportunity.

14 Tse ten zhabs drung, *Snyan ngag gi spyi don*, Gansu mi rigs dpe bskrun khang, (Gansu China 1981), pp. 6–7.

15 Jose Ignacio Cabezon and Roger R. Jackson (eds.), *Tibetan Literature*. Studies in Genre, (New York, 1996) p. 396.

16 Rgya ye bkra bho and Rin chen bkra shis (eds.), *Bod kyi rtsom rig byung 'phel gyi lo rgyus skal bzang mig gi sgron me*, Mtsho sngon mi rigs dpe skrun khang (Qinghai, 2002) vol. II, p. 607.

17 Krung go'i bod kyi rtsom sgrig khang (ed.), *Bod kyi bcu phrag rig mdzond chen mo, dpal ldan sa skya ba'i gsung rab*, vol 5, Mi rigs dpe bskrun khang (Beijing, 2004), p. 3, l.16.

18 Krung go'i bod kyi rtsom sgrig khang (ed.), *Bod kyi bcu phrag rig mdzond chen mo, dpal ldan sa skya ba'i gsung rab*, p. 63.

Again, in the conclusion he says;

རིག་པའི་རྒྱ་མཚོ་པ་མཐའ་མེད་འདིའི་སྙིང་།།
ཚིག་དོན་ནོར་བུའི་ཆར་ཡང་དབྱེ་ཡི།།
ཡིད་འོང་མགུལ་གྱི་རྒྱན་དུ་བཞེངས་པའི་ལུགས།།
འཁྲུལ་བ་མེད་པའི་ཕྱོགས་སུ་གཞུ་བཞིན་བཀུག།[19]

The heart of limitless ocean of science, jewel of words and
meanings, a beautiful neck ornament built in the tradition of Daṇḍin
is bend toward errorless direction like a bow.

Poetry is one of the five minor sciences in the Tibetan tradition of learning and it is popular and admired among the Tibetan scholars. Tse tan zhabs drung (1910–1985) believes that the most popular and well-known Tibetan commentaries on Kāvyādarśa at present are: "*Dandi'i dgongs rgyan sgra dbyangs rgya mtsho'i 'jug ngogs*, or Ornament of Daṇḍi's Thought, A Gateway to the Ocean of Sound and Melody," written in 1678 by Bod mkhas pa Mi pham dge legs rnam rgyal (1618–?), "*Dbyangs can dgyes pa'i glu dbyangs*, or A Song Appreciated by Sarasvatī", written in 1647 by the Fifth Dalai Lama Ngag dbang blo bzang rgya mtsho, "*Dbyangs can ngag gi rol mtsho*, or Ocean of Sarasvatī's Speech" by Khams sprul Bstan 'dzin chos kyi nyi ma (1730–1779/1780) based on the commentary of Si tu Paṇchen (1699/1700–1774), and one by 'Ju mi pham 'Jam dbyangs rnam rgyal rgya mtsho (1846–1912), called "*Dbyang can dgyes pa'i rol mtsho*, or An Ocean Appreciated by Sarasvatī". While describing the life of Daṇḍin, the author of Kāvyādarśa, Tse tan zhab drung said, according to the oral teaching of Dge 'dun chos 'phel (1903–1951) that Daṇḍin lived at the end of the 12th century, second half of the third cycle (*rab 'byung*).[20] But in other sources like encyclopedic dictionary of Sanskrit literature and the book *Tibetan Literature* we can find information that he lived in the middle of the seventh century.[21] We also find a person named Daṇḍin [*Dbyug pa can*] in Jataka tales, therefore the author of Kāvyādarśa is not the only person who is called Daṇḍin. For more information on Daṇḍin one can resort to the book *A Critical Study of Daṇḍin and His Work* by D.K Gupta. Also SH. Bira wrote an article on the tradition of *Snyan ngag me*

19 Krung go'i bod kyi rtsom sgrig khang (ed.), *Bod kyi bcu phrag rig mdzond chen mo, dpal ldan sa skya ba'i gsung rab*, p. 454.

20 Tse ten zhabs drung, *Snyan ngag gi spyi don*, p. 11.

21 J.N. Bhattacharya and Nilanjana Sarkar (eds.), *Encyclopedic Dictionary of Sanskrit Literature*, vol. 1 (Delhi, 2004) pp. 326–329, (translated into Tibetan by Dge 'dun rab gsul). = Cabezon and Jackson, *Tibetan Literature*, p. 395.

long in Tibet and Mongolia[22] and A. Chandra Banerjee made a comparative edition of Kāvyādarśa in Sanskrit and Tibetan.

In the records of the Digital Buddhist Resource Center (BDRC) we find the year 1482 AD as the date of birth of Ngag dbang 'jig grags, which is questionable, and neither I have come across other texts which would provide his date of birth. However, if we believe the date of his birth given in BDRC, then he must have written the biography of Sakya Paṇḍita at the age of 37, the book of synonyms at the age of 39, commentary on Daṇḍi's Kāvyādarśa at the age of 44 and his last work, the letter to his late father, called *Chos kyi rgyal po ngag dbang rnam rgyal la zhu 'phrin du bya ba rig pa 'dzin pa'i pho nya zhes pa Shambha la'i lam yig dang bcas pa* at the age of 75. According to the above data for twenty years, from 1526 till he took power of the Bsam grub rtse district in 1547, there were no writings nor political activities. Perhaps that was the time when he was twice detained, most probably by his brother, which is mentioned in the second part of the text. Nevertheless, twenty years of being detained or eliminated from power by his own brother are difficult to imagine or else, the date of his birth should be later than what is found in BDRC.

Tibetan sources explain that there were two traditions of poetry writing in India: southern and eastern. And Tse tan zhab drungs explains that the eastern tradition was called a tight [*dam pa*] one and the southern tradition was the loose [*lhod pa*] one.[23] This means poems which explicitly convey the subject are called loose poetry while those more succinct belong to the tight poetry. On the other hand, contrary to the above thesis, in the introductory part of the book *Bod kyi bcu phrag rig mdzod chen mo, dpal ldan sa skya ba'i gsung rab,* vol 5, it is said that the southern tradition of poetry writing was the tight [*dam pa*] one and Ngag dbang 'jig grags followed that tradition.[24] Regardless of whether the author followed eastern or southern tradition certainly his poetry style was a tight one. That means one has to read the text several times to understand what the author wanted to express in his verse.

Verses in his work, the letter to his late father, are composed with differing number of syllables: seven, nine, thirteen, fifteen, nineteen and the longest with eighty-five syllables. It has been a Tibetan tradition that to honor the greatness or

---

22 K. Dharmendra Gupta, *A Critical Studies of Daṇḍin and his Work* (Delhi, 1970). Shagdaryn Bira, "Daṇḍin's 'Kāvyādarśa'", in: *Tibet and Mongolia*, Indologica Taurinensia, vol. VI (Torino, 1978).

23 Tse ten zhabs drung, *Snyan ngag gi spyi don*, pp. 28–29.

24 Krung go'i bod kyi rtsom sgrig khang (ed.), *Bod kyi bcu phrag rig mdzond chen mo, dpal ldan sa skya ba'i gsung rab*, vol 5, Mi rigs dpe bskrun khang (Beijing, 2004), p. 3, l.16.

the highness of a person he or she was attributed with a very long name or praise with the use of the longest possible verses. Therefore in Tibetan tradition Tibetan lamas have longest names. Likewise, in this text, to show Sakya Paṇḍita's greatness and his excellency in ten sciences as well as to pay respect to his scholarly and political contributions to Tibetan history, the author composed a śloka with the longest verse consisting of eighty-five syllables. Below I present examples of two poems, one with the shortest verse and one with the longest that praises Sakya Paṇḍita. Of those two examples the first, a seven syllabic verse, can be an example of the fourth ornament "*bya ba mtha'i gsal byed*"[25] of thirty-five "meaning ornaments [*don rgyan*]" and the second, praising Sakya Paṇḍita can be an example of the nineteenth ornament "*gzi brjid can gyi rgyan*"[26] of the thirty-five "meaning ornaments." The two examples are:

Verse with seven syllables:

Fol. 4b.1

གཏམ་སྙན་བདུད་རྩིའི་ཐུ་ཆར་རྒྱུན།།
རྣ་བའི་བཻ་ཌཱུར་དཀར་པོ་ཡི།།
བུམ་པ་བཟང་པོར་ལེགས་དྲངས་ནས།།
སྙིང་གི་རྨ་བྱ་གར་ལ་འཇུག།།

(I) invite the stream of good news, rain drops of nectar into the excellent vase of the white Vaidurya ear and the peacock of my heart engages in dance.

Verse with eighty-five syllables:

Fol. 11b–12a

འདི་ན་འཇིག་རྟེན་གསུམ་གྱི་རྣམ་འདྲེན་ཀུན་གཟིགས་དབང་པོར་ཕྱུར་ཀྱང་ཡོངས་རྫོགས་གནས་ལྔ་རིག་པའི་རྣོན་གར་བསྒྱུར་མཁས་འཇམ་དབྱངས་བླ་མ་ཀུན་དགའ་རྒྱལ་མཚན་འཇིགས་པ་ཀུན་བྲལ་སྨྲ་བའི་སེང་གེ་བསླབ་གསུམ་དག་པའི་ལུས་སྟོབས་རབ་ཏུ་རྒྱས་པ་དེ་ནི་མང་དུ་གསན་པ་དམར་སེར་རལ་པའི་ཕྱུར་ཆེན་གྱིས་བརྗིད་ལུང་དང་རིགས་པའི་མིག་རྩ་དམར་འཁྱུགས་ཕྱོགས་བཅུར་གཟིགས་ཤིང་བགྲད་པའི་གཟི་བྱིན་ཉི་མ་ལྟར་འབར་ཤིང་།།

Here, the leader of three universes, all-knowing teacher Manjuśri Kun dga' rgyal mtshan is free of all fears, performs all five sciences perfectly, lion of the speech, his body nourished with pure Three Trainings, learned, with magnificent long red and yellow hair, red eye veins of teachings and reasons (that) stare all around with radiance like the blazing Sun.

25 Tse ten zhabs drung, *Snyan ngag gi spyi don*, p. 82. = Banerjee, A. Chandra (ed.), *Kāvyādarśa, Sanskrit and Tibetan Text* (Calcutta, 1939), p. 94, chapter II, śloka 105. In this part ślokas 99–102 and half of 103 are missing.

26 Tse ten zhabs drung, *Snyan ngag gi spyi don*, p. 96. = Banerjee, *Kāvyādarśa, Sanskrit and Tibetan Text*, p. 174, chapter II, ślokas 290–291.

Extracted poems

Through all his writings we can see that the author was very passionate about poetry and certainly at his young age he spent more time on learning Tibetan sciences than pursuing his political career. In order to identify and analyze exactly what kind of poems from *Snyan ngag me long* the author wrote in the text one must be very well trained and experienced in writing poetry, therefore for me it is not possible to conduct detailed comparative studies and comment on each and every poetic ornament [*rgyan*] he employed here. Without a doubt the text is filled with such poems, rhetoric and synonyms. The author himself claims that at the part of commitment to compose [*rtsom par dam bca' ba*] this text, he says: "Here the three great fields of sciences (of Tibetan poetry, rhetoric and synonyms) are measured by one step of intelligent. Fire of the grammatical science is devouring woods of falsehood."[27] (Fig. 29/Abb. 29)

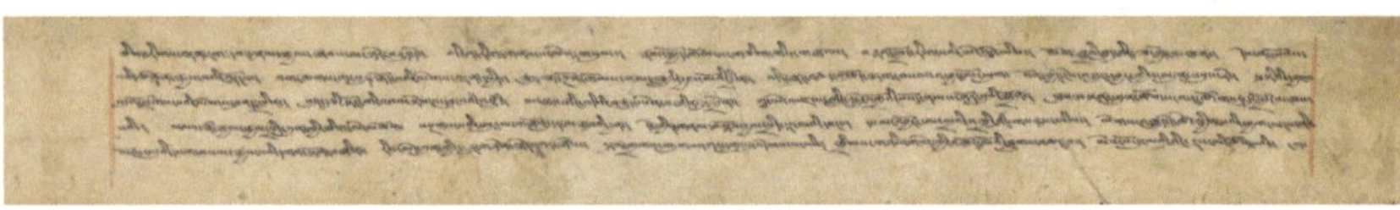

Abb. 29/Fig. 29: Kraków, Biblioteka Jagiellońska, Pander A 199

Below I present several of those melodious poems and make an attempt to identify to which category they belong in *Snyan ngag me long* basing on Tshe tan zhabs drung's commentary on poetry *Snyan ngag gi spyi don*.

Kāvyādarśa consists of three chapters: one hundred and five ślokas in the first chapter, three hundred and sixty-five ślokas in the second and one hundred and eighty-six ślokas in the third with more than two hundred different categories of poetic ornaments. Among those ornaments one hundred and ninety can be found in the second chapter. It seems that most of the poems in the present text are related to the second chapter of *Snyan ngag me long* that is "the thirty-five meanings ornaments" [*don rgyan so lnga*] and the majority of those are "ornaments of analogy" [*dpe rgyan*] from "the thirty-five meaning ornaments". Thus,

27 Ngag dbang 'jig rten dbang phyug grags pa, *Chos kyi rgyal po ngag dbang rnam par rgyal ba la zhu 'phrin du bya ba rig pa 'dzin pa'i pho nya zhes pa shambha la'i lam gyi yi ge dang bcas pa*, Kraków, Biblioteka Jagiellońska/Jagiellonian Library (BJ), Pander A 199, acc. 535, Fol. 2b, l.1, འདི་ན་རིག་གནས་ས་ཆེན་གསུམ།། རྣམ་དཔྱོད་གོམ་པ་གཅིག་གིས་གཞལ།། བརྫུན་སྡོང་རིག་པའི་མེ་ལྕེ་ཡིས།། ལོག་སྨྲའི་བུད་ཤིང་ཟ་བྱེད་མཁན།།.

among sixty-five "words displaying similarity" [*mthsungs pa gsal byed kyi sgra*] explained by Daṇḍin, which are applied to write "ornaments of analogy," the author employs here thirty different "words displaying similarity" and in total he used them three hundred and ninety-seven times according to my calculation. Surely, depending on context, some of them have not always been used for the purposes of making an analogy. For example, the word *bzhin* can also be used to denote continuation of an action. Here are several of those "words displaying similarity" which the author often implemented. For instance, the word *bzhin* is used eighty-three times, *ltar* sixty-five times, *'dra* thirty-four times, *mtshungs* eleven times, *lta bu* eight times, *rgyal* eighty-three times, *mthong* twenty times and *gzugs brnyan* six times.

Those ornaments explained in *Snyan ngag me long* often seem very similar and complicated. Commenting on the poetry of Ngag dbang 'jig grangs and comparing it with Kāvyādarśa is a difficult task as I mentioned earlier. And I do not feel to be the right person to comment and compare his poems with Kāvyādarśa, however I extracted certain fragments of his poems, translated them and identified according to my best understanding as to which category they belong in *Snyan ngag me long*, basing on Tse tan zhabs drung's book. I also cited śloka numbers of those ornaments found in the Tibetan translation of Kāvyādarśa along with the Sanskrit text edited by Banerjee.

(Two examples of ornaments of metaphor [*gzugs rgyan*]), from the second chapter "meaning ornament [*don rgyan*]."

Fol. 4a, l.2

ཡིད་ཀྱི་རས་དཀར་ངོས་ལ་བསམ་གཏན་གྱི།།
རིགས་[28]བྱེད་མཁས་པ་སྟོང་གིས་ཉེར་བསྒྲུབས་པའི།།
དྲན་པའི་ཚོན་ལྔ་པིར་གྱིས་བཀྲ་བ་ཡི།།
རྣམ་དཔྱོད་རི་མོ་འདི་ན་ཨ་སྨད་ཅེས།།

On the surface of the white cloth of the mind, a painting of awareness is shined by a thousand Vedic scholars of contemplation with five colored brush of memory, it is incredible.

Comment: The above śloka can be an example of the second "ornament of metaphor", called "not included metaphor [*ma bsdus pa'i gzugs rgyan*]" of the second "meaning ornament".[29] Here included and not included metaphor [*bsdus pa* and *ma bsdus pa'i gzugs rgyan*] means without and with a genitive case particle

28 It should be རིག་.

29 Tse ten zhabs drung, *Snyan ngag gi spyi don*, p. 78, l. 7–8. = Banerjee, *Kāvyādarśa, Sanskrit and Tibetan Text*, p. 78, chapter II, ślokas, 66–67.

between the object and the example respectively. In the above śloka the author compares the mind to a white cloth, contemplation to Vedic scholars, memory to five colors and awareness to a painting without omitting genitive particles between object and their resemblances. Therefore, I think, we may regard this śloka as the second "ornament of metaphor."

Fol.31a, l.2

འཚོ་སྲོག་རབ་ཏུ་གཡོ་བ་ལྟོ་འགྲོའི་ལྕེ།།
དཔལ་འབྱོར་སྐད་༧་མི་རྟག་སྟོན་ཀའི་སྤྲིན།།
དར་རྒུད་གཅིག་རྗེས་༧་སྦྲེག་ཆུ་བོའི་རླབས།།
གྲགས་པ་སྲིད་པའི་བློ་བྲིད་བྲག་གི་རྫ།།

Life jiggles (like) a tongue of a snake [*lto 'gro*]. Wealth is impermanent (like) autumn clouds. Success and failure follow one after another (like) waves of an ocean. Deceiving [*blo brid*] fame of samsara is (like) an echo of a rock.

Comment: The above śloka can be an example of the first "ornament of metaphor", called "included metaphor [*bsdus pa'i gzugs rgyan*],"[30] of the second "meaning ornament". Here the author expresses similarities between life and a constantly moving tongue of a snake, wealth and autumn clouds, which appears and disappears in a moment, success and failure with waves of the ocean and samsaric fame and echo of rocky mountain without inserting genitive particles between objects and their resemblances. Therefore, I think, we may regard the above śloka as an included "ornament of metaphor."

An example of first the natural ornament [*rang bzhin brjod pa'i rgyan*] of the second chapter, "meaning ornament."

Fol. 27a

རྟག་ཏུ་སྨན་འབྲས་ལྟར་བསྲུང་བྱམས་ཐུགས་ཀྱིས།།
བླང་དོར་ཤུན་སེལ་ཡིད་བཞིན་འདོད་དགུའི་ཚུལ།།
བཀའ་དྲིན་བདུད་རྩིའི་རྒྱུན་གྱི་དགེ་ལེགས་ཀྱིས།།
ལུས་དང་འཚོ་སྲོག་དར་དྲག་བསྐྱན་པའི་མ།།

Mother, with (her) love and kindness always protected (us) like eyes; cleared ignorance of improper behavior perfectly according to ones wishes (and) by (her) non-stopping nectar of kindness produced the best youthful life and body.

Comment: This śloka can be an example of a second "natural ornament", called "the natural ornament of action [*bya ba rang bzhin brjod pa*]"[31] of the second

30 Tse ten zhabs drung, *Snyan ngag gi spyi don*, p. 78. = Banerjee, *Kāvyādarśa, Sanskrit and Tibetan Text*, p. 78, chapter II, śloka 65.

31 Tse ten zhabs drung, *Snyan ngag gi spyi don*, p. 43. = Banerjee, *Kāvyādarśa, Sanskrit and Tibetan Text*, p. 54, chapter II, śloka 10.

"meaning ornament". Here the author compares the kind natural act of a mother; her kindness, protectiveness, teaching and giving precious human birth. Therefore, I think, we may regard the above śloka as a "natural ornament of action."

Four examples of ornaments of analogy [*dpe rgyan*] of second chapter "meaning ornament".

Fol. 2b, l.4

དེ་ཕྱིར་གནམ་བསྐོས་རྒྱལ་སྲིད་ས་ལའི་དབང་།།
དཔལ་འབྱོར་ཨ་མྲའི་འཁྲི་ཤིང་གསར་པ་ཡི།།
ལེགས་འཁྱུད་དེ་ཚེ་སྦྱིན་པའི་ཕྱག་ཡངས་ནི།།
ཡོངས་འདུའི་དཔག་བསམ་རྒྱས་པའི་དགའ་སྟོན་བཞིན།།

Therefore, the divine kingdom, the lord of white Sal tree [*sa la*] is well embraced by the wealth of the new creeping tree of Amra,[32] at that time (his) freely giving hand celebrates like [*bzhin*] an increasing wish fulfilling tree [*dpag bsam shing*].

Comment: The above śloka can be an example of the tenth "ornament of analogy" called "excellent ornament" [*rmad byung gi dpe*][33] of the second chapter "meaning ornament." I suppose, it can be also an example of an "ornament of one *bzhin* word" [*bzhin sgra gcig pa'i rgyan*]. It shows the richness of the Rin spungs kingdom and praises freely giving hands of the lord of the divine kingdom comparing them to a growing wish fulfilling tree with the only one *bzhin* word. Therefore, I think, we may regard the above śloka as an "excellent ornament" or "ornament with only one *bzhin* word".

Fol. 13a

དེ་ལས་རིང་འདས་དངོས་གྲུབ་བདུད་རྩིའི་ཆབ།།
རབ་དཀར་འདོད་འཇོའི་བ་ཡི་འོ་རྒྱུན་ལྟར།།
དལ་འབབ་གློ་བོའི་ཆུ་མིག་བརྒྱ་རྩ་ཞེས།།
གྲུབ་པ་དུ་མའི་ཞལ་ལུང་གསལ་བ་དེ།།

Passing a long distance from there is the blessed nectar water, extremely white, similar to milk stream of a wish-fulfilling cow. (It is) called the calmly falling a hundred spring waters of Glo bo (Mustang), prophesized in the teachings of many Yogis.

Comment: This śloka can be an example of the second "ornament of analogy," called "object ornament [*dngos spe*]"[34] of the second "meaning ornament." It

32 Sanskrit; mango tree.

33 Tse ten zhabs drung, *Snyan ngag gi spyi don,* p. 54. = Banerjee, *Kāvyādarśa, Sanskrit and Tibetan Text,* p. 60, chapter II, śloka 24.

34 Tse ten zhabs drung, *Snyan ngag gi spyi don,* p. 50. = Banerjee, *Kāvyādarśa, Sanskrit and Tibetan Text,* p. 56, chapter II, śloka 15.

presents a hundred spring waters of Mustang and shows an analogy between the whiteness of spring water and milk of a wish-fulfilling cow. Therefore, I think, we may regard this śloka as an "object ornament."

Fol. 27b

འཇིགས་ཅང་ཁྲིགས་སྤྲགས་པ་རལ་པའི་ཁུར།།
འཇིགས་དུས་མེ་རླུང་འཁྲུག་པའི་དུད་སྤྲིན་བཞིན།།
འཛམ་གླིང་སྐྱེ་འགྲོའི་འཚོ་སྲོག་ཤ་ཁྲག་གི།།
མཚམས་སྤྲིན་དམར་པོ་མཆེ་བའི་ཟླ་ཚེས་ཀྱི།།

Load of fearful hair mixed with blood is like a cloud of smoke (coming out) from the fire and windstorm of the end of an era. Blood and flesh of the people on Earth (like) red clouds at sun set for an ornament on fangs (like) waxing Moon.

Comment: The above śloka can be an example of the ninth "ornament of analogy," called "exaggerating ornament [*rab btags kyi rgyan*]."[35] Thus, here in the śloka the author makes exaggerations by comparing heavy curly hair mixed with blood with the heavy smoke from burning the whole universe at the end of an era and the color of blood and the flesh compare with reddish color of clouds at sunset. Therefore, I think, we may regard the above śloka as an "exaggerating ornament."

Fol.31a, l.3

གྲགས་པ་སྲིད་པའི་བློ་བྲིད་བྲག་གི་ཐོ།།
རྨི་ལམ་ཇི་བཞིན་སྨྱོན་པའི་ཟློས་གར་བཞིན།།
ཆུ་ཤིང་ཇི་བཞིན་ནག་པོ་བརྡེགས་པ་བཞིན།།
ཅིར་ཡང་འཆར་ལ་ཡིད་བརྟན་མ་མཆིས་པ།།

Deceiving [*blo brid*] fame of Samsara (like) an echo of a rock is similar to the dream and dance of a mad person. (It is) similar to a water tree and poison. (They) can appear in various manners and are not reliable.

Comment: The above śloka can be an example of the twenty-eighth "ornament of analogy," called "ornament of a garland [*'phreng ba'i rgyan*]" or the twenty-ninth "ornament of analogy," called "many *bzhin* words [*bzhin sgra du ma*]."[36] Here the author shows an analogy between fame and the echo in rocky mountain, dream, dance of a mad person, and a water tree by using the word *bzhin* for each and every analogous example. Therefore, I think, we may regard the above śloka as an ornament of "many *bzhin* words" or an "ornament of a garland."

---

35 Tse ten zhabs drung, *Snyan ngag gi spyi don*, p. 54. = Banerjee, *Kāvyādarśa, Sanskrit and Tibetan Text,* p. 59, chapter II, śloka 23.

36 Tse ten zhabs drung, *Snyan ngag gi spyi don*, pp. 71–72. = Banerjee, *Kāvyādarśa, Sanskrit and Tibetan Text,* p. 67, chapter II, śloka 42.

Fifth secret or hidden ornament [*gab tshig*] of the third chapter.

Fol. 3a, l

སྐབས་དེར་ཀུན་གསལ་བུ་མོའི་ལྟེ་བ་རུ།།
ཟུ་ངན་མངལ་གྱི་ལྷི་ལྡན་འཕུན་གྱི་སྒྲ།།
ཐོས་ནས་རང་གི་གྲོགས་མོ་ནོར་འཛིན་མ།།
གཡོག་ལ་གནས་པའི་དོན་བཞིན་གྱེན་དུ་འཕགས།།

At that time in the navel of an all-appearing [*kun gsal*] girl there was pain of advance pregnancy (and) groans. Hearing the sound her friend, holder of wealth [*nor 'dzin ma*],[37] jumps up as a servant.

Comment: The above śloka can be an example of the fifth "hidden ornament [*gab tshig*]" of the third chapter.[38] In this śloka the author explains acts of two girls: the first, Kun gsal, had a strong pain in the navel because of her advanced pregnancy and the servant Nor 'dzin ma hearing the painful noise went up to help her. But the hidden message of this verse refers to the acts of sky and earth. The author attempts to say that at the time of his father's death there was a strong thunder sound in the sky filled with heavy clouds and the vibration of this sound shook the earth. Therefore, I think, we may regard the above śloka as "a hidden or secret ornament" of the third chapter.

Word ornament [*tshig gi rgyan*] of the third chapter or wishing ornament [*shis brjod kyi rgyan*] of the second chapter "meaning ornament."

Fol. 37b.

བཀྲིས་གང་ཞིག་བཟོད་ནས་རབ་ཞི་ལུས་ཅན་ཀུན་གྱི་སྙིང་ལ་རྟག་ཞུགས་མི་ཤིགས་འཆར་ཡང་རྡོའི་སྲོག།
བཀྲིས་རྟག་བརྟན་གཡུང་དྲུང་སྙིང་པོ་བསམ་ཡས་ཡོན་ཏན་ཟབ་མོའི་རང་བཞིན་དུས་གསུམ་རྣམ་འགྱུར་མི་
མངའ་ཡང་།།
བཀྲིས་ཚོ་ག་རྫོགས་པའི་དགའ་སྟོན་གང་ལ་ཅི་འདོད་སྲིད་ཞིའི་དགེ་ལེགས་མནྡཱ་ར་བའི་ཆར་ཆེན་འབེབས།།
བཀྲིས་ཀུནྡི་བྱེད་པོ་དེ་ཉིད་རང་གཞན་དཔུང་གཉེན་མངོན་སུམ་གྱུར་ལ་འཛིག་རྟེན་མ་ལུས་ཀུན་དགེར་ཤོག།

Auspiciousness that is peace from the beginning gets into the hearts of beings permanently (and becomes) the indestructible Vajra life. Always auspicious, the essence of the Swastika, in the nature of the profound knowledge does not have aspects of three tenses. Auspicious ceremony of completion brings great rain of celestial flowers of mundane and super-mundane goodness to all. The auspicious creator of all became the real savior of self and others and may the whole universe become joyful forever.

37 It is synonym of earth.

38 Tse ten zhabs drung, *Snyan ngag gi spyi don*, p. 125, l. 11. = Banerjee, *Kāvyādarśa, Sanskrit and Tibetan Text*, p. 247, chapter III, ślokas 96–98.

Comment: The above śloka can be an example of the thirty-third "wishing ornament [*shis rjod kyi rgyan*]"[39] of "meaning ornament [*don rgyan*]" or "word ornament [*tshig gi rgyan*]" of the third chapter. The author with a joy celebrates completion of his work. This śloka can be a "word ornament" because each line, four times, begins with the same word *bkra shis* and such type of a poetic device is included in the "ornaments in pair [*zung ldan gyi rgyan*]"[40] of the third chapter. Therefore, I think, we may regard the above śloka as "word ornament" of the third chapter or "wishing ornament" of the thirty-third "meaning ornament" of the second chapter.

Conclusion

Pander Tibetan collection at Jagiellonian Library in Cracow is a biggest collection of the Tibetan text in Poland and it covers different fields of Tibetan studies. It is difficult to determine and convey here that specific texts are rare or valuable. To do this one must carry on a thorough analysis and research. However, all those texts found in Pander collection are a part of the Tibetan literature and each and every text in the collection explains Tibetan culture in its own capacity.

Furthermore, this work of Ngag dbang 'jig grags is very rich with all aspects of Tibetan poetry writing devices. Here I am just able to touch upon a small part of it and surely there are many more fragments worth analyzing, comparing, and commenting with regard to poetic ornaments and syntactic and semantic constructions. More analysis is also required to determine why Ngag dbang 'jig grags's poetry style is called tight [*dam pa*] and why he chose this manner of writing? Or perhaps it is just his way of writing poetry etc. Rules or theories defining which type of poetry is called tight and which is loose should also be determined.

Bibliography

Kraków, Biblioteka Jagiellońska, Pander A 199.

Banerjee, A. Chandra (ed.), *Kāvyādarśa, Sanskrit and Tibetan Text,* (Calcutta, 1939).

39 Tse ten zhabs drung, *Snyan ngag gi spyi don,* p. 105. = Banerjee, *Kāvyādarśa, Sanskrit and Tibetan Text,* p. 201, chapter II, śloka 354.

40 Tse ten zhabs drung, *Snyan ngag gi spyi don,* p. 110. = Banerjee, *Kāvyādarśa, Sanskrit and Tibetan Text,* p. 206, chapter III, ślokas 1–2.

Bareja-Starzyńska, Agata and Mejor, Marek (eds.), *Exploring Languages and Culture of Asia Prof. W. Kotwicz in Memoriam* (Warszawa, 2014).

Bhattacharya, J.N. and Sarkar, Nilanjana (eds.), *Encyclopedic Dictionary of Sanskrit Literature*, vol. 1 (Delhi, 2004).

Bira, Shagdaryn, "Daṇḍin's 'Kāvyādarśa'", in: *Tibet and Mongolia*, Indologica Taurinensia, vol. VI (Torino, 1978*)*.

Blo bzang chos grags, Bsod nams rtse mo (eds.), *Gangs ljongs mkhas dbang rim byon gyi rtsom yig gser gyi sbram bu*, Mtsho sngon mi rigs dpe skrun khang, Zi ling (Xining), vol. 1 (1988).

Cabezon, Jose Ignacio and Jackson, Roger R. (eds.), *Tibetan Literature. Studies in Genre* (New York, 1996).

Chashab, Thupten Kunga "The Life of Ngag dbang 'jig grags, the Last Ruler of Rin spungs, based on the Text *Rig pa 'dzin pa'i pho nya*, or 'Messenger of a Yogi'", *Rocznik Orientalistyczny*, vol. LXVV, No 2 (2017), pp. 97–127.

Chashab, Thupten Kunga, "Unique Manuscript of the Guide to Śambhala by the Sixteenth Century Tibetan Ruler of Rin spungs (Extract from his letter to his father Ngag dbang rnam rgyal)", *Rocznik Orientalistyczny*, vol. LXVIII, No 2 (2015), pp. 47–64.

Chashab, Thupten Kunga and Majkowski, Filip, *Catalogue of the Tibetan Texts in the Pander Collection, Part A (Complete) and Part B (Partial) Held by Jagiellonian Library, Cracow* (Warszawa, 2015).

Chashab, Thupten Kunga and Majkowski, Filip, "Preliminary Findings of the Research Project on Pander A and B Tibetan Collection Kept in the Jagiellonian Library in Cracow", *Rocznik Orientalistyczny*, vol. LXVII (2014), 1, pp.76-91.

Gupta, K. Dharmendra, *A Critical Studies of Daṇḍin and his Work* (Delhi, 1970).

Krung go'i bod kyi rtsom sgrig khang (ed.), *Bod kyi bcu phrag rig mdzod chen mo, dpal ldan sa skya ba'i gsung rab*, vol. 5, (Beijing, 2004).

Kvaerne, Per, "Book Reviews", *Acta Orientalia*, vol. LXXVII (Oslo, 2016), pp. 193–195.

Mejor, Marek, Helman-Ważny Agnieszka and Chashab, Thupten Kunga, *A Preliminary Report on the Wanli Kanjur From 1606 A.D. Kept at the Jagiellonian Library Kraków* (Warsaw, 2010).

Rgya ye bkra bho and Rin chen bkra shis (eds.), *Bod kyi rtsom rig byung 'phel gyi lo rgyus skal bzang mig gi sgron me*, (Qinghai, 2002) vol. ii.

Tse ten zhabs drung, *Snyan ngag gi spyi don*, (Gansu China, 1981).

Abbildungsverzeichnis/List of Figures

Geschichte - Erinnerung – Politik
Studies in History, Memory and Politics

Herausgegeben von / Edited by Anna Wolff-Powęska & Piotr Forecki

Bd./Vol. 1 Machteld Venken: Stradding the Iron Curtain? Immigrants, Immigrant Organisations, War Memories. 2011.

Bd./Vol. 2 Anna Wolff-Powęska / Piotr Forecki: Der Holocaust in der polnischen Erinnerungskultur. 2012.

Bd./Vol. 3 Marta Grzechnik: Regional Histories and Historical Regions. The Concept of the Baltic Sea Region in Polish and Swedish Historiographies. 2012.

Bd./Vol. 4 Lutz Niethammer: Memory and History. Essays in Contemporary History. 2012.

Bd./Vol. 5 Piotr Forecki: Reconstructing Memory. The Holocaust in Polish Public Debates. 2013.

Bd./Vol. 6 Marek Słoń (ed.): Historical Atlas of Poland in the 2nd Half of the 16th Century. Voivodeships of Cracow, Sandomierz, Lublin, Sieradz, Łęczyca, Rawa, Płock and Mazovia. Volume 1-4. Translated by Agata Staszewska, Editorial Assistance Martha Brożyna. 2014.

Bd./Vol. 7 Maciej Janowski: Birth of the Intelligentsia 1750-1831. A History of the Polish Intelligentsia – Part 1. Edited by Jerzy Jedlicki. Translated by Tristan Korecki. 2014.

Bd./Vol. 8 Jerzy Jedlicki: The Vicious Circle 1832-1864. A History of the Polish Intelligentsia – Part 2. Edited by Jerzy Jedlicki. Translated by Tristan Korecki. 2014.

Bd./Vol. 9 Magdalena Micińska: At the Crossroads 1865-1918. A History of the Polish Intelligentsia – Part 3. Edited by Jerzy Jedlicki. Translated by Tristan Korecki. 2014.

Bd./Vol. 10 Anna Wolff-Powęska: Memory as Burden and Liberation. Germans and their Nazi Past (1945-2010). Translated by Marta Skowrońska. 2015.

Bd./Vol. 11 Thomasz Szarota: On the Threshold of the Holocaust. Anti-Jewish Riots and Pogroms in Occupied Europe. Warsaw – Paris – The Hague – Amsterdam – Antwerp – Kaunas. Translated by Tristan Korecki. 2015.

Bd./Vol. 12 Anna Wolff-Powęska / Piotr Forecki (eds.): World War II and Two Occupations. Dilemmas of Polish Memory. Translated by Marta Skowrońska and Blanka Zahorjanova. 2016.

Bd./Vol. 13 Elżbieta Katarzyna Dzikowska / Agata Handley / Piotr Zawilski (eds.): The Great War. Insights and Perspectives. 2016.

Bd./Vol. 14 Jerzy Jedlicki: A Degenerate World. Translated by Tristan Korecki. Edited by Elena Rozbicka. 2016.

Bd./Vol. 15 Miroslaw Matyja: Zwischen Krieg und Hoffnung. Internierung der 2. polnischen Infanterieschützen-Division in der Schweiz 1940-45. 2016.

Bd./Vol. 16 Adam Leszczyński: Leap into Modernity – Political Economy of Growth on the Periphery, 1943-1980. 2017.

Bd./Vol. 17 Antoine Marès / Wojciech Prażuch / Inga Kawka (eds.) : Les exilés polonais en France et la réorganisation pacifique de l'Europe (1940-1989). 2017.

Bd./Vol. 18 Dominika Gortych / Guido Hinterkeuser / Łukasz Skoczylas: Erinnerungsimplantate – Der (Wieder-)Aufbau der Schlösser in Posen und Berlin im interdisziplinären Vergleich. Unter Mitwirkung von Karsten Holste. 2017.

Bd./Vol. 19 Elżbieta Katarzyna Dzikowska / Agata G. Handley / Piotr Zawilski (eds.): Beyond the Trenches – The Social and Cultural Impact of the Great War. 2017.

Bd./Vol. 20 Forthcoming.

Bd./Vol. 21 Klaus Bachmann: Genocidal Empires. German Colonialism in Africa and the Third Reich. Edited by Barbara Kurowska. 2018.

Bd./Vol. 22 Krzysztof Trybuś / Michael Düring / Maciej Junkiert (Hrsg.): Polen und Deutsche in Europa. Polacy i Niemcy w Europie. Beiträge zur internationalen Konferenz, 16. und 17. November 2015, Poznań. Tom podsumowujący międzynarodową konferencję, 16 i 17 listopada 2015, Poznań. 2018.

Bd./Vol. 23 Monika Jaglarz / Katarzyna Jaśtal (Hrsg.): Bestände der ehemaligen Preußischen Staatsbibliothek zu Berlin in der Jagiellonen-Bibliothek. Forschungsstand und -perspektiven. 2018.

www.peterlang.com